JIAOSHI ZHIYE DAODE

教师职业道德

魏则胜 ◎ 主 编

中山大學出版社
SUN YAT-SEN UNIVERSITY PRESS
·广州·

版权所有　翻印必究

图书在版编目（CIP）数据

教师职业道德/魏则胜主编. —广州：中山大学出版社，2017.2

ISBN 978-7-306-05750-1

Ⅰ.①教… Ⅱ.①魏… Ⅲ.①教师—职业道德 Ⅳ.①G451.6

中国版本图书馆 CIP 数据核字（2016）第160799号

出 版 人：	徐　劲
策划编辑：	曾育林
责任编辑：	曾育林
封面设计：	曾　斌
责任校对：	张礼凤
责任技编：	何雅涛
出版发行：	中山大学出版社
电　　话：	编辑部 020 - 84111996，84113349，84111997，84110779
	发行部 020 - 84111998，84111981，84111160
地　　址：	广州市新港西路135号
邮　　编：	510275　传　真：020 - 84036565
网　　址：	http://www.zsup.com.cn　E-mail: zdcbs@mail.sysu.edu.cn
印 刷 者：	佛山市浩文彩色印刷有限公司
规　　格：	787mm×1092mm　1/16　26 印张　412 千字
版次印次：	2017 年 2 月第 1 版　2019 年 7 月第 5 次印刷
定　　价：	40.00 元

如发现本书因印装质量影响阅读，请与出版社发行部联系调换

本书编委会

主　编：魏则胜

副主编：郑慧仙　王　刚　崔卫生　金昂毫
　　　　赵青松　卫　宁

前　言

　　人的高贵，不在于天然的生物本能，也不在于社会性，而在于人的精神品质。美好的情感、坚强的意志、完善的理性，凝聚为人的高尚灵魂。人类历史起始于物质需要的满足，却在精神境界中追寻存在的意义。精神活动创造文化，没有文化就不会有文明；没有文化和文明，人类永远无法走出史前时期，永远无法走出命运的荒原。文化滋养精神，铸造精神品质，她是茫茫大海上指引人类航向的灯塔，是黑夜里的点点星光，是灵魂的故乡。人世间最浓的乡愁就是失去文化家园。

　　在大自然的沧海桑田演变过程中形成了地质断层。人类文明的发展会产生断层吗？是有可能的，而唯一能够阻止文化断层产生的行动就是文化传承。文化通过某种方式进行代际传播，人类文明的精华、优秀的文化传统在不同时代得以保存、积累、完善，从量变到质变，从而引发人类社会的知识创新、技术进步、制度改良和价值观变迁，由此推动人类社会的进步大业。

　　能够承担文化代际传承之历史责任者，唯教师。师者，传道、授业、解惑，不能"居庙堂之高"，不能常"处江湖之远"，然而"十年树木，百年树人"。每一个人才的成长就是教师功德的言说，每一次社会进步就是教师尊贵的旌表，每一次文化创新就是教师价值的铺陈。没有教师，人类无法走出命运的黑暗时期；对教师的偏见是人类野蛮状态的复活，是对于人类文化和文明的践踏。

　　师者为尊，然任重道远。时下人心浮躁，众人失于急功近利，何谈深谋远虑；偏执于追名逐利，淡忘尊道修德。不良风气散布于教师之间，毁坏师德，损伤师道尊严，实乃社会隐忧、时代大患。鉴于此，吾不畏才疏学浅之困窘，集合同道编著此论，意在正本清源，确证为师正道，导引为师善德的修炼，如能达此目的则不负我等弘扬文化、尊道修德之志。

　　本书内容基于道德理论的逻辑依次叙述。第一部分详解道德哲学基本原理，作为全书理论基础，即第一章；第二部分总论教师职业道德，作为全书叙述纲要，即第二章、第三章；第三部分叙述教师职业正道，即第四章至第九章；第四部分叙述教师职业德性，即第十章；第五部分叙述教师职业礼节，解决教师职业言行和形象如何优雅的问题，即第十一章；第六部分是解读教师职业法规条文，明确教师职业行为的底线，即第十二章。在每一章内容后附有案例，贯彻理论联系实际原则，以辅助读者领会教师职业道德理论。

　　本书适用范围广泛。虽然教材内容所依据的经验材料以基础教育活动内容为主，但是本书的理论逻辑是关于教师职业道德原理的叙述和分析。因此，本书可作为各级教师职业培训的教材，也可以作为教师个人研习读本。

　　追求真理、坚守正道乃教师职业之道；涵养善念、坚强意志、完善理性乃教师职业之德；温文尔雅、不失言、不失德、不失行乃教师职业之礼治；遵守国法校规、持重公序良俗乃教师职业之法治。诚如是，则必然英才辈出，中华文化大兴于世。

编　者

目　录

第一章　道德与职业道德 ··· 1
　第一节　什么是道德 ··· 3
　　一、道德的概念 ··· 3
　　二、道德的根源 ··· 9
　　三、道德的结构 ··· 12
　第二节　道德的养成和价值 ··· 13
　　一、道德品质和道德行为的现实可能性 ····························· 13
　　二、道德的价值 ··· 17
　第三节　职业道德概述 ··· 20
　　一、什么是职业 ··· 20
　　二、什么是职业道德 ·· 21
　　三、社会主义职业道德的基本要求 ··································· 23
　　四、职业道德的意义 ·· 26
　思考与讨论 ··· 27
　案例 ··· 27

第二章　教师职业道德总论 ··· 29
　第一节　教师职业概述 ··· 31
　　一、教师职业概念 ··· 31
　　二、教师职业岗位任务 ··· 33
　　三、教师职业的社会意义 ·· 35
　　四、教师职业从业资格 ··· 37
　第二节　教师职业道德品质 ··· 39
　　一、职业理想 ·· 39
　　二、职业德性 ·· 43

第三节　教师职业道德规范 ································ 49
　　　一、核心规范 ······································· 49
　　　二、学术规范 ······································· 59
　　思考与讨论 ··· 62
　　案例 ··· 62

第三章　教师职业道德优良传统 ···························· 65
　　第一节　中国传统教师职业道德 ·························· 67
　　　一、中国传统教育理念 ······························· 67
　　　二、中国传统教师职业道德规范 ······················· 69
　　　三、中国传统教师职业道德德性修养 ··················· 71
　　　四、中国传统教师职业道德的价值 ····················· 72
　　第二节　西方教师职业道德优良传统 ······················ 73
　　　一、西方传统教育理念 ······························· 74
　　　二、西方传统教师职业道德规范 ······················· 76
　　　三、西方传统教师职业道德德性修养 ··················· 80
　　　四、西方教师职业道德的价值 ························· 81
　　第三节　中国和西方教师职业道德传统比较 ················ 82
　　　一、中国和西方教师职业道德传统的共同点 ············· 83
　　　二、中国和西方教师职业道德传统的区别 ··············· 86
　　思考与讨论 ··· 89
　　案例一 ··· 89
　　案例二 ··· 93
　　案例三 ··· 100

第四章　专业技能的职业之道：勤学 ······················· 107
　　第一节　教师职业技能要素 ····························· 109
　　　一、专业知识结构 ··································· 109
　　　二、教学设计能力 ··································· 110
　　　三、课堂教学能力 ··································· 111
　　　四、语言表达能力 ··································· 111
　　　五、科学研究水平 ··································· 111

六、提高专业技能的职业之道：勤学 ………………………… 112
第二节　完善专业知识结构 ……………………………………… 113
　　一、储备专业知识 ……………………………………………… 113
　　二、提高知识层次 ……………………………………………… 114
　　三、持续更新知识 ……………………………………………… 115
　　四、丰富知识要素 ……………………………………………… 116
　　五、拓展知识视野 ……………………………………………… 116
第三节　优化教学技能 …………………………………………… 117
　　一、提升教学设计能力 ………………………………………… 117
　　二、提升课堂教学能力 ………………………………………… 119
　　三、提升语言表达能力 ………………………………………… 123
第四节　提高科学研究水平 ……………………………………… 127
　　一、什么是科学研究 …………………………………………… 127
　　二、为什么教师职业需要科学研究 …………………………… 127
　　三、教师如何进行科学研究 …………………………………… 128
　　四、科学研究遵循的道德规范 ………………………………… 129
思考与讨论 ………………………………………………………… 130
案例 ………………………………………………………………… 130

第五章　群己关系职业之道：忠诚 ……………………………… 135
第一节　教师职业的群己关系 …………………………………… 137
　　一、群己关系概念 ……………………………………………… 137
　　二、群己关系类型 ……………………………………………… 137
　　三、处理好群己关系的意义 …………………………………… 138
　　四、群己关系职业之道：忠诚 ………………………………… 138
第二节　教师与国家的关系：忠于祖国 ………………………… 138
　　一、热爱祖国 …………………………………………………… 138
　　二、为国育才 …………………………………………………… 140
　　三、理性护国 …………………………………………………… 141
　　四、优待教师 …………………………………………………… 143
第三节　教师与社会的关系：忠于人民 ………………………… 145
　　一、社会构成要素 ……………………………………………… 145

二、对人民负责……………………………………………146
　　三、尊师重教……………………………………………148
第四节　教师与学校的关系：忠于学校………………………150
　　一、单位的功能…………………………………………150
　　二、教师与学校关系的本质……………………………151
　　三、忠于学校……………………………………………152
　　四、善待教师……………………………………………153
思考与讨论……………………………………………………155
案例一…………………………………………………………155
案例二…………………………………………………………159

第六章　师生关系职业之道：育人……………………………163

第一节　师生关系的本质………………………………………165
　　一、文化传播关系………………………………………165
　　二、教育关系……………………………………………165
　　三、爱护关系……………………………………………166
第二节　教师关爱学生…………………………………………167
　　一、师生情谊……………………………………………167
　　二、平等对待学生………………………………………168
　　三、尊重学生……………………………………………170
　　四、宽容学生……………………………………………171
　　五、严格要求与关爱并行………………………………174
第三节　教师培养学生…………………………………………177
　　一、确立全面发展目标…………………………………177
　　二、知识教育与道德教育结合…………………………178
　　三、坚持真理……………………………………………178
　　四、探索学生身心成长规律……………………………179
　　五、有效教学……………………………………………179
第四节　学生尊重老师…………………………………………180
　　一、勤奋学习……………………………………………180
　　二、关爱老师身心健康…………………………………181
　　三、协助老师教学………………………………………182

四、理解老师苦心 ……………………………………………… 182
　第五节　师生交往 …………………………………………………… 183
　　一、身教重于言传 ……………………………………………… 183
　　二、维护教师的尊严 …………………………………………… 183
　　三、谨慎处理两性关系 ………………………………………… 184
　思考与讨论 …………………………………………………………… 184
　案例一 ………………………………………………………………… 185
　案例二 ………………………………………………………………… 189
　案例三 ………………………………………………………………… 192

第七章　同事关系职业之道：和谐 …………………………………… 197
　第一节　同事关系的本质 …………………………………………… 199
　　一、合作关系 …………………………………………………… 200
　　二、共生关系 …………………………………………………… 202
　　三、文化关系 …………………………………………………… 204
　　四、同行关系职业之道：精诚合作，和谐共处 ……………… 205
　第二节　同事关系职业规范：精诚合作 …………………………… 206
　　一、教学合作 …………………………………………………… 206
　　二、科研合作 …………………………………………………… 207
　　三、管理合作 …………………………………………………… 209
　第三节　同事关系职业规范：和谐共处 …………………………… 210
　　一、彼此尊重 …………………………………………………… 211
　　二、共同进步 …………………………………………………… 214
　　三、关心宽容 …………………………………………………… 217
　思考与讨论 …………………………………………………………… 218
　案例一 ………………………………………………………………… 219
　案例二 ………………………………………………………………… 222
　案例三 ………………………………………………………………… 225

第八章　教师与家长关系职业之道：协同 …………………………… 229
　第一节　教师与家长关系的本质 …………………………………… 231
　　一、共谋关系 …………………………………………………… 231

二、合作关系 ……………………………………………… 232
　　三、接力关系 ……………………………………………… 232
　　四、教师与家长关系的职业之道：协同 ………………… 233
第二节　教师与家长关系职业规范：共谋教育方法 ………… 234
　　一、双方及时沟通 ………………………………………… 234
　　二、深入了解学生 ………………………………………… 234
　　三、确定教育目标 ………………………………………… 237
　　四、设计教育方法 ………………………………………… 238
第三节　教师与家长关系职业规范：合作处理事务 ………… 239
　　一、建立"以校为本"的教育事务处理合作模式 ……… 239
　　二、建立"以家为本"的教育事务处理合作模式 ……… 240
第四节　教师与家长关系职业规范：协调分歧 ……………… 243
　　一、分歧内容 ……………………………………………… 243
　　二、分歧产生的原因 ……………………………………… 245
　　三、全面沟通，协调立场 ………………………………… 246
第五节　教师与家长关系职业规范：有礼有节交往 ………… 248
　　一、保持教师气节 ………………………………………… 248
　　二、家长尊重教师 ………………………………………… 250
思考与讨论 ………………………………………………………… 253
案例一 ……………………………………………………………… 253
案例二 ……………………………………………………………… 255
案例三 ……………………………………………………………… 256

第九章　教育技术职业之道：人本 ……………………… 259
第一节　教育技术的本质 ………………………………………… 261
　　一、师生交流关系 ………………………………………… 261
　　二、文化传播关系 ………………………………………… 264
　　三、教学关系 ……………………………………………… 266
　　四、教育技术职业之道：人本 …………………………… 267
第二节　教师职业的技术要素 …………………………………… 268
　　一、学习技术 ……………………………………………… 268
　　二、备课技术 ……………………………………………… 269

三、课件制作技术 ………………………………………………… 270
　　四、课堂教学技术 ………………………………………………… 272
　　五、课后交流技术 ………………………………………………… 273
　第三节　教育技术以人为本 …………………………………………… 275
　　一、持续升级教育技术 …………………………………………… 275
　　二、教育技术的目标与目的 ……………………………………… 277
　　三、技术交流不能代替人际交流 ………………………………… 277
　　四、严控媒体信息发布 …………………………………………… 279
　思考与讨论 ……………………………………………………………… 280
　案例一 …………………………………………………………………… 280
　案例二 …………………………………………………………………… 284
　案例三 …………………………………………………………………… 288

第十章　教师职业德性 ……………………………………………… 293
　第一节　教师职业情感 ………………………………………………… 295
　　一、爱国爱家 ……………………………………………………… 296
　　二、爱教育事业 …………………………………………………… 296
　　三、爱生活 ………………………………………………………… 297
　　四、爱学生 ………………………………………………………… 297
　　五、爱科学 ………………………………………………………… 298
　　六、自爱 …………………………………………………………… 299
　第二节　教师职业理性 ………………………………………………… 299
　　一、教师的职业认知 ……………………………………………… 299
　　二、教师的专业知识 ……………………………………………… 301
　　三、教师职业责任感 ……………………………………………… 302
　　四、技术理性的运用 ……………………………………………… 304
　第三节　教师职业理想 ………………………………………………… 304
　　一、教师职业理想的内涵 ………………………………………… 304
　　二、教师职业理想的特征 ………………………………………… 305
　　三、教师职业理想的具体内容 …………………………………… 306
　第四节　教师职业意志 ………………………………………………… 308
　　一、教师职业意志的内涵 ………………………………………… 308

二、教师职业困境 ································· 309
　　三、培养坚强职业意志的主要方式 ············· 311
　思考与讨论 ·· 311
　案例一 ·· 312
　案例二 ·· 315
　案例三 ·· 317

第十一章　教师职业礼仪规范 ···················· 319
第一节　什么是礼 ································· 321
　　一、中国传统礼仪 ································· 321
　　二、西方传统礼仪 ································· 325
　　三、教师职业传统礼仪 ··························· 327
　　四、言行有礼体现教师职业道德修养 ········· 328
第二节　教师职业礼仪 ··························· 331
　　一、形象礼仪 ······································· 331
　　二、教学礼仪 ······································· 335
　　三、活动礼仪 ······································· 337
　　四、社交礼仪 ······································· 339
　　五、人际交往礼仪 ································· 340
　　六、日常生活礼仪 ································· 344
第三节　教师职业形象 ··························· 346
　　一、塑造良好形象是教师职业道德规范的重要内容 ············ 347
　　二、完善教师职业形象的措施 ·················· 349
　思考与讨论 ·· 354
　案例一 ·· 354
　案例二 ·· 357
　案例三 ·· 360

第十二章　教师职业法规 ··························· 365
第一节　教师职业法规和纪律 ··················· 367
　　一、教师享有的权利 ······························ 367
　　二、教师履行的义务 ······························ 368

三、与教师权利和义务相关的法律责任 …………………………… 370
　第二节　守法是教师职业道德底线 ………………………………… 371
　　一、法律和道德的关系 ……………………………………………… 371
　　二、教师职业法规体系 ……………………………………………… 371
　　三、《中华人民共和国教育法》 …………………………………… 372
　　四、《中华人民共和国教师法》 …………………………………… 373
　　五、《中华人民共和国义务教育法》 ……………………………… 376
　　六、《中华人民共和国未成年人保护法》 ………………………… 378
　　七、《中华人民共和国预防未成年人犯罪法》 …………………… 380
　思考与讨论 …………………………………………………………… 383
　案例一 ………………………………………………………………… 383
　案例二 ………………………………………………………………… 386
　案例三 ………………………………………………………………… 390

参考文献 ……………………………………………………………… 395

后记 …………………………………………………………………… 399

第一章 道德与职业道德

"君子爱财，取之有道"，此处的"道"是指正道。在《论语·述而》篇中孔子说："不义而富且贵，于我如浮云。"这句话的意思是："用违背道义的不正当手段得来的富贵对于我而言就像是天上的浮云一样。"在《论语·里仁》篇中孔子说："富与贵，是人之所欲也，不以其道，得之不处也；贫与贱，是人之所恶也，不以其道，得之不去也。君子去仁，恶乎成名？君子无终食之间违仁，造次必于是，颠沛必于是。"这段话的意思是："每个人都期望得到富贵，但是通过违背道义的不正当方法得到富贵，有德之人将不会心安理得地去享受这种富贵；每个人都厌恶贫贱，但是有德之人不会采取违背道义的不正当方法摆脱贫贱。君子如果离开了仁德，又怎么能叫君子呢？即使一顿饭的时间，君子也不会背离仁德，即使生活在窘迫之中，甚至于颠沛流离，君子也会坚持道义、坚守仁德。"从中可以看出，中华民族的血液里流淌着道德的基因。正义指引的公序良俗，是人类社会良性运转的必需条件；仁爱引导的敬德修身，是人性趋向完善的必由之路，也是一个人配享幸福的资格条件。学习职业道德的知识，在职业生涯中按照职业正道做事，修炼自己的职业德性，主要目的并不在于追求个人财富的增加和事业的成功，而在于引导个人通过正当的方式获得财富和事业成功，并使得个人在获得财富和事业成功时能够心安理得。违背正义和缺少德性的人，即使获得了财富和暂时的成功，也不配拥有财富和成功，更不可能在不义之财和短暂成功面前拥有安宁的心境。职业道德是社会正道和个人德性在职业生涯中的体现，职业道德水平是社会文明发展水平和个人完善的标志，也是一个人获得职业成功、安享幸福的保证。

第一节 什么是道德

一、道德的概念

道德，是"道"和"德"的总称，一方面是指正道或正义、道义，是用来衡量人的行为是否具有正当性的标准，即正道；另一方面是指品德，即个人通过人际交往、接受教育及自我修炼等方式，使自己的精神属性获得了一种良好品质，如仁爱、智慧、勇敢等，包括保有同情心、坚守正义观念、具有为他人和社会谋福利的意愿、健全的理性认知和判断能力，以及将同情心、正义观念和利他信念转化为行动的意志品质。

(一) 道

"道德"概念包含两个要素,指称两个对象,一个是"道",一个是"德",而不是如人们日常生活中所说的那样只是指称一个对象。道德概念中的"道",指正道或正义、道义,是用来衡量人的行为是否具有正当性的标准。人类生产、生活实践与动物活动的区别在于:人类实践在天然的生理反应的基础上还有理性思维,在理性思维对客观存在和个人行为进行判断、推理的基础上,通过意志作用而最终形成人的实践。理性对客观存在和个人行为的判断分为事实判断和价值判断两种类型。事实判断就是指人们对于某种存在的事物或现象是什么的判断,例如,新鲜的空气能够使人头脑清醒;价值判断是人们对于一种行为是否具有正当性的判断,例如,成年儿女应该多照顾自己年迈的父母。"道"是人们关于行为正当性的描述,"道"所要解决的问题是:人在社会生活中,什么样的行为才是正当的?在人类社会的公共生活中,为了解决人与人之间各种关系中的行为冲突难题,需要有一个公众认可的、用来判断行为是否正当的标准,于是就有了"道"的观念,将"道"的观念转化为社会生活中的行为规则或规范,就形成了人们用来判断行为是善还是恶的价值标准:那些符合道义的行为就是善的、正当的行为,那些违背道义的行为就是恶的、不正当的行为。

每个人都有自己关于行为正当性的判断,但是在社会生活中人不是孤立活动的,而是生活在复杂多变的社会关系中。道德之道,指的是作为社会共识并得到集体认同的道,而不是指个体自以为是的道。各种"道"的观念有可能来自于某个贤者的观点,有可能来自某种学术观点,也有可能来自某种风俗,还有可能是某个社会组织所规定的。但是,无论"道"的观念最初来自哪里,要成为道德之"道",即成为正当性的判断标准,必须满足三个条件:一是它根源于人们现实生活实践对于正义的需求,二是它必须得到社会公众的普遍认同,三是它一定是经过社会实践的反复检验。在此基础上,某种"道"的观念就逐渐被确定为评价行为正当性的标准。因此,所谓正道,就是人们关于各种利益关系中行为正当性的表达。

道德之"道",是指正道,与正义、道义等概念等同。如果将"道"定义为正道、正义或正当性,就成了同义反复或循环解释。什么是正义？正义就是人们对于各种关系中的行为的"应当性"的判断，是人们关于行为是否应该的认定，这是关于正义的最后解释，也就是说，那些应该做的行为就是正义的，那些不应该做的行为就是不正义的。应当和正义都属于价值判断，是人的行为的观念先导。每个人都有自己的"应该"判断，在每个人的"应该"观念基础上，人们在社会生活中逐渐形成"应该"标准的共识，评价一个人的行为是不是"应该"，依据的不是他个人所持有的"应该"观念，而是那些已经成为社会共识或得到广泛认同的"应该"观念。

日常生活中的正当行为（应该的行为）列举：

行为类型	列 举
自我关系中的正当行为	自立，自爱，自强，自尊，自觉，自制，洁身自好，自我修炼，自我完善，等等
家庭关系中的正当行为	长辈对子女：慈爱，教化； 子女对长辈：敬重，孝顺； 夫妻之间：互爱，互敬； 兄弟姐妹之间：互亲，互敬，互助，互谅，等等
人与自然关系中的正当行为	保护生态，爱护环境，保持整洁有序，等等
朋友关系中的正当行为	相互信任，相互尊敬，相互帮助，相互体谅，等等
群体关系中的正当行为	个人与他人关系：相互尊重对方人格，不侵害别人合法权益，力所能及地帮助他人，互不干扰，宽容礼让，尊重公共秩序，避免麻烦他人，制止恶行，遵守公序良俗，等等； 个人与国家关系：热爱祖国，保卫国家，忠于人民，遵守法律，维护稳定，等等
经济关系中的正当行为	合法交易，买卖公平，货真价实，等价交换，服务周到，诚实守信，等等
政治关系中的正当行为	政府：勤政爱民，维护公平、平等，尊重人权，扶危济困，发展生产，保护人民，维护秩序，惩戒恶行，维护民主，维护公民合法权益，等等； 公民：享受政治权利，履行政治义务，遵纪守法，等等

（续上表）

行为类型	列 举
思想文化关系中的正当行为	珍视优良精神传统，追求真理，独立思考，传道授业，实事求是，尊师重教，彼此尊重，等等
国际关系中的正当行为	和平共处，彼此尊重国家主权，合作共赢，抵御霸权，等等

（二）德

道德之"德"，本意为"德性"或"品德"。在西方，从亚里士多德开始用"德性"一词指事物所具有的良好的品质；将德性的讨论对象确定为人的时候，德性是指人的品质所能达到的值得赞许的优秀状态。亚里士多德认为：人的属性分为肉体属性或生理属性、心灵属性或精神属性；在人的心灵中有三种东西，这就是情感、能力和品质，德性属于品质；人的灵魂分为理性与非理性两个部分。人的德性被分为两类，一类是伦理上的德性，一类是理智上的德性；伦理德性是作用于心灵的欲望部分的优良品质，是指在社会生活环境中，受到社会共同体的行为方式、节制态度的熏陶而形成的对人与事的适度应对的品质，是关乎感受和行为的品质，是关于痛苦和快乐的应对方式所显示的品质；理智德性是思考、反复思维的德性，是人的灵魂中的理性部分的优秀品质，如科学、技术、明智、智慧、谅解等。

亚里士多德所说的伦理德性，指那些符合"中道"或"适度"原则的德性，过度或不足则不符合伦理德性的要求。

中道包括温和、勇敢、谦谨、节制、公平、慷慨、实在、友爱、高尚、坚韧、大度、大方。

过度包括易怒、鲁莽、无耻、放荡、牟利、挥霍、虚夸、谄媚、卑屈、娇柔、自夸、放纵、狡诈。

不及（不足）包括无怒、怯懦、羞怯、冷漠、吃亏、吝啬、谦卑、傲慢、顽固、病态、自卑、小气、天真。

在中国传统文化中，"德性"一词并不常见，一般用"德"来指称人的品德，而没有涉及人之外的事物的属性状况。在儒家文化成型之前，德是中性词，因此，有"吉德"与"凶德"之分，孝、敬、忠、信为吉德，盗、贼、藏、奸为凶德。在儒家道德观念中，德不再是中性词，是指人所具有的良好品德，孔子将君子具有的德性概括为"智、仁、勇"：智者不惑，仁者不忧，勇者不惧。

中国传统道德学说根据中国人的生活经验概括出"八德"，即孝、悌、忠、信、礼、义、廉、耻。

一为孝，所谓"百善孝为先"，孝者百行之首，万善之源，为人不可无孝。

二是悌，是指兄弟姐妹之间要互相怜惜。

三是忠，真心诚意做事，合法合理言行。

四是信，即诚信，只说空话而无实际行动者都属于无信用之人。

五是礼，指态度谦虚、仪容端庄，对尊长有礼貌，待下辈慈爱。

六是义，就是指做事符合道义要求。

七是廉，就是指做人要清白、端正，家虽贫也不愿贪求不正当利益，安分守己、奉公守法。

八是耻，就是指一个人要有羞耻心，不会以耻为荣，不行可耻之事。

总体而言，道德之"德"，是指人通过人际交往、接受教育及自我修炼等方式，使得自己的精神属性获得了各种良好品质，如智慧、仁爱、勇敢等，包括保有同情心、坚守正义观念、具有为他人和社会谋福利的意愿、健全的理性认知和判断能力，以及将同情心、正义观念和利他信念转化为行动的意志品质。"德"所要解决的问题是：一个人要具备什么样的品质才是完善的、值得称颂的，具备什么样的人格才是高尚的。"道"是人们共同认可的、用来评价人的行为是否正当的价值标准，主要存在于社会公共生活领域；"德"是一个人通过各种努力而获得的、在精神素养中稳定存在的良好品质和高尚情操。

可以从以下两个方面正确理解"德"的内涵。

第一，"德"是人的精神素养的一部分，是一种以仁爱为核心内容的心理活动过程。人具有多重属性，如自然属性、社会属性和精神属性。自然属性是指人的天生的动物属性，具体表现为人有生命安全的需求、食物的需求、适宜环境的需求、休息和睡眠的需求等，是人最基本的、本能的属性。社会属性是指人的群体性，人生活在家庭及各种社会组织之中，通过社会化而获得社会属性，并由此适应社会生活。人的精神属性是指人所具有的心理品质或心理活动状况，包括情感活动、认知活动、记忆活动、审美活动、思维活动及意志活动等。人对于他人的同情和关爱之心，对于正义的认知和认同，出于关爱他人或维护正义而舍己为人的奉献信念，以及将同情心、正义感和奉献信念转化为实际行动的意志就是人的德性，或道德品质。对于个人而言，他所具有的德性的内在形式就是他所具有的道德意识、道德情感和道德意志，外在表现就是他的道德行为。

第二，"德"所包含的三个要素之间存在紧密的内在联系。同情心是人与生俱来的、不教而能的情感活动方式，也就是说，同情他人的苦难和不幸遭遇，以及对于自然万物的怜悯，即好生之德，是一个人天然的善良情感。与同情心的天然性不同的是，正义感不是人所具有的与生俱来的精神品质，因为正义是一种社会公共价值观，是社会公共生活在长期的演变过程中逐渐凝聚而成的关于行为正当与否的共识。因此，一个人的正义感，需要在他与社会交往或接受教育的过程中，认识到"什么是正义"，在此基础上认同正义，从而形成正义感。仅仅知道什么是正义，而没有对于正义的情感认同，就不能说某个人具有正义感。利他信念是指一个人为维护正义，或为他人和社会谋福利的信念。但是绝不能认为利他的行为就是道德的行为，利他信念与行为及行为结果本身并不会必然就是善的，无论利他动机还是利他结果都需要接受正义的检验，只有那些符合正义要求的利他动机和利他行为及其后果才是正当的、善的，才是道德的。如果一个人为某个邪教组织的犯罪行为而奋不顾身地奉献自己的力量，对于这个组织的成员而言，这种行为是对他们有利的，但是就整个社会而言，这种行为却是一种罪恶行径。利他信念必须以维护正义为前提，没有正义基础的利他和奉献行为有可能就是为虎作伥。

关于道德概念的各种解释之所以产生偏差，原因在于以下五个方面：一是对于道德存在的概括不全面，没有认识到道德包含"道"和"德"两个要素；二是日常生活中的大众语言对于道德的描述不够严谨，造成道德概念的世俗理解方式与学术理解方式的差异；三是关于道德概念的学术研究，基于各自的学术立场而对道德内涵与外延进行主观设定，忽视了以实事求是的方式考察道德现象；四是以价值判断代替事实判断，将"道德应该是什么"的问题当作"道德是什么"的问题，从而误导了人们关于道德的认知；五是在给道德下定义时，没有严格遵循逻辑规则，以至于出现很多似是而非的道德概念。给道德下定义需要遵循三个思维原则：一是实事求是的原则，承认道德存在是一种社会事实，道德不是人们想象力的产物，它是人们在社会实践中形成的公共价值观和人的品质；二是遵从逻辑规则的原则，按照逻辑规则，用精确的语言揭示道德概念的内涵与外延；三是拒绝独断论的原则，避免将道德与社会现实生活经验割裂，从而给出一个带有学术偏见、被某种理论立场限制的道德定义。只有正确回答"道德是什么"这个问题，才能对于职业道德进行全面而深入的探索。

二、道德的根源

在解决了"道德是什么"的问题之后，我们要回答的另一个重要问题是：道德是从哪里来的，也就是说，道德的根源是什么？这个问题在学术语言中的表达方式就是：道德的本体是什么？通过正确回答这个问题，我们就能够找到道德的真正根源，将道德现象背后的真正本体揭示出来，从而为道德找到客观依据。

（一）关于道德根源的几种错误观点

道德来自哪里？道德产生的根据是什么？关于这个问题的回答，存在下列几种具有代表性的观点。一是认为上帝或神是道德的来源。目前，宗教信众人数众多，一种得到广泛认同的观点是，道德来自于上帝或神的旨意。这种观点具有一定的合理性，一个人由于信仰某种宗教而接受了相关宗教所秉持的道德观念，这是能够得到验证的经验事实。但是这个事实，只能说明信众的道德意识或价值观念受到宗教的影响，宗教教育是道德教育的一种重要方式；只能说明一个人的道德意识有可能来自哪里，而不是说明道德来自哪里。个人的道德观念的来源与道德现象的根据是两回事。二是认为道德是由掌握了政权的统治阶级制定的。这种观点无法经受实践的检验，也得不到事实的证明。统治阶级可以利用政权力量或宣传工具、教育机制及社会治理方式，尊崇或推广某些道德观念，甚至利用各种手段将某种正义价值观普世化，但这种现象只是说明统治阶级的道德教育和道德建设方式，而不能说明道德根源，因为统治阶级自身的道德观念是从哪里来的，依然是个悬而未决的问题。三是认为道德是由圣贤制定出来的。这个观点的合理性在于，它确实指出了圣贤立德立言的事实，如老子所著的《道德经》，整理孔子道德观点和言论的《论语》等经典，对中华民族乃至于其他民族的道德观念，都产生了极其广泛而深远的影响。但是，先贤的道德理论体系，只是对于道德现象和道德行为的理论叙述，是立足于社会生活，将道德经验进行加工整理，抽象而成道德理论。先贤为道德立言，只能说明道德现象的理论化形式，而无法证明道德来源于先贤的创制。

以上几种观点的一个共同特点，就是在思考道德来源这个问题时，在认识论上陷入了主观唯心主义或客观唯心主义的误区。主观唯心主义将世界的本源归结为人的意识，客观唯心主义将世界本源归结为上帝或神的意志。依据上述两种哲学认识论，道德现象的根源就必然被归结为上帝意志，或某个领袖、某个圣贤的个人意志，或某个组织的集体意志，而不是依据历史唯物主义的世界观和认识论，按照实事求是的思维路线去探讨道德的本源问题。

（二）道德的两个根源

所谓道德的本源问题，是指道德现象赖以产生的基础是什么的问题，而不是指人的道德观念或道德品质，以及道德规范的来源问题，也就是说，这个问题要回答的是：人类社会为什么会有道德现象。所有社会现象的存在都与人的需要有关。道德现象存在的第一个原因是社会现实生活的需要。第一，人类社会的历史开始于有生命的个人的存在，一切人类社会生活也是以个人的生命存在为前提的。人类社会是从哪里来的？如果没有人就不会有人类社会；人类社会生活的一切内容都是人的实践活动而已。第二，人要维持生命的存在，就必须进行物质资料生产。因为人类生命的延续需要消费物质资料，没有必需的物质资料的保障，人的生命难以为继。第三，人类进行物质资料的生产是个持续不断的过程，如果停止了物质资料的生产，生命就会因为得不到维持生命所必需的消费资料而面临停止。因此，人类的物质资料的生产是不断的再生产，而且随着人类人口的增加和需求的增长，物质资料的再生产成为一个不断扩大的再生产过程。第四，人类必须进行种族繁衍。物质资料只能维持个体生命的延续，人类社会的存在还必须依赖于第二种再生产，即人口的繁衍。地球上人口的不断增加，就是根源于婴儿的不断出生。没有新生婴儿，就没有人类的未来，种族繁衍一旦停止，这个种族的社会生活就会消失。第五，在人类进行物质生产和人口繁衍的基础上，人类的理性活动和精神生活不断生产出精神产品，即观念、思想和文化。第六，人们在物质生产活动中产生生产关系，在人口繁衍中产生血缘关系和家庭组织，在精神生活的生产与再生产过程中，产生各种观念、思想、理论、意识形态等精神关系。生产关系的总和形成经济基础，在这个基础之上，人类逐渐建立了政权组织，形成各种社会制度，产生国家。于是，生产关系、政治关系、家庭关系、思想关系成为人类社会主要的社会关系，个人生活于这些社会关系的总和之中。第七，人类生活于各种社会关系之中，必然产生一个问题是：个人的社会活动，如果涉及他人的利益，关系到他人的生活状况，或者对他人的行为产生影响，那么这个人的社会活动就必然要解决这样的问题：他应该如何行动才是正当的？如果人与人之间没有就"什么样的行为才是正当的"这个问题达成共识，人们的社会生活就会陷入无休止的冲突，人类社会将难以继续。因此，在漫长的社会生活中，逐渐形成了这样的观念和共识：什么样的行为才是正当的？正当的行为就是正义的，不正当的行为就是不正义的。这样一来，社会公众的意识中就形成了正义观念。正义观念，或者正当性观念，就是人们常说的道义，就是道德之"道"，或者说是正道。总体而言，人类社会生活实践才是道德之"道"存在的基础，是道德的来源之一。

　　道德现象存在的第二个原因是人的发展的需要。无论一个人是否受过良好的教育，都有改善自身的存在状况、身心得到全面发展的精神追求。德性的完善和内心的善良，是每个人都会具有的对于自己要成为一个什么样的人的期望，尽管这种期望在每个人身上的表现形式不同，但是在每个人的内心深处，都有对自己发展和完善的目标定位，正是这种期望，使得每个人都有可能在社会现实生活中，通过接受良好的家庭教育或学校教育不断修炼自己，完善自己的精神素质，使得同情心、正义感，以及利国利民的信念成为自己稳定的心理品质和行动意志，由此逐渐获得良好的道德品质。良好的道德品质不是用来进行利益交换的手段，它本身就是一个人的内在利益，因为只有良好的德性才能使得一个人获得内心的安宁和灵魂的平静，是一个人享受幸福必备的资格条件。

　　道德现象存在的基础是人类的社会现实生活。人类通过社会实践活动，一方面再生产社会，使得社会生活得以延续，另一方面生产人自身，使得生命得以延续。社会再生产和人的再生产，都必然产生一个需求，那就是什么样的社会生活更加美好，什么样的人更加完善？正是人类在追求自身存在的理想状态的过程中，社会正义和个人德性逐渐形成。在不同的时代，由于社会物质条件和文化条件的差异，人们对于正义和德性的内容的理解，往往不同。正是这些不同，体现了人类对于自身存在状况的反思，对于社会进步和人的完善的无止境的追求。

三、道德的结构

一般而言，道德品质包括同情心、正义感、良好的认知和思维能力、利他信念及行动意志。个人在社会生活中承担多种社会角色，每一种社会角色需要承担独特的责任，于是形成了相应的德性和行为规范。在不同的生活领域，人的道德品质要求和行为规范标准，既有一般性，也有特殊性。

如果以人与人之间关系的特点为标准，可以将生活领域分为私人生活、家庭生活、社会公共生活、职业生活、政治生活、文化生活。私人生活也被称为私密生活，是个人能够在隐私得到保护的前提下的自主生活，个人面对的社会关系主要是自我关系，即自己对于自己的关系；家庭生活是指以血缘关系为基础的家庭成员的共同生活；社会公共生活指无身份限制的、人们在公共空间里发生相互联系、相互影响的共同生活。与家庭生活、学校生活、工作单位的生活相比较，公共生活的领域更加广阔，内容也多种多样；职业生活是指人们基于经济关系和职业目标而产生的生活实践，以经济活动为主要生活内容；政治生活是指人们基于政治关系而产生的生活实践，以政治活动为主要生活内容，如党团活动、政治参与等；文化生活是指人们基于精神关系而进行的文化生产、文化传播和文化消费等活动形成的生活。

不同的生活领域，在遵循普遍性的道德要求的前提下，存在不同的道德品质要求和道德规范标准，个人私德、家庭美德、社会公德、公民道德、职业道德、政治道德、文化道德构成一个社会的道德体系的主要内容。

第二节 道德的养成和价值

一、道德品质和道德行为的现实可能性

(一) 人的精神属性为道德提供了主体条件

道德包括两个要素,一个是道,另一个是德。道德之"德",是指人的精神属性中所具有的同情心、正义观念、为他人和社会谋福利的信念,以及将同情心、正义观念和利他信念转化为行动的意志品质。同情心,即对于他人的困苦甚至对于自然万物的不幸遭遇而产生的同情心理,这种心理能力和心理过程并不是后天学习而获得的,是人天生就具有的心理品质。在《孟子·告子上》一文中,孟子说:"恻隐之心,人皆有之;羞恶之心,人皆有之;恭敬之心,人皆有之;是非之心,人皆有之。恻隐之心,仁也;羞恶之心,义也;恭敬之心,礼也;是非之心,智也。仁义礼智,非由外铄我也,我固有之也,弗思耳矣。"这段话的意思是:同情心,人人都有;羞耻心,人人都有;恭敬心,人人都有;是非心,人人都有。同情心属于仁;羞耻心属于义;恭敬心属于礼;是非心属于智。这仁、义、礼、智都不是由外在的因素加给我的,而是我本身固有的,只不过平时没有去想它,因而不觉得罢了。孟子还举例说明自己的观点。他说,有人看见一个小孩掉入井里有生命危险,就产生了"恻隐之心",便设法将小孩从井里救出来。他这样想这样做,并非是因为他与小孩的父母是好朋友,也并非是因为他想在乡邻之中树个好名声,也不是因为他厌恶小孩在井里的哭喊声和挣扎声,而完全是因为他有一颗"不忍人"的"恻隐之心"。同情心是人天然具有的心理品质,是德性的基础,这是心理学事实,也是能够在经验世界得到证实的事实。

人之所以能够认知"正义",形成正义观念,是因为人有理性,有认识事物本质和客观规律、理解和辨别观念的能力。认知能力存在于人的理性之中,理性是人的精神属性的一部分,理性能力是人与生俱来的心理品质,如果没有理性,人就不可能具备认知外在事物、辨别他人观点的能力。

人的德性的第三个要素是利他信念和奉献精神。利他信念和奉献精

神，是指一个人具有为他人和社会谋福利的信念。首先，利他信念和奉献精神以同情心为基础，如果一个人对于他人的遭遇和社会灾难没有发自内心的同情，他有可能会偶尔做出利他行为，但是不可能在内心形成利他信念，也难以形成为利他而行动的决心。其次，利他信念和奉献精神以理性判断为基础，而不是非理性的盲目冲动和没有原则的激情。正义是利他信念和奉献精神的路标，只有正义才能够为利他行为指引正确的方向。个体行为可以有很多种利他可能，但是任何利他行为及其后果，都要经受正义的检验，都要经受道义的审判。因此，利他信念的前提是一个人对于正义的认知和认同，只有理性才能够正确认知正义，只有同情才能够激发人们为正义而献身的精神。

人的德性的第四个要素是"将同情心、正义观念和利他信念转化为行动的意志品质"。如果一个人具有同情心和正义感，也有利他信念，却始终将这些品质停留在情感和认知阶段，而没有付诸行动的意志，就不能被看作是有德性的人。德性需要心理基础，但是只有将同情心、正义感转化为实际行动，从而在维护个人正当利益的同时，尽可能地为他人和社会谋福利，甚至为正义而献身，为社会进步而不惜牺牲个人正当利益，一个人才算是具有德性，即具有良好的道德品质。人在受到威胁或利诱的时候，也有可能做出维护正义或利他的行动，但是这些行动最终要通过一个人的意志起作用，意志是一个人精神属性的一部分。尽管一个人的道德意志是需要长期的修炼才能够形成，但是任何道德行动都必须经过个人的道德意志推动才有可能成为现实。

（二）教育和自我修炼为道德提供了发展条件

良好的德性需要良好的教育。同情心、正义感和舍己为人的信念，以及将道德情感、道德认知和道德信念转化为道德行动，依赖于人的精神属性，即一个人具有了良好的道德品质，才有可能积极主动地在各种行为中敬德守道，将个人良好的德性外化为值得赞许的社会行为。但是，善良的道德品质必须建立在接受良好的教育的基础上。教育，就是指个体与个体之间以及社会组织与个体之间的文化传播过程和结果，是一定的社会组织和个体通过各种方式将知识和价值观念及文学艺术、技术，向其他个体传授的行为，也是指个人通过各种方式学习知识、价值观念以及文学艺术、技术的行为。教育不仅是一个人接受各种文化信息的过程，也是人的思维得到训练，认知能力得到提高的过程，也就是说，教育的目的不仅在于让一个人知道得更多，而且是让一个人的思考能力得到提高，知识的增加和思维能力的提高，是教育效果的体现。

接受教育和自我修炼，是一个人形成良好德性的必要条件。同情心是每个人天然具备的心理品质，但是在现实生活中，同情心经常面临两个困境：一是同情心会受到人性中固有的自爱等情感所导致的怨恨、狭隘、猜忌等心理的冲击；二是在后天的生活经验中，同情心会因为各种外在因素的影响而被压制，以至于人们会因为过多地考虑外在利害关系和个人得失，而忽视了同情心。在《论语·阳货》篇中孔子有句名言："性相近也，习相远也"，意思是："人的天性是相近的，但是各种后天因素，导致人的行为习惯差异很大。"为了保持同情心，人就必须要不断地接受良好的教育，尤其是良好的道德情感的教育，不断地以自我学习和自我反省的方式进行自我修炼，即"吾日三省吾身"。虽然同情心与生俱来，但它不是人性中的唯一，它会受到各种干扰，也会因为各种因素而被忽略。只有接受教育和自我修炼，才会保持纯真的同情心，才能保有德性的基础。

人的德性的第二个要素是正义感或正义观念。正义观念不是个人一厢情愿的想法，而是一种社会共识。既然是外在的社会观念而不是人天然具有的意识，个人要具有正义观念，就必须通过人际交往，在处理各种社会关系中认识到什么是正义，或者通过接受教育的途径认识到"什么是正义"。只有良好的教育才能让一个人明白什么是正义；只有认知正义才有可能认同正义，才有可能形成一个人的正义德性。

人的德性核心内容之一就是良好的理性能力。理性能力包括人的感知能力、认知能力、判断能力、审美能力和思维能力。人类是有限的理性存在者，理性能力是人天然具有的，但是必须经过接受教育和不断得到训练的方式，人类的理性能力才能够得到发展。

正义标准和德性品质之间存在相互促进的关系。一方面，人的良好德性的形成离不开对社会正义观念的学习和体悟，不符合正义标准的品质不会是良好的德性。另一方面，德性所具有的理性能力使人不断认知和反思正义标准，以至于在不同的社会历史条件下，人们对于正义的内容理解往往不同。正义观念的时代差异，可能正是道德进步的体现。正义观念的变化原因正是教育。接受了良好教育的个体，不仅能够认知正义,还能够不断反思正义,以理性精神深入思考正义,而不是将某种特定的正义观念当作普遍化的教条。正是如此,人类的道德才能够不断完善和进步。

(三) 利益为道德提供了客观基础

人类所有的活动都必然与利益有关,人与人之间的关系,最基本的是利益关系。但是利益并不等于物质利益,利益概念的内涵与外延比物质利益要丰富得多,物质利益只是利益的一种形态。就利益的表达形式而言,有物质利益和精神利益的区别;就利益的领域而言,有政治利益、经济利益和文化利益的区别;就利益主体而言,有个人利益和集体利益的区别;就利益的合理性而言,有正当利益和不正当利益的区别等等。所有道德行为都与利益相关。

在中国和西方历史上,很多学者都认为道德就是让渡利益,道德和利益之间的关系是相互排斥的,也就是说追求利益就是不道德的,高尚的行为就是抛弃利益的行为。这种观点的错误在于,它没有真正弄清楚什么是利益,将利益等同于不正当的个人利益,或者将利益认定为物质利益,从而将追求利益的行为当作自私自利。从人类历史的发展和生活现实来看,正是利益追求才为人类发展和社会进步提供了原始动力,所有人类行为都必定与形形色色的利益相关联,道德行为是人类行为的一种,自然也与利益相关联。道德和利益的关系,不是互相排斥的关系,而是相互依存的关系:正是有了利益关系,才有了道德存在的必要,道德就是为了调整人与人、人与自然之间的利益关系而存在的。那些维护正当利益的行为,无论是维护自己的正当利益还是维护他人的正当利益,都属于道德行为;那些舍弃自己的正当个人利益而增进他人和社会正当利益的行为,则是道德行为中的高尚行为。

综上所述,道德之所以是可能的,原因有多种。第一,人天然具有的同情心;第二,接受教育和自我修炼从而形成良好的道德品质;第三,人们对于正当利益的追求。以上三种原因导致的道德行为,都值得肯定或称颂。找到了道德可能性的原因,就可以解决"依据什么进行道德评价"的难题。

对于道德与利益关系的误解,导致人类思想史上长期存在关于道德评价标准的对立观点,典型表现是"动机论"与"效果论"的分歧。

"动机论"认为,评价行为是否道德只能依据行为动机,因为只有人的善良意志才能算是绝对善良的、道德的,至于善良意志有没有带来预期的效果,则不影响动机的善良和道德性质。"效果论"认为,判断一个行为是否道德,只能根据行为的效果来判断,因为一个人的行为动机是别人无法知晓的,只有行为后果才能够成为判断依据。

评价道德行为是依据行为动机还是依据行为效果?之所以出现上述分歧,根本原因在于两个方面。第一,没有全面理解道德的内涵,要么将道德看作人所具有的道德品质,要么就是将道德看作个人之外的代表正义的行为规范。如果将道德看作品德,必然依据人的行为动机评价行为是否道德,如果将道德看作行为规范,必然依据行为的效果评价行为是否道德,因为只有人的行为效果能显示出正当性。第二,没有正确理解道德与利益的关系。道德行为与利益不可分离,任何道德行为都必然涉及利益后果,因此,道德评价可以依据道德行为的后果。

如何评价一个行为是否道德?第一,依据行为的整体因素来评价,因为无论动机还是后果都是行为不可分割的组成部分,行为动机与后果一般情况下是一致的。第二,如果出现了行为动机与动机所预期的效果不一致的情况,可以对动机和效果分别进行评价,即以德性标准来评价行为动机,以道义标准来评价人的行为后果。如果一个行为从善良动机出发却导致不正义的效果,只能说行为后果不正义,但是却不能说这个人不善良或道德品质恶劣;如果一个行为从恶的动机出发却导致了正义的结果,那么只能将行为后果评价为正义的,却不能因为偶然的正义后果而认为这个人具有良好的道德品质。

二、道德的价值

道德之所以存在,就是因为道德能使社会具有正义,行为秩序有度,人性趋向完善,仁慈照亮心灵。道德使得生活更加美好。

(一)道德的个体价值

1. 道德是人的发展与完善的方式

道德包括个人德性和社会正义两个要素。德性属于一个人的精神属性,是人性趋向完善的方式。人的自由而全面的发展和社会的进步,是人类文明的总目标。人的自由而全面的发展体现在很多方面,其中一个重要内容就是人的道德品质的发展。人的道德品质从天然的同情心走向社会正义感，从正义感走向为他人和社会谋福利的高尚人格，正是一个人发展的方式。人通过接受教育和自我修炼等方式，逐渐具备智慧、仁慈和勇敢的德性，是人性得以完善的标志。如果失去了优良德性目标的指引，人性就有可能偏向邪恶，甚至堕入黑暗的深渊。

2. 道德是言行的前提

人的行为以天然的生理活动为基础，以理性活动为指引。任何一个行动离不开事实判断和价值判断，孔子之所以将"智、仁、勇"作为君子的三个核心德性，就是因为"智者不惑、仁者不忧、勇者不惧"。因此，一个人言行的正确或合理、适当，必然以理性的认知和思维活动为前提，更需要以善恶判断为导引，良好的德性为一个人的言行设置了指南针。

3. 道德是良好人际关系的纽带

人与人之间的关系很复杂，但是利益关系是核心关系，那些维护自己和他人的正当利益的行为是合理的、值得肯定的；那些出于正义感和责任感而舍己为人者，是高尚的人。道德是调整利益关系的自觉方式，具有良好的德性的人，不仅能够以恰当的方式维护和增进自己的正当利益，也能够尊重和维护他人的正当利益。人们之间的交往关系，一定因为彼此尊重和维护正当利益而成为友善而和谐的关系，也必定因为相互损害而毁坏了彼此的信任和友情，诚如《论语》所说："德不孤，必有邻"。

4. 道德是家庭和睦的保证

家庭是一个人安身立命的根基，是一个人身心的庇护所。一个人即使获得了事业成功，如果没有幸福的家庭生活，那么他的人生依然是不幸的、残缺的。"修身、齐家、治国、平天下"是中国传统道德观念的核心内容，"齐家"被认为是治国、平天下的必备条件之一。家庭生活需要美德的维护。家庭以血缘关系为基础，天然的血缘情感如父母对子女的慈爱、子女对父母的依恋和敬重，基本上能够维持正常的家庭生活。但是家教不良、民风不纯及缺乏自我修炼等原因，都有可能使得自私自利、残暴少慈、不孝不敬等行为在家庭生活中出现。一个缺乏良好道德规范和道德品质的家庭生活，一定是不幸的、缺乏温暖和幸福的家庭生活，因此，道德是家庭和睦的保证，家庭幸福是幸福生活的核心内容。

5. 道德是事业成功的条件

个人生活在群体之中，一个人的事业必然需要和他人相互合作才有可能进行下去，人与人之间合作的基础是利益关系的存续。如果一个人自私自利、心胸狭隘，或刚愎自用、独断专行，这样的不良品质很难为别人所接受，也难以在工作中创造良好的合作模式。追逐利益是人的本性使然，但是追逐利益的方式需要接受道德的约束。一个德性好、行正道的人，必然能够将各种人才团结在自己周围，从而为事业成功打下坚实的基础。事业成功的前提是人际关系的成功，只有良好的道德品质才是建立成功的人际关系的必要条件。

（二）道德的社会价值

1. 社会稳定的精神基础

道德是一个社会个体与个体之间、个体与群体之间，以及群体与群体之间的精神纽带。一个群体之所以能够保持稳定的存在状态，一个组织之所以能够形成，根本原因就在于群体或组织具有其成员共同认可的核心价值观和共同遵守的行为规范。社会成员核心价值观就是正义观念；社会成员共同遵守的行为规范，就是那些符合正义要求的规范或规则。正是由于拥有共同的道德价值观，群体或组织才得以形成，社会结构才得以保持基本稳定。道德是一个社会的公共理性，是社会稳定的精神基础。

2. 社会生活的秩序要求

道德规范是依据道德要求而形成的行为规则，它是由一定的社会组织制定的，也有可能来自于人们在集体生活中的约定俗成。个体在社会生活中必然发生各种利益关系，调整利益关系的方式有道德方式和法律方式。道德方式是指通过个人在各种利益关系中的行为，自觉遵守道德规范；法律方式是指司法机关通过强制方式，禁止那些破坏社会正常秩序、危害他人和社会公共利益的行为。法律强制是规范的底线要求，在此之上是极为广阔的、人们可以自由选择的行为空间，在人们自由、自觉地选择各种行为方式时，遵守道德规范是社会生活保持有序的必要条件，遵守公序良俗是一个公民不可推卸的道德责任。

3. 社会治理的重要方式

社会治理方式有很多种，德治和法治是两种基本的社会治理方式。

德治就是以德治国，法治就是依法治国。以德治国有两个含义：其一，是指国家治理者以仁德的方式对待公众，如孔子在《论语·为政》篇中所说："为政以德，譬如北辰，居其所而众星拱之。"其二，是指通过道德教育的方式，养成社会个体良好的道德品质，从而通过公众自治而治国，如孔子在《论语·述而》篇所说："其为人也孝悌，而好犯上者，鲜也。不好犯上，而好作乱者，未之有也。"自古以来，德治都是一种极为重要的社会治理方式，无论是当权者还是社会公众，以良好的德性对待彼此是德治的条件。

对于一个民族和一个国家而言，那些具有悠久历史的优良道德传统是最为宝贵的精神财富，是一个民族生生不息、一个国家繁荣稳定的精神保障，是人民灵魂的栖息地和精神家园。一个伟大的民族，必然是拥有伟大的道德传统的民族；一个值得尊重的国家，必然是一个具有强烈道德责任感的国家。那些沉沦于追求物质利益而忽视精神修炼、那些为一己私利而不惜违背道义的人，无论身居什么样的高位，拥有多少物质财富，都依然属于"小人"之列。

第三节 职业道德概述

一、什么是职业

（一）职业概念

什么是职业？要理解职业，首先要给出一个确定的职业概念。职业概念必然是以人类社会生活经验为基础，它属于事实判断，而不是价值判断，也就是说，不能从"职业应该是什么"的价值立场出发定义职业，而只能从人类生产劳动及各种社会利益关系的客观事实出发定义职业。职业，是指以提供产品和服务的方式，满足人们的生活需要和社会运转的功能需要，从而获取经济利益的劳动方式的总称。

职业有以下六个特点。第一，职业来自于人类的生产活动和服务活动。随着人类文明的进步，不断出现社会分工，逐渐形成稳定的经济活动方式，那些符合社会需要的劳动方式逐渐专门化，成为一种职业。第二，职业承担特定的职能，以专门的活动内容满足社会生活的需要。第三，职业以经济利益为目的，所有职业都是为了获得一定的经济利益而

第一章 道德与职业道德

进行的劳动。第四,职业以一定的劳动经验和专门技术要求为基础。第五,职业存续具有一定的稳定性和长期性。第六,职业具有认同性和合法性,只有那些得到公众广泛认同或得到法律允许的劳动活动,才有可能被称为职业。

(二)职业意义

1. 职业的社会价值

人类社会的存在和发展,必须依赖于物质、精神和人口的生产、再生产及扩大再生产,社会再生产依赖于各种劳动实践活动。职业是社会分工的产物,职业活动是社会交换劳动、合理配置人力资源的主要途径,也是满足社会存在与发展需求的基本方式。随着商品经济的发展和成熟,职业活动成为社会劳动方式的核心内容,整个社会的劳动,以及产品交换、服务提供方式,都是通过职业活动完成的。职业活动以专门知识、技术及独特的劳动经验为基础,生产效率由此得到不断提高,能够为社会生活提供更多、更好的产品和服务。

2. 职业的个人价值

在商品经济社会,职业活动是个人获取生活资料的基本方式。职业形成于社会分工之后,以商品经济关系为基础。在此前提下,职业是个人获得生产资料和生活资料的基本方式,无业或失业意味着个人无法与社会交换劳动产品和服务,生存就有可能陷入困境。因此,对于个人而言,立业与成家一样,是人生两件大事之一。职业活动的目的是获取经济利益。在人类历史上存在过私有制、公有制,以及混合所有制等财产所有制形式。即使是公有制,人们也只能通过贡献劳动与服务的方式等价换取公共财产提供的利益。拥有一份职业,是个人参与社会劳动以及劳动产品的交换、分配和消费的条件,是个人改善生存状况的主要手段。职业成功是个人成功的重要方式,也是实现个人人生价值的重要领域。

二、什么是职业道德

(一)职业道德的概念

职业道德是指个人的职业活动应该遵循的正道,即职业之道,以及个人在职业活动中所具有的德性，即职业之德。职业之道以各种职业道德规范来表达，职业之德的表现形式为个人在职业活动中所具有的职业良心、职业正义感、职业奉献精神和职业道德意志。不能将职业道德理解为"人们在职业活动中所遵循的道德规范，以及与之相适应的道德观念、情操和品质"，原因如下：第一，道德规范只是道德之道的体现，是职业正道以规范的形式表达出来的，虽然某些职业规范在特定职业领域受到广泛认可，而且成为行业行为规范，但是不一定符合职业正道的要求，因此就不能被称为职业道德规范。职业道德规范是指那些符合道义要求的、将职业行为导向正义的规则。第二，职业之德确实是指人的职业观念、情操和品质，但是职业之德不是用来适应职业行为的，而是以主体良好的道德品质来约束个人职业行为，从而使自己的职业行为符合职业正道的要求。职业之德不是适应职业行为的，而是职业行为要适应职业之德，二者的主体与客体关系不能被反向设置。

（二）职业道德的属性

职业道德具有双重属性即一般属性与特殊属性。职业道德的一般属性是指职业道德属于社会道德体系的一部分，是道德在职业领域和职业行为中的体现，它只能遵循道德的一般要求而不能突破社会道德原则。职业道德的特殊属性是指职业道德的职业属性和行业特性。职业分为很多种类，每个职业领域的职业行为，其活动目标和内容都不尽相同，职业道德在规范不同职业行为的同时，必然产生具有职业特性的道德规范要求和道德品质要求。

（三）职业道德与职业法规的关系

职业道德与职业法规既有区别，也有联系。二者的联系在于：它们都是以职业行为作为规范对象，但是二者也有明显的区别，主要有以下五点：

第一，作用范围不同。职业道德不仅要求从业人员按照正道行为，还要修炼道德品质；职业法规一般不注重个人品德，它只会依据职业行为的结果做出相应的规定。

第二，作用方式不同。职业道德是通过个人的道德品质和职业良心，自我约束职业行为；职业法规则是以强制的方式，规范职业主体的权利与义务,以及职业主体之间的权利与义务关系。

第三,表达方式不同。职业道德品质和职业道德规范的表达方式,往往是不成文的、约定俗成的,或者社会共识的方式来表达;而职业法规则是通过正式的立法程序,以明白无误的条款,即成文形式表达具体内容。

第四,要求的层次不同。职业道德是引导人们在职业行为中如何更加完善,更加高尚,不违法只是职业道德的底线要求;职业法规并不要求从业人员追求高尚,它只是维护从业者正当的权利,对于违背法律义务要求的行为做出相应的处理。

第五,主体不同。职业道德的主体是从业者自己,职业道德是从业者的自觉追求;职业法规的主体是代表公共权力的司法机关,所有从业者的职业行为都是职业法规作用的对象。

三、社会主义职业道德的基本要求

每一种职业的道德要求,既有相通之处,也有行业特点。一般而言,我国职业道德需要遵循五个基本要求。

(一)爱岗敬业

爱岗敬业所要求的对象是所有从业者。爱岗敬业的一般要求是:从业人员热爱自己的工作岗位,敬重自己所从事的职业,表现为从业人员勤奋努力、精益求精、尽职尽责的职业行为。兴趣是最好的老师,热爱是最大的动力。以爱岗敬业的心态从事自己的职业,不仅是个人获得职业成功的基本条件,也是一个人享受职业快乐的前提。由于动机的不同,爱岗敬业的目的存在差异。一是物质利益动机,即个人为了追逐商业利润和金钱而从业,为满足自己生活需要而不得不爱岗敬业;二是理想信念的支撑,即个人将职业当作获得事业成功的主战场,为实现人生理想目标而爱岗敬业,在这种情况下,职业逐渐成为事业,职业的成功逐渐演变为人生的成功;三是高尚情怀的激励,即一个人将职业活动当作个人为了社会发展和国家进步,为了大众利益而奋斗的行动方式,这种爱岗敬业的目标不再是个人物质利益的诉求和财富的追逐,而是忧国忧民、胸怀天下,这样的人是仁人志士,就像鲁迅先生所说的那样,是中华民族的脊梁。

（二）诚实守信

诚实守信主要是用来规范经济领域的商品生产和商品交换活动，以及各种商业合作行为。诚实守信的一般要求是：从业者在职业活动中应该诚实劳动，合法经营，信守承诺，讲求信誉。具体表现在三个方面：第一，职业活动中个人所享受的职业权利和所尽的职业义务，应该是等价的，即个人所付出的职业劳动和他的职业所得比较，应该是社会公认的公平；第二，个人获得职业利益的手段应该公正，合乎法律和道德规范的约束，而不能以欺诈和其他不正当手段从事职业活动；第三，个人和组织在职业活动中对于他人和社会的职业承诺应该兑现，即使因此本人或本组织利益受损，也要维护信用。

职业关系和职业交往活动是建立在相互信任的基础之上，一旦违背了诚实守信的原则，不仅正常的职业关系会遭到破坏，利益遭受损失，破坏社会公正，而且会损害个人或团体的形象，从而导致个人和社会的双输结局。

（三）办事公道

办事公道所要求的对象，主要是拥有公共权力的政府机关办事人员。办事公道要求业人员在职业活动中，要做到公平、公正、公道，坚决避免滥用权力，坚决防止公权私用，坚决反对以权寻租，要做到不谋私利、不徇私情，不以公权损害公共利益，不以公务活动损害公民利益，不假公济私。具体而言有四个方面的要求：第一，从业者要忠诚于自己所在的组织，不损害自己所属的团体的正当利益，不能因为个人私利而出卖组织，或者将组织的利益变相输送给个人，损公肥私；第二，从业者不得损害社会公众和国家、民族利益，从业者的职业行为只能增进社会、国家和民族利益，而不能反其道而行之；第三，杜绝权力寻租，即不能以职业便利牟取不正当个人利益；第四，在处理各种利害关系时，要平等、公正地对待他人，不因为他人或组织在财富、权力、社会地位，以及与自己亲缘关系等方面的差别而区别对待，要避免趋炎附势和歧视弱者。

（四）服务群众

服务群众所要求的对象，是所有的从业者，它要求从业者在职业活动中，一切从群众的利益出发，为群众着想，为群众办事，为满足群众的生活需要而不断提高服务质量，想群众之所想，急群众之所急。服务群众是任何一种职业活动都必须遵循的行动原则，原因就在于：只有服务群众，职业活动才能够获得群众的回应和支持，才能够拥有良好的商品生产和交换关系，从而获取基本的经济利益。在商业领域，以良好的服务群众意识获得合法收益是应当的。为群众提供各种服务可以成为利益交换的手段，从而各得其所，获得双赢。但是，在公务领域情况与商业领域存在本质不同。商业领域的职业活动以获取本人和组织机构的单位利益为目标，是合理的，但是在公务领域尤其是公务员，为人民服务是必须要求，政府部门不能通过为群众服务而为谋取本部门利益，国家和政府也没有独立于群众之外的利益，因此，公务领域不能将为群众服务当作获取单位利益的手段，为群众服务就是公务部门的工作目标。那些介于公务部门和商业领域之间的职业，如医生、教师等，必须以为群众服务作为职业方向，而不能使职业活动沉沦为纯粹的商业活动和市场行为，因为经济利益只是职业活动的基本出发点，却不是职业活动的归宿。

（五）服务社会

服务社会，是所有职业活动的最终目标。它要求从业人员在自己的工作岗位上，树立起奉献社会的职业理想，并通过兢兢业业的工作，自觉地为社会和他人做贡献，尽到力所能及的责任，从而建设国家，推动社会发展和文明的进步。服务社会的必要性在于：第一，它是个人生存的必需条件，实现个人价值的前提是为社会贡献了多少利益，正如孔子所说："义然后取，人不厌其取"；第二，服务社会与个人利益增长是一致的，整个社会进步了，生活于其中的个人也能因此获益，个人职业活动就如同修路，为公众修路改善交通状况，自己也必然因此享受到交通的便利；第三，服务社会是个人道德发展的最终归宿。正如墨子所说："万事莫贵于义"。通过职业活动获得经济利益而满足个人的生活需求，这只是职业活动的起点，只有将个人职业活动与服务社会、推动整个社会的进步联系起来，才能够使得自己的职业活动成为高尚的事业追求，自己的职业生涯成为道德修炼的过程，个人也必将因此而获得心灵的完满和精神的满足。

四、职业道德的意义

人的逐利动机足以推动职业行为的发生，但是利益诉求只是职业活动的起点，职业道德不仅将职业活动约束在正义框架内，还可以引导人们做出很多高尚的职业行为。职业道德的意义表现在以下五个方面。

第一，职业道德不断提高人的职业素养，从而提高人的专业技能，完善人的道德品质。具有良好职业道德品质的人，必然追求更加完美的职业活动，以爱岗敬业的精神不断提高自己的专业知识和操作技能，以至于有可能成为一个领域的专家。人们的职业成功不在于选择了什么职业，而在于某个职业领域中从业者的水平达到何种层次，是否处于行业领先地位。良好的职业道德引导从业者不断学习和自我修炼，从而不断促进自身的发展和完善。

第二，职业道德是精神文明发展水平的标志。社会精神文明的水平，体现在个人道德、家庭道德、职业道德和社会公德等领域。在现代社会，市场机制成为社会资源主要分配形式，职业活动不仅成为社会活动的主要形式，也成为个人生活内容的重要组成部分，因此，职业道德水平如何，直接关系到整个社会的道德风尚状况。一个精神文明发达的社会，必定是职业道德水平较高的社会，而一个职业道德水平低下的社会，必然是精神文明比较低下的社会。

第三，职业道德是促进经济发展的软力量。促进经济发展的方式有很多种，野蛮的方式也可能促进社会经济的发展，带来国民生产总值数据的增长，但是它对社会环境和自然环境的破坏，对人们心灵的侵害所带来的后果不堪设想。在一个唯利是图、彼此算计的社会，经济繁荣只会是昙花一现，没有可持续发展的可能，因为经济发展最终还是靠人的行动来推动的。没有良好职业道德品质的人，只会带来不计后果的暴力经济方式，人类历史表明，任何一个违背道义的时代都不可能获得经济发展的长远动力。

第四，职业道德是社会制度完善的途径。法治与德治是社会治理的主要方式，职业道德建设是现代社会人们进行自我治理的重要手段。法治的完善只会以强制的方式维护社会秩序，调整权利与义务关系，法治可以维护社会的公平正义，但是社会制度的不断完善，最终依靠的是人的理性的觉醒和追求进步的理想信念。职业道德不仅规范人们追求经济利益的职业活动，而且引导人们向善、向往高尚，为社会善治提供无尽的道德动力。

第五，职业道德是改善人际关系的重要手段。经济关系与血缘关系构成社会关系的基础。在现代社会，职业活动引发的经济关系是人际交往关系最普遍的内容。如果职业道德水平下降，人与人之间的权利与义务关系受到扭曲，人与人之间的信任受到损害，以至于每一次的商品交易都有可能引发一些人产生不公正、被欺骗的感觉，如此一来，人际关系的恶化就是必然的，西方发达国家和我国市场经济的发展，已经在正面和反面无数次验证了这一点。良好的职业道德能够建构良好的经济关系，强化人们之间的相互信任，改变唯利是图的不良商业观念，从而创造出社会公众得以安居乐业的社会关系环境。

思考与讨论

1. 什么是道德？道德概念有很多种，你认为哪一种道德概念能够真实反映道德本质，揭示道德的确切含义？
2. 什么是职业？为什么说职业与商品经济密切相关？
3. 什么是职业道德？职业道德对于个人和社会而言有什么意义？

案例

遵道修德，沧海桑田

很多人不能正确理解道德概念，以至于觉得回答"道德是什么"这个问题时总是陷入迷茫之中。其实，要理解道德含义，记住两个人的对话就可以了，这两个人就是老子和孔子，他们创造的精神成果成为中华民族传统文化的重要源泉。

公元前538年，孔子前往周国国都拜见老子。孔子向老子讨教之后获益匪浅，几天之后向老子辞行。临别之际，老子说："我听说有钱的人送人钱财，仁义的人用言语馈赠别人。我既不富也不贵，没有钱送给你，想用一些言语馈赠予你。当今世上，聪明而观察深入的人，其遭遇苦难而几至濒临死亡的原因在于爱说人是非；能言善辩的人，其招致祸患的原因在于喜欢宣扬别人不好的地方。做子女不要把自己辈分看得太高；做臣子不要把自己居于上位。希望你一定要记得。"孔子说："弟子一定谨记在心。"

走到黄河边时,孔子站在岸边感叹道:"我担忧大道不行、仁义不施、战乱不止、国乱不治这些问题啊,因此才会觉得人生短暂,感叹自己不能为人世做贡献,不能为人民有所作为。"老子指着浩浩黄河对孔子说:"你怎么不学习水的德行呢?"孔子说:"水有什么德行啊?"老子说:"上善的人,就应该像水一样。水造福万物,滋养万物,却不与万物争高下,这才是最为谦虚的美德。"孔子说:"先生的言论出自肺腑,已经深入弟子我的心脾,使我受益匪浅,终生难忘。我也将遵奉不息,以此来感谢先生的恩情。"

孔子从老子那里回来后,三天没有说话。子贡觉得很奇怪就问他怎么了,孔子说:"我见到老子,觉得他的思想境界就像遨游在太虚中的龙,我干张嘴说不出话,舌头伸出来也缩不回去,弄得我心神不定,不知道他到底是人还是神啊。老聃,真是我的老师啊!"

【案例分析】

老子认为,万物发展都遵循大道,社会生活自然会按照大道而运转,不必用太多人为的因素去干预社会生活,即所谓无为而治。孔子也认为万物自有其存在与发展之道,但是自然之道与社会之道毕竟还是有区别的,又有多少人能够真正明白自然之道,并将正道运用于社会治理而造福万民呢?只有通过良好的教育,培养人才,"学而优则仕",才能治理社会。什么样的人算得上是人才?孔子认为,有德的君子就是治理社会的人才。所谓君子,就是那些接受了良好的教育和经过自我修炼后,具备了智慧、仁爱和勇敢德性的人,能够认识到什么是正道并能够在治理社会时奉行正道的人。

因此,老子重道,孔子重德。老子所言说的"道",是天道,天道主宰一切,万物自有规律,无须人为。孔子所言说的"德",是人德,仁人志士,上通天道,下重人道,修炼智慧、仁爱和勇敢诸品质,从而善治社会,善待万民。天道运转日月,人道指引人伦,德性造就良心。人类社会沧海桑田之变,尽在道与德之间。

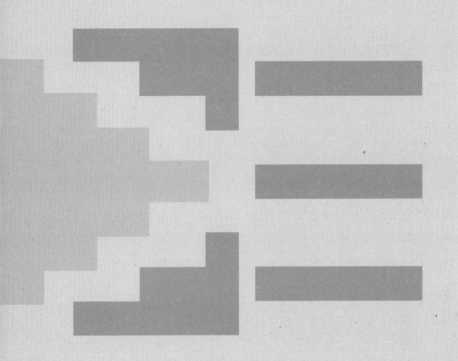

第二章 教师职业道德总论

第一节 教师职业概述

一、教师职业概念

教师是人类社会古老而永恒的职业之一。教师职业,伴随着官学与私学的兴起、学校教育的形成而产生。孔子因首创"私学",奉行有教无类,成为中国第一位教师,被称为"万世师表"、"祖师爷"。

在我国,历代对教师的称谓多种多样,如"西席"、"师傅"、"夫子"、"先生"、"山长"等。从词源上看,"教师"一词最早见于《学记》中的"教师者所以学为君也"。今天,我国对教师的内涵作了较为明确的界定。《中华人民共和国教师法》第三条规定:"教师是履行教育教学职责的专业人员,承担教书育人,培养社会主义事业建设者和接班人,提高民族素质的使命。"从广义上看,教师泛指传授知识、经验的人。从狭义上看,教师是指受过专门教育和训练的人,并在学校专门从事教育教学的职业人员,它承担着社会赋予的培养人职责,通过培养人来实现它的社会使命。

从教师的内涵可以看出,教师的外延是十分广泛的,根据教育阶段的不同和学校类型的差异,教师可划分为高等学校教师、高校辅导员、中学教师、中职教师、小学教师、幼儿教师等多种类型。

(一)幼儿教师

幼儿教师是教师队伍中不可忽略的重要力量,主要以女性教育者为主,负责教育学龄前儿童,也就是幼儿。幼儿教师主要对幼儿进行启蒙教育,帮助他们获得有益的学习经验,促进其身心全面和谐发展。幼儿教师在教育过程中的角色不仅仅是知识的传递者,而且是幼儿学习活动的支持者、合作者和引导者。

(二)小学教师

小学教师是对小学生进行启蒙教育的老师。按照职业类型,教师可分为讲授型和非讲授型两种类型。我们常用"辛勤的园丁"来形容小学教师。如何做好小学生的启蒙教育,是小学教师光荣而又艰巨的任务,教师要不辞劳苦地教授学生学会新的知识,发现学生的兴趣爱好,及时找出学生存在的问题并寻求适当的解决，促进学生健康快乐地成长。

（三）中学教师

中学教师指初级中学和高级中学的老师。中学是从小学到大学的过渡阶段，是知识积累的重要时期。中学老师在关心学生健康成长的同时，重要任务就是传授知识。中学的学习方式不同于大学的自由学习，而是需要老师一字一句地传授，将知识点讲得面面俱到，且需要不断地强化记忆，这也就使得中学老师需要承担较大的压力。

（四）高校辅导员

1952年，国家提出要在高校设立政治辅导员。1961年，中共中央庐山会议出台专门文件，提出在各高校设立专职辅导员，并得到实施。"文革"期间，思想政治工作被"四人帮"利用，思想政治工作声誉遭到破坏。1978年，国家教委出台文件，在高校恢复辅导员制度，因"文革"前思想政治工作人才（包括辅导员）转岗严重，于是以专业教师兼职为主担任政治辅导员，辅导员工作不再仅仅停留在政治工作上，而是逐步向思想政治教育转变。1987年，国家也出台过改进和加强大学生思想政治教育工作的文件，政治辅导员工作定位依旧没有变。一直到90年代，随着改革开放的深入，高校出现了很多新情况，比如帮困工作、心理辅导、职业辅导等工作也成为辅导员工作的一部分。进入21世纪，党和国家越发重视思想政治教育工作，2000年和2004年分别出台文件促进大学生思想政治教育工作。尤其是2004年中共中央、国务院下发的《关于进一步加强和改进大学生思想政治教育的意见》（以下简称为"16号文件"），拓展了辅导员职能，"帮助学生解决实际问题"作为一项职能写进了文件（包括帮困、心理、就业、生涯规划、人际关系等），与此同时，该文件也在很多方面为辅导员的出路和保障做出了努力。16号文件指出："思想政治教育工作队伍是加强和改进大学生思想政治教育的组织保证。大学生思想政治教育工作队伍主体是：学校党政干部和共青团干部，思想政治理论课和哲学社会科学课教师，辅导员和班主任。"此外，16号文件还指出："辅导员、班主任是大学生思想政治教育的骨干力量，辅导员按照党委的部署有针对性地开展思想政治教育活动，班主任负有在思想、学习和生活等方面指导学生的职责。"16号文件配套文件《教育部关于加强高等学校辅导员班主任队伍建设的意见》指出："辅导员班主任是高等学校教师队伍的重要组成部分，是高等学校从事德育工作，开展大学生思想政治教育的骨干力量，是大学生健康成长的指导者和引路人"，专职辅导员总体上按1∶200的比例配备。

（五）高校教师

高校教师是教师职业的一种，它既有教师职业的共同规定，又有自己的特殊内涵。在当代，高等学校承担着人才培养、学术研究和社会服务三大职能，与之相应的高校教师也扮演着教育教学者、学术研究者和社会服务者的角色。

二、教师职业岗位任务

教师是一种专门性职业，不同于普通意义上的社会职业，它需要经过专门训练，需要在职业生涯中不断提升，即终身学习的职业。从总体上看，教师职业岗位任务是教书育人。《中华人民共和国教师法》第三条明确规定，教师"承担教书育人，培养社会主义事业建设者和接班人，提高民族素质的使命。"从具体工作看，教师职业岗位任务主要包括备课、讲课、科研、辅导、管理、批改作业、考核学生成绩等环节。

（一）备课

备课是讲课的前提，是教师教育教学工作的首要环节。备好课可以加强教学的计划性和针对性，有利于教师充分发挥主导作用，调动学生积极性。在备课环节，教师根据学科课程标准的要求和本门课程的特点，结合学生的具体情况，选择最合适的教学方法、教学资源，以保证学生有效地学习。备课分个人备课和集体备课两种。备课的内容有课程标准、教材、教学参考资料、其他教学资源、学生、教法和学法等。备课过程中涉及以下三方面内容：

（1）备课要求。备课要求教师钻研教材，包括钻研学科课程标准、教科书和阅读相关参考资料。首先，钻研学科课程标准是指教师要清楚本学科的教学目的、教材体系、结构、基本内容和教学法的基本要求。

其次，吃透教材。教师必须对所教内容的每一个环节、每一个知识点都掌握得清楚准确，不能出现知识性错误。再次，熟悉教学内容各环节的逻辑联系，能理出教学内容的内在脉络、组织结构，把握教学的重难点等。最后，教师应在钻研教科书的基础上广泛阅读有关参考资料，精选材料来充实教学内容。

（2）了解学生。首先，要考虑学生的年龄特征，熟悉学生身心发展特点；其次，要了解班级情况，如班风等；再次，要了解每一个学生，掌握他们的思想状况、知识基础、学习态度和学习习惯等，从不同的学生水平出发，因材施教，既要面向全体又要分层次提出要求，努力使教学切合学生实际。

（3）设计教法。教师在钻研教材、了解学生的基础上，要考虑用什么方法和其他教学资源，要根据教学目的、内容、学生特点等来选择最佳的教学方法，从而使学生掌握知识，促进他们能力、品德等方面的发展。

（二）讲课

讲课是教师教育教学工作的中心环节，讲课效果的好坏直接影响教学质量的高低。讲课是教师以教材为依据，根据自己的备课方案，将书面知识传授给学生，借助多种教学手段，绘声绘色地向学生传递知识，培养学生学习能力的过程。它是教师和学生双向交流的过程。

（三）科学研究

教师，不仅要教书育人，还要进行知识创新，做一个学术人。教师的学术研究成果能够为教学提供知识支持，研究中的学术思想、思维方式、知识深度和广度、创新能力等对学生成才具有极大影响力，同时又可以为社会服务提供动力和基础。随着教师专业化的不断推进，中小学教师科研提上日程。对教学第一线的中小学教师来说，在日常教学实践中从事科学研究具有专家学者无可比拟的优势。正如朱小蔓教授所说："中国教育需要从教师中走出来的教育专家，需要从教师中走出来的儿童教育专家、中小学教育学家。"

（四）辅导

辅导是课堂教学的辅助形式，是教师教学工作不可缺少的环节之一，必要的辅导是对学生因材施教，发展个性特长，养成良好学习习惯和反馈教学信息的有效手段。

（五）管理

教师既是教育者，又是管理者。《中华人民共和国教师法》第七条规定，教师有对学习教育教学管理工作和教育行政部门的工作提出意见和建议，通过教职工代表大会或者其他形式，参与学校的民主管理的权利。中小学教师的管理主要体现在班主任工作和具体的班级管理中。班主任是学生成长的"重要他人"，是学校委派到班级负责组织、教育、管理班级学生的主任教师。班主任的职责包括：对学生进行品德教育和思想政治教育，指导学生学习，关心学生的生活和身体健康，协调任课教师搞好教育。

（六）批改作业

批改作业是教学过程中的重要组成部分。学生通过作业可以巩固所学知识、培养应用所学知识进行分析、解决问题的能力；教师批改作业可以从中得到教学情况的反馈。

（七）考核

考核学生成绩是教学过程中的一个重要环节，是学校检查教学质量的有效手段，是评定学习成绩的主要依据。考核学生成绩旨在帮助学生复习、巩固所学知识，激发学生学习潜能，并作为教师教学改进的重要依据。

教师的岗位任务总体上包含以上七个方面，不同学校在具体执行过程中会有具体的标准。

三、教师职业的社会意义

教师这一职业具有重要的社会意义，主要表现在以下三个方面。

（一）教师继承和发展了人类优秀的文明成果

人类文明是人们在改造自然过程中积淀的物质和精神成果。人类文明的发展、传承需要借助教师职业。教师是人类优秀文明成果的继承者和传播者，是连接过去与未来的纽带。教师通过自觉的、有目的、有计划的教育教学活动，通过最有效的方式将人类的优秀文明成果传递给新一代的社会成员，使他们能在较短的时间内学习和继承，以延续社会发展，适应现实社会的实践需要。教师在传授优秀文明成果的同时，又通过自身的学习实践创造着新的文明成果。在现代社会，教师通过理论的建构、知识的创新，创造许多新的科学成果，为社会发展进步提供科学理论。目前，高校教师已成为创造文明成果的主要群体。从每年国家公布的科学发现和科技发明中，高校教师一般要占 1/3～2/3 的份额。

（二）促进人的智力与德性的开发，加速人的社会化进程

所谓社会化，简单讲就是指一个人学习和掌握知识、技能、语言、规范、价值观等适应社会以及被社会所悦纳的过程。一个人的社会化程度，从根本上讲是由人接受教育的程度决定的。尽管家庭和社会教育也可以促进人的社会化进程，但学校教育在人的成长过程中发挥着主导作用。学校教育这种作用的实现主要依靠教师的教育来推动。

教师是人类灵魂的工程师。首先，教师通过知识的传授、基本技能的培养，使学生掌握生存和生活本领，以适应社会环境，帮助学生正确处理个人与社会的关系，成功地实现自己的社会角色扮演。其次，教师通过德性教育，将社会要求的政治观念、道德规范等传达给学生，使学生将其内化自己的价值观念，以确保学生和社会行为的一致，成为具有文明素质的现代社会公民。第三，教师通过因材施教成就个人的发展。人的个性千差万别，教师在育人过程中尊重、顺应学生的天性，通过潜移默化的系统工作，挖掘个人的潜力、潜质，使学生具备正确的自我意识，为个人的自我实现创造条件。

（三）教师为社会建设培养合格人才

人类社会的进步，科学技术的革新离不开人才；而合格人才的培养，依赖于教师的教导。教师对未来社会建设者进行系统的科学理论教育和技术、技能的训练，提高劳动者的业务能力和素质，使之满足各行各业的发展要求。不仅如此，教师还向学生传递社会、阶级的思想意识、价值观念、道德要求、法律知识等，帮助学生树立科学的世界观、人生观和价值观，以培养他们高尚的品德，进而指导他们的行为。

青少年学生由于年龄和社会阅历的关系，世界观和人生观正处于形成阶段，思想的可塑性较大。作为学生精神成长的关怀者和健康人格的塑造者，教师通过言传身教、榜样示范，借助人格魅力发挥心灵启迪、感染激励作用，通过潜移默化的影响塑造学生的思想和灵魂，提升学生的道德水平，使之成为社会主义现代化建设事业中的合格一员。

四、教师职业从业资格

教师从业资格是国家对专门对从事教育教学工作人员最基本的要求。我国已经建立了教师资格证书制度。2012年上海市教委表示，上海中小学教师资格在首次注册后将不再是终身制。此外，北京也进行教师资格定期认证注册制度，逐步打破教师资格终身制，取而代之的是5年时限。

（一）国家对教师从业资格的要求

《中华人民共和国教师法》第十条规定："国家实行教师资格制度。"这意味着，在我国，公民要在各级各类学校和其他教育机构中专门从事教育教学工作，不仅要"遵守宪法和法律，热爱教育事业，具有良好的思想品德"，还要"有教育教学能力"，同时具备"规定的学历或者经国家教师资格考试合格"的认定，才可以取得教师资格，成为一名人民教师。

1. 教师资格的分类及相应的学历要求

根据《中华人民共和国教师法》和《教师资格条例》的相关规定，我国教师资格可以分为七种类型，取得相应教师资格应具备的学历如下：

（1）幼儿园教师资格：任职者应当具备幼儿师范学校毕业及其以上学历。

（2）小学教师资格：任职者应当具备中等师范学校毕业及其以上学历。

（3）初级中学教师资格，包括初级中学教师和初级职业学校文化课、专业课教师资格：任职者应当具备高等师范专科学校或者其他大学专科毕业及其以上学历。

（4）高级中学教师资格：任职者应当具备高等师范院校本科或者

其他大学本科毕业及其以上学历。

（5）中等职业学校教师资格，包括中等专业学校、技工学校和职业高级中学文化课、专业课教师资格：任职者应当具备高等师范院校本科或者其他大学本科毕业及其以上学历。

（6）中等职业学校实习指导教师资格，包括中等专业学校、技工学校和职业高级中学实习指导教师资格：任职者应当具备各类中等职业学校毕业及其以上学历；同时，还应当具备相当于助理工程师以上专业技术资格或者中级以上工人技术等级，而具备相当工程师以上专业技术职务或者高级以上工人技术等级的特殊技艺者，通过省级教育行政部分教师资格认定机构对其教育教学能力的考察后，报经省级教育行政部门批准，其学历条件可适当放宽。

（7）高等学校教师资格：任职者应当具备研究生或者大学本科毕业学历。取得教师资格的公民，按照《教师资格条例》第五条规定，"可以在本级及其以下等级的各类学校和其他教育机构担任教师；但是，取得中等职业学校实习指导教师资格的公民只能在中等专业学校、技工学校、职业高级中学或者初级职业学校担任实习指导教师。高级中学教师资格与中等职业学校教师资格相互通用。"

（8）高校辅导员资格：任职者的资格条件参照高校教师资格条件。

2. 教师资格考试选拔程序

根据《教师资格条例》的相关规定，不具备教师法规定的教师资格学历的公民，申请获得教师资格，应当通过国家举办的或者认可的教师资格考试。

教师资格考试科目、标准和考试大纲由国务院教育行政部门审定。教师资格考试一般分为两个科目：教育学、心理学。

幼儿园、小学、初级中学、高级中学、中等职业学校的教师资格考试和中等学校实习指导教师资格考试，每年进行一次。公民参加教师资格考试，考试科目全部及格的，发给教师资格考试合格证明；当年考试不及格的科目，可以在下一年度补考；经补考仍有一门或者一门以上科目不及格的，应当重新参加全部考试科目的考试。

3. 教育教学能力要求

《〈教师资格条例〉实施办法》第八条规定，申请认定教师资格者，其教育教学能力应符合下列要求。第一，具备承担教育教学工作所必需的基本素质和能力。具体的标准和测试办法由各省级教育行政部门来制定。第二，普通话水平应当达到国家语言文字工作委员会颁布的《普通话水平测试等级标准》二级乙等以上标准。少数方言复杂地区的普通话水平应当达到三级甲等以上标准；使用汉语和当地民族语言教学的少数民族自治地区的普通话水平，由省级人民政府教育行政部门规定标准。第三，具备良好的身体素质和心理素质，无传染性疾病，无精神病史，适应教育教学工作的需要，在教师资格认定机构指定的县级以上医院体检合格。

第二节 教师职业道德品质

职业理想是职业素质的重要组成部分，科学的职业理想是良好职业品质的前提。教师所从事的教育劳动，包含着智力影响和道德教化。与此同时，一个教师是否具有高尚的职业道德品质直接影响着教师的形象和教育事业的发展。

一、职业理想

职业理想，是指人们依据社会要求和个人条件，对未来工作类别的选择，以及在工作上达到何种成就的追求和向往，即个人渴望达到的职业境界。职业理想是职业道德的重要组成部分，有了崇高的树职业理想才能产生良好的职业行为。职业理想在现实生活中发挥着导向和价值指引作用，它确保我们的职业行为沿着正确的轨道前行。当一个人在工作中偏离了理想目标时，职业理想就会发挥纠偏作用。在价值多元化的今天，一个人在工作中有可能会面临多种利益诱惑、物质挑战，拥有坚定的职业理想才能舍弃繁华，抵制诱惑，甘于平凡，坚守幸福。

教师职业理想，是指教师在对教育的历史使命、教育事业伟大意义的深刻理解的基础上产生的对教师职业的向往和追求，既包括对所从事的教师职业的追求，也包括对做一个什么样理想教师的追求。教师职业理想是教师对教书育人神圣使命的深刻体认，是成就事业的力量源泉和不竭动力。

教师职业理想的确立源于对教师职业的科学定位。教师职业的定位涵盖以下五个方面。

（一）教师价值的定位

教师职业是人类社会古老而神圣的职业之一。人类社会的延续和发展依赖生产力的进步、人口的繁衍及文化的发展。个人在人类社会的发展中，需要与自然进行物质交换以维持生命的存在，而且还需要与社会进行精神交换获得社会思想、文化信息以获得社会资格。作为人类文明的传递者和创造者，教师在个人与社会进行精神交换中发挥着桥梁作用，教师通过系统的教育活动，将人类优秀的精神文化财富，内化为个人的精神品质，丰富个人的社会性，推动人的发展与完善。可以说，教师不仅是个人发展的推动者，也是社会进步的希望所在。因为他们培养什么样的人就意味着未来社会的发展模式。

教师职业的高尚之处就在于从事这一职业的教师，已经不能用人的自然生命来衡量其生命的价值。教师的价值在于通过桃李满天下的方式获得学生的认同，通过言传身教、无私奉献获得社会的认可。教师的辛勤耕耘，把一株株幼苗培育成各条战线上的栋梁之材，学生的成就就是教师最大的慰藉。

（二）教师社会地位和待遇的定位

教师的社会地位和待遇直接关系到人们对教师职业的选择。从人们对职业的一般评判尺度看，收入丰厚、社会地位高才是职业选择的首要条件。在我国封建社会，教师在先秦时虽有着与天地、君亲同尊的荣耀，但也有南宋后沦落到"九儒、十丐"的下场。应当说，改革开放以来，教师的政治地位有了很大提升，经济待遇也有很大改善。从1985年起，我国将每年的9月10日定为"教师节"，1993年《中华人民共和国教师法》中就对教师的待遇作了明确的规定："教师的平均工资水平不低于或高于国家公务员的平均工资水平，并逐步提高。"随着科教兴国战略的提出，中国教育工会的成立（2002年扩大为教科文卫体工会），国家对教师的地位和作用的认识越来越高，教师的工资、住房等也越来越好。但总的来说，广大教师的经济待遇发展存在地区不平衡，农村教师待遇较低。特别在物质主义大行其道的今天，精神的富足并不能替代物质利益的满足，有些毕业生不愿意选择教师职业，乡村教师逃离教育现象较为严重。目前，国家正通过法律保证、政策倾斜，以及经济支持等方式解决教师社会地位不高、经济待遇不好等问题。我们相信，随着社会风气的进一步改善，尊师重教传统的进一步弘扬，会有更多高素质人才加入教师队伍。

（三）教师工作的苦乐定位

教师的工作体现在细小琐碎的师生交往中，体现在备课、讲课、科研、辅导、作业批改、家访、找学生谈心等基本环节中。教师的劳动是体力与脑力劳动的双支出，是具有复杂性的创造劳动。目前，由于职称评定、绩效工资改革、科研等影响，教师正承受着工作和心理的双重压力，遭遇职业倦怠的危机。教师的职业倦怠是由于教师长期工作在压力的情境下，工作中持续的疲劳及人际交往紧张而引起的挫折感加剧，最终导致一种在情绪、认知、行为等方面表现出精疲力竭、麻木不仁的高度精神疲劳和紧张状态，是属于一种非正常的行为和心理。教师倦怠的结果，一方面对自己的工作会带来负面效果，另一方面对学生个性的发展也会产生消极影响。美国教育协会（NEA）主席麦克古瑞（W. Mc. Guire）感叹"一个重大的新的疾病正在折磨着教学职业"，"倦怠的感觉正打击着无数具有爱心、有理想、乐于奉献的教师"。教师本人、学生将是教师倦怠结果的直接受害者。由于倦怠的产生，教师对自己和工作感到不满，对生活感到无聊、空虚，甚至出现悲观厌世的倾向。对学生而言，教师要么从感情上远离学生，从心理上疏远学生，要么视学生为宣泄的对象，使用粗暴的体罚对待学生。

其实，教师的工作不只有辛苦，还意味着精神上的充实和满足，享受着其他职业无法获得的人生欢愉。教师的快乐和幸福渗透在寻常的教育生活中。学生的尊敬、社会的认可会给教师带来身为人师的满足；教学的改进、科研的创作，会让教师体会到创新的乐趣；学生成绩的取得、师生情谊的保持会让教师感受到回报的快乐。教师职业是最无私的，教师最大的快乐就是青出于蓝而胜于蓝，教师最大的欣慰就是桃李满天下。简单的幸福，苦中有乐，这些都成为教师立足本职工作、不断进取的精神动力和力量源泉。

（四）教师专业化定位

教师专业化最早由联合国教科文组织提出。1966年国际劳动组织和联合国教科文组织提出了《关于教师地位的建议》，首次以官方文件形式对教师专业化作了明确说明，即"应把教学工作视为专门的职业，这种职业要求教师经过严格的、持续的学习，获得并保持专门的知识和特别的技术，它是一种公共的业务"。1986年美国赫尔姆斯协会发表《明天的教师》报告，强调将教学从行业转换成专业作为自己的目标；同年卡内基教育促进会发表了《国家为21世纪准备教师》的报告。这两份重要的报告都提出确立教师的专业地位，培养教师达到专业化的标准，进而提高教师教育质量。自此，世界各国掀起教师专业化的浪潮。

我国社会主义市场经济体制的建立和完善，教育改革的深化都要求把教师发展放在一个重要的位置上，同时也为教师的发展创造了可能的条件。教师专业化发展，从20世纪80年代之前作为提高教师社会地位的代名词已转向教师的专业发展。教师专业化已成为我国教师教育改革的一个重要取向，也将成为教师教育实践的重要内容。

（五）确立科学的教师职业理想

教师的职业理想是教师献身于教育工作的根本动力，也是教师自我价值实现的精神支持。忠于人民的教育事业，努力成为一名优秀教师是社会主义市场经济条件下教师的崇高职业理想，它体现了教师职业道德本质。要确立科学的教师职业理想需要做好以下四个方面的结合。

第一，把个人志愿与社会需要结合起来。个人志愿是教师职业理想产生的前提，但如果忽视社会需要，教师职业理想也会变为遥不可及的空想。社会需要是社会发展的客观要求，体现整个社会的期望，如果个人志愿不与社会需要相结合、相一致，不仅事业上难以有建树，教师的才华不能得以施展，而且也无法实现个人价值。

第二，把谋求物质快乐与享受精神幸福结合起来。教师职业理想具有崇高性和非功利化特征。教师只有在教书育人中不断提升自己的精神境界，才能科学定位物质快乐的价值。物欲的满足并不能带来精神的富足，教师只有将物质快乐与享受精神幸福结合起来才能真正把促进学生的全面发展和道德人格完整作为自己的职业诉求。

第三，把崇高的目标理想与日常的教育工作职责结合起来。教师的职业是伟大的，它肩负历史和社会重任。教师的工作又是琐碎的，体现在日常的师生交往中，体现在备课、上课、批改作业、辅导学生等教学环节中。教师崇高的目标理想通过日常的教育工作来实现。教师要做到志存高远，又脚踏实地。

第四，把践行教师育人职责和自我实现的价值追求结合起来。崇高的职业理想使教师在创造满足教育的社会价值的同时也体验着自身价值。孔子一生致力于教育事业，流芳百世。陶行知脱去西装，穿上草鞋，献身现代乡村教育，名垂青史。教师把践行教育职责和自我实现的价值追求结合起来，就赋予了教师职业劳动的独特魅力——不仅仅是谋生的手段，更是实现社会价值和自我价值的永恒追求。

二、职业德性

（一）良心

良心是一个古老的道德范畴。所谓良心，指的是人们在履行对他人和社会的义务的过程中的道德责任感和自我评价能力，是各种道德心理因素在个人意识中的有机结合。良心是由人们的社会关系和物质生活条件所决定的，不同的社会关系和不同的物质生活条件，会使人形成不同的良心，表现在教育行业，就是强调教师的道德责任感，即职业良心。

教师职业良心，是指教师在自己的教育和教学工作实践中的职业自觉意识，表现为教师对教师职业的热爱、对岗位职责的高度责任感，以及对于完成岗位职责的坚强意志品质。教师职业良心作为教师一种内在的道德信念，是教师职业道德的灵魂。它贯穿于教师职业的始终，有利于教师全面评价自己的工作、明确自己的职责，进而实施最佳职业行为。当教师做出有利于学生发展的行为时，心理上会得到满足；当教师做出有损职业形象的行为时，就会感觉愧疚。教师良心在指导教师选何种教育行为从事教育教学的活动中也有不可替代的作用。

在实施教育行为之前，教师职业良心激发动机，促进教师正确教育行为的产生。教师在选择自己的教育行为时，总是从某种动机出发，考虑选择某一教育行为的目的及后果。教师职业良心指导教师权衡利弊，从学生和社会利益出发，从自己的职业责任出发，激发向善的动机并对符合道德要求的动机予以肯定，抑制、否定不符合道德要求的动机，从而确立正确的动机，从而保证教育活动运行目标始终指向有利于社会的要求，有利于学生发展有利于教师自身道德发展的方向。在市场经济环境下，教师的教育行为会受到很多外在因素的影响和制约，如金钱诱惑、享乐主义影响等，教师职业良心会促使教师坚守道德原则，抵制诱惑，指导教师教育行为沿着正确的方向发展，以求对得起自己的良心，对得起教师职业的要求。

在实施教育行为过程中，教师职业良心起着监督和调控作用。在教育教学中，教师职业良心对教师行为起着自我监督的作用，成为教师内在的精神力量。教师的教育活动是一个动态的发展过程，尽管在开始之前就有明确统一的方向、目标指导，但具体而言，教师中的教育活动还具有一定的个体性和自主性，教师拥有对学生奖惩的权力。这使得教师良心的监督和调控作用变得尤为重要。当教师意识到自己的某些不当行为可能伤害学生自尊心，影响学生发展时，教师的职业良心会及时制止，并自我克制、纠正行为。当教师发现自己的行为符合教师职业道德要求时，教师良心就会给予支持、强化。

在教育行为实施后，教师职业良心对教师行为起着评价和激励作用。教师良心是教师教育行为的自我裁判者。教师在完成一件工作后，都会在内心进行一番自我评价。当教师看到自己的教育行为收到了良好的教育效果，对学生成长、教育发展产生了积极影响，内心就会产生愉悦感和满足感，从而激励教师继续这样的行为。相反，当教师意识到自己的行为损害了学生利益，危害了教育事业，教师的良心就会有内疚和愧疚感，并不断自我谴责，促使教师吸取教训，尽力弥补和挽回损失。正是这种自我反省和良心拷问，激励着教师不断完善道德品质。

（二）公正

公正，即正义、公道，它是人的品德的反映，指为人处事没有私心，不违反公认的道德准则和公平合理的原则。教师职业公正即教师的教育公正，指教师在教育和教学过程中，公平合理地对待和评价每一位学生。教师的职业公正是教育活动的重要前提，是教师道德品质的重要内容。教师公正无论对教师本人还是学生的道德发展都具有重要意义。

1. 教师职业公正的意义

（1）有利于学生良好品行的养成。教师职业公正，在学生心中产生良好印象，便于教师发挥"为人师表"、"言传身教"的人格魅力。学生在教师公正的潜移默化的影响下，逐渐养成了对社会、对他人采取公正的态度。教师公正，还会启发学生的心智，使学生体验到公正的重要性、必要性，以及如何践履公正的要求，从而激励学生积极追求真、善、美，培养优秀的品质和美好的心灵。反之，如果，教师对待学生不公正，失去公允，就会在学生的心灵上投下阴影，以至于质疑甚至否认真、善、美等人类的美好精神，不利于学生良好品行的发展。

（2）有利于教师道德威信的树立。教师威信本身就是一种可贵的教育影响力量。有威信的教师可以赢得学生们的尊重和信赖，"一呼百应"；缺乏威信的教师则缺乏凝聚力和号召力，"孤立无援"。教师的威信来自于教师令人佩服的言行。知识水平、教学能力固然重要，但教师的道德品质具有无可比拟的优势。如果教师行为端正、办事公正，学生就会尊敬和认可教师；相反，对于存有偏私的教师学生会感到不满，就会对他们敬而远之，甚至抵触他们实施的教育，不利于教师教育教学活动的顺利进行。

（3）有利于良好学习氛围的营造。学生期望的教师公正、无私的形象与教师的现实表现相一致，就会使学生领略到公正的美好，为他们成长追求公正奠定心理基础。在教师公正品质的潜移默化的影响下，学生积极追求公正的合理性，通过对自身优势与不足的准确判断来激励自己学习。同时，教师的公正能增强班级学生的集体意识，使集体形成公正的舆论，有利于形成良好的班风。在公正的气氛中，学生的一些新设想、新观点和新问题便会得到客观评价，进而激发学生的自信心、责任感和学习意识，从而有利于良好学习氛围的营造。反之，当学生体会到教师不能一视同仁、偏私时，就会影响他们对教师的美好情感，甚至产生与教师对立情绪，不利于形成团结向上、勤奋进取的团体气氛，不利于形成良好的育人环境。

（4）有利于学生学习积极性的发挥。一位教育学家曾说过："没有天生的差生，只有有差异的教育。"美国早在2001年，布什总统就签署了《不让一个孩子掉队》法案，旨在通过教育公正的改革，增进教育公平，使美国的每一个孩子都能够具备基本的阅读能力与数学能力。在传统应试教育环境中，教师往往依据学生的学习成绩来界定学生的优差。这种单一的标准，使得学生其他方面的天赋、才能被忽视，学生学习积极性得不到有效发挥。教师公正就是带着欣赏的心态去接纳学生的差异，"360度评估"评估学生，全方位评价学生，多视角看待学生。

教师通过创造适合学生发展的教育，使每个学生都能得到应有的发展，最大限度地发挥学习潜能。

公正犹如一面镜子，映照着教师的心灵；公正又像一把尺子，衡量着教师的行为。教师职业公正要求教师在具体的教育活动中做到以下三个方面。

2. 教师职业公正的要求

（1）尊重学生人格和受教育的平等权利。学生是一个个有思想的生命体，需要人文关怀，需要富有人情味的引导。教师职业公正就需要教师秉承"有教无类"，让每个学生享受平等、公平的教育。

（2）实事求是，赏罚分明。为了鼓励先进，抵制歪风，奖赏和处罚成为必要手段。赏罚既要根据学生的实际因材施教，又要防止特殊学生的存在。不论赏与罚，都要泾渭分明，使用统一尺度和标准，不能因人而异，造成形式上或事实上的不公正。

（3）处事要公道。教师，尤其是班主任或辅导员，经常要处理一些与学生利益息息相关的事情，如选举班干部、评定学生成绩、评定奖学金、评选优秀学生、选取入党积极分子和入团人员等。作为一个优秀的教师，要客观公正，不带偏见，不凭感情秉公处理。为此，教师就要注意调查研究，深入了解学生，不能妄下结论。因为对于具有竞争关系的学生来说，徇私、随意的评选都会直接损害学生的切身利益，都是一种无言的伤害。

（三）博学

教师的核心任务是向学生传授科学文化知识，促进学生素质的全面提高。因而，精深的专业知识、广博社会科学和自然科学知识，是教师应该具备的基本素质。信息时代的到来，拓展了人们获取知识和信息的渠道，改变了过去课堂教学对单一教科书的依赖，学生逐渐成为掌握信息资料的主动者。因而，教师要想在工作中拥有无可争辩的发言权就必须不断完善自己的知识结构，树立终身教育和以全面素质提高为基础的教学理念，在进行学术研究的基础上自觉拓宽自己的知识领域，即博学。

只有博学多才，才能增强教师的使命感。随着社会信息化、教育全球化的不断推进，学生获得知识的途径变得多样、便捷。与此同时，教师不再是掌握信息的权威、课程的执行者,而是知识的应用者、开发者。如果教师用已经暗淡失色的知识和老化的方法去应对与时俱进的崇高事业,就无法适应新时代的挑战。新时期,教师要有忧患意识,教师要给学生一碗水,不能满足于自己的一桶水,要成为"长流水",长流常新,永无止境,更好"博学而笃志",广泛学习,博采众长。

只有博学多才,才能增强学生的求知欲。教师的教学过程并不是仅仅是为了传授一点知识,而更主要的是增强学生的求知欲,教育学生学会学习。在课堂教学过程中,教师精湛的专业知识、广阔的视域赋予其独特的教学魅力,提升其长久的吸引力。要成为一个对学生有影响力的教师,教师就必须不断学习,提升自己的专业知识素养。教师拥有深厚的知识底蕴,广泛涉猎相关学科的知识,学习新的教育理念,用新的、先进的教育理念来指导自己的教育实践,力求使教师和学生在合作中学。这不仅能够提升教师教学的艺术,更能够激发学生的求知欲,发挥学生自我教育的主体作用。

(四)慎独

"慎独"一词出于《礼记·中庸》:"道也者,不可须臾离也,可离非道也。是故君子戒慎乎其所不睹,恐惧乎其所不闻。莫见乎隐,莫显乎微,故君子慎其独也。"其意为:道德原则不能一时一刻的离开,要时刻检查自己的行动,警惕是否有不妥的行为而自己没有看到,害怕别人对自己有什么意见而自己没有听到。因此,一个有道德的人独自一人,在无人监督的情况下,仍小心谨慎地不做任何不道德的事情。

慎独是一个人高度自觉性的表现,是个人道德修养的最高境界。它要求教师在任何情况下都能坚持按照教师道德规范去行事。在市场经济条件下,教师面临着更多的利益诱惑,做到慎独是极为重要的,但是却是不容易的。这要经历一个外在规范到内在自觉的过程。教师所从事的劳动基本是个体性劳动,慎独成为提升教师职业道德修养的有效途径。如果教师不能养成慎独的品质,就会使恶性因子处于潜伏状态,当具备一定条件,这些恶性因子就会被激活,就会危害他人、危害集体、危害社会。

教师要做到为人师表,就必须有高度的慎独精神,从以下两个方面入手:其一,坚定崇高的职业道德信念。教师只有树立了崇高的职业道德信念，才能自觉约束自己的行为，在无人监督的情况下，坚守教师道德规范，真正做到"非礼勿视，非礼勿听，非礼勿言，非礼勿动"。其二，具备持之以恒、坚持不懈的精神。坚定的信念上升到信仰的境界，需要具备持之以恒，坚持不懈的精神。慎独贵在自觉，贵在坚持。在师德修养过程中，教师只有循序渐进，坚持量的积累，才能有质的飞跃，才能逐步形成教师高尚的道德品质。

（五）爱心

教育是心与心的呼应，是爱的共鸣。爱是教育事业的精髓，是教师道德品质的灵魂。德国教育家凯兴斯泰纳在《教育者的灵魂和教师培养问题》一书中就指出：教育者的本性首先是对塑造具有个性的人的纯真的爱。作为一名教师，要对每一个学生倾注爱心。更是一个教师自我教育、自我完善的动力。有了爱心，教师就有了工作的动力，就会孜孜不倦，锲而不舍地去刻苦钻研，就会把充沛的精力、高度的责任心倾注到学生身上。学生也会因此而感到心里温暖如春，必然在感情上尊重、亲近老师，在行为上乐于接受其教诲，即"亲其师，信其道。"

教师的爱心，是指教师在教书育人过程中所体现出来的对学生的关心、尊重、理解、信任和严格要求等心理意向。教师的爱心集中体现在教师对学生的情感投入。爱之越深，情之越真，交流越畅，和谐师生关系越容易建立。当代美国心理学家卡尔·罗杰斯认为："教师的职业状态应该是'情感投入'，和谐一致尊重学生。"教师的爱心贯穿于教师的教育教学活动中，通过三个层面体现出来。

第一，理解与信任学生是爱心的前提。理解学生就是全面掌握学生的生理、心理特点，正确对待他们的优点和缺点，学会换位思考。当学生取得成绩时，给予赞扬并与之共享喜悦；当他们遭遇挫折或犯错误时，用爱心去感化和包容，帮助他们找出原因和纠正的办法。在教师的理解下，学生就会逐渐亲近教师，愿意与教师分享快乐、诉说痛苦，期望教师成为他们成长的引导者。信任学生，就是相信学生的绝大多数是积极向上的，即使犯了错误，也要用爱心去温暖、帮助他们。教师信任学生，也必然会得到学生信任的回报。学生会主动打开心灵的"窗户"，揭开隔离的面纱，敢于全面呈现自己。教师有针对性的教诲就会在师生感情融洽、和谐的气氛中被学生接受，并转化成正确的思想和行为。

第二，爱护与宽容学生是爱心的表现。心理学研究表明，信任、期待的感情可以使对方感到一种"被器重"的心理暗示，从而增强自信心。教师对学生的爱护和宽容是建立在对下一代呵护的心态上，尤其是在实施素质教育的今天，更需要教师以宽容的态度给每个学生"标新立异"的机会。但是，教师的爱并不是一味地对学生宠爱、溺爱，对学生的放纵，而是爱之有度，应体现在"严"和"慈"上。

第三，关心与尊重学生是爱心的基础。关心学生，就是自觉、主动地接近学生，成为学生的朋友。只有了解学生的思想特点、时代特征，才能从实际出发，因材施教，收到最佳的育人效果。学生是一个个有丰富精神世界而又独具个性的人。尊重学生，就是尊重学生的人格，以诚相待。在融洽的民主气氛中，师生间不仅相互尊重信任，同时还伴随着互相学习的行为，教学相长能得到明显的体现。教师不仅可以从学生那里得到有效启示，教师的许多良好言行也会潜移默化地传递给学生，使学生受到良好的感情影响、人格陶冶。

对于幼儿教师来讲，爱孩子是其最宝贵的职业情感。幼儿教师的服务对象是一群天真、纯洁、毫无自我保护能力的孩子，这就要求幼儿教师必须以爱为基础，悉心呵护每一个孩子的成长。幼儿阶段正是人身心发育、心理成长的最关键期，教师的爱能使幼儿在积极、愉快向上的状态中接受教师的教育，进而促进孩子身心健康发展。爱心是教师与幼儿之间最有力、最自然的连接点，是与幼儿有效沟通的最佳途径。

第三节 教师职业道德规范

一、核心规范

教师职业道德规范主要由教书育人、为人师表、关爱学生、终身学习四个方面组成。

（一）教书育人

教书育人是对教师这一特殊职业的专业要求。教书育人是指教师在教学过程中，传授知识的同时，还要通过多种途径培养学生的道德品质。在我国，教书育人就是要求教师按照党和国家的教育方针，在传授专业知识的同时，坚持育人为本，德育为先，把立德树人作为教育的根本任务，努力把学生培养成德、智、体、美全面发展的社会主义建设者和接班人。教书育人是对教师职业最通俗、最本质的表述，是教师职业与其他职业的根本区别。教书育人囊括了教师劳动的核心内容，体现了教师职业的基本特点。它向世人表明：只要为师从教，就必须履行教书育人的职责。

教书和育人是相辅相成的，教书是育人的手段和途径。教书不仅包括课堂教学，还涵盖整个实践环节。在学校教育中，离开"教书"去谈"育人"是不可行的，教学始终处于首要地位。教师教书也受到社会政治、经济状况的制约，必然带着一定的观点对学生施加影响。同时，教师是一个具有一定思想的人，言谈举止都对学生产生潜移默化的影响。教师通过指导学生的社会实践，不仅可以检验学生的知识掌握程度和应用能力，还可以引导学生形成一定的思想观点。教书只是育人的形式，是达到育人的经常化手段，育人是教书的目的和归宿。育人，是指对学生进行思想政治和道德品质方面的教育，即德育。如果教师错把教书当成目的，片面追求书本知识的传授，忽略人文精神、科学素质的塑造，忽略学生的道德品质培养，忽略学生的身心健康，最终培养出来的可能是一些毫无社会责任感，不能全面发展的平庸之才。

能不能做到教书育人，已成为衡量教师道德水准的重要标志。随着教育体制改革的不断深入、知识经济和经济全球化的不断推进，教师需要自觉认清自己的历史使命，主动适应时代发展的新要求，提高教书育人的能力。教书育人通过以下途径和方法来实现。

第一，加强理论学习，提高教师理论素养。通过理论学习，教师可以不断提高思想政治觉悟和马克思主义理论水平，明确自己所肩负的历史重任。当前，教师要不断学习马克思主义中国化的理论，把握中国社会的历史发展进程及其规律，提升自己的理论素养，从而坚定自己的政治立场。教师通过教书育人帮助学生树立正确的世界观、人生观、价值观、政治观，明确学习的目的和未来的发展方向，从而造就出掌握一定文化、具备一定道德品质和精神面貌的社会成员。

第二，转变教育观念，改革人才培养模式。教育观念是教育改革的先导，是教师行动的理念。新形势下，人才培养更注重人的综合素质的全面提升，不仅提升人的智力水平，更关注人的思想政治素质、创新品质和社会适应能力。中共中央、国务院《关于深化教育改革全面推进素质教育的决定》要求："智育工作要转变教育观念，改革人才培养模式，积极实行启发式和讨论式教学，激发学生独立思考和创新的意识，切实提高教学质量。要让学生感受、理解知识产生和发展的过程，培养学生的科学精神和创新思维习惯，重视培养学生收集处理信息的能力、获取新知识的能力、分析和解决问题的能力、语言文字表达能力，以及团结协作和社会活动的能力。高等教育要重视培养大学生的创新能力、实践能力和创业精神，普遍提高大学生的人文素养和科学素质。职业教育和成人教育要使学生在掌握必需的文化知识的同时，具有熟练的职业技能和适应职业变化的能力。减轻中小学生课业负担已成为推行素质教育中刻不容缓的问题，要切实认真加以解决。各级政府都要建立健全减轻学生课业负担的监督检查机制。要重视婴幼儿的身体发育和智力开发，普及婴幼儿早期教育的科学知识和方法"。这一要求为教师指出了教书育人的重要方法。

第三，依托多种渠道，开发育人资源。教师教书育人的渠道是多种多样的，既包括直接的课堂教学，也包括间接的课外活动。在学校教育中，课堂教学一般占一半以上时间，成为教师教书育人的主渠道。为此，教师要善于将德育有效地寓于智育之中。认真钻研教材，挖掘其中的思想道德资源，这是教师教书育人的前提条件，因为知识的教育作用很大程度取决于教师个人的精神面貌、思想世界。课外活动是教师教书育人的辅助手段。课外活动是课堂教学的重要补充，也是进行思想教育的广阔天地。教师结合教学内容开展课外活动，可以寓教于乐，丰富学生的学习生活，使学生在不知不觉中接受思想教育。在课外活动中，学生的言行态度、集体主义观念、组织纪律都切实表现出来，教师抓住机会及时教育，可以增强学生集体观念，陶冶学生情操，养成学生的健康心理。

第四，发挥教师的榜样力量。教师的榜样作用在教书育人过程中具有特殊地位。学生的思想具有较强的可塑性，在学生思想、观念形成的关键期，模仿成为主要手段。在学校教育中，教师榜样，成为学生的模仿对象，而且对学生的成长发挥着潜移默化的影响力。教师只有具有崇高的精神境界、高尚的道德情操、健康的心理品质，才能影响和激励学生，使学生耳濡目染，受到熏陶。同时，教师只有以身作则，率先做出表率，才能赢得学生的尊重，才能使教师的教学取得最大程度的效益，从而发挥教师教书育人的价值。

（二）为人师表

所谓为人师表，指的是教师在人品、学问方面应该是学生效法的表率。为人师表是教师的本色，也是社会对教师的角色期待。孔子最早倡导以身作则，率先垂范，强调"其身正，不令而行；其身不正，虽令不从"，并将此道理融入日常的生活中，以自己的行动和人格作为学生的榜样。这种教学方式受到了弟子们的一致称赞，孔子也因此受到学生的敬重。颜回评价说："夫子循循然善诱人，博我以文，约我以礼，欲罢不能。"教师为人师表的特性具有双向性，无论对学生还是教师本人都具有重要的价值。

1. 为人师表的价值

（1）教师为人师表、以身作则，能塑造学生美好的心灵。学生模仿能力强，思想可塑性大，教师对他们的思想和行为影响很大。教师除了直接向学生传授知识外，其思想、行为、作风和品质更是潜移默化地感染、熏陶和影响着学生。这种影响是任何教科书、任何道德箴言、任何惩罚和奖励制度都不能代替的一种教育力量。教师的仪表是教师精神面貌的外在表现，对学生具有示范作用；教师的行为是教师道德品质的直接反应，是学生模仿和学习的榜样。教师通过自己的模范言行，把教学内容生动、形象、直观地呈现在学生面前，有助于学生形成正确的认知和内化为学生的行动，达到心灵的净化和美化。

（2）为人师表，以身作则，是教师教育威信的源泉。教师威信是建立在以身作则基础上的。教师对学生的教育过程，不仅仅是知识的传递过程，也是师生之间思想、情感相互影响的过程。教师为人师表、以身作则，品行高尚，学识渊博，是学生学习和效仿的榜样。如果教师言行不一，在学生心中就失去了威信，就得不到学生的尊重和爱戴，使学生产生逆反心理，甚至反感教师教育，制约教学效果。

2. 为人师表的要求

（1）教师要做到为人师表，需要培养良好的人格素养。人格是指一个人在生理基础上，受到家庭、学校教育和社会环境等影响而形成的相对稳定的气质、能力、兴趣和性格等心理特征的总和。人格素养是教师素质的核心,是教师魅力的体系。教师的人格素养对学生人格的形成与发展,甚至对于整个教育事业都起着决定性的作用。正如俄国教育家乌申斯基所说:"在教育工作中一切都是建立在教师人格的基础上。因为只有从教师人格的活的源泉中才能涌现出教育的力量。"教师良好的人格素养的形成需要教师具有正确的自我认识,即对自己的性格、气质有全面的分析和了解,进而形成自信、积极乐观、热情开朗、温和宽厚等良好性格,具备高尚的人格品质。高尚的人格品质是良好人格素养形成的基础。教师只有具备高尚的人格品质才能产生强烈的事业心和责任感,无私奉献才能平易近人,发自内心的关爱学生,成为学生的良师益友。此外,良好的心理素质,健康的心理都是健全人格的重要表现。教师具有优良的人格心理,才能意识到自身的责任,科学地对待学生不同阶段的心理变化,自觉履行教师职责,并以稳定的情绪、积极的心态、良好的心理承受力和社会适应力去影响学生,纠正学生的不良心理,引导学生形成健康的人格。

(2)教师要做到为人师表,还必须自觉规范自己的言行举止。教师的仪表风度是指教师的服饰仪容、言谈举止、行为态度等一系列外在的行、神、体、貌特征,它是教师个人师德修养、学识等各种内在修养的外在表现和独特风貌。言行举止构成一个人的风度,成为衡量一个人文明程度和道德水平的重要标志。教师的仪表、言行对学生具有明显的示范和引导作用。教师端庄的仪表,大方得体的言行举止,可以潜移默化地培养学生的审美情趣和审美意识,引导学生对美的正确追求。同时,教师端庄的仪表、得体的言行还可以提升教师的亲和力,产生晕轮效应,提高教师的威信和影响力,进而促进教学效果的提高。

(3)教师要做到为人师表,还必须严于律己。教师要严格要求学生,真正让学生形成良好的行为习惯,仅靠空洞的说教是难以实现,还需要教师的严于律己、率先垂范。要求学生做到的,教师首先要做到;凡是要求学生不能做的,教师也不能做。如果一个教师自己在学生面前表现的是弄虚作假、表里不一,那么在他教育自己的学生时,学生是不会心悦诚服的。教师只有在自己的一言一行中严格要求自己,认真工作,关爱学生,守时守信,才可能给学生表率,成为学生的模范;才可能让学生从教师的言行中受到感化,更加尊重教师、欣赏教师。

(4)教师要做到为人师表,还需要具备丰富的学识。丰富的学识是教师从教的基本条件。作为教师要真正能够"传道、授业、解惑",必须在教学中不断总结、不断创新,在课外用大量的时间去不断地学习和研究。学海无涯,特别是在信息知识技术不断革新的时代,教师不能满足已有的知识,故步自封。这会让教师的知识和心灵老化,跟不上时代的节奏,加深与学生交流的鸿沟。教师只有具备丰富的学识,才能开拓学生的视野,掌握教学规律,运用科学的教学方法,提升教学效果。丰富的学识包括:了解马克思主义理论和党的方针、政策,法律常识,精通所授课程的专业知识;熟悉教育学、心理学、伦理学、社会学等知识。这就要求教师教和学相结合,厚基础、宽口径,精通一门学科,又研究相邻学科,使自己具有广博精深的学问和较高的文化素养,才能在教学中努力完善自我,不断探索进取,为人师表,言传身教。

(三)关爱学生

爱是人的一种伟大感情,是主体之间诚挚而亲密的感情联系。关爱学生是教育学生的起点,是师德的灵魂。《中小学教师职业道德规范(2008年修订)》在"关爱学生"中解读其内涵:关心爱护全体学生,尊重学生人格,平等公正对待学生。对学生严慈相济,做学生良师益友。保护学生安全,关心学生健康,维护学生权益。不讽刺、挖苦、歧视学生,不体罚或变相体罚学生。

关爱学生是教师高尚师德的核心和集中体现,也是我国古代师德的优良传统。古代大教育家孔子对学生施以"仁爱",力求诲人不倦。孟子把"得天下英才而教育之"作为其人生一大乐事、幸事,并躬身力行。古代教育家对学生的关爱是以良好师德为前提,建立在高度的自觉性基础上的,对当下教师重视关爱学生的价值具有重要启示。

1. 关爱学生的价值

(1)关爱学生是建立良好师生关系的条件。教师与学生的关系是整个教育活动中最基本、最重要的人际关系。师生关系是否协调,直接关系到教育的目的和效果。热爱学生是教师处理与学生之间关系的道德准则。现代教育倡导构建民主、平等、互动、合作型的师生关系,而关爱学生便是构建良好师生关系的情感基础。在师爱的氛围中,教师在与学生合作交流中地位变得更加平等,心灵沟通更加有效,情感交流更加积极,促进师生关系共同进步。不可否认,师生会因角色地位不同、年龄代沟、价值观差异而引发师生关系矛盾甚至师生冲突。关爱学生恰恰是解决和缓和矛盾冲突的润滑剂，是密切师生关系的重要纽带。在师爱的基础上，教师会理解学生、倾听学生的心声，换位思考，宽容学生的错误，引导学生的发展，学生也会从内心真正地树立起对教师的尊敬。

（2）关爱学生是促进学生身心健康成长的重要力量。学生是有思想、有感情、有理想的个体，渴望得到教师的爱护、尊重和关心是学生普遍的心理需求。教师的爱是质朴的，教师对学生的爱是人世间最纯洁、最高尚的情感之一，它表现为公正无私、有教无类、不求回报。这种无私的爱、真诚的爱能给学生潜移默化的浸染，有利于学生在情感和心理上获得满足，形成爱的情感与友善的态度。在这种积极的情感体验中，学生会变得团结同学，关心集体，更富同情心和爱心。教师对学生的爱，使学生从教师的爱中认识到自己的价值，帮助学生树立自信心，并促使他们形成乐观向上、积极进取的心态，真切体会到人与人之间的温情和友谊，养成健康向上的乐观性格。正如苏霍林斯基所说："对孩子的热爱与关怀，是一股强大的力量，能在人身上树其一种美好的东西，使他成为一个有理想的人，而如果孩子在冷漠无情的环境中长大，他就会变成对善与美无动于衷的人。"

关爱学生是教育的基础，没有对学生的爱就没有教育的实现。热爱学生的情感不是自发形成的，在这种情感中，也体现了崇高的职业精神和充满理智的科学精神。热爱学生的具体要求如下所述。

2. 关爱学生的要求

（1）关心和了解学生。①关爱学生首先意味着关心。教师要全面关心学生的成长，了解熟悉自己的教育对象。这种关心不是征服、强加的热情，而是一种主动的关心。有了积极主动的关心，教师就会为学生的点滴进步而开心，为学生的成长而快乐。对待不同的学生，主动找到他们身上的闪光点，从实际出发，有的放矢地进行教育，进行创造性教学。②关爱学生还需要了解学生。只有真正地了解学生，才能更好地热爱学生。教师要了解每个学生的过去和现在，了解学生成长的家庭环境和经常接触的各种事情，了解学生的优势和不足，学生的性格特点，以及学生的内心世界。苏联教育学家列·符·赞可夫曾指出：了解儿童，了解他们的爱好和才能，了解他们的精神世界，了解他们的欢乐和忧愁，恐怕没有比这一点更重要的事了。每个学生都是有自己的个性、情感、内心世界的人。由于家庭影响，社会生活条件差异，个人主观努力的不同，学生之间存在较大的差异，这就需要教师深入细致地了解学生，切实掌握每个学生的个性特征，因材施教。③教师对学生的全面关心、深刻了解，需要教师倾注满腔的热爱，需要一种负责任的态度。关心学生、了解学生不是目的，而是进行教育的前提。要把了解学生与教育学生紧密结合起来，在教育中了解学生，在了解中教育学生。

（2）尊重和信任学生。①尊重学生、信任学生是教育获得成功的基础。尊重包括尊重学生人格、尊严和自尊心。尊重学生的人格就是肯定学生的做人的资格、尊严、价值和品格。人都有自尊心，都有人格尊严，特别是处于青春期的学生具有很强的自尊心，他们希望获得老师的肯定、信任。当这种要求得到满足时，他们就会产生一种愉悦的情绪体验，从而激发向上的动力。反之，教师如果无视他们的人格和尊严，就会伤害学生脆弱的自尊心，要么悲观失望，要么逆反，自暴自弃。因此，教师要明确教师与学生之间没有人格的尊卑、贵贱之分，教师不能以家长作风，对学生发号施令，更不能把自己的意志强加给学生。尊重学生的人格、尊严和自尊心，意味着对学生多一些肯定，多一些鼓励，多一些表扬，少一些训斥，少一些否定，积极发现学生身上美好的东西。②尊重出于信任，信任是一种无形的教育力量。人对人信任的感情是一种特殊的教育功能。有了信任，教师才可能深入学生的内心世界，准确把握学生的心理状态，才能实现与学生的平等对话、心灵的沟通，才能取得良好的教育效果。青少年学生的"成人意识"增强，希望自己去判断是非、辨别真伪、决定取舍，渴望得到成人的理解和信任。教师信任学生，可以给学生以信心和激励，引导学生向好的方向发展。学生从教师的信任和期待中感受到教师的关爱、对人格的尊重，从而激发学生不断进取。大教育家马卡连柯信任、教育偷盗成性的流浪儿的故事就是信任作用的最好例证。有一次马卡连柯让偷盗成性、桀骜不驯的流浪儿谢苗到远离教养院的一个地方去取五百卢布。谢苗当时简直不相信自己的耳朵，惊奇得半晌说不出话来。他受令而去，并胜利完成了任务。第二次，马卡连柯又叫谢苗去取两千卢布，这种信任使谢苗激动不已，他对马可连柯说："要是你知道，只要你能知道就好了。我骑在马上一路上想……要是上帝派了一个人从深林里跑出来袭击我……哪怕有十个人，不管他们有多少……我都要开枪打他们……"正是这样的信任，才有了崇高的思想境界。

（3）爱而不溺，严慈相济。教师对学生的爱是崇高的，不是狭隘的，更不是溺爱。这种爱具有原则性和导向性，是建立在严格要求基础上的爱。学生良好品质和行为习惯的养成、知识的掌握、智力的发展，都离不开教育者严格的要求，正所谓"严师出高徒"，教师只有严格要求学生，才是真正的爱护学生。严格要求学生，就是要求教师按照现行教育方针和教育大纲要求，严格训练和教导每个学生。但严是有标准的严，是符合教育规律的严，而非摧残学生身心健康的体罚。严是严而有格，严中有慈，严中有度，严慈相济，把热爱与严格要求结合起来，使学生对老师敬而爱之。

教师教育学生，必须是爱与严相结合，对学生的严格要求是出于真诚的爱。教师要掌握合理、适度的分寸，对学生爱而不纵、严而不凶。

（四）终身学习

终身学习是指社会成员为适应社会发展和实现个体发展的需要，贯穿于人的一生的、持续的学习。终身学习最早由法国成人教育家保罗·朗格朗于1965年在联合国教科文组织召开的"第三次促进成人教育国际委员会"上提出，并引起了各国的广泛关注。

1. 终身学习的必要性

（1）教师职业的特殊性要求教师必须进行终身学习。教师是人类灵魂的工程师，在社会文明中教师起着文明的传播与传承作用。教师只有掌握人类的文明才能传承人类文明。教师只有了解新知识掌握新知识才能担负此重任。教师只有不断学习才能够有意识地培养学生在多元文化背景中的生存和沟通能力。教师只有了解社会政治、经济、文化对人才的要求才能有效培养社会所需人才。

（2）终身学习是时代赋予教师的神圣使命。现代社会正处于知识经济时代，世界各国间的竞争日益激烈，人才竞争成为重中之重。而人才的培养要靠教育、教师。新的时代要求教师具备更高的知识驾驭能力和各种信息的整合能力。教师只有树立终身学习的理念，主动学习新知识、新技能，不断提高教书育人的本领，才能有效提高教学质量，培养合格的建设人才。同时，处于新时代，每个人要适应时代发展的要求，就必须及时更新自己的知识，提升自己的能力。终身学习，可以使教师更好适应时代的要求，自己的知识处于活化状态，为有针对性地进行教育奠定知识基础。

（3）教师终身学习是自身专业发展的要求。教师自身的成长和发展离不开学习。随着科技的不断进步，学生获取信息的渠道越来越多样、掌握知识的途径越来越便利，由此带来的是学生的知识面变得更加丰富，思维能力愈加活跃，教师也失去了以往对知识的主导和垄断。这一发展趋势要求教师在传播知识的同时，首先自己要有足够的知识，要求教师变被动学习为主动学习、不断学习，才能更好地履行教书育人的职责。

当今社会飞速发展，知识信息增长的速度、知识更新的程度空前加快，终身学习已成为教师职业的基本要求。因而，教师需要通过多种方式培养自己的终身学习能力。

2. 终身学习的方式

（1）读书。教师终身学习的最有效、最便捷途径就是读书。书籍是人类进步的阶梯，读书能让人将人类浓缩几千年的科技、文化在极短的时间内掌握。但是，面对浩如烟海的书籍，教师应该有选择的读，力求实现"广博"与"精深"两者相结合。所谓"广博"，就是指既要阅读与所学内容有关系的理论书籍，还要阅读专业以外的经典书籍。所谓"精深"，就是指在"广博"的基础上精读学科专业、教学策略和方法、教育心理等方面的书籍。广博与精深的结合不仅有利于指导我们的教学实践，也有利于自身知识结构的完善。

（2）研究。科学研究是运用一定的方法对收集到的事实材料进行加工整理，对假设或理论进行检验，以寻求客观事物的本质及其运动变化规律的活动。通过科研，我们可以揭示规律，促进教师的专业成长，提高教学质量从而促进学生的发展。教师怎么做研究？第一，基于实际问题。教师可以从实践中去寻找课题，重视自己的经验，通过解决问题来提高研究能力。第二，基于教育理论。教师可以从教育理论中寻求研究课题，从新的教育理论、教育方法、比较教育理论中寻找创新点和研究特色。第三，坚持科研。科学研究是一项长期的工作，只有长期积累、潜心研究，坚持不懈才会有好的收获。

（3）思考。思考是指针对某一个或多个对象进行分析、综合、推理、判断等思维的活动。"学而不思则罔，思而不学则殆"，通过思考，可以总结经验、提高辨别力、坚定信念，也可以产生较大的理性力量，完善自己。思考应关注思考什么和如何思考两个问题。就思考对象而言，教师不仅要思考自己的言行，而且还要不断反思，总结出经验教训，以指导教师的工作。就如何思考而言，一是进行批评性思维训练，多次追问，大胆质疑，形成良好的思维习惯；二是及时反思自己的言行举止，找出问题，及时纠正，不断完善；三是坚持学思结合，认真思考学习内容，才能更好消化知识，掌握知识，为我所用。

（4）实践。实践是人们有目的地改造特定对象的活动。实践是人类认识和改造世界的必要手段。实践是认识的基础，也是检验真理的唯一标准。只有通过实践，人们的认识能力才不断得到锻炼和提升；只有通过实践，人们的创新能力才得以形成。教师在实践过程中要注意几个问题：一是教师要经常到实践中去学习、去锻炼，通过理论与实际相结合，提高自己的教学能力；二是讲究实践的方法，要对实践提出的新要求积极回应，通过理论探索形成方案，进行实践；三是通过实践检验教师的工作成果。教师的工作成果大多是以理论形式出现的，只有通过不断的实践，才能不断促进教师改进和完善。

二、学术规范

学术研究工作是一种创造性的劳动，是教师提高学识水平，有效进行教育教学的重要条件。发展学术是大学的重要职能，高校教师作为学术研究的主体，其学术道德水平影响着教师治学质量，制约着学术的健康发展。教师的学术道德作为教师道德的重要组成部分，反映了教师的学术声望、社会威信，体现了教师个体的道德素养。

学术研究的道德规范是指从事学术研究活动的主体，在进行创造性研究活动的整个过程中，应该遵循的正道和应该具有的个人德性。它是约定俗成并得到学术界广泛认同和遵守的道德观念和价值要求，是学术研究者应当遵守的行为规范，也是学术道德的核心。因高校承担主要学术研究职责，因此，教师学术道德主要针对高校教师而言，提升高校教师的学术道德修养尤为必要。

（一）学术道德规范的意义

（1）提升教师的学术道德素质是教师职业道德的内在要求。一名优秀的教师不仅在教育教学方面要有造诣，更要将教育教学实践转化为教育理论，形成教育成果，有效指导教育实践，推动教育事业发展。教师科研素质是教师必备的重要职业素养之一。换句话说，教师从事科学研究是与教书育人同等重要的任务。这一任务内在地要求教师必须面对并善于处理科研活动中的各种道德关系。教师的职业道德内在地要求教师必须提升自己的学术道德素质。

（2）提升教师的学术道德素质是培养合格的创新人才的需要。合格的创新人才，应该是德才兼备的人才，既要具备较高的科学文化素质，又要具备良好的思想道德素质。而要培养德才兼备的合格创新人才，必然要求教师以身作则，提高自身的学术道德素质。教师具有良好的学术道德有助于培养学生科学的价值观，对学生来说，教师良好的学术道德品性会成为一种无形的教育力量和激励因素，促进学生实事求是、严谨的学风。如果教师自身学术品性不端正，就无法得到学生的接受和认可，更无法实现严师出高徒。

（3）提升教师的学术道德素质有助于净化社会学术风气。社会学术风气是社会学术共同体中流行的习气，主要体现为学术共同体成员整体的学术道德风貌。中小学校学术风气是一定社会整体学术风气的重要组成部分。当下市场经济条件下，受经济利益驱动，教师学术研究的功利性愈加明显，学术不端、学术腐败时有发生。教师既是科学研究的主体，也是实施学术道德教育的主体。提升教师的学术道德素质，一方面可以提高自己的研究能力，另一方面也可以通过教育及自身的榜样作用影响学生的道德素质。如果教师不具备良好的学术道德，把功利性目的作为科研的首要目标，将会影响整个社会的学术风气。因而，提高教师学术道德素质有助于纠正科研目标的偏差，有助于学校良好学术风气的形成，进而净化社会的学术风气。

（二）学术道德规范的要求

教师进行学术研究工作，就要遵循学术道德。教师学术研究道德要求包括以下三方面内容。

1. 追求真理，学术至上

追求真理就是不断地发现、发明，不断地建立新理论、创立新方法、揭示新规律、增加新知识的过程。学术研究的意义在于求真，在于探索真理、揭示真理、捍卫真理。这就要求学术研究者首先是一个坚持真理并不懈追求真理的人。学术至上就是教师要把学术作为终生事业的追求，这要求教师要热爱学术、崇尚学术、献身学术。追求真理、学术至上是学术研究的基本要求，也是学术研究者应遵循的道德规范。教师作为学术研究的主力军，应以追求真理为己任。如果没有追求真理的精神，学术研究就无法真正开展，学术研究也停留于表面。追求真理、学术至上的精神是推动人类文明进步的重要动力，也是科研工作者的天职。但追求真理的过程并非一蹴而就，而是伴随着多次反复、挫折和痛苦。因而，追求真理、学术至上要求教师锲而不舍、百折不挠的精神，形成实事求是、坚毅顽强的优良品质。

2. 端正学风，学术诚信

学风有广义和狭义之分，此处所讲的学风，主要讲教师的学术风范，教师在学术研究中呈现的道德修养、精神风貌、文化水准等的综合表现。诚信，一般指实事求是，不欺骗，不弄虚作假。学术诚信，指的是学术研究者不弄虚作假，恪守学术活动的行为规范。

一个真正的学者，意味着淡泊名利、甘于寂寞、刻苦钻研、严谨治学、学术诚信。随着经济社会环境的变化，学风浮躁、学术腐败、造假、诚信缺失已成为制约教育可持续发展的"毒瘤"。一些老师随波逐流，把学术当作获取名利的手段，必然会滋生学术不端行为，不利于教师长远发展。因而，教师需要远离急功近利，加强社会责任感，沉下心来做真的学问。同时，教师也要在学术研究中坚持诚实、信任、公正等根本价值观念，坚决抵制伪造、篡改、剽窃等学术不端行为。

3. 勇于探索，大胆创新

学术创新的基本内容是发现新的事实和新的问题。但学术创新并非轻易实现，而是伴随着艰辛、汗水甚至代价。在此情形下，只有勇于探索才能创新。勇于探索是学术创新的前提。正如马克思所言：在科学上没有平坦的大道，只有不畏劳苦沿着陡峭山路攀登的人，才有希望达到光辉的顶点。

勇于探索的进取精神是一切学问发展的必要条件。新知识的产生，新活动规律的发现都是以勇于探索的精神为前提的。阿基米德一生都在不停地探索，即使功成名就仍然不断验算、质疑自己的探索成果。教师勇于探索才能不断提升自己的学识，更新自己的观念，丰富教学内容。

学术研究是创造性的活动,科学的本质在于不断发明、发现和创新。教师只有具有强烈的创新意识才可能有新的突破。创新是学术发展的必由之路,教师唯有不断提高自我学习的意识和能力,大胆创新,才能以最前沿的知识教育学生,以更好的学术水平指导教学工作,提高教学质量。学术研究的道路是无止境的,勇于探索,大胆创新是对教师学术研究的长期要求,只有以此规范自己的学术道德,才能真正获得成功。

思考与讨论

1. 教师是人类灵魂的工程师,教师职业对社会发展和人类的进步具有重要价值,试阐述教师职业的社会意义。
2. 职业理想是职业行为产生的向导,教师职业理想是教师献身于教育工作的根本动力。教师如何确立科学的职业理想?
3. 新时期教师职业道德规范的基本内容是什么?
4. 教师做学术研究的道德规范是什么?结合实际谈一谈自己的体会。

案例

信任还是纵容

刘琳破天荒地考了第六名,班里一片哗然。

怀疑的目光在她身上扫来扫去,似乎要揭穿她的层层伪装。质疑声在班里迅速弥漫,几乎让她窒息。是啊,刘琳在以前的考试中从未进入过前二十名。况且,这次二模考试,试题难度大,监考严,评分细,这样的成绩恐怕连她自己都不敢想,也难怪同学们会多想。

考完后,高手之间免不了要"华山论剑",互相评论成绩,交流彼此的心得。从第一名到第五名,又从第七名到第十名,唯独没有刘琳这个第六名。胜利的光环没有笼罩住这匹黑马,反而是嘲笑和质疑的阴霾包围着她,驱之不散。

刘琳闷闷不乐地趴在桌上,周围是同学们不绝于耳的质疑和嘲笑声。一位平时成绩很差的女生阴阳怪气地讲道:"哟!凭她的实力能考进前十名,那我就能考进重点大学了。"另一位同学则好奇地走到她身边,问道:"刘琳,你说怎样抄才能在高考时不被发现,有什么绝招也教下大家呗！"望着同学们怀疑的神色，委屈的泪水止不住地流，终于，刘琳再也受不了了，冲出了教室。

"老师，老师，刘琳同学冲出教室后一上午都不见身影，我们找不到她，很为她担心，老师，您说怎么办呀？"正在查看考试成绩的王老师突然被班长冲进办公室的急切声音所打断。待问清楚事情原因后，王老师立刻冲出办公室，急切地寻找她。

终于，在操场的树林后面，王老师找到了她。她像一只被遗弃的羔羊，身体蜷缩着蹲在地上，衣服的前襟已经被委屈的泪水簌簌地打湿了。看到她的样子，王老师由衷地感到心疼。但是，说实话，她的成绩令王老师也着实吃了一惊。但是，谁能证明她成绩的虚假？证据何在？要知道，无端的怀疑会轻而易举地毁掉一颗正在成长的心，而信任与包容则是一种鼓励与呵护。也许，幸运之神青睐于她，她鬼使神差般地把握住了一次难得的机遇。是的，幸运总是光顾有准备的人。一模的时候刘琳的成绩欠佳，也许她暗自发奋脱颖而出也未可知。

于是，无论成绩真实与否，王老师决定相信她。看到她伤心的模样，王老师禁不住安慰她道："刘琳，你是好样的，老师相信你。奇迹人人可以创造，你为什么不可以呢？大家的猜疑也可以理解，因为你打破了大家心里既定的成绩排序。破坏任何一种定势都会引起骚动，就像有的人成绩突然跌落一样。要想真正改变大家的看法，哭鼻子没有用，辩解也没有用。最好的办法就是下次再证明给他们看，你的确具备了这样的实力！"

刘琳听完王老师的话，抹干了眼泪，使劲地点了点头，终于破涕为笑。

从此，刘琳一扫脸上的阴霾，不再在意那些议论与猜疑，专心致志地复习，状态颇佳，与以前判若两人。

三模考试成绩揭晓，刘琳名列第八。尽管比上次后退了两名，但嘲讽和猜疑却没有如期而至，同学们对她真的刮目相看了。更重要的是，刘琳自己信心倍增，觉得自己已经具备了前十名的实力。"精英俱乐部"也不自觉地吸纳了她，她开始和高手们一起"指点江山"。

那年高考，刘琳勇夺文科第五名，被重点大学录取，完成了从丑小鸭到白天鹅的蜕变。

金秋十月，丹桂飘香。王老师收到了刘琳从大学寄来的一封信。

"亲爱的老师，告诉您一个秘密：那次二模考试，我考了第六名，那个成绩的确有水分。因为，部分选择题的答案是通过手机从外校传来的，所以班里没人知晓。没想到，那个虚假的成绩不但没有给我带来荣耀，反而是我饱受屈辱与折磨。我的泪水不是因为委屈，而是自责和愧疚！

是您的信任拯救了我，激发了我的斗志。我的三模和高考成绩都是实打实的。可以说，是您的信任和鼓励把我送入了大学的校门。我终于明白，成功和荣誉来不得虚假，还是要靠自己脚踏实地的努力奋斗。与其说是您信任了我，不如说您是给了我一个改过自新的机会。衷心地感谢您！"

（资料来源：程刚、盛凯. 信任的力量. 意林（少年版），2010 年第 8 期. 有改动）

【案例分析】

教师职业的对象是人，目的是培育德才兼备的人。这就意味着教师的职业投入所需要的不仅仅是教育的技术和技巧，更是一种情感投入，是教师对于教育活动本身、对学生、对教育事业的真诚的爱。教师关怀学生，包括关怀学生学业、身体、情绪、品格养成等。教师要真诚地关怀每一个学生，尤其是那些处于情绪低谷、学业成绩不理想、社会交往能力差的学生，更需要教师的关怀。教师的关怀能带给学生面对困难、走出低谷的勇气，能创造教育奇迹。

信任学生是教师与学生建立良好师生关系，帮助学生获得长足发展的前提条件。教师信任学生能带给学生无限发展动力，让学生自信心倍增，并获得克服困难的勇气。

成长需要激励，每个学生都希望自己是学习上的成功者，都期待收获来自教师的肯定和奖赏。作为教师，要珍惜学生心灵深处的渴望，创造机会，不断激励学生。让学生有"相信我能行"、"相信我一定能行"的自信心，并通过不断努力获得成功体验，获得自我成长。

第三章 教师职业道德优良传统

第一节　中国传统教师职业道德

中国自古以来就是一个非常注重道德修养的国家，被誉为"礼仪之邦"，有着悠久的道德教育的优良传统。自从出现社会分工，有了职业，人类就开始通过一定的职业来谋求生活，并承担相应的社会责任和义务。在这个过程中，为了调整职业关系，约束人们的职业行为，就产生了相应的职业道德。

一方面，职业道德是整个社会道德体系中重要的组成部分，体现了社会的主流道德观。我国传统职业道德就以公忠为国的社会责任感、恪尽职守的敬业精神、自强不息、勇于革新的拼搏精神，以及以礼待人的和谐精神作为其精华。另一方面，职业道德也具有相对的独立性，它与各种职业活动紧密地连接在一起，具有鲜明的职业性和形式的多样性。

在众多职业中，因为教师具有特殊的职业特点，所以其道德形象一直被视为教师的最基本形象，西汉的杨雄在《法言·学行》中就曾说过：务学不如务求师。师者，人之模范。意思是说：教师职业比其他职业更具有示范性，高尚的职业道德是每个教师做好教育教学工作的前提条件。

一、中国传统教育理念

（一）中国传统教育的内容取向是道德文化

道德文化是中国传统文化的重要组成部分，作为精神文化的重要组成部分，道德文化可以被视为中国传统文化的核心。中国传统教育源于中国的大陆型封建农业传统文化，这种文化在本质上是一种"道德伦理型"文化，它提倡教化，推崇德治，并由此形成"重教"的传统。

中国教育从古至今的传统，都离不开对个体进行道德伦理的培养，其中核心内容之一就是反功利、倡道德。早在先秦时期，以儒家为代表的中国传统教育理念就具有浓厚的教育伦理化色彩。孔子整理修订了《诗》、《书》、《礼》、《乐》、《易》、《春秋》六种教材，作为儒家教育内容的基础。在孔子的教育内容中，道德教育居于首要位置，他把道德教育的要求贯穿到文化知识学科中，提出了"弟子入则孝，出则悌，谨而信,泛爱众而亲仁,行有余力,则以学文"的主张。在这句话里,"行"指履行,"孝"、"悌"、"仁"指作为道德准则的"德行"。意思是说:先学会做人,品德好了,行有余力,才可以继续学习文化知识。总的来说是告诉我们做人永远是第一位的。孟子继承了孔子的思想,主张"谨庠序之教,申之以孝悌之义。"即办好学校和教育,教育子弟孝敬父母、尊重师长、爱国爱民、兄对弟友爱、弟对兄恭敬,也就是说在学校中要把德育放在首位。《大学》中也体现了孔子和孟子德育为先的思想,"大学之道,在明明德,在亲民,在止于至善。"认为完成"大学之道"的目标是培养出合乎一定道德准则的人才。这种教育理念在我国古代教育中均处于重要的地位,后来历代的教育家和思想家不但认同道德教育的重要性,而且不断探索实施道德教育的具体途径和方法。南宋朱熹主张培养儿童道德教育意识应该与儿童日常生活结合起来。明代王守仁则主张中国传统道德教育要抓住"知"、"情"、"意"的转化。

(二) 中国传统教育的价值取向是集体意识

中国教育从来都没有离开过对国家、集体的忠孝价值的追求,认为个体利益的出发点和归宿是维护群体的利益,强调义务重于权利,奉献大于索取,例如"家国一体"、"物我两忘",这种价值观的外在表现就是学习者的学习目标,国家本位、社会本位、政治本位是中国传统教育的主体归宿。强调"修身、齐家、治国、平天下",受教育的最通常的目标是掌握治民之术,然后"学而优则仕",《大学》中就明确写到"古之欲明德于天下者,先治其国",孔子也说:"学也,禄在其中矣。"

(三) 中国传统教育的教育原则主要是启发诱导、因材施教以及循序渐进

在教育原则和方法上,中国传统教育中也有一些至今仍非常适用或者仍在践行的理念。如启发诱导原则。孔子是世界上第一个提出启发式教学的教育家,他说:"不愤不启,不悱不发,举一隅不以三隅反,则不复也。"意思就是说,不到学生努力想弄明白但仍然想不透的程度时就不要去开导他,不到学生心里明白却又不能完善表达出来的程度时也不要去启发他,如果他不能举一反三,就先不要往下进行了。《礼记·学记》也反对死记硬背,主张启发性教学,文中说:"君子之教喻也,

道而弗牵，强而弗抑，开而弗达。道而弗牵则和，强而弗抑则易，开而弗达则思，和、易以思，可谓善喻矣。"主张教师开导学生，但不要牵着学生走；教师要对学生提出较高要求，但不能使学生灰心。

如因材施教原则。孔子善于根据学生的不同特点，有针对性地进行教育，以发挥他们各自的特长。他说："求也退，故进之；由也兼人，故退也。"在这里，他描绘其弟子冉求和子路的个性特点，并根据二人的个性特点，采用不同的教育方法，对冉求采用"进之"的教育方法，而对子路则采用"退之"的教育方法。南宋朱熹把孔子这一经验概括为"孔子施教，各因其才"，这就是因材施教的来源。受孔子影响，其后历代教育家多主张因材施教，采取个性教育。如北宋张载说："学者当须立（尽）人之性。仁者人也，当辨其人之所谓人，学者学所以为人。"

再如循序渐进原则。循序渐进就是教学要遵循学生身心发展特点。孔子在《学记》中，要求"学不躐等"、"不陵节而施"，提出"杂施而不逊，则坏乱而不修"，意思就是，如果教学不按照一定的顺序，杂乱无章地进行，学生就会陷入忙乱而没有收获。南宋朱熹则进一步提出"循序而渐进，熟读而精思"，明确提出了循序渐进的教育原则。

二、中国传统教师职业道德规范

在今天，教师职业被视为是以教书育人为根本任务的创造性职业。教师肩负着培养人才、传播知识甚至是传承文化的重任，因此，人们认为人类的文明、民族的发展，以及个人的成长都一刻也离不开教育，一刻也离不开教师。在我国古代，人们对教师职业也有十分深刻的认识和理解，认为教师在国家发展中起到巨大的作用。例如在《尚书·泰誓》中有"天佑下民，作之君，作之师"的表述。荀子也曾在《荀子·大略》中指出"国将兴，必贵师而重傅；国将衰，必轻师而贱傅。"在这种尊师重教的传统下，社会对教师提出了较高的职业道德要求。

（一）道德示范、言传身教

孔子说："其身正，不令而行；其身不正，虽令不从。"意思是说，当教育者自身行为端正，做出表率时，不用下命令，被教育者也就会跟着行动起来；相反，如果教育者自身行为不端正，而要求被教育者端正，那么，纵然三令五申，被教育者也不会听从。

从古至今，教师职业的劳动对象都是具有主观意识的人，教师作为引导者的角色决定着其拥有心理导向、文化传递的职责，教师在学生心目中是知识的化身、行为的典范，所以，教师的言谈举止会或多或少地对学生起到耳濡目染、潜移默化的作用，甚至教师的言行举止、道德修养等都会成为学生的学习对象。因此，作为教师要做好育人工作，必须不断加强品德修养，育人先律己，身体力行做学生的表率。

（二）有教无类、公平施教

《史记·孔子世家》中描述孔子"弟子盖三千焉，身通六艺者七十有二人"，面对如此多的学生，孔子主张"有教无类"的教育思想。他说："性相近也，习相远也。"这里"性相近"意思是人的本性都差不多，说明了人人都有成才成德的可能性，而"习相远"，意思是说后天的习染使人产生了很大的差别，所以只要做到公平施教，人人都是可以通过教育而成才成德的。

在这里，公平施教一方面是指面对全体学生，要充分认识到学生是在发展过程中的人，他们具有巨大的潜能，不能从学生的某个方面的表现就推断出其没有潜力。另一方面，公平施教还意味着要因材施教，做到因材施教才是真正的公平施教。孔子曾将其门下十位弟子的不同优长分成四类加以总结，即所谓："德行：颜渊、闵子骞、冉伯牛、仲弓。言语：宰我、子贡。政事：冉有、季路。文学：子游、子夏。"只有对学生基于习染、习气良莠杂糅的综合情况有了精准的把握，才能做到让每个学生都获得符合其潜能的教育。

（三）尊师重教、传道授业

古语说"一日为师，终身为父"，古人尊师重教的精神，被后世传为佳话，尊师重教也被古人认为是影响国家兴亡的重要因素。在《国语·晋语》中，就将师与君、亲并列，看做是百姓万民的根本，倡导要将这三者同等对待。荀况也曾指出："国将兴，必贵师而重傅；贵师重傅则法度存。国将衰，必贱师轻傅；贱师轻傅则人有快，人有快则法度坏。"他认为，国家兴盛必然尊师重教，反之，国家在走向衰败时，必然会轻视教师。而教师被轻视，社会会失去约束力，人们会放纵自己的情志欲望，法律就会成为一纸空文。

自教师职业产生以来，教师通过自身劳动传播知识，传承文化，发挥着巨大的社会价值，人们也深刻地认识到教育工作需要教师来实现和完成。教师是知识、伦理道德及价值观念的传授者，教人为人处世的行为规范，是道德的表率。《礼记·学记》中有："师严，然后道尊；道尊，然后民知敬学"。意思是说：只有教师受到尊敬，然后学问才能受尊敬，学问受尊敬，才能使人重视学习。

三、中国传统教师职业道德德性修养

（一）学而不厌，诲人不倦

孔子曾说："学而不厌，诲人不倦"。这句话的意思是，作为教师要不断学习，不能感到厌烦，教育学生要有耐心，不要感到疲倦。教师作为教育过程的主导者，其自身的教育教学水平、职业道德涵养，直接关系到教育的质量和受教育者的健康成长。强调教师的专业业务要求，并不等于放松对教师职业道德修养的要求。同时，只强调教师的职业道德水平而忽视教师的业务素质也是不可取的。针对这个问题，"学而不厌"就解决了教师知识和能力的业务水平问题，"诲人不倦"被孔子当作教师应有的品格加以坚持，解决了教师教育学生时的态度问题，也是教师是否能正确认识自身社会责任的问题。两者是相辅相成的，教师只有通过不断的学习，丰富自身的知识和能力水平，才能保证对学生的教育水平；同时，教师只有拥有诲人不倦的精神，才能意识到自身职业的重要性，从而自觉地充实自己。

（二）仁者爱人

"仁者爱人"出自《论语·颜渊》篇，文中有这样的描述："樊迟问仁，子曰：爱人。""仁"是中国古代一种含义极广的道德范畴，指人与人之间相互亲爱。孔子把"仁"作为人的最高道德原则、道德标准和道德境界，形成了以"仁"为核心的伦理思想结构，包括孝、悌、忠、恕、礼、知、勇、恭、宽、信、敏、惠等内容，孔子把"仁"作为最高道德准则，鼓励学生要学会"立志"、"克己"、"力行"、"中庸""内省"、"改过"，并以此提高自身的道德修养。这种"仁"的思想对后世有着极大的影响，孟子提出学校教育的目的是"明人伦"。汉代董仲舒说："君子不学，不成其德"，认为学习的主要任务是德性养成。

（三）自省其身，君子慎独

古人有言："人非圣贤，孰能无过？"儒家认为处世行事要"吾日三省吾身"，要经常"反躬自问"。诗经中也有类似的诗句："如切如磋，如琢如磨"。这些都是要让人们学会自我反省。中国传统教师职业道德规范中认为教师要为人师表，要求学生做到的教师一定要做得更好。例如，孟子就强调"唯仁者居高位，不仁而在高位，是播其恶于众也。"意思是说，只有道德高尚的仁人，才应该处于管理者的地位。如果道德低的不仁者处于管理地位，就会把他的罪恶传播给群众。荀子也强调教师要做到：有尊严而令人起敬，德高望重，讲课有条理而不违师法，见解精深表述有条理。因此，作为教师要时时自省，正确认识自己，正确认识自己的优点和缺点、长处和短处，要以坚强的意志和毅力战胜自己身上的缺点。

"君子慎独"出自《礼记·中庸》："道也者，不可须臾离也；可离，非道也。是故君子戒慎乎其所不睹，恐惧乎其所不闻。莫见乎隐，莫显乎微，故君子慎其独也。""慎独"是一种道德修养方式，它使教师在任何情况下都能按照教师的道德规范要求去做事。一般来说，在集体环境下，在他人的监督下，教师会注意自己的一言一行是否符合教师的职业道德要求，但在无他人监督之处，言行能否遵照教师职业道德的要求，就要看其道德修养水平的高低了。

四、中国传统教师职业道德的价值

（一）中国传统教师职业道德是现代师德的文化心理基础和来源

教育家叶圣陶曾说过："中国的振兴，正在国内外造成强烈的震撼。身历祖国由积弱转趋盛强的中国人，不会忘记反躬省察自己的文化传统，希望以其精华贡献于世界。"中国几千年的文明史积淀了许多优秀的师德文化元素，这些元素铸就了中华民族文化的精髓。无论时世如何变迁，这些元素都具有文化传承的价值，对于今天的师德建设具有重要价值。道德历史具有普遍性和传承性，中国传统教师职业道德是文化基因、文化心理，具有文化延续性，是现代师德的文化心理基础和来源。

（二）从中国传统教师职业道德中探究适合现代教育的内容

道德的发展除了具有稳定性和延续性，还具有时代性和阶级性，因此，面对中国传统教师职业道德的丰富内容，要审慎地对待、批判地继承。要根据当今社会的实际情况，客观地分析，认清正负功效，发挥积极作用克服消极影响，将传统师德有机地融入现代教育，从而使现代中国教育实现良性发展。

（三）丰富的中国传统教师职业道德内容有待研究

就中国传统教师职业道德对现代师德的内容和方法的影响而言，传统师德中还有很多内涵没有被准确理解，很多做法也没有被践行，有待我们进一步研究。在中国几千年的教育过程中诞生了很多著名的教育学家，也形成了许多教育理念，教师的角色也在不断被赋予新的意义，由此形成的教师职业道德规范也越来越丰富，这些对于现代教育来说都是宝贵的经验和教训，也为现代教育提供了丰富的研究对象。

第二节　西方教师职业道德优良传统

在西方文明发展历程中，教育起着重要的作用；在教育发展过程中，教师始终扮演着思想启迪、文明传续的重要角色。从古希腊苏格拉底、柏拉图和亚里士多德师徒三杰，古罗马昆体良，到中世纪阿伯拉尔，近代文艺复兴后夸美纽斯、赫尔巴特，再到现代欧美"新教育运动"的杜威，许多教师同时也是哲学家和教育家，他们都有见解独到的教育思想传世。建立教师职业道德规范是一个世界性的普遍做法，各国和国际组织（如联合国教科文组织、国际教师团体协商委员会）都非常重视教师道德规范的制定，以保证教师职业的崇高的道德定位和对教师道德行为的基本约束。

一、西方传统教育理念

西方教育理念的更新离不开哲学思想的发展,教育理念往往以教育哲学的方式呈现。西方传统教育理念,可以从理性主义的教育追求、个体本位的价值取向、自然主义的教育主张这三个方面加以理解和把握。

(一)理性主义的教育追求

在西方教育发展史中,始终贯穿着对知识和理性的追求,发展人的理性是西方教育发展过程中一以贯之的教育理念。在西方文化中,理性主要是指人认识世界、获取普遍知识、掌握真理的能力。以人的理性的发展为核心,是雅典思想家、教育家们一致的主张。这是因为,他们认为人之所以超越于世界万物、成为万物之灵,是因为人具有理性,教育的最重要的功能就是要发展人的理性力量。人只有发展了理性,才能达到自由,即人由于掌握了知识、获得了真理而能认识和驾驭必然性,从而能按照自己的自由意志来活动,而不受必然性的驱使。

西方传统道德教育具有德智合一、以智为本的特点,而在人类思想史上首开研究知识、理性与道德关系之先河者首推古希腊哲学家苏格拉底。苏格拉底的教育理想就是培养有理性的人,以善作为其追求目标的人,有智慧的人,热爱知识、追求知识,以及具有学习知识的能力的人。柏拉图认为,真正的幸福必定是善的,是有道德的,而真正的德性是以理性为基础和核心的,有理性的生活就是有德性的生活。亚里士多德认为,人生的最终目的是追寻美满的生活,美满的生活应该是理性的生活,即无过之无不及而恰到好处的生活,为此,他十分重视教师道德中理性精神的培养。欧洲中世纪可以说是对传统理性主义的猛烈扼杀,然而资产阶级的文艺复兴运动,却在向神道高于人道的宣战中恢复了理性主义的地位。近代以来,科学的发展在不断向理性主义提出挑战的同时,更极大地促进了理性主义的发展。自17世纪培根竖起"知识就是力量"的大旗,至19世纪末20世纪初道德理性主义达到巅峰,康德、黑格尔的哲学思想可以说是其典型的代表。西方许多教育家还从不同方面论述了在道德修养中,理性应居于指导地位,因为理智可以把人的愿望引向良好的轨道,形成美好的德性。

（二）个体本位的价值取向

教育的价值取向，是指教育者认为侧重哪些方面的指向才能满足自己开展教育活动的需求，在西方教育中主要有两种代表性的教育价值取向，即"社会本位论"和"个人本位论"。"社会本位论"的主要代表人物是柏拉图、赫尔巴特，他们主张社会秩序的稳定、永恒是第一位的，个人只是构成社会的材料，个人的价值在于服务、贡献于社会，教育中尊重儿童身心的目的是利用儿童的潜能为社会服务，倡导接受，甚至灌输式的集体教育。"个人本位论"的主要代表人物是卢梭、杜威，他们主张个人的价值是第一位的，社会只是个人自我实现的土壤和条件，教育要尊重儿童的身心发展规律，倡导自由的、自主的个性教育。

总体而言，西方师德思想呈现出浓厚的个人本位色彩。古希腊职业教师、智者学派的代表人物普罗泰戈拉所提出的"人是万物的尺度"，是个人本位在西方师德思想中的初露端倪。随后，苏格拉底提出了"有思考的人是万物的尺度"。从那时起，西方开始要求教师在教育中提倡人的价值和尊严，维护人的需要和利益，强调人的地位和作用。文艺复兴时期，西方师德思想中更是体现出提倡人性反对神性，提倡人权反对神权，提倡个性解放反对压抑个性的个人本位主义色彩。17世纪英国资产阶级革命爆发后，受资产阶级"自由"、"平等"、"博爱"学说的影响，西方师德思想中个人本位主义迅速发展。洛克从"自然人权"和"契约论"出发，阐述了个人自由和权利，认为凡是给个人带来快乐和幸福的行为就是善的德行。从卢梭到杜威也都一直强调在教育教学中要以"学生为中心"，要求教师具备民主品德，反对教师把自己的目的强加给学生，主张学生个性自由发展。

（三）自然主义的教育主张

自然主义教育哲学是西方近现代教育哲学的传统。一般而言，自然主义教育由亚里士多德效法自然的"自然教育"，夸美纽斯"遵循自然法则"的"自然教育"，卢梭培养"自然人"的"自然教育"，裴斯泰洛齐"适应儿童自然"的"自然教育"，杜威儿童中心主义所体现的"自然教育"等组构、相承。

卢梭认为，教育应该适应儿童天性的发展，教师要促进儿童身心的自然发展，要处处考虑儿童的天性，让他们享有充分的自由，尊重他们的个性。他尖锐地批评了严峻的法律、残酷的体罚对儿童个性的压抑，在卢梭看来，教师在遵循儿童自然发展的同时，还要注意适应儿童的个性差异，才能对其天性发展给予正确的指导，使他们合乎自然地成长和发展。他认为，每个人的心灵有它自己的形式，必须按它的形式去指导他。教师必须好好地了解他的学生之后，才能对他说第一句话，先让他的性格种子自由自在地表现出来，不要对它有任何束缚，以便全面地、详细地观察它。杜威主张现代社会中的自然教育，提出"教育即生活"、"学校即社会"、"教育即生长"、"从做中学"和"儿童是太阳"等教育理论并付诸实践，他反对压迫儿童天性的教育，认为教育不应成为一种"外来压力"，而应重视儿童游戏、活动的本能和需要，并从儿童自发的兴趣和需要出发，主张建立以儿童为中心的师生关系，建构以活动为中心的课程结构。

二、西方传统教师职业道德规范

作为教育教学活动中最为基础的人际关系，师生关系如何定位，往往影响教育教学的质量，因此，西方国家普遍将师生关系作为教师职业道德规范建设的核心内容所在。围绕师生关系这一核心，西方教师职业道德规范可以归纳为三点：在基本立场和态度上，教师应该尊重学生的平等人格和主体地位；在教育教学理念上，教师应该尊重学生的个性和智力差异，鼓励学生个性发展；在教育教学方法上，教师应该尊重学生的民主权利，扮演好教师的民主角色。

（一）尊重学生

尊重学生的平等人格和主体地位，是西方教育中最为基础和首要的教师职业道德规范。受到尊重是每个人的基本需要，尊重他人是每个人的基本德性。对于奉行"让每个人都有尊严地活着"这一基本观念的西方国家来说，"让每一个学生都有尊严地生活和学习"就是师德的原则和底线，也是西方教育文明，尤其是师生伦理赖以存在的行为规范。

纵观西方教育发展史，尊重学生的师德传统一以贯之。古希腊时期，苏格拉底经常与学生平等对话，承认自己"无知"而非"真知"、"先知"，用"精神助产术"启发学生，而不是依仗"教师权威"进行说教。近代以来，文艺复兴和启蒙运动进行"天赋人权"、"人生而平等"、"主权在民"、"自由、平等、博爱"的观念革新，恢复中世纪被贬损的人的尊严和主体地位，卢梭的教育著作《爱弥儿》是这一时期的典型代表。20世纪以来，随着欧洲"新教育运动"和美国"进步主义教育运动"对传统教育的批判和发展，对儿童的研究、对学生的重视提升到前所未有的高度，"秉承尊重每一个人的独特价值和尊严的信念"成为西方教师职业道德规范的应有之义。

教师必须尊重学生的平等人格。其一，教师与学生在人格上是平等的。苏霍姆林斯基认为，"只有教师关心学生的人的尊严感，才能使学生通过学习而受到教育。教育的核心，就其本质来讲，就在于让儿童始终体验到自己的尊严感。"教师必须真正将学生视为与自己完全平等的个体，呵护学生的自尊心，尊重学生的人格尊严，并且"在符合学生自尊心的范围内实施仁慈的纪律，不得采用强制和暴力"，不对学生施以身体或言语的伤害。其二，所有学生在人格上也是平等的。在教学中，教师应当对所有的学生一视同仁，不以个人之好恶偏爱某些学生而厌恶另外一些学生，要公正以待。

教师必须尊重学生的主体地位。传统教育主张"教师中心观"，认为教师是教育活动的主体，学生是客体，评价教育的标准在于学生在多大程度和水平上达到了教育目标的要求。现代教育对传统教育进行了批判，提出"儿童中心论"、"学生中心观"，认为学生才是学习活动的主体，教师不是"组织者"、"控制者"、"管理者"，而应该是"引导者"、"指导者"，评价标准是教育者的教育活动在多大程度上满足了学生学习的需要。教师必须尊重学生的主体地位和主观能动性，给予思想、心灵的自由，给予个性、特长充分发展的时间和空间，让教育成为学生自身成长的内在需要和目的。

（二）鼓励个性

教师应该尊重学生的个性特征和智力特征，承认每一位学生作为个体的独特性，保护天性，挖掘潜能，鼓励学生的个性发展。"教育工作者致力于帮助每一个学生认识到自己作为有价值、有能力的社会成员的内在潜能"，是西方教师职业道德规范的应有之义，那些不尊重学生差异、抹杀学生个性发展的教师，都要受到批判和否定。

鼓励个性，这与西方倡导个体本位和自然主义的教育理念是一致的。英国教育理论家怀特海倡导要尊重学生的心理发展特征，他认为，大学教育如果无视学生的兴趣、爱好和个性等因素，不但达不到培养心智、发展能力的目的，反而窒息了学生潜在才华的发展。"因为心智绝不是被动的；它是一种永无休止的活动，灵敏、富于接受性，对刺激反应快。"怀特海在这里实际上是对大学教师提出了要注重学生个性的要求。正如康德所言："一个有价值的东西如何能够被其他东西所替代，这是等价。与此相反，超越于一切价值之上，没有等价物可替代，才是尊严。"总之，在教育和教学中，教师要充分考虑和尊重每一个学生的个别差异，根据对学生兴趣、能力、技能、知识、家庭环境和同伴关系的观察和了解，不断调整自己的教育方法，反对用统一的要求和制度来规范所有的学生，以抹杀学生的个性。

教师应该尊重学生的个性特征。由于学生的生理素质、成长环境不同，故具有不同的个性特征。古罗马教育家昆体良认为，教师要熟悉学生，研究学生的个性特征。第斯多惠要求教师必须全面地、深刻地了解学生，在教学过程中首先必须了解儿童的心理特点和个性差异。有些学生虽然学习成绩一般，却具有广泛的兴趣爱好和独特的创造性，教师必须尊重并细心呵护学生独特的兴趣爱好。

教师应该尊重学生的智力特征。美国教育家、心理学家加德纳的"多元智能理论"认为，每个人的智力类型至少包含言语—语言智力、数理—逻辑智力、音乐—节奏智力、视觉—空间智力、身体—动觉智力、自知—自省智力、交往—交流智力等多种类型，应该给予识别和尊重，根据学生的智力特征因材施教、扬长避短、张扬个性。

（三）民主教育

在教育教学过程中，教师要在保持学生自由的基础上，实行民主的教学方式。民主是相对于专制而言的，是以"学生中心"或"主体间性"对传统教育"教师中心、教材中心、课堂中心"进行批判的结果，主张教师不应该只从自己出发，而应该从学生的需要、知识水平、智力水平出发来开展有效的教育教学，包括与学生一起商量，采取大家都喜欢的教学方式方法来开展教育教学活动。在具体教学过程中，民主教育的对立面是灌输。20世纪西方教育方法最突出的特点是反对权威的灌输方法。灌输的重要特点是强制性，杜威认为，灌输包括"强迫接受，伴随着对不顺从的学生给予惩罚和对服从的学生给予奖励"，"在传统学校里那么普遍的一种外部的灌输，不仅不能促进反而限制了儿童的智慧和道德的发展。"

学生的民主权利。杜威认为，教育过程是儿童和教师共同参与的过程，也是儿童和教师真正合作和相互作用的过程。在这个过程中，儿童与教师双方都是作为平等者和学习者参与其中。例如，在美国高等学校的课堂教学中，学生和教师的关系比较随和，学生在课堂上甚至不举手就打断教师的讲授或谈话，提出自己独特的观点，而教师则必须耐心地听取学生对某一问题的看法，然后指出这种观点的不足，提出供学生参考。

教师的民主角色。在西方，教师担当的是引路人、指导者和唤醒者的角色，他们并不是权威者、传道者，而是诱导者。他们不强迫学生去学习，而只是激励学生、引导学生、启发学生自主地学习。古希腊教育家柏拉图认为，教师的责任就在于给学生行为划出是非界限，指明正确的道路，"如果不指出什么是正确的，什么是不正确的；什么是值得赞扬的，什么是羞耻的；什么是神圣的，什么是渎神的；什么是应该做的，什么是不应该做的；他就无话可说，无事可做。"西方价值澄清学派认为，传统的道德教育方法对控制学生行为、引导学生表面言行等起一定作用，但这些方法都含有说服对方的意思，无非是企图将预先确定的"正确"价值观推销、塞给或强加给青少年，这些方法的"质"都是灌输。因此，价值澄清学派主张采用价值澄清策略，价值澄清策略最大的特点不是从理论到理论说教或灌输，不是让学生背诵一套概念体系，而是尽可能地接近生活，让学生在生活中通过自己的行动和积极思考形成价值观。这是民主教育方式在道德教育中的体现。

全美教育协会《教师专业伦理规范》强调，"教育工作者应该确信：追求真理、献身卓越和养成民主精神的事业有着至高无上的意义"，《国际教师团体协商委员会教师宪章》提出，"教师要致力于培养作为未来成人及公民的道德意识，并以民主、和平与民族友谊的精神教育儿童"、"教师不能因性别、种族、肤色及个人信仰和见解的不同，将个人信仰和见解强加于儿童。"这是西方基于重视个体发展和民主精神的教育目标，而对教师做出的职业道德要求。

三、西方传统教师职业道德德性修养

古希腊亚里士多德著《尼各马可伦理学》，开创了西方德性伦理传统，为西方文明奠定了公正、诚实、慷慨、勇敢、节制、友爱等基本道德德性观念和传统，也成为西方教师职业道德品质的宝贵资源。结合教师职业的特点发现，待生仁慈、处事公正，可以视为西方教师职业道德德性修养的传统。

（一）仁慈

仁慈包括三种特质：爱心的特质（情感性）、理性的特质（理智性）、超越公正义务的爱和宽恕的特质（超越性）。教师仁慈指教师对学生的爱心和宽容。对教师而言，仁慈有助于教师获得职业自由感；对学生而言，教师仁慈具有动机作用、榜样效应和心理健康功能。

美国心理学家、教育学家罗杰斯认为，儿童得到人际关系中的诸如温暖、热爱、同情、关心、尊敬等方面的关怀，对其自我概念的形成十分重要。无条件的爱，是指无论儿童做了什么都可以得到关怀，认为只有这样，"关怀的需要和自尊的需要就不会同机体估价过程相矛盾，因而个体就会不断获得心理上的调节，成为完善的人"。教师对学生要宽容、友善，如"不允许刁难和轻视学生"。教师仁慈的条件有四个方面：第一，具有崇高的道德境界；第二，拥有教育效能感，即教育信心；第三，掌握高超的沟通与表达技巧；第四，做学生的心理关怀者。

（二）公正

公正是教师内在的道德品性和思想修养，是一种需要内化再外显的德性。教师公正或教育公正的核心是对学生公正，教师对学生的公正的主要含义是：在教育活动中对学生持民主与尊重的态度；对不同性别、年龄、出身、智力、个性、相貌及关系亲密程度不同的学生能够做到一视同仁、同等对待，不以个人的私利和好恶作标准。教师公正有利于良好教育环境的形成、有利于教师威信的提高、有利于学生学习积极性的发挥、有利于学生的道德成长、有利于社会公正的实现。

教师公正是一种对象性公正，例如，全美教育协会《教师专业伦理

规范》提出,"不得因种族、肤色、教义、性别、国籍、婚姻状况、政治或宗教信仰、家庭、社会或文化背景或是性取向差异而不公平地:排除任何学生参与到教学活动中;不给任何学生以帮助;允许任何学生拥有某些权利。"也就是说,美国对师德的要求中强调尊重差异性,要求对任何学生都要公正以待,不能因为自然性或社会性的差异而歧视、区别对待,这也是对基本人权的尊重。概括地说,教师对学生的对象性公正最主要的是要做到:第一,平等地对待学生;第二,爱无差等,一视同仁;第三,实事求是,赏罚分明;第四,长善救失,因材施教;第五,面向全体,点面结合。

四、西方教师职业道德的价值

西方教师职业道德建设有其成功的经验,我们不妨以此为镜来反观和反思我们的师德建设工作,提出师德教育工作的新思路,从而促进我国教师职业道德水平的整体提高。

(一)细化教师职业道德规范要求的层次性

纵观各国和地区的教师职业道德规范,它们兼具理想性和现实性,既有低要求的近期目标,也有高要求的远期目标,层次清晰分明。俄罗斯的师德规范就包括三个层次:第一个层次是一般规范,第二个层次是个别规范,第三个层次是规则和习惯。这种对师德规范的分层使得对师德的一般要求逐步具体化,也使得教师明确在不同的情形下应遵循的相应的规范。美国的师德规范从内容结构上也可以分为三个层面,即:师德理想,师德原则,师德规则。师德理想体现着教育专业至善至美的道德境界,师德原则是指导教师职业行为的原则和依据,师德规则是对教师职业行为的最低要求。师德理想、师德原则和师德规则三者之间是一个从抽象到具体的关系。而审视我国内地,师德规范的建设过于整齐划一、千篇一律,没有区分,没有差别,用一个标准、一种规范去要求所有的教师必须做到。这样的师德规范不仅难以满足教师个人和教师群体的不同道德需求,而且也制约了不同层次师德规范的不同功用。所以,只有切实解决师德建设中的因层制宜问题,才能更有效地提高师德建设水平。因此,我们应将教师职业道德规范细化为理想层次、原则层次和规则层次,促使师德规范更好地发挥其作用,即理想层次发挥鼓励、鼓舞的作用，原则层次发挥指导、引领的作用，规则层次发挥约束、限制的作用。

（二）提高教师职业道德规范条文的操作性

由于我国内地的教师职业道德规范处于理想层次的条文占较大比例，所以操作性较差。偏重理想性、缺乏现实性的师德规范只会使广大教师内心产生具有距离感的敬畏，致使教师心理压力加剧，并最终因其高远而形同虚设。可以说，我国内地师德规范更类似于行为原则，而如何贯彻执行这些原则却需要教师自己去体会。另外，我国内地的师德规范在用词方面有许多抽象的表达，模糊、笼统地确定某种品质，难以付诸实践操作。美国的《教育职业道德规范》占最大比重的是师德规则层次，它作为对教师最基本的要求，规定的内容明确而具体，表述也多采用限制性语言（如不应、不让等），少了理想，更多的是可操作性，实用主义思想表现得较为明显。此外，美国的师德规范在不断修订的过程中，也不断加强其具体性和可操作性。现行的教师职业道德规范与以往相比，在尊重学生的个性自由、鼓励学生的创造精神、提高教师的教育劳动社会责任心、反对教师的职业利己行为等方面，提出了更为具体的道德要求。可以说，美国的师德规范注重的不是师德理想，而是师德规则。由此可见，美国的师德规范具有极强的可操作性，避免了师德规范的无效性。因此，我国的师德规范必须朝着更具可操作性、更具可行性、更朴实的方向发展，坚持底线伦理要求与最高伦理准则的统一，理想主义和现实主义的统一。

第三节 中国和西方教师职业道德传统比较

中国和西方教师职业道德传统在诸多方面都存在着相似之处，如教书育人、热爱学生、为人师表等，但不同的文化传统和民族文化心理结构，又决定了中西教师职业道德传统在某些方面也存在着一定的差异，比较而言，中国师德传统强调社会本位、师道尊严与情感本位，认为教师应该具有高度的社会使命感和责任感、威严的形象、重视培养学生的情感伦理，而西方师德传统则看重个人本位、师生和谐与理性本位，认为教师应该尊重学生个性、与学生建立友好和睦关系、重视培养学生的理性。

一、中国和西方教师职业道德传统的共同点

从历史上看，中西不同文化背景下教师职业的出现都源于社会对专门的教书育人者之需要，换言之，教师角色的基本职责就是教书育人，倘若失去了这一师德的本质规定，教师角色也将不复存在，而正是从这一本质规定出发，可以将中西师德传统的共同点定位为教书育人、热爱学生、为人师表三个方面。

（一）教书育人

中外教育家在实践中都意识到，教师职业不同于其他职业的特殊性在于教师的学识水平和育人能力，将教书育人作为师德的重要内容之一。

中国古代教育家尤其重视教师的学识水平，并对教师所应具有的渊博学识作了比较细致地论述。如孔子认为教师应当"学而不厌"、"温故而知新"；《学记》也明确指出"记问之学，不足以为师"；汉代杨雄主张教师应"知大知"等。教师的知识应以儒家经典为主但又不能仅限于经典，还要求博学，能多方涉猎其他知识，譬如汉代王充主张教师应由"通人"担任，学古今之事、通百家之言，多闻博识，如此才能使学生通明博见、获得真才实学，成为"强民富国"之才。此外，我国古代教育家历来重视教师对教育教学能力的掌握与运用，把善教当作教师的重要条件之一。《学记》把教师所应掌握的教育教学能力概括为四点：懂得并掌握教育教学规律、了解教育内容、了解教育对象并能做到长善而救其失、掌握教育艺术。除此以外，因材施教、启发诱导、循序渐进等教育教学原则和方法都被我国古代教育家认为是教师应该掌握的教育教学能力。

西方众多教育家也认为教师应具有渊博学识，认为教师应"学问好"或是"学问的爱好者"，如苏格拉底提出"知识即美德"，将知识与美德统一起来，还认为未经审视的人生是不值得过的；杜威也指出，教师要成为"领导者和启发者"，必须具备"广博、深刻的知识和成熟的经验"，并且"教师的知识必须比教科书上的原理，或任何固定的教学计划更为广博"，只有这样才能"应付意想不到的问题和偶发事件"。

此外，西方教育家同样也认为教师应该精于教育教学。苏格拉底首创"产婆术"思想，是西方教育家中较早注意到教师应以启发诱导方式进行教育教学的人。夸美纽斯强调教师之基本条件必须是：第一，拥有教导他人的能力，因此必须受过专业训练；第二，知道如何教导他人，所以方法必须独到。昆体良认为应了解儿童的学习能力，不可用大人的标准去衡量学童学习的成效。威夫斯也认为教学要顾及个别差异，因材施教等。

（二）热爱学生

热爱学生是教师职业道德的核心，是我国教育历来的优良传统，也是世界上许多教育家所提倡的美德。

中国的师德传统历来是爱生亲徒、有教无类。孔子以"学而不厌，诲人不倦"为座右铭，对学生关怀备至、亲切异常。他的三千弟子来自鲁、齐、晋、宋、陈、蔡、秦、楚等不同国度，这不仅打破了当时的国界，也打破了当时的夷夏之分，孔子吸收了被中原人视为"蛮夷之邦"的楚国人公孙龙和秦商入学，还欲居"九夷"施教，充分体现了孔子有教无类的教育主张。孔子弟子有来自贵族阶层的，如南宫敬叔、司马牛、孟懿子，也有很多来自平民家庭，如颜回、曾参、闵子骞、仲弓、子路、子张、子夏、公冶长、子贡等，这是爱生亲徒在教育对象上的表现。《学记》中也提到，"亲其师而信其道"，则更加直接地说明了良好的师生关系对于促进教学双边活动的意义。清代唐甄在谈到教师为什么要亲近学生时说："教者贵亲，亲者易知；承教者亦贵亲，亲则易化。煦妪覆育，如鸡之伏卵，而后教可施焉。"教师对学生有了爱心，才会接近他、理解他，从而能产生感染力，使学生容易接受教育。中国的这一师德传统提示教师，尊重、关心和热爱学生对做好教育工作十分重要。

西方的师德传统同样强调教师要热爱学生、关心学生。古罗马教育家昆体良在《雄辩教育》中曾指出：如果有人能力优秀，但却不屑于作孩童的教师，或对孩童教育深感厌倦，则这种人不配成为教师。哲学家、教育家罗素也提出：凡是教师缺乏爱的地方，无论品格还是智慧都不能充分地或自由地发展。弗洛姆在《爱的艺术》中指出，"爱是对所爱对象的生命和成长的积极关心，哪里缺少这种积极关心，哪里就根本没有爱。"苏联教育家赞科夫也认为,"当教师不可少的,甚至是最主要的品质就是热爱儿童"。霍姆林斯基在《怎样爱孩子》一文中进一步揭示了师爱的本质特征,他认为师爱"不是那种缺乏高尚生活哲理而往往对孩子十分有害的本能的爱",而是"由于深刻了解人,由于知道一个人的一切长短而激发出来的明智的、人的爱;是能防止轻率行径,并激励人行为诚实高尚的爱;是能教导人生活的爱"。威夫斯、夸美纽斯、裴斯塔洛齐等人也都十分强调教师对学生的爱对教育教学的重要作用。19世纪美国杰出的诗人爱默生更是提出要"敬爱儿童",他认为"教育的秘密,藏在对孩童的敬爱中"。由此可见,西方的师德传统同样昭示,热爱学生不仅是建立民主、平等、和谐的师生关系的基础,而且是做好教育工作不可忽视的重要条件。

(三)为人师表

中西方教育家都十分重视教师的道德示范作用,要求教师能够为人师表。如孔子就认为"其身正,不令而行;其身不正,虽令不从"、"不能正其身,如正人何?"教育家夸美纽斯也认为,"教师要成为道德卓越的人,要做学生的表率"。另一方面,从要培养有道德的人出发,教育者首先必须自身就是有道德的人,才能为人师表。

我国古代教育家孔子认为教育的目的是要培养"君子",《论语》说君子有三方面的修养,即"仁者不忧,知者不惑,勇者不惧",还说"君子周而不比"、"君子喻于义"、"君子成人之美"、"君子固穷"等等。《中庸》说"君子动而世为天下道,行而世为天下法,言而世为天下则"。可见,君子最重要的品质在于道德方面。墨子主张培养"兼士"或"贤士",其标准是:"厚乎德行"、"辩乎言谈"、"博乎道术",即道德要求、思维论辩的要求和知识技能要求三方面,而三者之中道德要求最为重要,这样兼士就能做到"饥则食之,寒则衣之,疾病侍养之,死丧葬埋之。"孟子主张教育的目的在于"明人伦","人伦"就是"父子有亲,君臣有义,夫妇有别,长幼有序,朋友有信",所以说,"明人伦"就是明社会的伦理道德,"明人伦"的教育实质就是伦理道德教育。

西方教育家也非常重视教育对人的道德品质的培养。古希腊"三杰"把理性教育作为全部教育工作的核心,教育就是要把人培养成为有理性的人,即知识广博、品德高尚的人,也就是富有"美德"的人。古罗马教育以培养演说家、雄辩家为目的,而雄辩家的最首要条件就是要具有崇高的品德,因为"一个没有良好德行的人就不可能是一个真正的雄辩家"。夸美纽斯也强调教育要培养在身体、智慧、德行和信仰几方面和谐发展的人。培养"绅士"是洛克的教育理想,所谓"绅士"就是具备"德行、智慧、礼仪和学问"四种品质的人,并且,洛克认为"在一个人或者一个绅士的各种品性之中,德行是第一位,是最不可缺少的"。赫尔巴特认为教育目的是培养"真正善良"的人,这种人也就是具备或符合"五种道德观念"的人,这些"受过正确教养的人","能将世界导之于正轨"。

由此可见,中外教育家都把培养有道德的人作为教育目的的重要内容。因此,教师只有先受教育,才能在一定程度上教育别人,为人师表;一个人要是自己还没有发展、培养和教育好,他就不能发展、培养和教育别人。

二、中国和西方教师职业道德传统的区别

教师职业道德传统虽然在中西方不同文化背景中的基本内容是一致的,但也存在不少相异之处,概括起来,中西方教师职业道德传统的区别主要表现在三个方面:一是社会本位与个人本位的区别,二是师道尊严与师生和谐的区别,三是情感本位与理性本位的区别。

(一)社会本位与个人本位的区别

中国的师德传统呈现出较为浓厚的社会本位色彩。中国古代一直采用私塾这种教学形式,它以教师为中心,十分强调教师"做人",不仅要求教师养成"尊己爱人、团结和谐、孝为公理、尊人卑己、见利思义"等充分体现社会本位价值的道德观念,而且要求在其教学中灌输给学生,做到教书育人。孔子主张"仁者爱人",要求教师应以"仁"和"礼"为道德标准教育学生,其价值导向,并不是个体独立人格的确立,而是一种人们应该具有的对别人、对社会的义务,旨在维持社会的和谐稳定。孟子则直接把对维系社会秩序具有积极作用的"孝"视为教育的主要内容,主张"谨庠序之教,申之以孝悌之义"。宋代周敦颐也认为"师范立"可使"善人多",从而也就天下太平,从而将为师与

治天下紧紧联系在一起。黄宗羲明确认为，教师除了向学生进行传道、授业、解惑之外，还肩负有清议的重任，要求教师必须"无玷清议"，即议论国家政事之是非。不难看出，从古到今，中国广大教师以"为天地立心，为生民立命，为往圣继绝学，为万世开太平"为己任，发出了"先天下之忧而忧，后天下之乐而乐"的高度社会责任感的铮铮誓言，使中国师德传统充满了社会本位色彩。

与中国师德传统相比，西方师德传统则呈现出浓厚的个人本位色彩。古希腊职业教师、智者学派的代表人物普罗泰戈拉所提出的"人是万物的尺度"，是个人本位在西方师德思想中的初露端倪。随后，苏格拉底发展了这一思想，提出了"有思考的人是万物的尺度"。从那时起，西方开始要求教师在教育中提倡人的价值和尊严，维护人的需要和利益，强调人的地位和作用。文艺复兴时期，西方师德思想中更是体现出提倡人性反对神性，提倡人权反对神权，提倡个性解放，反对压抑个性的个人本位主义色彩。如维多利诺为反对封建教育压制儿童个性，创办了"快乐之家"，要求发掘每个儿童的个性；蒙旦也要求教师不应独断专行，要有民主作风。17世纪英国资产阶级革命爆发后，受资产阶级"自由"、"平等"、"博爱"学说的影响，西方师德思想中个人本位主义迅速发展。洛克从"自然人权"和"契约论"出发，阐述了个人自由和权利，认为凡是给个人带来快乐和幸福的行为就是善的德行。从卢梭到杜威也都一直强调在教育教学中要以"学生为中心"，要求教师具备民主品德，反对教师把自己的目的强加给学生，主张学生个性自由发展。

（二）师道尊严与师生和谐的区别

中国几千年的文化发展逐渐形成了师道尊严的文化观念，在师生关系中竭力推崇教师的权威。《尚书·泰誓》已有了"天佑下民，作之君，作之师"的说法，将君师并称。荀子则把"天、地、君、亲、师"并列起来，认为"天地者，生之本也；先祖者，类之本也；君师者，治之本也。无天地恶生？无先祖恶出？无君师恶治？"将教师提到了非常崇高尊贵的地位，并指出"国将兴，必贵师而重傅，国将衰，必贱师而轻傅"，视尊师与否为国运兴衰的征兆。《学记》在中国师德思想史上明确提出了师道尊严的观念，认为"凡学之道，严师为难。师严然后道尊,道尊然后民知敬学"。韩愈更是感慨于"师道之不传久矣"的现象,奋笔疾书《师说》一文,提倡尊师重道,强调师道尊严。受师道尊严传统的影响,至今我们仍然强调教师的地位和作用,并赋予师道尊严以新的时代内涵,提倡尊师重教。

相对而言,西方教育家更强调教师应该把儿童当作一个独立的个体像"慈父"一样去真正地爱护他们,在教育史上形成了良好的爱生传统。这是因为,西方文化高扬自由意志,提倡人与人之间的平等、博爱关系。因此,萌生于这种社会文化土壤中的西方师德思想也必然带有这片土壤所赋予的独特色彩,具体体现为西方师德思想十分强调师生之间关系的和谐,要求教师尊重学生,与之平等相处,建立友好和睦的关系,使学生健康、茁壮地成长。夸美纽斯十分注意师生之间良好关系的确立,他要求教师像慈父一样爱护学生,和善愉快地传授知识;苏霍姆林斯基要求教育者应当是受教育者的知心人,应善于跟他们交朋友,关心孩子的快乐和悲伤,了解孩子的心灵,时刻都不忘记自己曾经也是个孩子。这些都是西方师德思想中师生和谐的反映。

(三) 情感本位与理性本位的区别

中国师德思想与"情感"结下了不解之缘,而西方师德思想则与"理性"相伴随。众所周知,中国文化是伦理型文化,在处理人与人之间的关系上一直受血缘和宗族关系的左右,形成了以"孝"和"忠"为核心的家族化价值取向,这种价值取向一直潜移默化地影响中国师德思想,使其体现出情感本位的色彩。孔子师德思想之核心"仁",即仁爱的情感,"孝悌也者,其为仁之本与?"要求教师道德以孝悌为本。石介认为,"教诸生为人臣则以忠,教诸生为人子则以孝,教诸生为人弟则以恭,教诸生为人兄则以友,教诸生与人交则以信",寓情感于教育教学之中。王阳明也对教师提出了"今教童子,惟当以孝悌忠信礼义廉耻为专务"的要求。不难看出,中国师德传统对情感异常关注。

西方师德思想较为重视理性的判断,理性精神一以贯之。早在雅典"新教育"中理性精神已经发端,师德思想已经很清楚地显现出注重理性精神的陶冶。苏格拉底提出了"美德即知识",把知识与道德发展等同起来,明确提出了具有丰富的知识、高超的道德是教师道德高尚的主要表现,使理性精神在西方师德思想中的张扬在他那里得到了最早的奠

第三章 教师职业道德优良传统

基。亚里士多德认为，人生的最终目的是追寻美满的生活，美满的生活应该是理性的生活，即无过之、无不及而恰到好处的生活，为此，他十分重视教师道德中理性精神的培养。另外，西方许多教育家还从不同方面论述了在道德修养中，理性应居于指导地位的思想，因为理智可以把人的愿望引向良好的轨道，形成完美的德行。

思考与讨论

1. 根据中国教师职业道德发展历程，试分析"经师"和"人师"之间的辩证关系？

2. 从"教师中心论"到"学生中心论"，西方国家普遍完成了从传统教育到现代教育的师生观转向，如何评价这一转向？

3. 中国和西方有着教书育人、热爱学生、为人师表等教师职业道德的共同点，在两种不同的文明中，为什么会存在这种通约性？

4. 中国和西方的教师职业道德传统存在着社会本位与个人本位、师道尊严与师生和谐、情感本位与理性本位的区别。在这三种差异中，你认为哪种是最为突出的？为什么？

案例一

孔子如何挽留意欲改行的学生

樊迟请学稼，子曰："吾不如老农。"请学为圃，曰："吾不如老圃。"

樊迟出。子曰："小人哉，樊须也！上好礼，而民莫敢不敬；上好义，则民莫敢不服；上好信，则民莫敢不用情。夫如是，则四方之民襁负其子而至矣，焉用稼？"

孔子说，樊迟啊，在这个问题上，老农比我懂得多啊。"吾不如老农"这句话看起来十分简单，似乎人人都会说，但实际上，如果没有很高的境界是不可能讲得出的，"吾不如老农"体现出十分丰富的层次。

人人都以为孔子知识多，但孔子不以此自居。孔子认为，"假如别人问我一个问题，我只懂一点，又不确定，也会告诉他，我的动机是什么呢？不是让他得到更详尽的解答，而是向他表示没我有这方面的知识"。孔子不需要这种虚荣心，他总以让对方受益为目标，不以展示自己的渊博为目标。樊迟对孔子说：我想学种庄稼，其实是问错人了，孔子不是种庄稼的行家。

樊迟问孔子仁是什么，孔子说"爱人"。今天流行的"仁者爱人"，要有一半功劳归于樊迟，正是像他这样并不聪明的学生问，孔子才给出如此回答。孔子从不介意樊迟问仁问知，他不会说，"哎呀，你的问题太大了"，也不会把给其他学生的答复原样不动地告诉樊迟，颜渊问仁，孔子说克己复礼，但孔子不对樊迟这么说，他知道樊迟接受不了，可见孔子的确诲人不倦。但樊迟问到种庄稼，孔子用不回应的方式，其实是另一种回应，意在说：你问错人了，方法比答案更重要。

但孔子不会直接粗暴地告诉樊迟问老农去，这是命令的口吻，命令的口吻会令对方不快。当一个人用命令的口吻与他人交流时，隐含的假定是：我比你高明，我可以使役你。这种倨傲的姿态，可能会伤害到一部分请教者。"吾不如老农"，不是使役的语气，而是事实的陈述，陈述事实给对方，让对方自己来抉择，这就不是命令，而是启发了。

实际上，樊迟真的问错人了吗？并没有，因为樊迟真正的目的根本不是想问种庄稼。我们要留意《论语》的措辞，樊迟向孔子请教"仁"，请教"知"，《论语》上写，"樊迟问仁"，"樊迟问知"。但这次，《论语》写的不是"樊迟问稼"，而是"樊迟请学稼"，这表示樊迟并不是对种庄稼有特殊的兴趣，而是想逃避现在的学习。

樊迟此刻是遭遇到人生路径的选择问题了。我见过很多小孩，初中没读完，成绩不行，跟家长说"我想学电脑"。他真的想学电脑吗？数学满分100考6分还想学电脑？说想学电脑，其实是想玩电脑，学习态度不行又讳言这点，就绕个弯表示自己有别的兴趣和爱好。樊迟就是这种情况。

樊迟天性鲁钝，不如其他同学出成绩，就起了放弃的心，打算改行，但樊迟并不是真心喜欢种庄稼。孔子说"吾不如老农"，樊迟马上"请学为圃"，可见心猿意马。

既然想改行，为什么还要来请示孔子呢，这正体现孔子对樊迟的爱。有许多弟子向孔子请教过仁的问题，而《论语》里记载最多的，正是樊迟。樊迟虽然不聪明，但他的问题多，而孔子从来没有厌烦过。试想一下，有个学生今天跑来问老师什么是仁，老师给他讲了；第二天又跑来问老师什么是仁，老师给他讲了；第三天还跑来问老师什么是仁，我要是老师就气坏了：哎呀，你真笨，上次刚跟你讲过，你又忘了？你把老师说的话当耳旁风了吗？

但孔子从来不这样，哪怕樊迟问三次，孔子也会三次给他答案，而且每一次孔子的回答都不同。孔子从来不觉得樊迟这样的弟子没法教，他倒是批评宰我没法教，虽然宰我比樊迟聪明得多，但愚钝不是大问题，懒惰才是。

孔子对樊迟无比耐心。樊迟很喜欢他，但樊迟又对自己失望，所以找到老师说想改行。孔子很凄婉地表示：樊迟呀，你要是真觉得学礼学义很困难，那就只能拜别人为师了。在我的门下学习，吃苦是必需的呀。

孔子这里是在用感情挽留樊迟。你要学种庄稼，那你只好跟着老农咯；樊迟说，那我不学种庄稼了，我学种菜行不行？孔子说，那你只好跟着菜农咯。孔子说"吾不如老农"，樊迟立马就不再"请学稼"，说明什么？说明樊迟还是想跟着孔子学，做孔子的弟子。

孔子很清楚樊迟的心理，他知道樊迟面临的真正问题，但他不会虚伪地说些诸如，"樊迟你要加油，你一定行的，老师相信你"这种话。所有从内心里已经放弃了学生，又在口头上虚伪地表示对学生抱有信心的老师都是如此，这种敷衍是对学生的不尊重。

以孔子之睿智，对樊迟之鲁钝，依然不肯说出那种虚伪的鼓励，固然那些话会让樊迟很舒服，但不说才是对樊迟的尊重，因为孔子从心底从来没有放弃樊迟。

孔子明白各人天资不齐，樊迟无论如何不能达到子贡、子张、子游、子夏的聪明，但是，哪怕是再鲁钝的人，只要你有向学的心，只要你期待自己变得更好，你就是君子，就是好学的人。孔子没有当面批评樊迟，却在樊迟离开之后对别的弟子讲了一番道理，说明为什么学礼学义要比学稼学圃更重要。

孔子真是诚实的人，他不会说什么"三百六十行，行行出状元"，这种话应该是自己对自己说的，因为爱惜职业，所以告诉自己：我所从事的劳作，并不比任何一种劳作低贱。但没有一个父母会对子女说：你成绩这么差，干脆别读书了，种地去吧。如果父母从心底认为读书比种地好还这么劝子女，其实是从心底放弃了他。但孔子怎能如此放弃樊迟呢？

樊迟走之后，孔子对弟子讲的一番话，其实是说给樊迟听的。孔子知道那些话一定会传到樊迟耳朵里，同时也知道那些话并不方便当面说。人的情绪无常，当时讲会让樊迟颜面上难看，容易触发他的逆反心理，所以要等他走了告诉别人，回头转给他听。

樊迟终于没有离开孔子。又一次，樊迟向孔子请教：先生，请问什么是仁呢？孔子说：樊迟啊，一个人，起初遇到困难，后来有所收获，这就可以叫作仁了。

孔子的苦心，于此可见。

（资料来源：王路. 弟子混得不好想改行，孔子怎么挽留？//唧唧复唧唧. 北京：北京联合出版社，2015. 有改动）

【案例分析】

本案例主要讲述孔子的弟子樊迟（即樊须，名须，字子迟）因天性鲁钝，失去了求学的信心和希望，打算"学稼"或者"学圃"，从事其他行业。在他遭遇人生路径选择的关键时刻，孔子以其非凡永恒的人格魅力、无上亲和的仁爱精神和孜孜不倦的传道志向，先是动之以情、后而晓之以理，最终挽留了樊迟，演绎出一段师德佳话。寥寥数语饱含了孔子极为深刻的师德理论，对当今的教育与教学实践具有非常有益的借鉴作用。

有教无类。在教育对象问题上，孔子明确提出了"有教无类"的思想，意思是无分贵族与平民，不分国界与华夷，不论智愚与善恶，只要有心向学，都应给予热心教导。孔子的"有教无类"是让平民享有受教育权，在中国教育史上，孔子是主张教育平等的第一人，他所倡导的"有教无类"的办学思想与实践，具有鲜明的追求教育平等的倾向。在孔门弟子中，不仅有来自于华夏族的，而且还有来自于华夷族的；既有贵族出身的南宫敬叔、孟懿子等，也有贫贱之家出身的颜回、子路、子张等；不仅有樊迟等较为愚钝之"类"，还有子贡、子张、子游、子夏等聪慧之"类"。在本案例中，对樊迟之"类"的教育更能体现孔子"有教无类"的精神实质，这种正视差异，但无分等级的自由平等的教育主张是我们民族可以契接西学和现代理念的极为宝贵的传统思想资源。

因材施教。因材施教是孔子提出的又一重要教育理念，意思是教师要根据不同学生的认知水平、学习能力及自身素质，选择适合每个学生特点的学习方法来有针对性的教学，发挥学生的长处，弥补学生的不足，激发学生学习的兴趣，树立学生学习的信心，从而促进学生全面发展。因材施教的前提是识才，在《论语》里面，我们往往会看到几个学生问孔子的问题相同，而孔子对各人的答复却不同，例如，在本案例中，颜渊问仁，孔子说"克己复礼"，但是孔子知道樊迟的认知水平，如果同样回答"克己复礼"，樊迟肯定难以接受，于是，樊迟问仁，孔子说"爱人"。从这个例子中可以看出，孔子十分注重了解学生的不同，针对不同的人采用不同的方法教导，孔子也曾指出："中人以上，可以语上也，中人以下，不可以语上也。"

诲人不倦。孔子在教育实践中提出"诲人不倦"的著名论点，孔子"诲人不倦"的教学态度，其出发点首先是来自他自己"学而不厌"的好学精神、其次是来自他对求知者认真负责的态度。他曾谦逊地说："若圣与仁，则吾岂敢！抑为之不厌，诲人不倦，则可谓云尔已矣。"意思是：说我圣，说我仁，我都不敢当！我只是永不自满地学习，永不疲倦地教诲弟子而已。因此，即使面对像樊迟这样自暴自弃的弟子，孔子仍然孜孜不倦、充满希望地对他进行教诲。孔子对待知识的态度也一贯是实事求是、老老实实的，这充分表现在他对子路的一段谈话中，他说："由！诲女，知之乎？知之为知之，不知为不知，是知也。"知道的才能说知道，不知道的只能说不知道，这才是真正聪明的求知者，一句简单的"吾不如老农"，更是将这种师德精神发挥得淋漓尽致。孔子一生就是以这种认真严肃、踏实负责的教学态度，忠诚地、百折不挠地履行一个教师、一个教育家的义务和职责的。

案例二

苏格拉底的"教育助产术"

苏格拉底问道，"虚伪是人们中间常有的事，是不是？"

"当然是"，尤苏戴莫斯回答。

"那么，我们把它放在两边的哪一边呢？"苏格拉底问。

"显然应该放在非正义的一边。"

"人们彼此之间也有欺骗，是不是？"苏格拉底问。

"肯定有"，尤苏戴莫斯回答。

"这应该放在两边的哪一边呢？"

"当然是非正义的一边。"

"是不是也有做坏事的？"

"也有"，尤苏戴莫斯回答。

"那么，奴役人怎么样呢？"

"也有。"

"尤苏戴莫斯，这些事都不能放在正义的一边了？"

"如果把它们放在正义的一边那可就是怪事了。"

"如果一个被推选当将领的人奴役一个非正义的敌国人民，我们是不是也能说他是非正义呢？"

"当然不能。"

"那么我们得说他的行为是正义的了？"

"当然。"

"如果他在作战期间欺骗敌人，怎么样呢？"

"这也是正义的"，尤苏戴莫斯回答。

"如果他偷窃，抢劫他们的财物，他所做的不也是正义的吗？"

"当然是，不过，一起头我还以为你所问的都是关于我们的朋友"，尤苏戴莫斯回答。

"那么，所有我们放在非正义一边的事，也都可以放在正义的一边了？"苏格拉底问。

"好像是这样。"

"既然我们已经这样放了，我们就应该再给它划个界线：这一类的事做在敌人身上是正义的，但做在朋友身上，却是非正义的，对待朋友必须绝对忠诚坦白，你同意吗？"苏格拉底问。

"完全同意"，尤苏戴莫斯回答。

苏格拉底接下去又问道："如果一个将领看到他的军队士气消沉，就欺骗他们说，援军快要来了，因此，就制止了士气的消沉，我们应该把这种欺骗放在两边的哪一边呢？"

"我看应该放在正义的一边"，尤苏戴莫斯回答。

"又如一个儿子需要服药，却不肯服，父亲就骗他，把药当饭给他吃，而由于用了这欺骗的方法竟使儿子恢复了健康，这种欺骗的行为又应该放在哪一边呢？"

"我看这也应该放在同一边"，尤苏戴莫斯回答。

"又如，一个人因为朋友意气沮丧，怕他自杀，把他的剑或其他这一类的东西偷去或拿去，这种行为应该放在哪一边呢？"

"当然，这也应该放在同一边"，尤苏戴莫斯回答。

苏格拉底又问道，"你是说，就连对于朋友也不是在无论什么情况下都应该坦率行事的？"

"的确不是"，尤苏戴莫斯回答，"如果你准许的话，我宁愿收回我已经说过的"。

"准许你这样做是完全必要的"，苏格拉底说，"因为这比把行为放得不正确要好得多"。

"至于那些为了损害朋友而欺骗他们的人（这一点我们也不应弃置而不予以考虑），你想哪一个是更非正义的，是那些有意的呢，还是无意的呢？"

"苏格拉底，我对于我自己的回答再也没有信心了，因为我先前所说的一切现在看起来都和我当时所想的不一样了。尽管如此，我还要说，那有意说谎的比起无意说谎的人要更非正义些。"

"那么，你是不是认为有一种学习和认识正义的方法，正像有一种学习和认识文字的方法呢？"

"我想有。"

"你想哪一个更有学问，是那有意写得不正确并念得不准确的人，还是那无意之中写得不正确、念得不准确的人呢？"

"我以为是那有意的人，因为，无论什么时候，只要他愿意，他就能够做得正确。"

"那么，那有意写得不正确的人可能是有学问的人，但那无意写错的人则是没有学问的人？"

"怎能是别样呢？"

"是那有意说谎骗人的知道正义呢，还是那无意说谎、骗人的人呢？"

"显然是那有意这样做的人。"

"那么，你是说，那知道怎样写和念的人比那不知道的人更有学问?"

"是的。"

"那么,那知道正义的人也是比那不知道的更正义些了?"

"似乎是这样,可是我好像不知道怎么说才好了。"

"但是,一个想说实话而总是说不准的人,当他指路的时候,时而说这条路是向东,时而又说它是向西;当他算账的时候,时而算得是多,时而又算得是少,你以为这样的人怎样呢?"

"很显然,他以为自己知道的事,其实他并不知道。"

"你知道有些人是叫作有奴性的人吗?"

"知道。"

"这是因为他们有知识呢,还是因为无知?"

"显然是因为无知。"

"他们得到这样的称号,是不是因为他们不知道怎样打铁呢?"

"当然不是"。

"那么,也许是因为不知道怎样做木匠活?"

"也不是因为那个缘故。"

"那么,是因为不会做鞋吧?"

"都不是,因为恰好相反,大多数会做这类手艺的人都是些奴颜婢膝的人。"

"那么,他们得到这种名称是不是因为他们对于美、善和正义的无知呢?"

"我想是这样。"

"这样,我们就当用一切方法努力避免做奴颜婢膝的人了。"

"说实在的,苏格拉底,我曾非常自信自己是一个喜爱研究学问的人,并且还希望,通过这种钻研能够达到一个才德兼备的人所应该具有的造诣;但现在你想想看,当我看到自己费了这么多的辛苦,连一个最应该知道的问题都回答不出的时候,我对自己该是多么失望啊!而且我连有什么别的方法改善这种情况,都还不知道。"

苏格拉底说道:"尤苏戴莫斯,请告诉我,你曾经到过德尔非没有?"

"去过两次。"

"你曾经看到在庙墙上刻的'认识你自己'那几个字吗?"

"看到过。"

"对于这几个字你是没有思考过呢,还是你曾注意过,并且察看过自己是怎样的人呢?"

"我的确并没有想过,我以为对这一切我已经都知道了,因为如果我还不认识自己,就很难说知道任何别的事了。"

"但你以为一个人只知道自己的名字,就是认识了他自己呢,还是像那些买马的人,在没有察看过马是驯服还是桀骜,是强壮还是软弱,是快还是慢,以及骏马和驽马之间的其他各方面的好坏情况以前,总不认为自己已经认识了所要认识的马那样,必须先察看了自己对于作为人的用处如何、能力如何,才能算是认识自己呢?"

"这样看来,一个不知道自己能力的人,就是不认识自己了。"

"那么,岂不是很显然,人们由于认识了自己,就会获得很多的好处,而由于自我欺骗,就要遭受很多的祸患吗?

因为那些认识自己的人,知道什么事对于自己合适,并且能够分辨自己能做什么不能做什么,而且由于做自己所懂得的事就得到了自己所需要的东西,从而繁荣昌盛,不做自己所不懂的事就不至于犯错误,从而避免祸患。而且由于有这种自知之明,他们还能够鉴别人,通过和别人交往获得幸福避免祸患。

但那些不认识自己,对于自己的才能有错误估计的人,对于别的人和别的人类事务也就会有同样的情况,他们既不知道自己所需要的是什么,也不知自己所做的是什么,也不知他们与之交往的人是怎样的人,由于他们对于这一切都没有正确的认识,他们不但得不到幸福,反而要陷于祸患。

但那些知道自己在做什么的人,就会在他们所做的事上获得成功,受到人们的赞扬和尊敬。那些和他们有同样认识的人都乐意和他们交往;而那些在实践中失败的人则渴望得到他们的忠告,唯他们马首是瞻;把自己对于良好事物的希望寄托在他们身上,并且因为这一切而爱他们胜过其他的人。

但那些不知道自己做什么的人们,他们选择错误,所尝试的事尽归失败,不仅在他们自己的事务中遭受损失和责难,而且还因此名誉扫地、遭人嘲笑、过着一种受人蔑视和挪揄的生活。你看,凡是不自量力,去和一个较强的国民交战的城邦,它们不是变成废墟,就是沦为奴隶。"

"苏格拉底，你放心吧，我也认为认识自己是很好的事"，尤苏戴莫斯回答道。

（资料来源：（古希腊）色诺芬. 回忆苏格拉底. 吴永泉译. 上海：商务印书馆，1984. 有改动）

【案例分析】

本案例主要记录了苏格拉底为了教育一位狂妄自负的青年尤苏戴莫斯，和他进行了一次机智的谈话。当知道尤苏戴莫斯雄心勃勃，想将来竞选城邦的领袖时，苏格拉底就对他说："一个希望当领袖的人必须有治国齐家的本领，但是，一个非正义的人能掌握这种才能吗？""当然不能。一个非正义的人甚至连做一个良好的公民都不够格。"尤苏戴莫斯坚定地回答。"那么，你知道什么叫正义的行为，什么叫非正义的行为吗？"苏格拉底继续问并拿出羊皮纸，把"正义"和"非正义"分开写在羊皮纸的两边，要尤苏戴莫斯一一列举。于是，尤苏戴莫斯把虚伪、欺骗、奴役、偷窃、抢劫都放在"非正义"的一边。对此，苏格拉底运用相反的具体事例，把这些看起来是"非正义"的行为一一予以推倒，本案例中的一连串问题，使尤苏戴莫斯如坠云里雾中。苏格拉底在破除了对方的成见后，就正面进行诱导，并使尤苏戴莫斯接受了自己的观点。接着他就指出什么样的知识对人来说最为重要的，这就是"认识你自己"。

苏格拉底式的"反讽"。在本案例中，苏格拉底并不是以一个青年导师的身份出现的，而是用各种问题去诘问学生，学生回答不上来，便处于尴尬境地，感到自己很无知，从而产生学习和拥有真理的愿望，去思考各种普遍的问题；他在教育学生时，首先摆出一副很无知的样子，向学生请教一个问题，然后顺着学生的思路一步步地发问，当学生有了迷惑时，他并不急于告知答案而是举出一些实例，引导和启发学生从中得出正确的结论；他在和别人谈话时，并不是刻意地想要教导别人，而是采取启发式的教育方式，他认为自己的工作是帮助别人产生正确的思想，而不是传授给他们什么。苏格拉底认为，真正的知识来自内心，而不是靠别人传授，唯有从自己内心产生出来的知识，才能真正拥有知识和智慧，事实上，他给人的印象恰恰是想要向他的谈话对手学习一点什么东西，所以他的教学方法主要是讨论，而不是正襟危坐地讲课。苏格拉底的这种教育方式，人们称之为苏格拉底式的"反讽"，后人将这种方法概括为四个部分：讥讽、"助产术"、归纳和下定义。这种方法以学生为主体，注意调动学生的主动性和积极性，促使他们独立地思考问题，可以锻炼学生的思维能力，并使学生自觉地多方面地思考人与人之间的普遍原则，从而辩证地、具体地看待问题而非绝对地、笼统地对某个问题下结论。这种教育观实质上是天赋观念的一种反映，而且这种方法并不适用于低龄儿童，仅适用于已经掌握了一定基础知识，并拥有一定实践经验的学生，对于青年人树立正确的人生观及道德观大有益处。

美德即知识。在论及美德和知识的关系时，苏格拉底提出了一个著名的命题"美德即知识"，它揭示了教育和道德的关系，即教育的目的就是去挖掘、发展人的美德和善性。苏格拉底认为，人并不是生来就符合人的本性，只有在理性指导下才能认识自己的德性，也就是说，未经理性审慎的生活是没有价值的，一个人只有真正认识了他自己，才能实现自己的本性，完成自己的使命，成为一个有德性的人。而且，苏格拉底进一步指出，趋善避恶是人的本性，没有人志愿追求恶或他认为恶的东西，是行善还是作恶关键取决于他的知识，因而每个人在他有知识的事情上是善的，在他无知识的事情上则是恶的。美德是善的，针对人来讲，善就是节制、勇敢、正义等，学习和掌握各种知识的过程就是美德的获得和完善的过程，不过，他所说的知识并非人类的全部知识，而是指一种理性的普遍的知识，即伦理道德方面的知识。苏格拉底认为各种自然知识是不可靠的，只有人与人之间的有关知识才是最可靠的、最有用的，美德还包括对父母的孝道、兄弟之间的友爱、朋友之间的友谊、信任等，这些也都靠教育来完成。苏格拉底的命题中也包含了"知识就是美德"这层含义，因此，无知的人就是不道德的、可耻的，人们应承认自己的无知，从而去抓住一切可能的机会去获取知识，成为一个道德高尚的人，苏格拉底认为人有天赋的差异，但是都应接受教育而获取知识、完善美德。因此，苏格拉底认为正确的行为来自正确的思想，美德基于知识、源于知识，没有知识便不能为善，也不会有真正的幸福，他认为，从怀疑自己的知识开始的自我认识是认识美德的来源。

案例三

遭遇美国教育

当我牵着10岁的儿子登上飞往美国洛杉矶的班机时，心中就充满了疑惑：我不知道在孩子这么小的年龄就把他带到美国去是不是有些失策？一位朋友的劝告还响在耳边：最少应该让孩子在中国接受完基础教育再到美国，因为中国的基础教育是最完整、最系统的。一些专家也认为，美国的高等教育很出色，而基础教育绝对不如中国扎实。

直到我把儿子送进了那所离公寓不远的美国小学的时候，我就像是把自己最心爱的东西交给了一个我并不信任的人去保管，内心的忧虑终于得到证实：这是一所什么样的学校啊！学生可以在课堂上放声大笑，每天在学校最少让学生玩两个小时，下午不到三点就放学回家。最让我开眼界的是儿子根本没有教科书！那个金发碧眼的女教师弗丝女士看了我儿子带去的中国小学四年级的数学课本后，温文尔雅地说："我可以告诉你，六年级以前，他的数学不用再学了！"面对她那双充满笑意的蓝眼睛，我就像挨了一闷棍。一时间，真是怀疑把儿子带到美国来是不是干了一生中最蠢的一件事。

日子一天一天过去，看着儿子每天背着空空的书包兴高采烈地去上学，我的心就止不住一片哀伤。在中国，他从小学一年级开始书包就满满的、沉沉的，从一年级到四年级换了三个书包，一个比一个大，让人感到"知识"的重量在增加。

而在美国，他没了负担，这！能叫上学吗？一个学期过去了，把儿子叫到面前，问他美国学校给他最深的印象是什么，他笑着给我一句美国英语："自由！"这两个字像砖头一样拍在我的脑门上。

此时，真是一片深情怀念中国教育，似乎更加深刻地理解了为什么中国孩子老是能在国际上拿奥林匹克学习竞赛的金牌。不过，事已至此，也只能听天由命。

不知不觉一年过去了，儿子的英语长进不少，放学之后也不直接回家了，而是常去图书馆，不时就背回一大书包的书来。问他一次借这么多书干什么，他一边看着借来的书一边打着电脑，头也不抬地说："作业。"这叫作业吗？

一看孩子打在电脑屏幕上的标题，我真有些哭笑不得——《中国的昨天和今天》，这样大的题目，即使是博士，敢去做吗？于是我严声厉色地问是谁的主意，儿子坦然相告：老师说美国是移民国家，让每个同学写一篇介绍自己祖先生活的国度的文章，要求概括这个国家的历史、地理、文化，分析它与美国的不同，说明自己的看法。

我听了连叹息的力气也没有了，我真不知道让一个十岁的孩子去做这样一个连成年人也未必能做的工程，会是一种什么结果？只觉得一个十岁的孩子如果被教育得不知天高地厚，以后恐怕是连吃饭的本事也没有了。

过了几天，儿子就完成了这篇作业，没想到，打印出来的是一本二十多页的小册子。

从九曲黄河到象形文字，从丝绸之路到五星红旗……热热闹闹。我没赞成也没批评，因为我自己有点发愣，一是因为我看见儿子把这篇文章分出了章与节，二是在文章最后列出了参考书目。我想，这是我读研究生之后才运用的写作方式，那时，我三十岁。

不久，儿子的另一篇作文又出来了，这次是《我怎么看人类文化》。

如果说上次的作业还有范围可循，这次真可谓不着边际了。儿子真诚地问我："饺子是文化吗？"为了不耽误后代，我只好和儿子一起查阅权威的工具书。费了一番气力，我们完成了从抽象到具体又从具体到抽象的反反复复，儿子又是几个晚上坐在电脑前煞有介事地做文章。我看他那专心致志的样子，不禁心中苦笑，一个小学生，怎么去理解"文化"这个内涵无限丰富而外延又无法确定的概念呢？但愿对"吃"兴趣无穷的儿子别在饺子、包子上大做文章。在美国教育中已经变得无拘无束的儿子无疑是把文章做出来了，这次打印出来的是十页，又是自己的封面，文章后面又列着一本本的参考书。

他洋洋得意地对我说："你说什么是文化？其实超简单——就是人创造出来让人享受的一切。"

那自信的样子，似乎发现了别人没能发现的真理。

后来，孩子把老师看过的作业带回来，上面有老师的批语："我安排本次作业的初衷是让孩子们开阔眼界、活跃思维，而读他们作业的结果，往往是我进入了我希望孩子们进入的境界。"问儿子这批语是什么意思。儿子说，老师没为我们感到骄傲，但是她为我们感到震惊。

"是不是？"儿子问我。我无言以对，我觉得这孩子怎么一下子懂了这么多事？再一想，也难怪，连文章题目都敢做的孩子，还有什么不敢断言的事吗？

儿子六年级快结束时，老师留给他们的作业是一串关于"二次世界大战"的问题。

"你认为谁对这场战争负有责任？"

"你认为纳粹德国失败的原因是什么？"

"如果你是杜鲁门总统的高级顾问，你将对美国投原子弹持什么态度？"

"你是否认为当时只有投放原子弹一个办法去结束战争？"

"你认为今天避免战争的最好办法是什么？"

如果是两年前见到这种问题，我肯定会抱怨：这哪是作业，分明是竞选参议员的前期训练！

而此时，我已经能平心静气地寻思其中的道理了。

学校和老师正是在这一个个设问之中，向孩子们传输一种人道主义的价值观，引导孩子们去关注人类的命运，让孩子们学习思考重大问题的方法。

这些问题在课堂上都没有标准答案，它的答案有些可能需要孩子们用一生去寻索。

看着十二岁的儿子为完成这些作业兴致勃勃地看书查资料的样子，我不禁想起当年我学二战史的样子，按照年代事件死记硬背，书中的结论明知迂腐也当成《圣经》去记，不然，怎么通过考试去奔光明前程呢？

此时我在想，我们在追求知识的过程中，重复前人的结论往往多于自己的思考，而没有自己的思考，就难有新的创造。

儿子小学毕业的时候，已经能够熟练地在图书馆利用电脑和微缩胶片系统查找他所需要的各种文字和图像资料了。

有一天，我们俩为狮子和豹子觅食习性争论起来。第二天，他就从图书馆借来了美国国家地理学会拍摄的介绍这种动物的录影带，拉着我一边看一边讨论。孩子面对他不懂的东西，已经知道到哪里去寻找答案了。

儿子的变化促使我重新去看美国的小学教育。

我发现，美国的小学虽然没有在课堂上对孩子们进行大量的知识灌输，但是他们想方设法把孩子的目光引向校外那个无边无际的知识海洋，他们要让孩子知道，生活的一切时间和空间都是他们学习的课堂；他们没有让孩子去死记硬背大量的公式和定理，但是，他们煞费苦心地告诉孩子怎样去思考问题，教给孩子们面对陌生领域寻找答案的方法；他们从不用考试把学生分成三六九等，而是竭尽全力去肯定孩子们的一切努力，去赞扬孩子们自己思考的一切结论，去保护和激励孩子们所有的创作欲望和尝试。

有一次，我问儿子的老师："你们怎么不让孩子背记一些重要的东西呢？"老师笑着说："对人的创造能力来说，有两个东西比死记硬背更重要：一个是他要知道到哪里去寻找所需要的比它能够记忆的多得多的知识；再一个是他综合使用这些知识进行新的创造的能力。死记硬背，就不会让一个人知识丰富，也不会让一个人变得聪明，这就是我的观点。"

我不禁想起我的一个好朋友和我的一次谈话。

他学的是天文学，从走进美国大学研究所的第一天起，到拿下博士学位的整整五年，他一直以优异的成绩享受系里提供的优厚奖学金。他曾对我说："我觉得很奇怪，要是凭课堂上的学习成绩拿奖学金，美国人常常不是中国人的对手，可是一到实践领域，搞点研究性题目，中国学生往往没有美国学生那么机灵，那么富有创造性。"

我想，他的感受可能正是两种不同的基础教育体系所造成的人之间的差异。中国人太习惯于在一个划定的框子里去施展拳脚了，一旦失去了常规的参照，对不少中国人来说感到的可能往往并不是自由，而是惶恐和茫然。

我常常想到中国的小学教育，想到那些课堂上双手背后坐得笔直的孩子们，想到那些沉重的课程、繁多的作业、严格的考试……它让人感到一种神圣与威严的同时，也让人感到巨大的压抑和束缚，但是多少代人都顺从着它的意志，把它视为一种改变命运的出路。这是一种文化的延续，它或许有着自身的辉煌，但是面对需要每个人发挥创造力的信息社会，面对明天的世界，我们又该怎样审视这种孕育了我们自身的文明呢？

（资料来源：高钢. 遭遇美国教育. 北京：中央广播电视大学出版社，2013. 有改动）

【案例分析】

　　本案例主要讲述人民大学新闻学院原院长高钢与儿子遭遇美国小学教育、感受中美教育差异的故事与思考，以儿子活生生的教育实践诠释当今中美之间不同的教育理念和师德传统。实际上，中西方的教育各有优缺点，如能取长补短或许会大有裨益。

　　从教师在课堂中所起的作用来看，西方教育大都是基于人文思想展开的，从小开始培养人的实践和分析能力，鼓励思想的自由，并对自己的言行负责，教师的作用主要是指引者，往往像朋友一般和学生一起去探讨问题，对于学生的疑问，经常一指图书馆，让学生自己去寻找资料，自己做出判断，尽可能的不去影响学生的自主思考，它最大可能地保护了人类创造力的根源——思想的自由和自主；如何让学生在课堂上感觉开心，使学生能够积极投入学习，这在西方是老师常常思考的问题，同时教师鼓励学生在课堂积极发言，学以致用。在中国，课堂属于老师，老师在讲台上滔滔不绝地讲课，学生认真的听讲、记笔记，对课本的答案和教师的答案深信不疑，是一种倾向性的灌输式教育，学生和老师之间缺乏紧密沟通，造成学生被动地接受知识，牢而不固。

　　从知识层面来说，西方教育更容易发掘天才，西方教育重视学生创造力的培养，注重对知识的灵活应用，重视"广"和"博"，对学生的教育是点到为止；西方的基础教育在达到最基本的要求的基础上，允许学生有较大选择的自由，比如，一位学生对物理、化学或生物不感兴趣，感觉有很大的困难，可以只选修比较基础的课程，而选修较多的自己擅长的感兴趣的课程，只选修理、化、生其中的一门，同样可以达到高中毕业要求，也能进入顶尖大学，同样有机会成为"精英"。中国教育重视基础知识的巩固，注重知识的灌输和知识的熟练掌握，重视"精"和"深"，以数学为例，中国教育使用题海战术，教师让学生重复练习，直至"炉火纯青"的地步，所以说，中国教育是"精英"教育，将那些不能把知识学得精深的人淘汰出去，中国教育要求数理化各科面面俱到，哪一科学得不好都有可能对人生前途造成致命的影响。

　　实际上，已有学者认为，西方的教育传统与中国的教育传统的差别，其实早在古希腊对话录的苏格拉底与《论语》里的孔子那里就定了基调，苏格拉底的对话录与孔子的语录就是最好的标志，苏格拉底是永无终止的追问，孔子则是提供结论却没有思辨的过程；前者激发学生，后者固化学生；苏格拉底只是学生们通向更高思维历程的"助产士"，其身后有柏拉图（继而有亚里士多德）青出于蓝，而孔子的后学们却永远都活在孔子"至圣"的笼罩之下。

鉴于此，相对于教师个人的高尚美德而言，教师对教育所持的基本观念对于学生的成长和发展具有更为基础性的作用。正是这些基本观念，决定了教师能否从道德的角度来看待教学，能否意识到个人教学行为可能带来的道德后果。因此，也从根本上影响教师是否能有意识地透过对课程内容、教学方法，以及评价手段的选择来发挥教学对学生发展的作用。

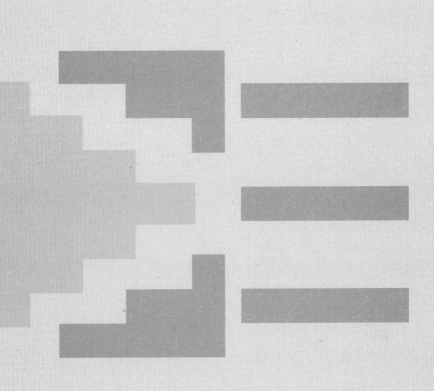

第四章

专业技能的职业之道：勤学

第一节 教师职业技能要素

广义而言，教师职业技能是指其教书育人的行为方式和完成岗位职责的能力。教师的职业技能不仅仅包括要求教师掌握教育教学理论基础，还需要有实践的原则和要求，是教师培养中不可缺少的主要方面。俗话说"三百六十行，行行出状元"，若想成为"状元"，须有过硬的职业技能。教师是一个以教书育人为主要任务的职业，重要性不言而喻，这就对教师的职业技能提出了更高的要求。有人说教学是一门艺术，有人说教学是一门技术，其实这两种观点中和起来最好。教学首先是技术，而后进一步是艺术。技术可以通过后天的努力习得，而艺术则需多实践、多思、多感悟、多总结。在科学技术迅猛发展、教育教学内容不断丰富、教学手段日益现代化、教育观念日益更新、教育对象日趋广泛的现代社会里没有扎实的基本功，不具备一定的职业技能将难以胜任教师工作。所以，要在实践中反复训练、不断学习和总结形成职业技能，才能实现自身价值，才能在日新月异的变化中找到前行的方向。教师的职业技能是作为一个教师必须具备的，要经过较长时期的学习和练习才能达到某种熟练程度，它包括专业知识、教学设计能力、课堂教学能力、语言表达能力、科学研究水平等。

一、专业知识结构

教师专业技能的发展离不开教师专业结构的不断完善和发展。教师专业知识是指教师在教授某学科课程的过程中，需要拥有或使用的知识，包括所要教的知识和如何教的知识。参考以往关于教师专业知识研究的文献，这里将教师专业知识分为七类：学科知识即教师上课的学科课程的知识；一般教育学知识即各科都用得上的课堂教学管理和组织的一般原则和策略；课程知识即对课程、教材概念的演变、发展及应用的通盘了解；学科教育学知识即各学科所需要的专门教学方法和策略；学生及其学习特点的知识；教育情境的知识即对学生的家庭、学校及社会等环境对教学影响的知识；教育目的与价值的知识。

某学科专业学科知识，主要指该学科的内容知识，即该学科中的概念、规则，以及它们之间的关系，同时也包括学科的句法知识，即决定新知识纳入某学科领域的一些规则或方式，例如语文、数学、英语、历史、地理等学科的知识。教师为了做好所承担的教学任务，必须精通学科的专业知识，包括熟练掌握学科的基础知识与技能，了解学科发展的历史和趋势，了解与学科相关的知识，掌握学科所提供的独特的认识世界的视角、层次及思维的工具与方法等。教师本体性知识提高与发展的主要途径是接受正规、专业的师范教育，取得相应的学历。

某学科教学知识是指与该学科有关的知识，即将学科知识、教学知识和知识背景综合起来的一种特有知识，主要包括如何使用教学方法表达该学科知识，促进学生理解，如何找到学生对某个问题感到困惑的原因及如何消除困惑的有效策略。

一般教育学知识是指超越各个具体学科之上的关于课堂管理和组织的一般原理和策略，主要指普遍适用于各个学科的教与学的原则、技能和有关教育心理学方面的知识。

二、教学设计能力

教学设计能力作为教师职业技能之一，对教学效果的优化和教师职业技能的发展有着举足轻重的作用。教师教学设计能力是使得教师能有效完成教学设计的一系列持久的品质与特征，如知识、技能、情感、动机、自我概念等。

王玉江、陈秀珍将教师的课堂教学设计能力分为如下六个维度：分析教学任务的能力；分析教学对象的能力；设计教学目标的能力；选择教学策略的能力；选用教学媒体的能力；课堂教学评价设计能力。

本书将教学设计能力概括为：掌握和运用课程标准并设计教学目标能力、掌握和运用教材并设计教学活动环节的能力、制定教学计划并设计选择、应用教学策略的能力、编写教案的能力，以及教学评价的设计能力。教学目标的设计是教师根据学生的学情、结合教学内容、依据教学的三维目标体系来建构学习目标的过程，这个过程关系到教师能否准确把握教学内容。教学活动环节的设计是教师结合教学目标和重难点来设计一系列的教学活动，进而起到优化教学效果的目的。教学策略选择和应用是教师机智应对突发状况并及时调整教学方案，选用其他方法的能力。教学评价的设计是教师在教学活动中逐渐生成的对学生能力和自身能力的分析和判断的能力，通过分析和判断不断优化教学过程，改进教学效果。

三、课堂教学能力

教育大辞典中将课堂教学能力定义为：课堂教学能力是教师为达到教学目标，完成教学活动所表现的一种心理特征，由一般能力和特殊能力组成。一般能力指教学活动所表现的认识能力，特殊能力指教师从事具体教学活动的专门能力。从本质上讲，教师的教学能力是以教师的认知能力为基础的一种个体心理特征，以其教学知识与教学技能为基础，通过教师这一主体在其职业实践（教学活动）中体现出来，是教师各种能力中的核心能力。

教师的课堂教学能力是科学性和艺术性的统一，表现为：课堂导入技能、课堂讲授技能、课堂提问技能、教学演示技能、教学板书技能、课堂结束的技能。

四、语言表达能力

语言表达能力就是指教师进入课堂后，能迅速连贯、有条理地表达有关信息，使学生立即进入思维状态的能力。具体要求教师的语言应简明准确、生动活泼，具有感染力。简明准确是指教师讲课时要用恰当的语句，准确地讲清教学内容，使学生能听懂教师表达的意思。那种满嘴语病、语言不连贯、空话连篇、不着边际的讲课是不能准确表达出教材内容的。教师的教学要注意口语化，在讲课时把教材或教案中的书面语言转化为口头语言。如果教师照本宣读，学生会听起来感到机械呆板、枯燥无味。教师的语言要讲究语音、语调的抑扬顿挫，富有情感，只有这样才能激起学生的情感体验。同时，教师的语言表现方式和情感成分必须根据教材的内容和学生心理特点而有所不同。

五、科学研究水平

根据新课程标准的要求，教师需要具备一定的科学研究水平：能自己拟定科学的研究计划，能系统地汇总研究成果，能撰写研究报告，能利用研究成果完善自己的专业活动，能在研究和实践的基础上形成自己的教育思想体系。

作为一个研究型教师应具备科研意识、科研知识、科研能力。科学研究有助于提高教师的教育教学理论水平；有助于激发教师的自主意识和创造精神。有一位教育专家说"教师进行教育科研，能使教师发现一个更为广阔的教育教学天地，促使教学效率的提高，同时还能收获看得见的教研成果，增强意识，拓展胸怀，增长学识。"

六、提高专业技能的职业之道：勤学

终生学习是21世纪人类的生存概念，通过学习，人们可以重新创造自我，重新认知这个世界，并拓展创造未来的能力。教师是一个传道授业解惑的职业，更是要勤学苦练基本功。教师专业技能的提高是一个连续不断的学习历程，一位成功的教师要经历良好的师资职前教育与学习，以及持续不断地参加在职进修，才能日趋成熟，因此，教师的学习是一个终身的历程。这种学习可以通过自我导向学习与合作学习完成，不管哪种方式都需要教师勤学苦练。

勤学有利于促进教师的终身发展。终身学习的思想把教师的专业发展视野扩展到教师的一生，要求教师成为一个终身学习者。作为进入专业化职业的教师，仅仅依靠上学时学习的知识或正式培训时所学习的知识，很难适应职业发展的需要。教学实践千变万化，专业化的教师必须把握时代的要求，根据教学实践中出现的新问题、新情况，与时俱进，及时补充自己的知识，通过问题学习、互助学习、行动研究、观察模仿他人等学习形式，不断地探索、发现教育的规律，利用多种学习方式来提高自己，促进专业化发展，使学习不再是为了一份文凭和加薪等纯粹功利性目标，而是为了终身的自我发展和完善，为了专业生命的更加旺盛。

勤学有利于促进教师的专业自主性。教师的专业发展，就其途径和方式而言，包括两个大的方面：一是外在的因素，即根据社会进步和教育发展对教师角色与形象的要求和期望，由政府或有关机构对教师进行有计划、有组织的培训；二是内在的因素，即指教师的自我完善，它源于教师自我角色的愿望、个人需要，以及教育教学实践和个人的精神追求。教师专业发展更多的是从个人发展的角度强调教师对自己职业发展目标做出设想，通过学习、进修和对实践的反思、改进等来提高教育教学能力而施展才华，最大限度地实现自己的人生价值。这其中体现出较强的专业自主性。教师专业自主是教师专业的一个基本特征，它意味着

教师对自己的专业发展负责，教师能够在独立于外在压力的情况下确立适合自己的专业发展目标、计划，选择自己需要的学习内容，评价自己的学习效果。勤于学习是学习者自我发起、自我调控、自我负责，它更能体现学习者的主体性，有利于促进教师的专业自主。

第二节 完善专业知识结构

一、储备专业知识

（一）为什么要储备专业知识

教师传道授业解惑，有赖于丰富合理的知识贮备。教师专业知识是指教师在教授学校某学科课程的过程中，需要拥有或使用的知识。教师的专业知识是教师从事教育教学工作的前提条件，是提升教师各项教学能力的一种手段，将会影响教师各项教学能力的发展。

教师掌握的专业知识是教师掌握有效教学方法的必要非充分条件。即使教师拥有充足的教学法知识及合适的教材，学科知识上的欠缺仍然会限制教师的教学策略及提升学生对本学科的理解能力。在教学过程中，即使教师本身有很强的信念，明白理解自己学科概念的重要性，亦不能弥补该学科知识不足所造成的限制。因此，扎实的学科知识是进行学科教学的基础。教师能否有意识地将本学科的课题串联起来，帮助学生增强对本学科概念的理解，取决于教师的学科知识和教师对自身知识结构及各知识点作用的认识。因此，学科内容知识对于教师教学能力的提高至关重要。

（二）如何储备专业知识

专门职业的从业人员需要接受长期的专业训练，而且这种训练是在大学里进行的，专门的职业是以是否接受过高等专门教育为标志；而普通职业的从业人员无须接受长期的专业训练，主要通过个人体验和个人工作经历而积累工作经验。教师的劳动是一种复杂的脑力劳动。凡是复杂劳动，没有专业训练是难以做好的，是否有以系统的专业知识和技能作为基础的专业训练是教师的一个基本特征。教师有两个专业，一个是所教的专业，比如，语文、数学、物理、化学、历史等；一个是教育专业，包括的学科有教育学、心理学、教育史、教学论、德育论、教育技术学等，包括的技能有口语表达、课堂组织、学生观察、心理辅导、活动组织、出测验题、教育科研等。可见，这么多的内容没有比较长的时间训练是不行的。一个人能够从事教师这个职业不是一件容易的事情，需要经过较长时间的专业训练，获得教师这个职业一般要取得资格证书。一般中等师范为3年，高等师范为4年，现在正在把教师的专业训练延伸到研究生阶段，培养教育硕士，有的地方如在北京，教师学习2年完成研究生主要课程。

教师长期的专业训练需要教师在大学或相当于大学的培养机构内学习过专业的知识：学习普通教育科目、专业教育科目和教师教育科目。普通教育科目的学习可以给教师以深厚的文化基础，专业教育科目的学习可以给教师以专精的学科知识，教师教育科目主要指教育科学方法的知识。同时，教师知识结构的建构更要注重在教育实践过程中的积累，这主要指的是教师的实践知识。

近年来的研究表明，中外中小学师资培养日益显示出趋同的趋势：师资培养从独立的师范院校走向与综合大学的联合、教师资格认证也更为严格，而且从终身资格变为有年限、须定期更新的资格，师资培养开始走入中小学，大学与中小学之间合作培养教师的计划和制度在许多国家都得以建立和实施、实习时间普遍加以延长，实习形式也更加丰富多元，重视学士后教师教育，即要求学生在获得学士学位后再接受教育专门训练、师资培养有向更高层次发展的趋势。不管是从教师专业发展角度而言还是从当前的师资培训的趋势来看，大学阶段都需加强专业知识的学习来储备能量。因此，各位教师尤其是青年教师要在大学期间建立一个对该学科较为宏观的脉络清晰的整体性认识，并培养其日后在教学实践中继续加深对学科理解的能力。

二、提高知识层次

知识层次能够满足教学内容的要求。与其他专业相比较，教师专业具有特殊性，它是一个双专业，既有学科专业也是教育专业。教师专业技能的发展不仅仅是知识的积累，也不仅仅是技能的纯熟，而是包括一切与教学活动相关的知识、技能、能力，以及情意特质在内的综合素质的提升。教师要不断提高知识层次，对于所任教的学科知识要精益求精、融会贯通，要做到学有专长、术业有专攻。对于所专精的科学知识结构包括：内容知识，即精通本学科有关的事实、概念、原理、规律、关系、源流等；实质知识，即精通某一学科领域的主要诊释架构与原理架构；章法知识，即精通某一学科领域研究者探索知识的标准、思考的方式及知识的功能。的确，基础教育以传递知识、发展能力为基本职责，教师们对于知识技能的见解和掌握的层次，他们本身所拥有的专业知识技能、如何运用，都将极大地影响其教学的质量，也直接影响到下一代人掌握知识技能的方式与质量，还影响其自身职业生涯的发展。

教育知识学习要体现"实用"。教师的工作是一种需要感召力、震撼力和影响力的特殊工作。一名优秀的学者，如果没有经过专业化训练，也未必能同时成为一名优秀的教师。教师要能在教学中感染每一个学生，使教学充满启发、神奇和诱惑。教师要能够根据教育对象的身心发展规律和认知特点，根据教学规律和经验科学地确定教什么、为什么教、何时教和如何教。教学效果取决于学生的学习兴趣和对教学内容的理解。

三、持续更新知识

大量的教师存在着知识结构不合理的现象，主要表现在本专业即所教学科知识过深、过剩、过专，普通文化科学知识过窄、过陈、缺乏人文科学基础，重学科课程知识轻教育理论知识，即条件性知识缺乏，教师不能将仅有的教育理论知识转化为自己的教育实践。而当今社会是一个日新月异的社会，知识经济时代已经到来，知识更新周期日益加速，教育理论知识和专业知识加速老化，终身教育理念也日益成为社会共识。它对教师专业教育的影响就是要求教师必须具有终身学习的能力，不断更新思想、观念，掌握新的信息和教育技术，不断更新自己的知识、能力或素质结构，才能适应不断变化的教育、社会和时代，才能不断创新教育以满足人和社会发展的需要。教师要成为一名合格优秀的教师，就必须回答与教师终身教育有关的问题：它们究竟是一次性完成的，还是教师需要终生付出努力的领域。

面对日新月异的世界变化和不断推进的素质教育的新形势，当今教师迫切需要不断更新知识结构，提高将知识转化为智慧、将理论转化为方法的能力，提高将学科知识、教育理论和现代信息技术有机整合的能力，增强理解学生和促进学生道德、学识和个性全面发展的自觉性，这都有待教师在实践中尽心尽力努力完善提高。

四、丰富知识要素

教师专业化的关键是教师个人知识要素的合理化和丰富化。教师要不断丰富知识要素，不断完善教师专业知识结构。没有比较系统、成熟的专业理论知识和专业技能，没有丰富的知识，就做不好教学工作。"教学既是一门科学，又是一门艺术"，教学科学性的一面决定了教学的可预见性、常规性，这是教师教学比较容易操作的方面，需要教师具备足够丰富和专业的理论性知识；而艺术性的一面则决定了教学的不可预见性、偶发性的方面，这是教师教学难以操作的方面，需要教师具备丰富和成熟的实践性、经验性的知识。教师这个专业的特点决定了教师个人要具备丰富性、多样性和复杂性的知识。

五、拓展知识视野

教师要不断拓展自己的知识视野，在科目学习上要体现"广度"。由于信息社会的发展，今天的教师已不可能也无必要成为百科全书式的人。但这并不意味着，拥有知识已不再是教师的素质要求。事实上，在信息社会中，对教师的知识结构的要求更高了，即要求教师成为纵横相交的T型人才或复合型人才。在纵向，即在教育科学和其所教学科方面应具有精深的学识；而在横向，教师应具备作为信息社会知识阶层所需的比较广博的知识面，具有广博与精深相结合的知识结构，才能适应教师工作的需要。教师要有广博深厚的文化基础和学术视野，包括社会科学、自然科学，以及人文学科的知识和理论。普通文化知识具有陶冶人文精神、提高人文素质的内在价值，它可以给教师以深厚的文化底蕴、高品位的人文素质和艺术美德、广博的眼界和宽阔的胸怀。教师只有具备了广博的文化知识才能做到：满足每一个学生的探究兴趣和多方面发展的需要；帮助学生了解丰富多彩的客观世界；帮助自己融会贯通地理解所教学科的知识；帮助自己更好地运用教育科学知识；提高教师在家长和学生心目中的地位。

第三节 优化教学技能

教师的教学技能主要包括教学设计能力、课堂教学能力、语言表达能力。教师的教学技能是教师职业技能中的重要组成部分,因此,作为教师要通过不断的勤学苦练优化教学技能。

一、提升教学设计能力

(一) 教学设计能力的含义

教学设计是一种高级思维活动,其本质是要在理论(学习理论、教学理论)和教学实践之间架起一座桥梁。教学设计是教师根据特定的社会需求和个人需求,分析教学目标和学习者特征,并依据学习理论与教学理论的原理,对教学内容、教学方法和教学策略、教学评价等环节进行具体计划的过程。教师教学设计能力是使得教师能有效完成教学设计的一系列持久的品质与特征,如知识、技能、情感、动机、自我概念等。构成教学设计能力的要素须与完成教学设计这一工作直接对应,且是持久的、稳定的。

(二) 教学设计能力的体现

根据上述对教学设计含义及教学设计能力含义的阐述,本书将教学设计能力分为:设计课堂管理的技能、设计教学内容的技能,以及设计教学方法与教学策略的技能等。

课堂管理设计是指根据教学活动的具体情况,并结合具体的教学内容,把握课堂教学环境,主要包括课堂时间、课堂空间、课堂常规、活动组织几个方面,进而设计具体、可行的课堂活动细节,并清晰明确地呈现给学生的能力。教学内容设计,主要是指教师在对整体目标分析的基础上,确定教材及其他教学资源的内容和呈现方式。在不同课时的教学设计中,教学内容设计的重点也不同。如果是一节以新授为主的课,那么教学内容多以教材内容为主,其他教学资源为辅。如果是一节以复习巩固为主的课,那么教学内容多以教学资源为主。在复习巩固课中,教学内容多通过教师自行设计完成。教学设计是教师通过寻求一种合理的依据来选择教学策略与方法，来描述教学内容（不同类型的知识、技能）的技能。

（三）提高教学设计能力的意义

良好的教学设计能力不但可以实现有效教学，还是影响教师专业成长的一个重要因素。影响教师发展的因素很多，传统教学设计发展的历史中，技术之于教师是外在的。随着新媒体技术的不断发展，技术已成为影响教师专业发展的重要因素之一。

教学设计能力是教师开展教学活动的前期准备工作，会影响到教学手段方法的运用，影响到教学效果，影响到学生的接受力，进而影响到教学质量。一方面，教师在教学设计的整个过程中，无不时时作用于技术客体，如在设计或改造教学情景、优化和处理数字教学内容、选择和改造教学媒体等过程中，教师依据自己固有的专业知识、能力和素质，根据教学的实际需要，使媒体技术的功能和结构发生变化，以便适应教学，这是教师对技术的建构与改造；另一方面，作为客体的技术在教学设计的整个过程中无不时时反作用于教师，技术自身的某些原理、规律、程序等通过教学活动会限制和约束教师的活动，并对教师产生相应规范性的作用，使教师的自身素质结构发生同化或异化，在这个过程中，技术性特征进一步彰显。因此，我们说教师与技术的双向活动与建构体现了教师与技术之间相互作用的内在机制。

（四）如何提升教学设计能力

1. 更新教师教学观念，提升教师教学设计能力

教学观念直接影响教师的教学设计行为，在教学设计的过程中，教师要重视教学观念的更新。当今社会，竞争压力不断增强，教师的教学观念会受到社会风气的影响，导致教学方向上的差错，因此，教师要摆正教学观念，认识到教育的重要性，从而保证教学方向上的正确性。

学生是教学的主体，教师应根据学生认知能力和水平，围绕学习目标设计导学指南。教师在教学设计过程中要考虑到学生的实际情况，做到因材施教，只有符合学生自身的实际情况，学生才能对教师的教学更感兴趣，才能真正学到知识。只有在正确教学观念的指引下，教师才能不断提升教学设计能力，以达到激发学生的学习积极性，推动学生的创

新能力和探索能力的目标。

2. 利用先进的教学资源，丰富自身的教学设计

随着社会的发展，以及对教育投资的加强，教学资源也越来越丰富，教师在进行教学设计时，要加强对丰富的教学资源的利用，通过丰富的现代教学资源，诸如对多媒体设备的运用来提升自身的教学设计能力。教师要充分认识到多媒体设备在当前教学中的作用，加强自身学习，提高自身对多媒体设备的运用能力，以更好地利用多媒体设备为学生展示丰富多彩的内容，提升自身的教学设计能力。

3. 重视教师培训，提升教师教学设计技能

培训是教师增长知识，提高教师教学设计能力的重要途径。从教师自身来说，教师在入职之前都会有培训的机会，教师要抓住这次培训的机会，及时发现自身的不足，掌握自身奋斗的目标，并及时向着目标前进。随着课业负担的加重，教师容易忽略学习和培训，甚至将培训视为负担。所以，教师要将每一次学习和培训视为成长的机会，积极主动地参加，努力提高专业素养。

从学校来说，要加强教师的培训工作，为教师提供更多的培训机会，加强对教师的培训，让教师能够在培训的过程中不断提高自身的教学设计能力。此外，在进行培训时，要加强教师培训的针对性，针对不同教师的要求和不同教师的能力，采取不同方面的培训，提高培训的高效性，从而让教师能够真正从培训中学到知识。

二、提升课堂教学能力

（一）课堂教学能力的含义及体现

教育大辞典中将课堂教学能力定义为：课堂教学能力是教师为达到教学目标，完成教学活动所表现的一种心理特征，由一般能力和特殊能力组成。一般能力指教学活动所表现的认识能力，特殊能力指教师从事具体教学活动的专门能力。从本质上讲，教师的教学能力是以教师的认知能力为基础的一种个体心理特征，以其教学知识与教学技能为基础，通过教师这一主体在其职业实践（教学活动）中体现出来，是教师各种能力中的核心能力。

教师的课堂教学能力是科学性和艺术性的统一，表现为：课堂导入技能、课堂讲授技能、课堂提问技能、教学演示技能、教学板书技能、课堂结束的技能。

课堂导入技能是教师在一项新的教学内容或者活动开启之前,引导学生快速进入学习状态的能力。好的开始是成功的一半,精彩的导入可以吸引学生的注意力,激发学生的学习动机,为学生链接新旧知识,为后续的学习奠定良好的基础。许多有经验的教师都很重视新课前的导入环节,创生了各种导入方法,以此来调动学生的注意力和参与的热情,使学生快速地、自然地进入学习状态。常用的导入方法有:直接导入、故事导入、复习旧知识导入、问题导入、悬念导入、直观导入等,切不可为导入而导入,要根据不同的学科内容、学生的年龄特点、当堂的教学内容而定。

课堂讲授技能是教师运用口头语言,描绘情景、叙述事实、解释概念、论证原理、阐述规律,向学生传授知识的能力,包括讲述、讲解、讲读和讲演等方式。提高该项能力要求教师要课前精心组织设计、熟记讲课内容,要声调准确、声音自然流畅,要生动形象。教师的课堂教授能力直接影响知识信息的传递、影响学生的思考和想象。

课堂提问能力是指教师根据一定的教学活动需要向学生提出问题的一种能力。"疑为思之始,学由之",足见教师课堂提问能力的重要性。良好的提问能力有助于辅助教学、有助于平稳过渡、有助于引导学生学习、有助于提高学生的思维深度、有助于组织管理课堂。教师的提问要明确目标、要具体、表述要准确、难度要适宜。

板书能力是指教师根据教学的需要,在黑板上用文字、图形、线条、符号等再现和突出教学主要内容的能力。板书能力的提高不是一蹴而就的,需要长期的练习。较高的板书能力,有助于浓缩教学内容、凝练教学意图,有助于突出教学重点、关键点,进而有助于激发学生的兴趣、集中学生的注意力,有利于学生感知与理解教学内容。

课堂结束技能是指教师顺利且有效地结束课堂活动的能力。对一节课来说结尾至关重要。教师可以通过总结归纳、演绎拓展、悬念探究等方式结束一堂课,通过教师较高的结束技能帮助学生整理知识点、帮助学生拓宽视野、引导学生建立新旧知识间的联系、激发学生学习的兴趣。

（二）提高课堂教学能力的意义

课堂教学能力作为教师教学专业的核心部分，直接影响课堂教学的有效性，以及学生对知识技能的掌握和能力的发展，同时也是体现教师地位和作用的核心因素，教师教学能力的提升是教师专业化发展的核心。

1. 提升教师教育教学能力

课堂教学是教师的主要任务，也是教师之为教师的重要标志。课堂教学能力是教师最基本的能力，是教师专业基础能力，即教师从事教师职业必须具备的根本性和专业性的能力，也是教师专业化发展的前提与基础。

2. 促进教师专业技能发展

教师的课堂教学能力是教师能力素质的集中体现，是影响教学质量的重要资源性要素，是教师顺利完成教学活动所必需的，是教师专业发展能力结构的重要组成部分。教师的课堂教学能力也是教师专业地位作用发挥的核心因素，它直接影响了学生的学习和能力的发展。教师教学能力的发展有助于教师的专业成长，是教师专业发展的重要内容。而课堂教学能力的提升恰恰是目前教师培养和培训工作的一个十分薄弱的环节，已经成为制约质量提高，以及学校持续健康发展的瓶颈。只关注"教什么"而不重视"如何教"则难以实现教学目标，提高质量也将成为一句空话。

（三）如何提升课堂教学能力

1. 多反思、多总结

总结阶段性的教学研究成果、对课堂教学时时总结和反思，是教师课堂教学能力达到成熟的一种体现。作为一名教师，应有对课堂教学总结反思的习惯。这样的反思主要包括：教前反思，主要指如何把教材和学生融为一体进行教学；教中反思，主要指在教学过程中是否以学生的发展为中心进行教学，教学环节是否切实有效；教后反思，是指在以后的教学研究中需要对之前存在的缺陷及不足予以改进并创新，形成更新的教学理念和方法。在不断进行的教学反思中，更多关注学生的个性发展，更好地整合教学知识和科研成果，更完全地形成自己独特的教学个性和风格，更快地发展和提高自己的教育机智，在丰富自身的教学机智和形成属于自己的教学风格的同时，努力提高自己的教学能力和水平。因此，教育教学反思的形成是教师教学研究过程中不可忽视的重要一环，也是教师课堂教学能力培育是否有效的关键点。

2. 汲取先进的教学理念

教师不断更新教学理念，以不断促进自身课堂教学能力的发展。教师的教学理念不更新，教学角色和教学行为就不可能转变，课堂教学能力的提升和发展也无从谈起。目前，新的形势下所产生的新的教学理念呈现给人的应是师生共同与教材的"对话"，师生之间、生生之间的"对话"，并通过对话相互理解、相互沟通和交流、积极互动、共同发展，从而达到教学相长。这样的理念需要新的课堂教学能力。因此，没有这样的教学理念，课堂教学能力就不会得到进一步的提高。只有不断汲取先进的教学理念，观念与时俱进，教师的课堂教学能力才得以顺利发展。

3. 构建广博的科学文化知识

教师的职业的特点需要教师具备广博的科学文化知识作为根基。教师课堂教学能力的提高，必须要求教师达到对知识和理论非常系统地把握和了解，达到一种"融会贯通"的程度。要求教师不仅要知其然，而且还要知其所以然。只有这样，才能帮助学生掌握和了解该学科的知识，才能在课堂中给学生传递丰富的知识并能游刃有余地驾驭课堂内外；才能有效地激发学生的求知欲和学习兴趣；才能使自己的教育教学丰富多彩，才能促使学生全面发展和素质的提高；才能把所教学科和其他学科有机地结合起来。因此，教师只有勤于学习，丰富自身的素养，课堂教学才能得心应手，课堂教学能力的提高才有可能变得切实可行。

4. 完善并形成系统的学科专业知识

作为教师，必须要构建起相对完整的专业知识体系和结构，为具体的学科专业教学活动提供思想指导，从理论上指明发展的方向。由于部分教师本身实践经验和各种能力的缺乏，还未形成完善的教育知识体系，技能结构也欠合理，所以，在教学中就也难以进行有效的教学，造成课堂教学能力很难提高的问题。因而教师必须不断完善自身的专业知识结构，努力掌握全面系统、深厚、新颖的专业知识和技能，这样才能不断提高教学效果，提升自身的课堂教学能力。教师自学、外出进修、在职或是离职提高不断学习等都是教师更新专业知识、调整专业知识和技能结构最为有效的方法和手段。教师应充分利用一切能够提升自己课堂教学能力的学习进修机会，不断进行知识更新和汲取本专业的新成果、新技术；把自己培养成拥有一体化的知识体系和技能结构，然后把最新的知识、最先进的技术及时传授给学生，满足学生对知识技术的渴求，从而不断提高教师的课堂教学能力。

三、提升语言表达能力

（一）语言表达能力的含义

语言作为人类特有的一种符号系统和工具，在人类表意和交流中发挥着举足轻重的作用。课堂教学语言是在"课堂"这个范围内使用的一种符号系统和工具。课堂教学语言是一种专业性语言，是教师根据教学任务的要求，为达到一定的教育效果，从而在课堂上组织课堂教学、呈现教学内容、实施课堂教学活动中使用的，以实现师生双向交流为目的的语言，包括有声语言和无声语言。

（二）语言表达能力的体现

教师的语言表达能力主要体现在认知能力和表达能力两个方面。认知能力是指教师对人或事物的特性进行认识、推测和判断的能力，这种能力主要包括思维能力、观察能力、想象和联想能力及记忆能力等。表达能力主要指教师的有声语言表达能力和无声语言表达能力。有声语言是以说和听为形式的口头语言，它是一个人与听众交流信息及情感的主要工具和最重要的渠道；无声语言是一种没有声音的伴随语言，主要通过人体某一部分形态的变化来表情达意的一种辅助性语言表现方式。

（三）语言表达能力的意义

（1）有助于提高课堂的有效性。俄罗斯有一句谚语：不是蜜，却可以粘住一切东西，这是什么呢，是语言。课堂教学语言运用得好，可以有效地传播教学内容、激发学生的兴趣、增强教学效果。教师通过优美的语音、抑扬顿挫的语调、大方得体的语态，通过激情盎然的表述、鞭辟入里的分析、入木三分的概括、恰到好处的点拨，把学生带进瑰丽的知识殿堂，激发学生听课的兴趣，开启学生的心智，培养学生分析问题、解决问题的能力。

（2）有助于师生的互动和交流。课堂教学语言不仅仅是传达知识的工具，更是师生之间进行情感沟通和思想交流的工具，对构建和谐的师生关系，激发教师教学的热情、提升教师的成就感、调动学生学习的主动性具有重要意义。事实证明，一个能够赢得学生尊重和信赖的教师，其教学语言一定不会太差。

（3）有助于促进教师的全面发展。高尔基说过："语言是思想的直接现实"，因此，课堂教学语言素质是教师素质最直接的体现，也可以体现教师先进的教育思想、丰厚的知识积淀、娴熟的教育技巧和高超的语言运用能力，反映教师的精神面貌、思想情感及对现实的认识与理解。"问渠哪得清如许，为有源头活水来"，教学语言的运用需要教师扎实的素质，因而，课堂教学语言的完美应用会促进教师素质的提高，促进教师的专业发展。

（4）促进学生能力的全面发展。苏霍姆林斯基关于教师教学语言艺术对学生发展重要性的见解一语中的，他说："假如在语言旁边没有艺术的话，无论什么样的道德训诫也不能在年轻人的心灵里培养出良好的高尚的情感来"。可见，教师教学语言艺术对于培养学生多方面能力的重要性。

语言直接反映一个人的思维能力，教师的教学语言会直接影响学生的思维能力发展。教师的教学语言也会影响到学生的语言习惯与能力，特级教师于漪认为：教师带领学生学习规范的书面语言，如果自己的口头语言生动、活泼、优美，就能给学生以熏陶，大大提高学习效果。

（四）如何提升语言表达能力

1. 树立以人为本的理念

黑格尔说："一切改革，归根结底是观念的更新"。思想指导行为，有什么样的教育目的和观念就会有什么样的教学语言。这就要求教师在教学过程中切实贯彻和落实课程的目标，树立以人为本的理念，以学生为本，着眼于激发学生的潜能和培养学生健全的人格，在教学语言上避免假大空，多一些人文关怀少一些教条，多一些轻松愉悦少一些空洞的说教。

2. 增强自身语言运用能力

教师要增强课堂教学的效果，提高自身语言运用能力至关重要。首先，要使用普通话进行教学，提高普通话语音技巧，提高语言表现力。教师可以多听广播，掌握一些语言技巧和表现手法，提高用词的规范性、增强语言的时代性。其次，教师要多方位、多层次地挖掘生动形象的语言素材，提高自身的表达能力。各学科教材都有描述该学科的语言体系，如高中政治教材中"一个中心，两个基本点"、"无形的手与有形的手"、"价值规律作为一个指挥棒"等，因此，教师须深入钻研教材，充分合理运用教材中的语言素材，以激发学生对学科的兴趣，突出本学科的主题，达到良好的教学效果。天道酬勤，教师要不断努力，严谨勤奋，持之以恒，不断提高自身的语言水平。

3. 提高自身科学文化素养和思想道德修养

《中国教育改革和发展纲要》指出"振兴民族的希望在教育，振兴教育的希望在教师"。作为一名教师要不断促进自身专业化发展，不断提高自身的科学文化素质和思想道德素质。

都说"亲其师，信其道"，教师首先要专业知识过硬，品格上具有独特魅力，然后才能在语言上对学生的影响起到事半功倍的效果。作为教师应该不断加强专业化知识的学习，不断拓宽知识的广度，提高自身的科学文化素质；同时，要热爱祖国、热爱人民，工作认真，增强自身责任感，以身作则，作风正派，不断提高自身的思想道德素质。只有这样才能增强自身语言的感召力、说服力和教育力，从而激发学生求知的欲望。

4. 要勤于充实自己不断加深功底

教师的一切底蕴皆来自长期的学习积累。苏霍姆林斯基说，只有当教师的知识视野比学校教学大纲宽泛得无可比拟的时候。教师才能成为教育过程中的真正能手、艺术家和诗人。教师只有掌握较为丰富的知识，才能判辨真伪，用词精当，恰如其分，教学语言才能形象生动，具有文采而又感人心弦。

（1）要认真备课，尽量脱离讲稿。教师讲课，语言要精练，用语要确切、肯定，概念交代得清楚，才能达到良好的课堂效果。这就要求教师首先要吃透教材，对所讲的问题掌握得准确、理解得清楚，在这样的基础上，才能表现出课堂语言方面的各种优势。反之，有时候我们的课上得不成功，例如用词不当，似是而非或者废话连篇，这些在语言上表现出来的毛病其根源也往往是由于教师对教材内容还没有充分掌握、没有认真备课、教材还没有吃透。

（2）教师语速要适中，应符合学生的思维速度。这样才能让学生的思维处于兴奋的探究知识的状态。如果语速过快，会使学生跟不上教师讲课节奏而听不懂，如果语速过慢、音量过低，会使学生处于休眠状态。

（3）精心设计讲话内容。教师所讲授的内容应该是科学的、正确的，使用的语言也应该是科学的、准确的，决不能讲错。话语要具有深刻精辟的思想，要饱含真挚浓烈的情感，才能具有令人折服的威力，动人心弦的魅力。教师讲话时的喜悦或悲愤、赞誉或贬斥、激动或低沉……都会引起学生的共鸣，使他们向往真善美、鄙恨假恶丑。在提问的过程中要精心设计，力求激起学生的独立思考和争论探讨。不讲空话套话，杜绝陈词滥调，不断地以社会上的新信息、新事物、新现象、新观念充实和更新自己的讲话内容。

（4）注意讲话技巧。首先，讲话要流利通顺，既不能断断续续、停顿太久或啰唆重复，让学生厌倦不耐烦，也不能连珠炮般一口气说到底，让学生过分紧张，难以留下清晰的印象。提出问题或讲完一层意思之后，要留出学生思索回味的余地。其次，对学生说话要生动有趣、辅以恰当的表情、动作和手势，特别是当教学内容难以使用直观教具时。当教师使用描述性言语时，要让学生感到"如见其人，如闻其声，如临其境"。再次，教师的语言要具有教育性，说话时必须掌握分寸，具有言语的自控能力。这一方面是指善于以各种不同的音调、语气来恰当地表达不同的思想感情，如声调的高低、语速的快慢、词义的褒贬等都恰到好处，调控自如；另一方面指遇到意外情况，如学生答不出、讲不对、不听讲或不礼貌时，教师能控制自己的情绪，不能发火、责备或语含讥讽，更不能停止讲课进行长久的训斥责罚。

总之，教师语言的表达能力的提高是一个量变而引起质变的过程，只要大家肯做有心人，经过不断地摸索一定会使自己的语言表达能力提高到一个新的水平。

第四节 提高科学研究水平

一、什么是科学研究

科学研究是采用科学而系统的方法,对教育现象和教育实践进行了解、收集、整理、分析,从而发现和认识教育现象的本质和客观规律的创造性的实践活动。教师科学研究能力是综合的能力结构,其包括科研选题能力、方案设计能力、研究操作能力、资料的整理分析和撰写报告能力、评价教育科研成果的能力。

二、为什么教师职业需要科学研究

作为一个研究型教师应具备科研意识、科研知识、科研能力。苏联教育家苏霍姆林斯基在《给教师的一百条建议》中指出"教师的职业就是要研究人,长期不断地深入人的复杂的精神世界。"他还指出"凡是感到自己是一个研究者的,则最有可能变成教育工作的能手。"

科学研究有助于提高教师的教育教学理论水平;有助于激发教师的自主意识和创造精神。有一位教育专家说"教师进行教育科研,能使教师发现一个更为广阔的教育教学天地,促使教学效率的提高,同时还能收获看得见的教研成果,增强意识,拓展胸怀,增长学识。"

提高科学研究水平有利于不断更新教师的教育观念。教师科学科研能使教师接触到最新的教育科学方法和教育经验,并把它与自己的工作结合起来,从而有利于提高教师的专业水平。

教师参加科学研究还有助于提高教师对自身价值的认识,发现并强化创新精神,有助于教育理论的发展,有助于提高教师的地位。中央教育科学研究所所长阎立钦指出:教育科研是教育决策科学化的根本保证,是深化教育改革的条件。北京市特级教师卢晓玲认为:强者是在创造机会,智者是在捕捉机会,弱者是在等待机会,败者是在坐失机会。青年教师应当做强者、智者,不要做弱者、败者。要把教育中的重点、难点、热点作为研究课题。

教育科研是人们探索和认识教育本质和规律的重要途径,也是教师专业成长的必由之路。长期的理论和实践研究证明,教师参与教育科研可以显著地提高教师素质。教育科研可以使教师更进一步明确教育规律、了解教育发展的新趋势,提高教师工作的责任感。另外,通过教育科研,教师可以从中学习到新的课程、教学方法与策略,从而改进自己的课程与教学活动。北师大教授肖川《教育的理想与信念》一书中提出"开展教育科研可以使教师用先进的教育思想武装自己,使教师自觉地参与到学校的改革和发展中来,帮助教师全面关注学校的各种形式的教育活动,形成学校发展的共同远景。"因此,教师要具备一定的教育科研能力,不断提高自身的科研水平,掌握一定的科研方法,能通过开展教育教学实验、专题研究、调查研究、经验总结逐步寻求教育教学规律。

三、教师如何进行科学研究

教师要成为研究者,自身应该做到:热爱教育;努力改变教育观念、具有革新者的胆识和胸怀、思路开阔、眼光敏锐,同时积累丰富的教学实践经验;具备一定的研究素质掌握基本的教育理论和研究方法;具备一定的个性魅力,即进取、民主、热情、敢于否定自己、不断追求进取。

教师科研素质的提高,还可以通过在职进修或继续学习。只有一定的知识积累,才能进行科学研究。中小学教学时间的安排有助于教师的在职进修,多数教师在下午时即可离校,教师可以利用下班后的时间去大学听课。

作为一名教师,具有顽强的意志力也是进行科学研究必不可少的。要解决中学教师科研素质,有的专家提出学生在读师范时,就应该培养科研能力。丁杰、王守纪在《论教师的主体性——主体性教育的另一视角》一文中指出,要充分发挥教师的主体性,必须给教师一定的自由空间,他们认为在管理理论中有这样一条规律,即规定得越细下属的工作越好做,他承担的责任也越少,而他的创造性和主体性也越少。由于只能按规定去做,缺少一定的自由空间,教师没有发挥主体性的余地。目前,教师的状况实在令人担忧。教师们普遍认为做教师难,心理压力大,表现在现在的孩子难教、工作枯燥吸引力小、条框太多、发展空间小。据杭州市教育研究所一份调查显示,一些教师感到职业压力太大、工作量太大、学生难教育、收入低。这些压力往往来自上级给教师规定过多过细,处处受限制,样样有指标。在这种情况下,教师失去了人身自由，更谈不上主体性。

四、科学研究遵循的道德规范

（一）追求真理

教师的科学研究应该以坚持真理为客观依据。追求真理的道德规范是由科学的客观真理性决定的。科学研究的过程是追求真理的过程，只有使主观符合客观，人们才能认识世界的本来面目，发现未知世界的客观规律。从科学研究的内在方面看，它是一种逻辑性、系统性的研究过程，科学研究的诚实性和严格遵循学术研究的规则是科学研究工作质量的必要保证。缺乏严肃、严格、严密的作风，科学研究的质量必然受到影响，甚至走向伪科学。

教师应尊重事实，诚实地进行科学研究活动。科学是实实在在的学问，科学研究需要每个研究者都要有严谨的科学态度，通过反复观察、实验、论证、摸索、探讨客观事物的规律性。规律性的东西是来不得半点虚假的，更不能胡编乱造，因此，在科研的每一个过程中，都必须保证每个实验数据的准确性，力求每个结论的可靠性。

（二）勤于探索

勤劳勇敢是中华民族的优良传统。崇尚勤劳的根本动因就是希望通过自己的奋斗，改变不尽人意的自然与社会环境，以求获得一个理想的世界。

学术活动是探索性的活动。科学源于人类与生俱来的对未知事物的好奇心。学科研究要求人们永远要对新鲜的事物敞开心灵，接受新知识、容纳新观念、探讨新奥秘、追求新结果，这是科学得以发展的基础。科学研究探索过程犹如黑夜中前进、大海中航行，几多险阻、暗礁，这都是我们事先无法预料的。科学研究需要我们几十年如一日，攻破一个又一个堡垒，克服一个又一个难关，可谓"一粥一饭，当思来之不易；半丝半缕，恒念物力维艰。"在学术面前，哪怕一点小小的进步都要付出艰辛的努力，都要反复思考、反复求证才能取得。没有辛勤劳动的精神、没有自强不息的品质，妄想一步登天是不可能做到的。

因此，教师应该具有自强不息、精勤不倦的精神。在科学研究过程中，无论是提出问题、分析问题还是解决问题，都需要专心致志的钻研、聚精会神的琢磨、反复谨慎的求证、一丝不苟的斟酌、精益求精的推敲。一部科学史表明：任何科学成果都是艰苦劳动的结晶，都凝结了科学工作者长期的心血和汗水。

（三）勇于创新，多出成果

科学研究活动是创造性的活动。科学研究的生命在于创新，在于不断地发现新现象、揭示新规律、确立新理论、创造新方法。没有创新的科学研究是没有学术价值的。要创新，就必须要突破常规、去旧立新，敢于质疑已有的理论，敢于挑战权威，敢于突破迷信、谬误、传统观念等。

教师在进行科学研究过程中应独立思考、永不迷信。不会、不能、不敢独立思考是社会进步最可怕的障碍。没有独立思考，人类就不会解放思想，也就不会有创新。独立思考意味着永不迷信、不轻信、不盲从，更不趋炎附势、随波逐流，而以客观公认的、经过实践检验的理论、原理作为判断是非曲直的唯一标准。

教师应注重实践，大胆创造。创新的本质是实践，创新来源于实践，也必须接受实践的检验。靠主观臆想、凭空创造、无中生有是不可能有创新的。这种创新必须是实质性内容的突破，而不仅仅是形式上的标新立异，换个包装或贴个标签等。

思考与讨论

1. 请阐述教师职业技能要素包括什么？
2. 请阐述教师为何要不断提高自身职业技能？
3. 请阐述新时期教师如何提高自身职业技能？
4. 教师职业技能的提高与教师自身专业发展是怎样的关系？

案例

教学成败在于唇齿之间

杨某，女，40岁，中学高级教师，广州市教学名师、名班主任。

杨某毕业于某师范大学，在读大学时勤奋努力，成绩优异，专业课非常扎实,看的书也非常多,这为她日后走上工作岗位打下了良好的基础。即便如此,在她撰写的一篇教学叙事中,曾这样阐述自己的教师专业成长:

刚入职时,凭着自己在大学时专业知识的积累,我一直对自己自信满满,觉得自己肯定有实力站稳讲台。但事实证明,我对备课和讲课基本上是懵懂的。上课时,除了一本课本和教学用书之外,基本上是没有参考资料的。还记得当时我非常喜欢一篇文章,是戴望舒的《雨巷》,那哀怨的凄婉的像丁香一样的姑娘,就像点中了我的穴位一样,让我动情,让我欢喜。恰巧高中语文必修课本中有这篇课文,我心中一阵狂喜,心想,我一定要通过自己的教学设计让学生也爱上这首诗。

刚开始备课时,我一边回忆着大学里所学的学科专业知识基础,一边参照教参及前辈的教学,将自己认为本篇课文的一些重难点的地方放在了课件内,供学生学习。例如:文本中作者选取了哪些意象?这些意象有什么特征?表达了作者怎样的情感?所以,刚开始上课,学生们都在积极的思考;但慢慢地,我发现孩子们回答的速度放慢了,声音也越来越小,很显然,他们只是为了敷衍我而回答,并没有真正地去感受诗歌的美。部分同学机械地回答道:"诗歌特征是悠长、寂寥、独自、彷徨、像丁香一样的颜色、像梦一般的凄婉、迷茫。整篇诗歌的情感是压抑的、苦闷的。"甚至还有一位同学大声地打起了哈欠,以示对这节无聊的诗歌鉴赏课的抗议。当时,听到下面窃窃私语的讽刺时,我真的好想马上把那些目无尊长的狂妄之徒喊起来罚站,以泄心头之愤;但转念一想,一旦这样做了,不仅这节课的教学内容无法完成,而且处理不当势必会影响师生关系。索性我直接忽略掉学生们的感受,填鸭似的将自己准备的教学内容"灌"给了学生们。就这样,一堂本来期待很高的诗歌学习课不仅没有激情,而且没有共鸣的结束了,更严重的伤害了我对教学的信心。

为什么我自己读的时候我能感受到美,而我讲出来时却失去了美呢?到底问题出在哪里了呢?

后来我有幸观摩了一位学校优秀高级教师的教学,刚听她上课,我立刻就被她干脆利索的语言表达、情感细腻的思绪引导、鲜活的情景设置所震撼。她并不是按部就班的让学生把诗歌拆分为一句句的去分析语法、情感,而是通过自身的素养和知识储备去为学生创设情境,让学生去朗读和体味，让学生去享受美、体会美，不以撕碎的方式查看美，解读美。

后来再讲这篇课文的时候，我汲取了老前辈的经验，并查阅了大量相关资料和视频，从这篇文章的写作背景到作者情感的变化原因都做了深入的考究。于是，这一次我决定要以学生朗读、体味诗歌的意境来开展我的课堂教学。

上课刚开始，我就播放背景美妙的音乐来吸引学生们的注意力。然后找学生朗读抒发自己的体会。

部分同学朗读完后开始说道："这首诗歌让我看到了一条悠长的江南小巷，小巷里走着一位撑着油纸伞的美丽姑娘。"还有的说："我看到的姑娘好忧伤，好像有很多心事。"初读之后，同学们已经逐渐进入了诗歌的意境。

紧接着我指派一位平时朗诵比较好的同学选择他自己最喜欢的片段来朗读，并询问："你认为应该用怎么样的语调来朗读？"

生：淡淡的忧伤．

我继续引导："大家想一想，当你沉浸在忧伤之中时，是否想过是什么因素造成了她的忧伤？请再放开声音朗读，边读边思考。有想法就和同桌之间互相讨论一下。"

生：受了雨巷的感染。因为这雨巷是寂寥的、悠长的。

生：它是下着雨的。雨天给人阴沉沉的感觉，连心情也是潮湿的。

就这样，我带着学生们一起和诗人走过雨巷，感受雨巷，结识姑娘，期望，邂逅又再见。然后，学生们自行去朗读体味第六节和第七节，并结合自己的体会谈感受。"在雨的哀曲里，消了她的颜色，散了她的芬芳，消散了，甚至她的叹息般的眼光，丁香般的惆怅。""撑着油纸伞，独自彷徨在悠长、悠长又寂寥的雨巷，我希望飘过一个丁香一样地结着愁怨的姑娘。"有的学生说写姑娘的颜色、芬芳甚至一切都消失了，感觉诗人好失望；有的却说诗人表达的是圣洁的爱情消失了！还有的同学说诗人又写道我依然独自在悠长、寂寥的雨巷中彷徨，失望中又期待希望。好像仍然没有放弃追求。真是朦胧而又梦幻！

不知不觉，一节课就这样过去了。我异常兴奋，因为学生开始有反馈，有思考，有欣赏了！甚至有的学生也开始感同身受地爱上这首诗歌，开始有点模仿这首诗的意境写诗了！

通过这节课的教学，让我不禁想起了著名教育家苏霍姆林斯基的话语："人的心灵深处总有一种把自己看作发现者，研究者和探索者的固有需要。这种需要在儿童精神世界中尤其强烈。"因此，作为一名优秀的教师，仅仅填鸭似的讲授书本知识是不行的，我们更需要根据学生的这种心灵需求，立足于自身的教学素养和知识储备去创设教学情境去调动学生的积极性，从而让学生在体味中感受语文的魅力，享受语文的美丽。

【案例分析】

教师专业知识是指教师在教授学校某学科课程的过程中，需要拥有或使用的知识，包括所要教的知识和如何教的知识。身为教师，需要通过勤学，积累丰富的学科专业知识。正所谓"术业有专攻"。学科专业知识是教师从事教育教学工作的前提条件，是提升教师各项教学能力的一种手段，势必会影响教师各项教学能力的发展。正如杨老师不止一次提到自己的学科知识主要得益于大学的专业学习，并且正是她大学四年的勤奋与努力才为她后来挖掘教材埋下伏笔。

身为教师，需要不断提高自身的知识层次，特别是教学实践知识以满足教学内容的要求。与专业相比较，教师专业具有特殊性，它是一个双专业，既是学科专业，也是教育专业。教师专业技能的发展不仅仅是学科知识的积累，更是实践技能的纯熟。新教师入职之初，来自教学实践中的知识是有限的，面对学生时常感到自己无从下手。为使自己尽快成长，他们在工作中往往会揣摩课本和教参，观摩优秀教师的课堂教学来促进自身的教学实践能力的提升。正如杨老师通过观摩优秀教师的课，模仿他们怎么组织导语、怎么过渡、怎么提问，然后经过自己在实践中摸索，总结出属于自己的一套实践教学经验。

身为教师，需要拓宽自身的知识视野，以自身的人文底蕴为学生搭建一个情感教育渗透的平台。当今社会，由于信息社会的发展，教师已不再是井底之蛙，只会自己学科方面的知识。教师需要不断拓展自己的知识视野，不仅在科目学习上要体现"专而博"，即在教育科学和所教学科方面应具有精深的学识，而且还需要对其他方面有相应的文学了解，才能适应教师工作的需要。

第五章 群己关系职业之道：忠诚

第一节　教师职业的群己关系

一、群己关系概念

所谓"己"是指一个个具体的个人,"群"则是由众多个人构成的社会群体,群己关系即"群己之辨",是历史哲学中的一对重要范畴,是中国传统哲学关注的重点问题,是人所需要处理的一种基本的社会关系,它最早起源于人类原始社会的部落氏族道德,群己关系主要探讨的是群体、群众、集体和个体、个人和自我的相互关系问题。群己关系是古今中外所有政治和哲学理论都无法回避的根本问题,是不同社会关系之中居于统摄和支配地位的核心关系,也是贯穿于任何一种文化价值体系的中心问题。

二、群己关系类型

群己关系主要分为个人与集体的关系、个人与社会的关系、个人与国家的关系三种。个人与集体的关系是指单独的个人与其所在的集体之间的相互关系,个人是集体中的个人,集体由个人组成的,个人不可以脱离集体而独立存在;个人与社会的关系是指单独的个人与其所处的社会之间的相互关系。个人与社会是相互依存、相互制约、相互促进、对立统一的关系。一方面,个人对社会具有依赖性,个人的生存离不开一定的社会条件。另一方面,个人对社会具有能动性,人对社会的依赖性,并不是说人只能消极的依附于社会,而是能够积极主动地认识、创造着社会,从而推动社会由低级向高级发展。个人与国家的关系是指单独的个人与其所属的国家之间的相互关系。个人是国家这个有机体中的一个细胞,无数个这样的细胞组成了一个国家,国家如果没有无数个体鲜活的个人的存在,国家将成为一个空壳,就不能称其为国家,国家的富强需要每一个个体发挥他的作用;同时,个人只有把自己置身于国家这个大家庭里,和其中的每一个个体融合在一起,才能够把个人的才能充分展现出来,成为出色有所作为的人,个人的命运与国家的命运是休戚相关的,国家衰亡,个人的前途和命运也暗淡无光。

三、处理好群己关系的意义

第一,正确处理好群己关系,协调好个人与集体、社会、国家的关系和利益,能够使得个人利益得到更加长远、更高程度的保障,并且有助于个体人生价值的实现。从短期来看,处理好群己关系似乎需要个人暂时的让步甚至牺牲,但是个人的让步将会促进群体的更高程度的发展,最终也会惠及个人,并且个人暂时的让步和牺牲能够得到群体的肯定,个人的社会价值得以更高的实现。

第二,处理好群己关系可以使得群体获得更高程度的发展。处理好群己关系,个人暂时和局部的让步、牺牲,每一个个体的团结合力,可以成就群体,使群体的发展更加顺利,群体自然能够得到更高程度的发展。

第三,处理好群己关系可以使整个群体更加和谐美好、安定有序。群己关系处理得好,能够使集体更加融洽,社会更加和谐安定,国家更加繁荣昌盛。

四、群己关系职业之道:忠诚

群己关系反映到职业道德和职业智慧上来说就是要忠诚。职业之道的忠诚就是要忠于所从事的职业、忠于所在的单位、忠于社会和国家。忠于所从事的职业就是应该干一行爱一行,既然选择了这份职业就抱有对这份职业的尊敬,用最大的热情和最大的努力去做好这份职业,争取获得一定的成果;忠于所在的单位就应该服从单位的正确安排,跟单位同心同德、共同努力,把单位的事业做好;忠于社会和国家就是应该牢记社会和国家的栽培,不忘本心,勤奋努力,用实际成果回馈社会和国家。

因此,作为一名教师既然从事了教师这份职业,就应当忠于国家、忠于社会、忠于人民、忠于学校。

第二节 教师与国家的关系:忠于祖国

一、热爱祖国

在教师与国家的关系中我们要求教师要忠于祖国,而忠于祖国,首先就表现为热爱祖国。爱国主义是中华民族的优良传统，是我们国家生存和发展的重要精神支柱，是动员和鼓舞人民团结奋斗的一面旗帜，是我国各族人民的道德品质的重要特征。热爱祖国的感情不是一般的感情，是"最深厚的感情"，是一种最普遍的、最崇高的思想感情。那么，作为一名教师我们具体应该热爱祖国的哪些方面呢？

（一）热爱祖国的大好河山

"大兴安岭，雪花还在飞舞。长江两岸，柳枝已经发芽。海南岛上，到处盛开着鲜花。我们的祖国多么广大！"一首儿童诗歌蕴含着对祖国大好河山的深切依恋之情。滔滔河水、滚滚黄河，祖国的山川无比雄奇，祖国的河水无比秀逸，祖国的胸怀无比广阔。祖国的大好河山是生我养我的地方，是我们的"生身父母"，与我们血脉相连。作为教师我们理应热爱祖国的大好河山，身体力行地维护祖国的统一，与分裂祖国的言行作坚决的斗争，对侵略者以坚决的打击。在任何情况下，教师都要自觉维护祖国的独立、完整、统一和尊严，与一切出卖、背叛祖国的行为作不调和的斗争，在平时的生活和工作中应用真挚的爱国情感去感染、影响学生，让每一位孩子都怀有对祖国大好山河深切的热爱，用平凡的工作创造出伟大的事业。

（二）热爱祖国的灿烂文化

文化是一个民族的灵魂和标志，是一个民族的精神家园，是民族认同、国家认同和民族凝聚力、创新力、发展力的基础。《辞海》将文化分为广义和狭义两种。广义的定义认为文化是"人民群众在社会历史实践过程中所创造的物质财富和精神财富的总和。"狭义的文化"专指社会的意识形态，以及与之相适应的制度和组织机构。"这里所说的文化我们专指广义的文化。我国是世界四大文明古国之一，拥有五千年光辉灿烂的文明历史，在漫长的岁月中积淀了我国深厚的民族文化。中华文化源远流长、博大精深，它在世界文化上独树一帜，具有无穷的魅力，是人类无比的瑰宝，它也是我们民族的灵魂。作为教师我们理应热爱祖国的灿烂文化，为此，我们应该以正确的态度去对待我国传统文化，坚持取其精华去其糟粕，批判继承、古为今用的原则，切忌以偏激的态度对待它。一方面，我们应该有强烈的文化自信和文化认同感。对于优秀的具有生命力的传统文化我们任何时候都不能抛弃，应该以身作则，维护民族文化的尊严，继承并使之不断发展，切不可故意贬低我国民族文化，搞"历史虚无主义"，崇洋媚外。另一方面，对于传统中华文化中糟粕的不符合时代发展的方面要中肯的进行批判、摒弃。作为教师我们不管在生活还是工作中都要坚持这一原则，用我们的实际行动去感染学生和我们身边的每一个人。

二、为国育才

教师要忠于祖国很重要的表现就是要为国育才。然而，对于为国育才我们应该有清醒的认识，随着社会和经济的发展，为国育才并不是说我们只是做一个"教书匠"，在应试教育大行其道的氛围当中，很多教师仅仅是为考试而教学，这显然不符合社会和国家对教师的期望，为国育才要求我们不仅是为考试教学，而是要为国家发展和民族复兴培养人才。

如今是一个互联网的时代，是一个信息大爆炸的时代，我国社会和经济高速发展、日新月异。在走向中华民族伟大复兴的康庄大道上，我们比历史任何时期都更接近实现中华民族的伟大复兴，党的十八大提出两个"百年奋斗目标"：一个是在中国共产党成立一百周年时全面建成小康社会；一个是在新中国成立一百周年时建成富强、民主、文明、和谐的社会主义现代化国家。在国家发展和民族复兴的道路上人才显得尤其重要，并且对人才的要求也更高，这里的"才"必须是符合国家建设要求的高素质人才，所有这一切都意味着国家对教师的要求也更高了，为此，教师应该做到：

首先，教师要有与时俱进的正确的教学理念。与时俱进就是要求教师的教学理念要适应时代进步的要求。在如今"互联网+"的时代，教师应该更新自己的教学理念，应该更加注重启发式教学，培养学生的创新思维，做到从"解惑"到"开惑"的转变，培养学生的问题意识，更加注重学生的全方面发展，而不是只注重考试，变成所谓的"考试机器"。在具体的教学方法上，教师也应该积极地把现代网络技术引入课堂教学，提高教学效率。

其次，要求教师要培养自己的责任意识。培养教师自己的责任意识，就是要教师保持终身学习的状态，不能为了考试而教学，不能仅仅把教师职业当作养家糊口的工作，而应该不断充实自己，为培养出色的人才做好准备、打好基础。

再次，要求教师培养自己良好的心理素质。现代社会高速发展，社会环境更新变化速度很快，教师拥有良好的心理素质显得特别重要，比如良好的心理素质就表现为正确地对待自己、愉快地接纳自己；正确地对待别人，真诚地理解别人；正确地对待成绩，积极地投入教育事业；正确地对待挫折，勇敢地接受挑战；正确地对待名利，泰然自处；等等。

最后，要求教师有一个健康的身体。身体是革命的本钱，教师只有拥有健康的体魄才能担当"为国育才"的大任，这就要求教师注意强身健体、修养身心。

三、理性护国

教师忠于祖国还表现在理性护国。没有什么比爱国情感更为珍贵，但是爱国更应该表现为理性护国，不能只凭一腔热血，盲目乱干。理性护国是真正对国家对民族负责任的一种态度，它要求在求真求实的基础上，理性地表达自己的观点和看法，不盲从、不跟风，做到有理有据、合理合法的爱国，以维护国家利益为先，不做有损国家利益的事。

教师是社会的知识分子，受过良好的教育，我们理应看到，国家当前所处的国际国内环境相当复杂，在我们前进的道路上依然还会遇到各种各样的矛盾和问题。面对复杂环境和各种矛盾问题，如果不能依法、理性表达爱国热情，就无法维持正常的社会秩序，就不能保证经济社会的平稳较快发展，到头来也不利于广大人民群众的生活幸福。坚持依法理性护国就是应该把我们的爱国热情转化为做好本职工作的积极性，维护好来之不易的和谐稳定的局面，才能抓住发展的机遇，赢得发展的契机，才能把祖国建设得更美好，这是真正的护国。具体来说，理性护国要求教师在生活和工作中做到以下几点。

（一）引导学生树立正确的国家观

马克思主义认为，国家是阶级统治的机器。国家本质是阶级统治，而阶级统治是跨民族的。也就是说，国家与民族是两个不同的概念，我们应该清醒地认识到这一点，否则很容易陷入一国一族论的泥潭之中。

我国是由多民族构成的人民民主专政的社会主义国家，人民是国家的主人，国家的一切权力属于人民，而这里的"人民"必然是包括所有民族的人民群众，我们国家坚持民族平等、民族团结、民族共同繁荣的原则，反对大民族主义，坚决维护祖国的和平和统一；同时应当谨记，现阶段爱国就是热爱社会主义，热爱中国共产党的领导，爱国主义主要表现为献身于建设和保卫社会主义现代化的事业，献身于促进祖国统一的事业。这就要求教师在课堂内外传输给学生这一正确的国家观。

（二）不抹黑、谩骂祖国

不抹黑、谩骂祖国就要求教师实事求是，用辩证的思维看问题，切不可歪曲事实、丑化祖国形象、谩骂祖国、自以为是并以此为乐，应该对自身的一言一行负责任。教师群体是受过高等教育的群体，我们应当有清醒的头脑和正确的眼光，教师的职业和社会角色也使得教师的一言一行都对学生甚至对社会有重大的影响，因此，国家对教师的要求也很高，教师应该为学生树立榜样，用切身行动维护祖国利益。如今是一个互联网时代，信息发达，从互联网诞生起，在网络世界就充斥着不同的声音，各种利益诉求泥沙俱下。这里面有弘扬人性的真美，有贬低社会的丑恶，但是还有一群道貌岸然的谦谦君子，他们常常语不惊人死不休，以一种近乎疯狂恶毒的语言来贬低抹黑我们的社会，甚至是抹黑、谩骂我们的祖国，他们在互联网的世界里充当着毁灭社会道德和打击爱国情操的角色，肆意扭曲社会道德观，肆意评判中国发展过程中遇到的各种问题，这些人多是带着幸灾乐祸、唯恐天下不乱的心态，戴着有色眼镜评判中国发生的一切。其中不乏一些受过高等教育并在社会上获得一定地位的知识分子，他们口无遮拦、信口开河，话语之间毫无责任感，这一切都值得我们警醒，并引以为戒。

（三）正确看待国家历史

教师还应该正确看待国家历史，正确看待国家历史就是要求教师要用客观的态度、全面的发展的眼光去看待国家历史的发展，不歪曲事实、颠倒黑白。新中国成立至今，党带领我们国家走过了辉煌而又曲折的历史进程，国家的建设取得了举世瞩目的成就，如今正踏上全面建成小康社会的康庄大道。与此同时，我们国家在建设过程中也走过很多弯路，但是总体是向前的，取得的成就是主要的方面，作为教师我们应当正确看待国家历史，更应该肯定我们取得的巨大成就。

（四）正确看待国家发展中面临的各种问题

作为教师，我们应当正确看待国家发展中面临的各种问题，这就要求我们正确分析并善于找出各种问题出现的原因，实事求是，重在为国家发展出谋划策、贡献力量，而不是吹毛求疵、指手画脚。如今，改革开放进入深水区，国家发展出现了各种阶段性问题，比如贫富差距拉大、贪污腐败、环境生态污染等。但是，我们应该认清，问题只是阶段性的，是一时的，相信通过祖国各族人民一致的努力，这些问题都会得到很好的解决。

（五）正确看待国家的各种缺陷

教师要正确看待国家的各种缺陷，就应该以国家主人翁的立场理性看待国家的各种缺陷，包容国家的缺陷，不恶意批评、吹毛求疵。国家是生我养我的地方，是培养我们成才的地方，作为教师应当有良知，国家是我们的"母亲"，我们生于斯、长于斯，就应该爱戴她、包容她、呵护她。新中国成立之时，我们接受了一个千疮百孔的祖国，近代百年历史我们饱受外国列强的欺辱，国家社会、经济发展近乎崩溃。在中国共产党的带领下，国家的建设取得了举世瞩目的成就，但由于各种原因我国经济、政治、文化、社会、环境的发展还存在各种不尽如人意的方面，也存在各种客观的缺陷，作为教师我们应该正确看待这些缺陷，站在承认历史的角度，理解、包容这些存在的缺陷。

四、优待教师

（一）国家优待教师的原因

国家为何要优待教师呢？这与教师的职业和职责，处在的社会地位和对国家的影响力等是密切相关的。

1. 教师负有为国育才的大任

教师负有国家交给的为国家发展和民族复兴培养人才的责任。教师素有"人类灵魂的工程师"的美誉，他们的工作质量好坏直接影响到国家人才质量的培养，我们只有优待教师，给教师一个好的工作心情和工作环境，才能使得教师更好地承担起为国育才的大任。

2. 社会对教师的期望很高

社会不仅要求教师要有扎实的教学基本功，有渊博的知识体系，还要求教师有良好的道德品质，为人师表。社会对教师的高要求也意味着国家应该优待教师，激发教师群体的潜力，使他们奋发向上、完善自己。

3. 国家对教师待遇分配的体制和地区差异

比如中西部经济落后地区，农村地区教师的经济待遇普遍不如经济发达的城市，还有相当一部分代课教师的编制问题需要切实得到解决等，这些问题都亟待我们去解决，以做到公平对待，而不能打击部分地区教师的积极性。

（二）国家如何优待教师

以上谈到教师的职业和职责、处在的社会地位和对国家的影响力等等因素都要求国家要优待教师，那么从国家层面来讲，应该如何优待教师呢？

（1）国家应该制定专门的法律法规，并与时俱进的对法律法规进行修缮，明确教师的权利和义务，在法律层面上保证教师的合法权益。随着当今社会的发展，社会上屡屡出现有关师生关系紧张的案例，包括教师和家长的一些局部的矛盾冲突，我们在充分保证学生的合法权益的同时，也应该实事求是的、分清是非，充分保证教师的合法权益。

（2）国家和政府应当适时提高教师的福利待遇，把各项政策落到实处。比如，依法保障教师平均工资水平不低于或者高于国家公务员的平均工资水平，落实教师绩效工资制度，逐步提高教师工资，增强教师职业的待遇优势；完善农村教师工资、职务等倾斜政策和津贴补贴制度，稳定农村教师队伍；研究制定教师住房保障政策，建设专家公寓和青年教师公寓；落实民办学校教师职务（职称）评定制度，保障民办学校教师与公办学校教师同等地位等。国家应该把各项政策落到实处，从不同方面真正地去保障教师的权益。

（3）国家和政府应该尽快完善教师考核评价制度，使之与时俱进，符合教育发展的要求。我们要求教师不能为考试教学，而应该为国家发展和民族复兴培养人才，那么国家的教师考核制度就不能模糊化，应该具有科学性和可操作性，不能仅仅以学生考试分数、升学率这样一些应试教育的指标去考核教师，而应该用新的教育观念评价教师，建立符合素质教育思想的，有利于发挥教师主动性和创造性、有利于教师发展的评价体系，充分发挥评价的导向、激励作用，帮助全体教师不断提升职业道德和专业水平，从而真正提高教师的教学质量。

第三节　教师与社会的关系：忠于人民

一、社会构成要素

马克思主义认为社会在本质上是生产关系的总和。具体的社会是指处于特定区域和时期、享有共同文化并以物质生产活动为基础，按照一定的行为规范相互联系而结成的有机总体。社会由经济基础、社会制度、精神文化、人民等要素构成，而其中人民是社会的真正主人，是历史的主体。

经济基础是指一定社会发展阶段占统治地位的生产关系各个方面（即所有制形式、交换形式、分配形式）的总和。马克思和恩格斯认为"人们在自己生活的社会生产中发生一定的、必然的、不以他们的意志为转移的关系，即同他们的物质生产力的一定发展阶段相适合的生产关系。这些生产关系的总和构成社会的经济结构，即有法律的和政治的上层建筑竖立其上并有一定的社会意识形态与之相适应的现实基础。"

社会制度是指为了满足人类基本的社会需要，在各个社会中具有普遍性、在相当一个历史时期里具有稳定性的社会规范体系。社会制度属于上层建筑范畴，是由一定的经济基础决定的。社会制度主要包括观念、规范、组织、设备等。

精神文化是相对于人类所创造的物质文化而言的，是人类意识与客观世界作用的印记反映，是由人们在日常的生活中总结出的经验理论。具体的表现在人的伦理道德、对美的事物的感受、对于艺术的品位和我们的精神世界的追求。

人民是社会真正的主人，人民群众是社会实践的主体，是历史的创造者。人是社会的细胞，人类社会是由众多的个体组成的。"人民"是一个集体名词，在社会主义国家人民主要是指"以劳动群众为主体的社会基本成员。"现阶段我国人民是指全体社会主义劳动者、社会主义事业的建设者、拥护社会主义的爱国者和拥护祖国统一的爱国者。人民是社会真正的主人，人民群众是社会实践的主体，是历史的创造者，这主要表现为人民群众是社会物质财富的创造者、是社会精神财富的创造者、是社会变革的决定力量。

二、对人民负责

（一）为什么要对人民负责

教师与社会的关系中我们要求教师要忠于人民，忠于人民的一个重要的表现就是对人民负责。那么为什么要对人民负责呢？

1. 教育事业是人民对教师的重托，教师必须对人民负责

百年大计，教育为本。教育是立国之本，教育事业是否发达是民族是否兴旺的标志，一个国家有没有发展潜力看的是教育，一个国家富不富强看的也是教育。党的十七大以来，中央教育工作决策部署确立了教育优先发展的战略地位和建设人力资源强国的战略目标，提出了深入实施科教兴国和人才强国战略，人才在如今这个时代有着重要的地位，人才需要通过教育的培养才能获得，而教师活动在教育事业的最前线，是发展教育事业的主要力量，在教育中起着主导作用，他们的工作方法、工作效率、工作态度都直接影响到人才培养的质量。由此可见，人民把教育事业如此重托托付给教师，这就需要每一位教师一丝不苟、毫不马虎地对待教育事业尽心尽职、不断学习、堪当大任，为社会、为人民输出高质量的人才队伍做出不懈的努力。

2. 教育事业是人民创造历史的重要方式，教师必须对人民负责

不管是创造物质财富、精神财富还是推动社会的不断发展，都离不开教育，教育事业是人民创造历史的重要方式。科技是第一生产力，然而科技是需要通过人才去创造和操控的，我国教育事业的不断发展，极大地提高了全民族素质，培养了无数人才，有力地推进了科技创新和文化繁荣，使我国实现了从人口大国向人力资源大国的转变，为我国经济社会发展做出了不可替代的重大贡献；广大人民素质的提高也有力地推动了社会的民主与和谐。教育事业的不断发展，强有力地推动了我国经济、政治、社会、文化、环境等各个方面的发展，如今我国已经成为世界第二大经济体,我们正昂首阔步向前,党的十八届五中全会推出了我国经济和社会发展的"十三五"规划,规划中期望我国经济保持中高速增长,在提高发展平衡性、包容性、可持续性的基础上,到2020年国内生产总值和城乡居民人均收入比2010年翻一番,产业迈向中高端水平,消费对经济增长贡献明显加大,户籍人口城镇化率加快提高。农业现代化取得明显进展,人民生活水平和质量普遍提高,我国现行标准下农村贫困人口实现脱贫,贫困县全部摘帽,解决区域性整体贫困。国民素质和社会文明程度显著提高。生态环境质量总体改善。各方面制度更加成熟更加定型,国家治理体系和治理能力现代化取得重大进展。我们正在创造历史,我们比任何时期都更加接近中华民族的伟大复兴,而这所有的一切都需要教育事业的支撑,可以说没有教育事业就没有这一切的发生。

（二）如何对人民负责

以上说了很多关于教师必须对人民负责的原因,那么作为一名教师,作为普普通通的教师的一员,我们应该如何对人民负责呢?毫无疑问,我们必须为人民培养优秀的子孙后代,培养一代代有理想、有道德、有文化、有纪律的子孙后代,培养一批批符合时代发展要求的高素质后代,敢于为社会主义祖国的建设冲锋陷阵的后代。为此,作为教师我们务必要培养自身的敬业精神,不断提升自身的业务能力,才能够担当起为人民培养优秀的子孙后代的重任并最终做到对人民负责。具体来说就是要做好以下几点：

（1）树立崇高的事业心。要有坚定的从教信念,兢兢业业,踏实苦干,不怕困难,任劳任怨。认真对待每一位遇到的学生,富有爱心,用真心去获得学生的信任和爱戴。

（2）富有进取心。不能仅仅把教师职业当作养家糊口的工作,而应该富有进取心,牢记教书育人的重任,不断提升自身的能力,争取有所感、有所悟、有所成就。

（3）勤奋学习,树立终身学习的观念。社会在不断发展和进步,教师在工作岗位上也许一待就是几十年,情况会不断地更新,教师必须坚持与时俱进,树立终身学习的观念,不断去摸索、研究新情况和新问题,不断拓宽自身业务知识,夯实专业技能,真正掌握教书育人的本领。

三、尊师重教

（一）为什么要尊师重教

实现中华民族复兴的伟大中国梦，教育是最坚固的基石，民族要复兴，国家要觉醒，教育必须先行。温家宝同志早在2010年全国教育工作会议上就提出"强国必强教"、"强国先强教"这一理念。习近平总书记提出的"中国梦"更是包含着亿万中国人民的民族复兴梦，"教育梦"无疑是中国梦的重要组成部分，在实现"中国梦"的伟大征程中，教育必须先行，教育对一个国家的重要程度由此可见一斑。

教育事业关系着社会的未来，要把教育事业作为一件功在当下、利在千秋的事情来重视。教师作为教育事业最宝贵的资源，是办好教育的希望所在。毕竟当今世界科技进步日新月异，社会发展之快令人难以想象，其关键都在于人才、基础都在于教育。因为人才是社会发展最靠得住、最有竞争力、最持久、最绿色的资源，而教育是开发人力资源的最重要途径，教师是实现人才培育的最重要资源。

尊师重教有助于教师牢牢坚守理想信念，顺应时代要求和社会期盼，肩负起社会使命和光荣职责，做"有理想信念、有道德情操、有扎实知识、有仁爱之心"的好教师。当社会大众都尊师重教时，教师往往具有较高的尊严感、使命感和荣誉感，能不忘初心，甘于将教书育人作为终生坚守的事业，把三尺讲台作为实现人生价值的舞台，能时刻提醒自己做学生做人、做事、做学问的好榜样与活教材。

（二）如何尊师重教

1. 传承和弘扬中华民族尊师重教的优良传统

在中华民族悠长的历史长河中，尊师重教是一项优良传统，传统的儒家思想推崇文化礼教，教育是底层民众实现"龙门一跃"、获得仕途、成为顶层精英的不二法门。在传统以"士农工商"为排位的社会，教师是非常神圣、有地位的，大家都尊敬教师，甚至有些家庭还会供奉"天地君亲师"的牌位，由此可以看出教师的地位是仅次于至亲的。古语中也有诸多尊敬教师的佳句，如"一日为师，终身为父"，这些都可以看出中华民族具有尊师重教的优良传统。在当今社会，教育依然在人的发展和社会发展中具有不可替代的地位,而教师作为教育事业最宝贵的资源,是办好教育的希望所在。由此更需要全社会一同来传承和弘扬中华民族尊师重教的优良传统。

2. 在整个社会营造尊师重教的浓厚氛围

师德是教师工作的精髓,具体来说师德是教师应有的道德和行为规范,是全社会道德体系的组成部分,是中小学生道德修养的楷模之一。而高尚的师德,从实践的角度来说,需要教师具有高尚的情操、渊博的学识和独特的人格魅力。弘扬高尚师德、树立师德模范、营造尊师重教的浓厚氛围具有两方面的作用。第一,正如俗语所言,"亲其师,则信其道;信其道,则循其步",中小学的学生正处在身心迅速成长的时期,模仿性极强,具有强烈的"向师性",在其注意到社会大众对于教师的尊重后,能激发自己向着优秀的教师榜样学习。第二,能激励教师不断"见贤思齐",向优秀同行靠拢,鞭策自己弘扬高尚的师德,赢得社会大众对教师的尊重和认可。

3. 提高教师社会地位,积极鼓励优秀青年读师范、优秀人才当教师

社会地位是社会成员在社会系统中所处的位置,一般由社会规范、法律和习俗限定,它常用来表示社会威望和荣誉的高低程度,也泛指财产、权力和权威的拥有情况。从目前的社会情形来看,教师对社会的贡献与社会对于教师的尊敬是不成正比的,教师勤勤恳恳、兢兢业业地工作,但还是逃脱不了社会地位较低、待遇较差的困境。很多时候,当出现个别教师做出违反师德的事情时,社会大众媒体为吸引眼球引发关注,往往会将事件恶意渲染、放大,将脏水往整个教师群体身上泼,这种践踏教师尊严的事情也让教师倍感心寒。在面临职业选择的时候,众多优秀青年才俊往往选择从政经商,不愿意选择教师这个岗位。要知道,人才的流失,以及学校青黄不接的现象不仅仅会对个别地区造成影响,从社会的发展来说,这也将对教育事业造成一记重创。因此,提高教师的社会地位成为社会发展的当务之急,只有积极鼓励优秀青年读师范、优秀人才当教师,我们的社会才能变得更加有活力。

第四节 教师与学校的关系：忠于学校

一、单位的功能

这里所说的单位是指机关、团体、事业单位、企业等非自然人的实体或其下属部门。教师是一种职业，每一位教师必然分属于某个特定的单位，也就是学校。单位都具有特定的功能，具体来说单位具有经济功能、政治功能、文化功能、组织功能、管理功能、人事功能等。

（一）单位的经济功能

劳动者在某个单位劳动必定应当获得报酬，单位有根据劳动者的劳动质量、劳动时间、劳动效率，或根据国家各项具体方针政策来确定劳动者的工资或者福利待遇的权力。

（二）单位的政治功能

单位有贯彻落实党和国家各项路线、方针、政策的义务。不管任何机关、团体、事业单位、企业等非自然人的实体或其下属部门都必须服从党和国家的领导，必须如实的贯彻党的各项路线、方针、政策，促使在其单位的劳动者服从党和国家的领导，为建设社会主义事业而奋斗。

（三）单位的文化功能

任何单位都会形成属于某个特定单位的文化，单位的文化内涵很丰富，它包括单位的文化价值、精神，包括单位的道德、习俗、形象、制度、环境、礼仪、风尚，等等。单位的文化氛围促使其旗下的劳动者展现其独特的风貌，辛勤劳动、分工合作，达到一定的目标。

（四）单位的组织功能

单位的组织功能是指单位按计划对其活动及其生产要素进行分派和组合，使其活动或生产达到其所期望的目的的功能。单位的组织功能对于发挥单位的集体力量、合理配置资源、提高劳动生产率具有重要的作用。

（五）单位的管理功能

单位的管理功能是指单位根据党和国家的政策、规定，以及单位自身的规章制度通过计划、组织、指挥、协调、控制及创新等手段对所在其单位的劳动者进行管理的功能。

（六）单位的人事功能

单位的人事功能是指单位对其所需要的劳动者进行招聘、任用，对在其单位的劳动者进行培训、训练，根据特定的法律或规定确立劳动者薪资、福利，对劳动者进行绩效评估、行政处分、人员解聘与辞退等功能。

二、教师与学校关系的本质

教师与学校关系的本质表现为人事管理的从属关系，劳动交换的经济关系，精神共同体关系这三个主要方面。

（一）人事管理的从属关系

这是指教师必须服从学校的人事管理安排，配合学校的工作。我们知道单位具有人事功能、管理功能等，教师想要进入某个学校工作必须经过学校的招聘、任用，进入单位之后还必须服从学校对自身的培训等安排，以至于教师的工作绩效评估、薪资福利待遇的确定、行政奖励或处分、合法的解聘和辞退、教学工作的组织和安排等等都应当服从学校的安排。

（二）劳动交换的经济关系

这和单位的经济功能相对应，教师属于劳动者，他们在某个单位劳动必定应当获得经济报酬。我国实行按劳分配为主多种分配方式并存的分配制度，从2014年7月1日起，事业单位全面实行合同制，公立学校都属于事业单位，一般来说教师工资由基本工资、教龄工资、绩效工资、特优津贴等构成，由国家和政府统一发放，其中除去国家规定的基本工资外，其他工资都需要根据学校对教师工作的具体情况的考察来评定，由此可见教师和学校的劳动交换关系。

(三) 精神共同体关系

教师与学校的精神共同体关系主要是指教师与学校具有共同的价值观和共同的职业目标。简单来讲，教师和学校都希望能够经过共同的努力把教学工作做好，完成教学目标，能够培养出更多优秀的学生和高质量的人才，与此同时提升教师自身的成就和学校的荣誉。

三、忠于学校

(一) 教师为什么要忠于学校

忠于学校就是忠于教育事业。学校是教师工作的场所，也是教师教书育人的场所，教师要实现自己的个人价值与社会价值，就需要以学校为载体。因此，教师需要忠于学校，对学校的忠诚也是对自己教育事业的忠诚。

忠于学校是团队合作需要，教育是公共事业。众所周知，一个人的力量是薄弱的，一群人的力量是超乎想象的。在当今社会，我们每一个个体都是社会网络中的一个小的结点，需要大家拧成一股绳，形成积极正向的合力。教育作为一项公共事业，涉及全民的福祉，这就要求我们的教师不能闭门造车，应积极进行团队合作，组成各种讨论组和教研室，多学习，多分享，用集体的力量探寻教育的规律，为教育的发展贡献自己的力量。

(二) 教师应当如何忠于学校

1. 遵守学校制度，接受管理

没有规矩，不成方圆。学校制度的构建是学校能依法自主办学，实行民主参与、科学管理、社会监督的重要措施，可以激发学校的办学活力，可以促进学校内部及学校与社会的和谐发展，具有重大意义。因此，教师需要自觉遵守学校的规章制度，接受学校的管理，以身作则，用榜样的力量影响所教的学生。

2. 完成岗位职责，尽职尽力

古语曰"所谓师者，传道授业解惑者也"。作为教师，最重要的职责就是教书育人，因此，教师需要心无旁骛，尽心尽力地完成好本职工作。上课前悉心收集教学素材，精心做好教学设计，好的教学设计是环环相扣、步步为营的，能带领学生共同探索知识的殿堂。上课时需要以教师为主导、学生为主体，通过深入浅出、幽默风趣地讲解，帮助学生一同攻克教材的重难点。下课后精心挑选习题，合理布置作业，培养学生举一反三、灵活应变的能力。

3. 妥善处理矛盾，集体为先

作为老师，要处理好与领导之间的关系，与同事之间的关系，与学生之间的关系，以及与家长之间的关系。由于每一个人都是独特的、复杂的个体，因此，在与人相处的过程中难免产生矛盾与摩擦，这就给教师工作带来了不少难度与挑战。问题处理得好能化干戈为玉帛，赢得一段佳话，相反，则对工作和生活带来众多的影响。这就需要教师事事以大局为重，具备较高的情商与良好的沟通艺术，这样才能妥善处理好各种矛盾。

四、善待教师

（一）为什么学校要善待教师

1. 教师与学校之间是紧密联系的共同体

教师要依托学校实现个人价值与社会价值，而学校要通过教师实现办学目的。同样的，教师忠于学校，在教学岗位奉献自己的青春，为建设一流的学校而努力。学校也应该好好感谢教师的付出，善待教师。

2. 教师队伍是学校竞争力的核心

当今国际竞争的实质是以科学技术水平为代表的综合国力的竞争，一个国家的综合实力要靠科学技术水平来支撑，而科技的发展离不开人才，同理，小到一个学校也是如此，学校要有竞争力、吸引力，就必须要有一批优秀的教师人才。因此，学校要善待老师，为老师的教育、教学工作解决后顾之忧，让老师安心踏实地工作。

3. 教师影响学校教育教学改革的发展方向

通常具有创新思维的教师能在教育教学的改革中占据优势地位，能帮助所在的学校占领教育改革的前沿，使学校具有较强的竞争力，因此，学校需要善待学校教育改革的智囊团与主力军——教师。

（二）学校如何善待教师

1. 关心老师福利

福利包括两个方面，一方面是物质上的福利，另一方面是精神上的福利。在物质上，学校可以通过建立科学合理先进的薪酬保障体系，完善学校的奖励、福利制度，提高教师的待遇，激发教师工作的积极性。在精神上，学校要努力为教师创设良好的工作氛围，创建积极有序的发展平台，提供丰富多彩的业余生活。具体来说，创设良好的工作氛围可以从两方面着手：一是为教师创设温馨舒适的办公环境；二是制定科学、合理、人性化的教师规章制度，避免形成不良竞争的恶性循环，从而影响教师的工作氛围。创建积极有序的发展平台，也可以从两方面着手：一方面创建灵活，多途径的晋升机制，为教师的职业发展指引方向；另一方面，完善教师的教育培训体系，搭建适合青年骨干教师成长的科研平台，为教师树立终身学习的观念以及打造核心竞争力提供支撑。提供丰富的业余生活，例如，各类文体活动、各类业余兴趣班，为教师的业余生活增添乐趣。

2. 善解教师处境

随着经济与技术的发展，人民的生活水平逐步提高，足不出户就能享受互联网为生活带来的便捷，资讯也不例外。这也为教师的教学带来了机遇与挑战，机遇是教师可以借助互联网的发展，搜索出更多的教学素材，让教学更加生动形象，帮助学生更好地理解所学内容。与此同时，带来的挑战也不小。第一，难教的学生。可以从古语的变化来说明：从前描述师生的教学用的是"你若想给学生一杯水，你必须要有一桶水"，而在当下，"你若想给学生一杯水，你必须成为源源不断的泉眼"。这也说明了现在的学生并不像以前的学生好"糊弄"。处在生长发育期的学生具有强烈的好奇心，为了一个感兴趣的问题愿意搜索更多的资讯，进行积极探究，并打破砂锅问到底，因此，他们中的很多人在某些方面具备的知识比老师还充足，这就为老师的教学带来了一定的难度，需要老师不断丰富自身的知识储备。第二，压力较大。虽说大众一致提倡学校实行素质教育，但是目前还难以逃脱应试教育的困境，家长向学校要升学率，学校只能向老师要升学率，这就使得教师的精神压力较大。此外，现在的学生中独生子女占很大比例，父母和家人也倍加疼爱，学生心理承受能力较弱，教师稍有严格容易引发师生矛盾甚至升级为学生家庭和教师、学校的矛盾，引起很大的社会影响，时常引来社会舆论的不同程度的抨击，给教师的人身安全与职业形象带来较大的冲击。

3. 谨慎淘汰教师

教师由于常年教授相同的知识点，在一定工作年限后，容易出现职业倦怠期，加上生活压力抑或中年危机的影响，往往对教师的心理产生较大的压力。在淘汰教师的过程中一定要谨慎，仔细考究教师出现问题的真实原因，再探讨解决问题的对策，若其没有触犯到教师职业道德的底线，还是应该从教师的整个教学生涯来判断一位教师的优劣，切不可一叶障目，用一处过失否定一位教师的功劳与贡献。

4. 处分留有余地

现在社会上对教师总是戴着有色眼镜，一件小事若是被不良媒体的恶意渲染放大，容易让社会舆论一边倒，纷纷指责教师的过错。这样的事情对于教师而言是有失尊严的，对于整个社会的长远发展而言，也不利于社会弘扬"尊师重道"的精神。这就需要学校在对涉事教师进行处分时，要认真调查事情的来龙去脉，还原事实本身的真相，不能一味地迎合错误的社会舆论，让教师背"黑锅"。如果教师确实有错误，但是有悔改的决心，念其先前对于教育的功劳与苦劳，对其处分也应该留有余地，给他一次改过自新的机会，不应将教师逼上绝路。

思考与讨论

1. 群己关系是指什么？它有哪些类型？处理好群己关系有哪些重要的意义呢？
2. 教师忠于祖国表现在哪些方面？作为教师我们应当如何理性护国？
3. 教师为何要对人民负责？教师应当如何对人民负责呢？
4. 教师为何要忠于学校？教师应当如何忠于学校呢？

案例一

老师话语里的中国是什么

2015年10月21日，辽宁日报微信版以《大学课堂上的中国应该是什么样的》为题向各位微友征集微故事。收到的300多条留言中都反映，在大学课堂上说中国坏话、骂这个社会成为了时尚，逢课必讲"瞧瞧人家国外"成为普遍现象。这着实令辽报君及整个辽报编辑部的同事们坐立不安，最终用了一个月时间筹备，推出大型策划《大学课堂上的中国》，今刊发第一期《老师，请不要这样讲中国——致高校哲学社会科学老师的一封公开信》。我们希望通过这个策划与读者一起探讨这一社会问题，并试图寻找答案与解决之道。

辽宁日报的记者奔赴东西南北中，深入北京、上海、广州、武汉、沈阳5座城市的20多所高校，用了半个月的时间，听了近百堂专业课。大家被老师们渊博的专业知识、严谨的治学态度、自觉的责任意识所感动。但同时，"呲必中国"的现象也一定程度存在，有的还很过分，必须引起教育界的警觉和重视。

整理近13万字的听课笔记，大致概括出"大学课堂上的中国"三类问题。

第一是缺乏理论认同。有的老师用戏谑的方式讲思想理论课，揭秘所谓马克思恩格斯的"隐私"；将毛泽东与古代帝王进行不恰当比较，解构历史，肆意评价；对党的创新理论不屑一顾，动辄把实践中的具体问题归结为理论的失败。

第二是缺乏政治认同。有的老师传递肤浅的"留学感"，追捧西方"三权分立"，认为中国应该走西方道路；公开质疑中央出台的重大政策，甚至唱反调；片面夸大贪污腐败、社会公平、社会管理等问题，把发展中的问题视为政治基因缺陷。

第三是缺乏情感认同。有的老师把自己生活中的不如意变成课堂上的牢骚，让学生做无聊的"仲裁"；把"我就是不入党"视为个性，显示自己"有骨气"；把社会上的顺口溜和网络上的灰色段子当作论据，吓唬学生"社会险恶"，劝导学生"厚黑保身"。

大学课堂上的中国到底该是什么样的。大学课堂上的中国，应该有清晰的来路。历史的发展是延续的，每一个时期都不是孤立的片段。当今的中国，其政治形态、社会结构、观念习性，都受到几千年文化传统的影响，因此，必然烙下鲜明的"中国特色"。我们评说中国，不能只看地理的横坐标，更要看历史的纵坐标。中国所走的路由来长矣，可能与别人平行，也可能与别人交叉，但绝不会重合。中国的路肯定不会笔直，势必遇到沟坎，但借别人的尺子来规划、用西方的刻度来丈量，是行不通的。大学的老师，当然懂得这个道理，应该把这个道理传授给学生。

大学课堂上的中国，应该有整体的模样。中国社会存在诸多问题，客观真实，无法回避，也不能回避。问题导向、问题意识是值得提倡的，这是解决问题的始点。除了问题，中国也有成功的案例，也有需要总结的做法和经验。"问诊"中国，需要给出全面准确的报告单。大学生尚未走入社会，对国情的了解还不深刻，老师有责任讲述中国整体的模样。完整的中国绝不是灰暗的，而是色彩斑斓的；绝不是消极的，而是坚韧昂扬的；绝不是迷茫的，而是目光四射的。

大学课堂上的中国，应该有光明的未来。文学家说，教育是一个民族最伟大的生活原则，是一切社会里把恶的数量减少，把善的数量增加的唯一手段。老师传授给学生的，不只是知识，更有情绪、情感和情怀。学生们都是"向日葵族"，习惯朝着老师转。站在讲台上是一个心态光明的老师，教出的就是一群积极光明的学生。社会上都是光明的建设者，这个国家必定有光明的未来。

我们有如下建议：在你们编写案例的时候，请善待身处其中的中国。可以端出中国的问题，但端出来要讲清楚、讲明白，讲过了要作客观理性的评价，评价之后要回到原点，探讨解决问题的办法。别把中国当作靶子，随便拍打，随意责骂，谁都不是置身事外的旁观者，都能感受到其中的痛。

在你们发表看法的时候，请注意语气和分寸。敢讲不是个性，会讲才是本事。说一些激愤的话可能会让学生一时兴奋，但真正能让学生一生记取的，能够赢得尊重的，还是深刻的洞察和独到的见解，是经岁月检验后沉淀下来的思想和智慧。

在你们比较中外的时候，请多一份历史的眼光。短短几年的留学，所见所闻可能是浅层次的，常挂嘴头的未必是"真经"。即便是西方制度的优越之处，也不能简单复制。我们从根本上都是文化层面上的中国人，了解自己的传统，了解自己的历史，才能找到最无悔的道路。

老师抹黑中国不是偶然现象。大学课堂上的中国随意被抹黑，一些老师在讲台上牢骚失控，这不是偶然的现象。在我们身边，在整个社会，都潜藏着类似的情绪。调查显示，九成以上的职场人天天发牢骚，生活越来越好，牢骚却越来越多。大学课堂，是当代中国社会宏观景象的一个投影；身份特殊的大学老师，也有着作为社会一员的普通身份。只不过，那么多牢骚和消极，在最不该反映的地方反映了。

心理学家说，抱怨是人的本能。抱怨带来的轻松和快感，犹如乘舟顺流而下，那是因为我们在顺应自己负面思考的习性。而停止抱怨，改用进取的态度去思考光明，却需要意志力。

社会是不完美的，实现中华民族伟大复兴的中国梦还要克服很多困难，不顺心、不如意在所难免。人，要以建设性的姿态去生活、去工作，要有去改变、去改革的激情和热情。不抱怨、不牢骚，是一种生活态度，更是一种文化精神，看似简单却很有讲究。我们要有勇气去改变能改变的事情，也要有韧性去适应暂时不能改变的事情，并有智慧地区分两者的不同。小到个人和单位，大到社会和国家，都需要这种精神，也匮缺这种智慧。

【案例分析】

在教师队伍中出现这样的问题也不是偶然的，它有各方面的原因，比如，很多教师把自己个人生活中遇到的不满、受到的挫折变相的发泄在课堂上，没有理智地处理好生活和工作的关系，没有察觉到他们在课堂上的这种不恰当的行为会产生的不良影响。随着我国经济和社会的发展，改革开放步入深水区，正如国家主席习近平接受俄罗斯电视台专访时的一段表述："中国改革经过这么多年，已进入深水区，可以说容易的、皆大欢喜的已经完成了，好吃的肉都吃掉了，剩下的都是难啃的硬骨头。"如今中国社会客观上出现了很多客观上的不如意，比如贪污腐败、贫富差距大、生态环境污染等各种问题，很多教师不能够理性地看待我国社会出现的这些问题，片面化的把这些问题搬到课堂上，肆意曲解放大。还有一个重要的原因就是部分老师对西方社会的价值观的渗透没有抵制力，片面肤浅地接受西方的价值鼓吹，见风就是雨，拿表面化的西方世界和我国社会相比，得出我们国家的种种不如意，于是把这种现象搬到课堂上大肆曲解鼓吹，等等，这些原因都导致了案例所揭示的问题。

面对这些问题，如此类的教师需要进行深刻的反思。国家培养了我们，我们生于祖国长于祖国，我们所拥有的一切都来源于我们的国家，祖国是我们的母亲，俗话说"子不嫌母丑"。教师的职业道德反映到教师于国家的关系上就要求教师要忠于祖国,从内心深处热爱祖国,热爱祖国的大好河山、灿烂文化、民族精神,热爱人民。我们应该深刻的反省自身,明白作为教师我们在课堂上"骂中国坏话、骂社会"会产生多么恶劣而深远的影响,这已经不是为国育才,这是为"国家树敌、为社会树敌"的行为。为此,作为教师一定要有理性护国的精神,保持理智,用辩证的眼光看问题,全面的、发展的看待我们国家发展出现的各种问题,看待我们社会出现的各种现象。我们都是中国人,我们都是属于这个国家的一分子,这个无可逃避,我们要做的不是对我们的国家指手画脚、品头论足,而应该为国家的发展出谋划策,为解决国家和社会出现的各种问题贡献一分力量。梁启超先生说过:"社会坏,我们切不要随其流而扬其波,哺其糟而啜其醨。不然,则社会愈弄愈坏,坏至于极,是不堪设想的。至少我有一分力量,要加以一分的纠正。至于机会之来不来,是不可说的。但是,无论有没有机会,而我们改善社会的决心的责任,是绝对不能放松的。"这并不是说我们的社会有多么坏,而是强调我们每一个人对这个国家都有一份责任。为此每一位教师都应该做到在课堂上给学生传输正确的国家观,绝不抹黑祖国、谩骂祖国,应当正确看待国家的历史,正确看待国家的各种缺陷,正确看待国家发展中面临的各种问题。

案例二

母亲和老师

前日,一条题为"一张图片让所有老师都心疼了"的图文消息刷爆了朋友圈。图片中的情形是这样的,一名小女孩站在教室门口,双眼露出怯怯的神情,小手抠着门框。教室内,身着校服的学生正在上课。照片下面有这样一段文字:

看到这张图片了吗,原来坐在凳子上的女孩,看到巡查的老师,突然从凳子上站起来,一双水汪汪的眼中透出害怕,自以为犯了很大的错误,一副不知所措的可怜模样。

当时,巡查教师并不知情,以为是谁家孩子在走廊内玩耍,就发在该校微信群内,寻找孩子的父母。后来了解到,孩子一直发烧,上午打完针烧也没退。而下午,妈妈要上三节课。生病的孩子缠着妈妈,非要在一起。上课了，孩子的妈妈就给她在教室外放了一张凳子。

门外是自己的孩子，屋里是别人家的孩子。这样的教师妈妈有很多，在孩子们的世界里，早上七点醒来，妈妈已经离开家门，晚上9点半睡觉，妈妈还没有回来。中午，孩子在幼儿园或者小学的午托班里，从早到晚，一天几乎见不到妈妈，她们的时间都去哪儿了？全部给了学生。她们的青春去哪了？全部给了学生。孩子、父母、学生，谁是她们的亲人？教师妈妈是谁的亲妈妈？

当日，媒体记者辗转找到照片中提及的商丘市第一高级中学和照片中的杨崇利老师。据杨崇利老师介绍，她今年34岁，是商丘市第一高级中学高二年级的生物老师，照片中是她女儿，今年6岁。网传的那个事发生在上周二，她女儿发高烧，陪她打完针后，女儿哭闹不止，非要她陪伴。下午还有三节课要上，家中又无人照看孩子，她只得将女儿带到学校。"我给她找了个凳子，让她坐在门外等我，坚持一下，我下班就带她回家。课间10分钟休息时，我会趁机哄哄她，让她喝点水。"杨崇利说。

杨崇利带着3个班的生物课，每周大约有24节课要上。当时正在专心授课的她，完全不知道外面发生的一切，更不知道此事被传到了网上。后来，同事在朋友圈转发这个照片，她就让同事删除，一是看到照片中的女儿心里非常难过，二是学校曾说过不让带孩子上课，担心被学校知道。"我是个妈妈，不能扔下生病的孩子不管，我又是老师，也不能耽误学生。我丈夫看到照片后，当晚就哭了。"杨崇利说。

拍照片的高一老师曹海珍称，当天他看到杨崇利的女儿在教室外坐着，独自一人看着上课的妈妈，顿觉心酸。孩子在生病时特别脆弱，需要妈妈的陪伴，可是身为教师的妈妈却没法陪着她。"这样的事情很多，几乎所有老师都面临这样的选择，只能舍小家为大家。"

"很多老师都很敬业，为了不耽误学生，又能照顾孩子，只能这样做，这也是普遍存在的现象，没想到能引起这么多网友的关注。"商丘市第一高级中学政教处主任胡海林看到此图后，写了段文字发到自己QQ空间，之后被网友传到了网上。

同在一间办公室的吴伟对杨崇利老师带孩子到校表示理解："杨老师是一个对工作比较负责的人，她性格直爽，热心肠，平时她爱人工作也忙。"

那么，这样对孩子来说是否安全？

"孩子很懂事，已经修炼成了一种自我保护能力，不往外跑，也不进教室。"杨崇利说。

"不止杨老师，在商丘市一高，学校的年轻教师，特别是担任班主任的年轻老师更加辛苦——早晨6点多到校，孩子还没醒，晚上回家快10点了，孩子已经睡着，有时几天见不到孩子是常事。"吴伟说。

商丘市一高党委委员、高二年级主任杨殿勇对此事感触颇深。他说，每个一线教师的背后，都有默默做出牺牲的家人。

高二（30）班学生杨亚丽称，其实杨老师可以请假的，但她没有。杨老师不仅教得好，而且对他们很负责。

"是啊，老师的女儿还那么小，我们在上课，她就在门外面坐着，也不打扰她妈妈，很乖的。"高二（30）班学生孙婷婷说。

记者了解到，杨崇利是一位非常优秀的高中老师，她多次被商丘市基础教育教学研究室、商丘市生物学会评为"优秀辅导教师"，曾获得"河南省创新优质课二等奖"荣誉。

"杨崇利这样的教师，是我们学校全体教师的缩影。"针对此事，5月12日晚，商丘市一高校长陈云昌说，爱自己的孩子是本能，爱别人的孩子是智慧和教师神圣身份的体现。杨崇利老师表现出了其本能的一面和她智慧神圣的另一面，体现出了老师对学生无私的爱，商丘市一高能有这样一支优秀教师团队，他感到骄傲和自豪。

（资料来源：http://mt.sohu.com/20160515/n449601232.shtml. 2016-06-21. 有改动）

【案例分析】

这位高中女教师女儿重感冒高烧，由于在学校还有课程需要上，家中无人照看女儿且女儿不肯离开妈妈，这位老师把孩子带到了学校，让孩子安静地坐在教室门口，她安安心心地完成教学。有关案例中的情节，很多人提出了不同的问题，比如"老师带孩子来上课合情合理吗？符合学校规章吗？带孩子来学校对孩子安全吗？"等一些问题，对于这些问题这里不做考虑，这里要讨论的是案例中这位女教师透露出来的忠于学校、忠于职业的一面，以及学校对教师的宽容和理解的一面。

首先，教师服从学校的教学安排。每个人在社会上都具有多重身份，教师既是老师也是父母。面对女儿感冒发烧无人照看的局面，这位老师没有埋怨，也没有故意请假，打乱教学安排，她只是采用折中的方式，使得既能够高质量地完成教学任务，又能尽可能的照顾孩子。舍小家为大家、为学校是这位教师的态度。案例中还有一个细节值得我们注意，当有人提到孩子带到学校安不安全，会不会扰乱教学秩序，得到的答案是"孩子很懂事，已经修炼成了一种自我保护能力，不往外跑，也不进教室"。这也表现出这位教师肯定经常教育孩子来到学校应该遵守规则，不能随处乱跑，不能随意进教室喧哗扰乱教学秩序。以上这些细微之处都表现了这位教师遵守学校制度和管理，努力完成岗位职责、尽职尽力，妥善处理矛盾，集体为先的品质。这种精神是值得我们学习和借鉴的。

其次，学校要宽容、善待教师。学校曾经规定过教师一般不能够带孩子来学校上课，但是鉴于这位女教师的特殊情况，学校给予宽容并表示"不会惩罚她，我们为她感到骄傲"。案例中的杨老师是一位优秀的教师，多次被评为优秀教师，她尽心尽责，为人也热情、直爽，虽然她违反了学校的规定，但是学校能够善待教师，宽容她的难处，也是值得肯定的。

第六章

师生关系职业之道：育人

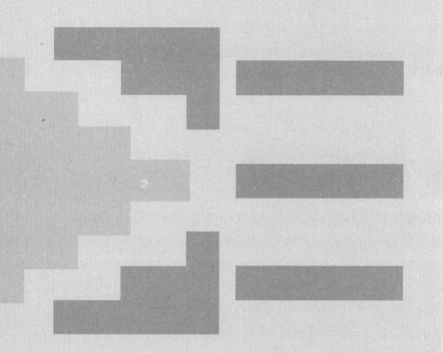

第一节　师生关系的本质

受传统观念影响，我们很容易将师生关系定位为"教与受"的关系。进入 21 世纪以来，我们正走在一个以"感受和体验"为潮流的新时代，而教育的发展也必然会烙上鲜明的时代印记。建立在平等、民主基础上的新型师生关系正被时代所接纳和践行，传统的"教与受"的师生关系因为过于强调教师的主体地位，学生的主观能动性得不到充分的发挥，甚至是被无情地抑制，显然传统的"教与受"的关系不利于和谐师生关系的构建。

透过时代发展潮流、新型师生关系等种种现象，我们不难发现：师生关系的本质就是人与人之间的关系。基于对师生关系本质的科学认识，我们也就自然而然地明白教育一定要遵从科学规律，尤其是学生学习成长的规律。

一、文化传播关系

教育具有时代的鲜明特征，也会凸显地域的独特性。作为中国人，面对时下世界全面开放的新格局，我们在吸收世界文化大花园丰硕文化成果的同时，定然不能忘记夯实优秀中华文化的根基。而教育，是解决文化传播的重要途径。通过教育行为的实施和深入，一切人类文明的成果将可以得到传承弘扬，甚至是创新发展。

二、教育关系

师生关系的本质是人与人之间的关系。而人与人之间关系和谐的重要基石就是平等。谈"教育关系"，作为教师要敢于放下所谓的"师道尊严"，要意识到学生作为一个生命的独立个体，他（她）同老师一样需要得到充分的尊重和平等的对待。"我是老师，你是学生，所以学生就必须听老师的。"这样的教育观念是有问题的，甚至这样的逻辑就是"强盗逻辑"，这样的行为就是"霸权主义"。以教师角色身份的势差来让学生"屈服"的，其实也是口服心不服的。教育讲究"亲其师信其道"，为师者理应有"传道、授业、解惑"的知识魅力和人格魅力，努力做到学高为师、德高为范、言传身教。所谓"其身正，不令而行，其身不正，虽令不从"说明的就是这个道理。作为一线教师，受升学压力、量化考核、绩效评比等功利因素的影响，在教育上容易偏离正确方向，出现"只教不育或重教轻育"的行为。"教"侧重的是知识层面的传授，"育"侧重的是精神层面的滋养。教育的目的是培养身心健康、人格健全、具备良好社会适应能力的合格公民。教师如果对于教育关系的理解仅仅停留或侧重在"教"的层面，那么培养出来的"人才"肯定是不合格的，要么是没知识、没文化，要么是有知识、没文化。所以，教师要站在育人的高度来实施教育行为，这样才能够为社会培养出"大写的人"。

三、爱护关系

何为爱护？简单说就是关爱和保护，就是教师要关爱和保护学生身心灵的健康发展。教师对学生的关爱主要体现在精神层面对学生的正确引领，教师要深入学生的内心世界，培育学生健全的人格以及树立正确的人生观、价值观、世界观。

教师对学生的保护首先体现在身体层面对学生安全问题的高度重视，教师要走进学生的群体，带领学生参加体育运动、强壮体魄、掌握安全自救知识，等等。

现实教育活动中师生"爱护关系"得不到有效落实的主要原因有：国家政策导向模糊；学校过于注重升学率；教师教学任务重、压力大；部分家长功利色彩浓厚；大部分学生自我保护及权利意识淡薄；等等。

那么一线教师如何有效落实"爱护关系"呢？首先教师要牢记教书育人的神圣使命；其次培养学习意识并坚持不断学习，打开格局，切实提升自身综合素质；最后在实施教育行为中反复实践，修正并优化师生之间的爱护关系。

师生之间的"爱护关系"是构建和谐师生关系的重要因素，教师关爱学生，是一种爱与教育智慧的表达和流露，这种关爱学生是可以感知的。所以，关爱的原则就是只有爱才能唤醒爱，只有爱才能交换爱。爱护关系呼唤教师高品质爱与智慧的付出。

所有的关系都是相互的，师生关系亦然。即学生敬重老师，老师爱护学生。

中华民族素有尊师重教的优良传统和美德。师生关系的职业之道是交互的，它充分体现了教学相长的内涵。其意义如下：一是教师在付出爱护、努力培育的同时可以获得学生的敬重，这种对职业行为的肯定可以充分调动教师的积极性，使得教师在职业的奋斗上有更多的建树。二是学生在收获知识与美德的同时可以充分感受到教师的知识魅力与人格魅力，从而激发内在学习的动力，充分发挥自身的主观能动性，在学业与美德上有更大的进步。

第二节　教师关爱学生

真正的教育应该是一种充盈爱与智慧的教育。教师对于学生的关爱既是职业的使命，也是自身道德升华的需求。没有爱的教育是苍白无力的，更谈不上达成教育的终极目标，因此，作为一线教师我们有必要重新定位和审视关爱学生的品质。

一、师生情谊

何为师生情谊？师生情谊就是师生之间建立的一种稳定的相互理解、支持、帮助的关系。

（一）师生情谊淡漠的原因

当下有极个别的教师对学生薄情寡义，而个别学生对教师也是无情无义。师生情谊无从谈起，出现这种现象的归因有以下几个方面：

1. 社会不良氛围的影响

例如，网络上一些丑化教师形象的新闻时有发生，报道新闻是无可厚非的，问题出在事件报道的扩大化、严重化，甚至是以个案代替普遍性。如"小学校长开房事件"曾闹得沸沸扬扬，甚至导致好些家长都戴着有色眼镜看待小学校长。因为一个偶然的个案，全中国的小学校长躺着"中枪"。类似这样的事件在不断消耗教师团队教育的正能量。

2. 学校升学压力

时下升学质量仍是衡量一所学校办学质量的重要指标，涉及学校的知名度和美誉度，关系到学校的生存和发展。面对激烈的校际竞争，学校向老师施压，老师将压力转嫁到学生身上，由此导致师生关系日趋紧张，不利于师生之间建立良好的情谊。

3. 教师职业倦怠

教师职业倦怠是影响师生情谊的重要原因，职业的保鲜是从教者不可回避的重要课题。随着从教时间的推移，如果教师无法持续获取来自一线的成功感，那么从教的激情会逐渐减弱，进而影响师生关系及教育质量。

4. 学生厌学

"考考考老师的法宝，分分分孩子的命根"，学业压力是一切学生问题的根源。学校、教师、家长等诸多方面的压力都会不自觉地转嫁到孩子身上，繁重的课业、巨大的压力等是当下大部分学生的真实写照。那么学生会将这种压力归因于学校和老师，自然对学校和老师也就没有什么好印象，而师生关系一紧张，师生情谊必然受影响。

（二）构建师生情谊的意义

无论是从学生健康成长的角度出发，还是提升学校教育教学质量的需要，培育良好的师生情谊意义重大。良好的师生情谊是构建和谐校园的需要；良好的师生情谊是学校发展的软实力；良好的师生情谊有利于增进师生互谅互信，是构建和谐师生关系的润滑剂；良好的师生情谊有利于教师的发展；良好的师生关系有利于学生身心灵健康成长。

（三）如何加深师生情谊

一线教育迫切需要培育良好的师生情谊。具体该怎么做呢？一是学校要坚持正确的教育方向，努力摆脱功利因素的影响，着力营造教师乐教、学生乐学的良好氛围；二是教师要进一步增强责任意识和使命感，教与育并重，让教育走进学生的心灵世界；三是学生要努力学习科学文化知识和涵养道德，进一步加强感恩教师、尊师重教等内容的学习和内化。

二、平等对待学生

人生而平等，集中体现在人格和法律上。何为平等？所谓平等就是人和人之间的一种关系、人对人的一种态度，它是人类的终极理想之一，具体指人们在经济、政治、文化等方面处于同等的地位，享有相同的权利。

（一）学生遭遇不平等对待的原因

众所周知，我们的学生学习能力和水平是参差不齐的，他们的出身、家庭背景等也是迥异的。如果教师因此而戴上有色眼镜来看待学生，必然会造成学生人格缺陷，甚至受教育权的落实得不到有效保障等等。导致这种现象的原因主要有三个方面：

第一，传统世俗力量的干扰。在学校里，个别学生因为家庭背景等方面的原因，他们享有丰富的人脉资源，因此可能会占有比较优势的教育资源。客观上也就造成了侵占其他没有家庭背景学生的部分教育资源，从而导致教育不公现象的发生。

第二，教师自身的功利心重。在学校里，对于教师的教学质量绩效评定有一套相对比较完整的评价体系，绝大部分是与其工资及奖金挂钩的。在教育的过程中教师可能会自觉不自觉对学习成绩优秀的学生有所侧重，也可能对个别有家庭背景的学生特别关注，等等。

第三，学生的自我保护及维权意识淡薄。由于师生之间客观存在的势差，学生遭受不公平待遇之后往往是不了了之，缺乏积极的自我保护和维权意识。反思现行的个别教育，是不是就是培养所谓"听话学生"的教育，学生是按照别人设计好的模式去学习，而不是遵从自己内在的需求。长此以往，习惯成自然，学生就容易失去自我，这也是学生缺乏上述意识的重要原因之一。

（二）教师如何平等对待学生

1. 依法执教是底线

任何教育教学行为都要在道德和法律允许的范围内。我们的教育行为不应该因为学生的背景身份或学业成绩而有所不同。

近年来在互联网上发动的关于最受欢迎教师品质的调查中，"公正平等"毫无悬念排在第一位。教师首先是一个人，他（她）不可能不食人间烟火，但基于教育的制度和良知，一个教师如果要走得远，就应该公正平等地对待每一个学生。公益性是教育的显著特征，尤其凸显在九年义务教育之中。教育一旦沾染世俗功利，教育的质量就会大打折扣。

2. 尊重学生人格

在实施教育的过程中，要注意尊重学生的人格尊严，尤其是批评教育的时候。倚仗所谓"师道尊严"而凌驾于学生人格之上的教育是一种野蛮教育。我们要把学生当作一个完整的人来教育并且要心存期待，用发展的眼光看待学生。

三、尊重学生

何为尊重？中国幸福学认为，人的本性是不满足。不满足就是指人们都希望"我"或者"我们"的事物比别人的好。尊重就是照顾他人的体面，不伤及或不严重伤及他人的不满足本性的行为。

（一）教师尊重学生的原因

（1）从需求角度出发，人都是需要被尊重的，学生也不例外。马斯洛理论把需求分成生理需求、安全需求、社交需求、尊重需求和自我实现需求五类，依次由较低层次到较高层次。其中尊重需求排名在较高的层级仅次于自我实现需求。学生被尊重，内心的需求便可以得到满足，自身的价值感也能得以体现，那么学生的学习主观能动性也就得以发挥。

（2）从人权角度出发，尊重学生是尊重人权的具体表现。人生而平等，不论宗族、肤色、性别、背景等，都有获得被人尊重的权利。

（3）从职业角度出发，尊重学生是教师职业要求的重要内容。教师的主要任务就是教书育人，而教育是传承文明的有效途径。在教育的过程中，依照职业的道德要求，尊重每一个学生是每一位老师必须做到的，因为尊重本身就是学生需要培育的一种"优秀心理品质"，也是教师施教的重要内容。

（4）从道德角度出发，尊重学生是教师道德素养自我提升的需求。一位有德性的人必然是一位懂得如何尊重他人的人。在教师道德修养的课程内，尊重是一个重要的课题。教师在传授知识并教给学生做人道理的同时获取了学生的尊重，教师内在的自我价值感得以满足，为了进一步体现并提升自身价值感，教师需要将尊重的能量再传递给学生，让尊重的力量得以良性的循环。同时这个过程也是教师自我道德觉知和升华的过程。

（5）从法律角度出发，尊重学生是法律的具体要求。1994年颁布的教师法第八条第四款规定，教师要履行"关心、爱护全体学生，尊重学生人格，促进学生在品德、智力、体质等方面全面发展"的义务。

（二）教师如何尊重学生

在学校教育生活中，教师尊重学生具有重要意义，具体要做到以下三点：

第一，教师要尊重学生人格。在实施教育行为的过程中，师生之间存在文化背景、年龄、阅历、知识储备、知识结构等诸多方面的差异，但教师要意识到师生之间在人格层面是平等的。那么师者就要放下所谓的"师道尊严"，尊重学生的人格并与学生开展平等的对话。

第二，教师要尊重学生情感。学生的情感往往丰富强烈而又不稳定，甚至某些情感的表达容易失当，而不可否认的是学生表达情感的真实性。基于这一点，教师要充分尊重学生的情感表达，停止所谓"智者"的批判，把情感体验的权利和机会还给学生，让学生在体验中不断成熟成长。

第三，教师要尊重学生观点。观点的对与错是相对的，唯有真理才是永恒，"虽然我不同意你的观点，但我誓死捍卫你说话的权利。"其实尊重学生的观点更重要的是对学生表达权利的尊重，即使观点是不全面甚至是错误的。教师要欣赏、鼓励学生大胆表达与探索，教育的灵性与创造性才能得以充分的彰显。

四、宽容学生

《现代汉语词典》对于宽容的定义是：宽大有气量，不计较或不追究。宽容是中华民族的传统美德，是作为一个"大写的人"不可或缺的优秀心理品质。心有他人天地宽，教师对于学生的教育亦是如此。

（一）教师宽容学生的原因

宽容是中华民族的传统美德，继承和弘扬这种美德是我们义不容辞的责任与义务。宽容是美德，宽容也是境界。中华民族关于传统美德的故事数不胜数，如六尺巷的故事。内容如下：清朝时期，宰相张廷玉与一位姓叶的侍郎都是安徽桐城人。两家毗邻而居，都要起房造屋，为争地皮发生了争执。张老夫人便修书北京，要张宰相出面干预。这位宰相到底见识不凡，看罢来信，立即作诗劝导老夫人："千里家书只为墙，再让三尺又何妨？万里长城今犹在，不见当年秦始皇。"张母见书明理，立即把墙主动退后三尺。叶家见此情景，深感惭愧，也马上把墙让后三尺。这样，张叶两家的院墙之间，就形成了六尺宽的巷道，成了有名的"六尺巷"。张廷玉失去的是祖传的几分宅基地，换来的却是邻里的和睦及流芳百世的美名。作为教师，浸染着这些优秀的传统文化，我们有责任、有义务担当起传播和弘扬的责任。尤其是将宽容这样的优秀文化积淀教育给我们的学生。

人非圣贤孰能无过，每一个人都有可能犯错误。《论语·子张第十九》有"君子之过也，如日月之食焉，过也，人皆见；更也，人皆仰之。"意思是：君子（因为平时行事光明磊落）他们的过失就像是日食、月食一样，人们一样能看到。他们改正了自己的过失后，人们还是会像仰望日月一样敬仰他们。例如，孔子的"万般皆下品唯有读书高"有看不起从事体力劳动者的嫌疑，但这并不妨碍他成为万代敬仰的圣人。如此看来，圣贤也会犯错误，更何况是普罗大众。学生"学"字开头，犯错更是在所难免，更需教师以宽容的心态、发展的眼光来看待他们。

宽容是一个人走向成功不可或缺的优秀品质。哲学家康德说："生气，是拿别人的错误惩罚自己。"著名的人际关系学大师戴尔·卡内基不主张以牙还牙，他说："要真正憎恶别人的简单方法只有一个，即发挥对方的长处。"在中国的历史长河中，因宽容品质而走向成功的例子也有很多，例如东汉的刘秀大败王郎，攻入邯郸，检点前朝公文时，发现大量奉承王郎，侮骂刘秀甚至谋划诛杀刘秀的信件。可刘秀对此视而不见，不顾众臣反对，全部付之一炬。他不计前嫌，可化敌为友，壮大自己的力量，终成帝业。这把火烧毁了嫌隙，也铸炼坚固的事业之基。

宽容是构建良好人际关系的润滑剂，有利于构建和谐社会。三国时期的蜀国，在诸葛亮去世后任用蒋琬主持朝政。他的属下有个叫杨戏的，性格孤僻，讷于言语。蒋琬与他说话，他也是只应不答。有人看不惯，在蒋琬面前嘀咕说："杨戏这人对您如此怠慢，太不像话了！"蒋琬坦然一笑，说："人嘛，都有各自的脾气秉性。让杨戏当面说赞扬我的话，那可不是他的本性；让他当着众人的面说我的不是，他会觉得我下不来台。所以，他只好不作声了。其实，这正是他为人的可贵之处。"后来，有人赞蒋琬"宰相肚里能撑船"。蒋琬的宽容避免了矛盾，赢得了良好的人际关系环境。如果人与人之间相互尊重、理解和宽容，不断提升幸福生活的品质，那么和谐社会也就离我们不远了。

（二）教师宽容学生要注意的问题

1. 宽容是有原则的

宽容并不是是非不分、爱憎不明，宽容是有原则。宽容不是纵容、不是软弱，更不是妥协。在学习生活工作中，宽容是必须，但也是有限度的，对于一再地犯同样错误的所谓宽容就是纵容。真正的宽容不是软弱，而是人生难得的境界。一种需要操练、需要修行才能达到的境界。在自己的利益和别人的利益发生冲突的时候，宽容对方不是表示妥协，而是表示你胸襟的宽广。

2. 宽容要讲究策略

宽容并不是盲目的，而是讲究策略的。面对学生可能犯下错误，教师不要急于下结论，而是通过调查了解行为的完整过程，并仔细分析行为背后的真实动机。有策略的宽容就是批评学生的时候要掌握分寸，掌握在一定的度之内，如果仅仅是个人问题，批评的时候最好私底下进行，而且要对事不对人，多描述事情和表达感受，少下结论。

3. 宽容要在道德和法律允许的范围内

宽容并不是盲目的，而是要讲究原则和策略，要在道德和法律允许的范围内。例如学生在中考或高考中作弊，对待这样的行为，教师要坚守考场的要求，及时制止、收集证据并如实上报。而对于学生的一些违法犯罪行为教师是不能包庇的，要积极配合有关部门的调查。

（三）教师如何宽容学生

教师如何做到宽容学生？学生犯错误时，坚持教育为主，原谅不计较。

在教育的过程中，如果学生违反纪律，教师要坚持"教育为主，惩罚为辅"的原则。如果教师只盯着学生的缺点，那么缺点就成为焦点，而学生其他的优点就都成了背景。《实验心理学：学习记忆和认知》杂志上的一篇研究报告介绍了这样一项实验：197名年龄介于18～35岁的学生被邀请观看篮球赛视频，并被要求计算运动员的传球次数。比赛进行到中途时，一位装扮成大猩猩的选手缓缓穿过赛场。令人惊讶的是，多达40%的受试者完全没有注意到大猩猩的存在，尽管他们能够准确地计算出传球次数。显然传球的次数成了受试者注意的焦点，其他的包括大猩猩在内都成了背景。所以，面对学生犯错，教师很容易就忽略了"大猩猩"的存在。而对于学生做了一些对不起自己的事情，只要不涉及原则性的问题都是可以原谅的，得理不饶人、斤斤计较，那仅仅只是情绪的宣泄，与为人师表的形象不符。

学生因错道歉的时候要接纳。当学生犯了错误，有悔改之心，真诚道歉的时候，教师要接纳学生的道歉，同时也要引导其他学生接纳。"知错能改善莫大焉"，给学生一个机会，就是给自己一个教育的机会，或许一个真诚的接纳可以改变学生将来的一生。而接纳的方式有许多种。一是谅解接纳式，例如学生早读偶尔迟到，教师微笑示意学生赶紧进教室。二是间隔接纳式，例如学生私底下摘了校园的木兰花，教师知道后并没有立即处理，而是隔了几天之后时机成熟才找学生谈话。三是合力接纳式，例如学生因为班级大扫除不小心摔坏了班级的风扇，学生非常自责，班主任、学生、家长都来安慰孩子。四是反差接纳式，例如课堂上学生大胆举手回答问题，挑战老师的观点，引起哄堂大笑，学生自己也挺不好意思的，这时老师不但没有批评学生，反而表扬他积极主动，敢于表达自己观点的精神。五是正确认识学生。正确认识学生就是要实事求是评价学生，既要看到学生的外在形象，也要了解到学生的内在素质；既要看到学生的缺点，也要看到学生的优点；同时要用发展的眼光来看待学生。

教师要用发展的眼光看待学生。在教育学生的过程中，教师要避免一叶障目、不见泰山的情况，要客观公正地对待每一个学生，尤其是不要轻易给学生下任何的结论。例如：你就是一个傻瓜，你这样的学习状态升上重点学校肯定是没有希望的，等等。教育过程尽量多描述事实、表达感受并提出期望。"士别三日，当刮目相看"，有个别的学生属于后知后觉型，他们今后的人生通过自己不断的努力同样可以取得不错的成就，所以教师要用发展的眼光来看待每一个学生。

五、严格要求与关爱并行

何谓严格要求？在教育过程中，严格要求就是指实施教育行为的主体为了达成教育的终极目标在道德法律允许的范围内对学习者言行实施的较高规范的引领。在实施教育的过程中，高期待、严要求是一种思维惯性，这种思维惯性与教育关爱艺术密不可分。

（一）教师严格要求学生的原因

为什么要严格要求学生？无规矩不成方圆。虽然教育讲究"宽严有度"，但"严师出高徒"在教育领域仍颇具市场。具体成因有以下几点。

1. 达成教育终极目标的客观需求

教育要培养适应社会发展优质的人才，这是一个周期性比较长的过程，而且是要求严格的过程。1993年12月18日钱学森在给查有梁的信中写道："我想21世纪的中国18岁硕士应是全才；但又是专才，全与专辩证统一：即全可变专，改一专业只要大约一个月的锻炼就成了，甚至一个星期的改业学习就成了……这能行吗？能！用电子计算机和信息网络！人的智慧不只来源于人脑，还有计算机和信息网络，是人机结合的智慧！"未来21世纪的人才必将是与网络、智能密不可分的，这将对人才的培育提出更高规格的严要求，尤其是其创新能力的培养。

2. 师者的教育情怀使然

作为教师，最高兴的莫过于"得天下之英才而教之"。我们传统文化的土壤里有"严师出高徒"的教育养份，所谓严师出高徒强调的是教师自身的智力、功底、修养、水平、品德等方面总和在教育教学中的具体实践，教师的内功与学生学习活动相结合，外化为学生进步、超群卓绝，造就一大批出类拔萃的学生。教师对于学生的严格要求是教育情怀的一种自然流露。例如：曾经担任过中国女排的教练陈忠和，他对女排姑娘们要求非常严格，在这种训练之下，女排队员们士气高昂，接连取得佳绩。

3. 家长的强烈要求

随着社会的不断进步，家长对于教育的关注与日俱增，尤其是关注自己孩子的健康成长成才。"望子成龙，望女成凤"是每个家长的美好愿望，基于这些"高期待"的愿望，父母容易对孩子产生"严要求"，具体体现在家庭生活、学校学习等诸多方面的"严要求"。一线教师经常会接到来自家长的电话，主要的内容就是咨询孩子在校的学习生活状况，并且都会反复叮嘱加强对孩子的教育和监管。

4. 学生自我发展的需要

学生的成长才是内外因共同作用的结果，这其中既有自身努力的成果，也有老师家长等对自己成长的严格教育、要求以及指引。外力严要求的规范，有利于学生积极的自我觉察、自我反思，通过与自己积极的对话实现自我的成长。因此，"严要求"是学生自我发展的迫切需要。

（二）教师如何严格要求学生

1. 把握好"严"的方向

教育的方向问题是一个根本问题，方向对了，事半功倍；方向偏了，事倍功半；方向反了，适得其反。正确的方向就是有利于学生身心灵健康成长的方向，能够让孩子成为自己所期待样子的方向。现实中，个别的教师仅仅停留在"分数"二字上，可谓一叶障目、不见泰山，出现了过于重视分数的唯分数主义，甚至置学生的身心健康不顾。如果我们仔细了解一下孩子在校的作息时间，尤其是中学阶段，绝大部分的家长都会惊讶。《劳动法》第三十六条规定："国家实行劳动者每日工作时间不超过 8 小时、平均每周工作时间不超过 44 小时的工时制度。"而我们有个别学校，孩子每天的学习时间超过 10 个小时，部分高三的学生甚至没有周末，一个月只有 1 天的休息时间，这是怎样的学习强度？这很明显违背了学生学习的客观规律，违背了劳逸结合的法则，违背了上级教育部门的相关规定，这与教育的方向是背道而驰的。所以，教师要把握好严的方向就要做到既要立足分数，又要高于分数，不唯分数主义，高度关注学生学习成长的当下状态，尤其是身、心、灵三个层面的内容。

2. 严而有度

儒家的"中庸思想"对我国的教育等领域影响深远，它不仅影响着人们的价值观念、生活方式，甚至影响到国家发展道路的选择等。"严而有度，过犹不及"，教师如何把握"严"的尺度呢？恰到好处、不偏不倚的"中庸思想"再适合不过了。不可否认，学校教师的教育不可能解决孩子成长的所有问题，所以极个别学生出现"教而无果"也是一种正常现象。当这种现象出现的时候，教师不能一味在"严格"上下功夫，甚至变本加厉。孩子的教育是家庭、学校、社会等合力的结果。如果教师不能把握严的度，那么学生可能会因为老师不断的施压而崩溃或者是激烈的反抗，而这个时候产生师生矛盾或冲突往往是得不偿失的。

3. 严而有法

教师对于学生的严格要求是要有章法的。其章法就是既要教又要育，既要管又要理。也就是说，教师在传授知识的时候，也要教会学生做人的道理；教师在严格按照制度管教学生的时候，也要注意学生心理层面的疏导。教育并重有利于师生之间建立良好的情感链接，管理并重有利于教师的教育让学生心服口服。教师的严格要求一定不是简单粗暴的语言威胁或行为暴力。当教师"说教"尝试无效的时候，不妨果断采取"行为引导"，教师就是学生的榜样，教师的言传身教对于学生的成长具有重大的示范作用。

4. 严中有爱

教育过程中对于学生"严"，不是为了严而严。严格要求当中必不可少的就是教师对学生成长的期盼与关爱。个别教师的口头禅"为了你好"其实是教师"为了自己好"，教师应该尽量少说类似的话。学生是一个独立的个体，他（她）不隶属于任何人，他（她）有权利选择自己的成长道路，他（她）也有能力承担自己选择的责任。教师对学生的"严格"教育是否有爱？这不是教师说了算，而应该是学生的感受和体验说了算。教师是否真心爱学生，学生是可以感受到的。严中有爱是教育的一种高智慧。

《三字经》里有"教不严，师之惰"的说法。教师对于学生的严格要求是教育的客观要求，"严"的目的是为了学生更好地成长，所以严的本质与教师对学生的尊重、平等对待、宽容等是不相违背的，实际上它们是有机统一的，都是达成教育目标不可或缺的重要元素。

第三节 教师培养学生

教育的目的是让学生遇见更好的自己。学生的健康成长、成才离不开教师正确的教育和培养。

一、确立全面发展目标

人无完人，但可尽力完善，作为教师要着眼推动学生全面发展，内容为德、智、体、美、劳、礼、雅等。进入21世纪以来，我们迎来信息化、智能化的新时代。新时代的发展需要新型的人才，需要德智体美劳等全面发展的人才。现在关于"专才"和"全才"的辩论已经很少听到。有德性的一技之长很重要，而两技、三技等就显得更加重要了。社会的竞争其实就是一个优胜劣汰的过程，人一旦步入社会就进入这样的过程。换句话说，你掌握的知识技能越多，关键的时刻你的生存和发展的机会就越大，成功的概率也高。所以，面对学生的培养，教师应该持有大格局，以开放的心态来培养一个拥有"中国灵魂，世界眼光"全面发展的现代公民。

二、知识教育与道德教育结合

在我们的教育事业中，知识教育与道德教育不应该是两张皮。德性教育是教育发展厚度、广度的重要根基。《易经》中说道："天行健，君子以自强不息，地势坤，君子以厚德载物。"后半句的意思是君子的德性涵养要像大地一样承载万物。社会上也流传着这样的说法："有才有德是正品，有才无德是次品，无才无德是废品。"道德教育的重要性不言而喻，教师不能是教而不育的纯粹的"教书匠"，因为有德性的知识才是有力量的，才能真正造福社会。道德传承是师者育人的神圣使命。由此可见，没有了德性的发展可能性是受限制的发展，那么教师教育的过程中事功与修德要紧密结合，传播做事的知识与培养做人的品德也要紧密结合。

三、坚持真理

何谓真理？真理就是人们对于客观事物及其规律的正确反映。社会上人与人之间的势差是普遍存在的，造成势差的原因可能是身份地位金钱背景等等。而势差是干扰坚持真理的一个重要因素。

学习是一个求知探寻真理的过程，其过程也容易受一些世俗功利化因素的影响，导致容易出现偏离真理违背规律的现象。这时老师就要敢于拨乱反正，引导学生的学习回归正轨。当然，有时候坚持真理是需要付出代价的，甚至是生命的代价。例如，布鲁诺因为坚持"日心说"的真理而被烧死在罗马鲜花广场。尽管如此，人类探寻真理的脚步从未停歇。教育是文明传承的重要载体，而培养学生其实也就是培养文明传承的力量，其中最重要的就是对真理的坚持力。

四、探索学生身心成长规律

教师要培养学生就要了解并遵循学生身心成长规律，然后努力走进学生的心灵世界并达成教育的目的。学生"学"字开头，他（她）必然会有许多暂时不懂，甚至容易犯下这样或那样的错误。深谙教育规律的我们要允许学生犯错、试错甚至是经历反复的过程，用一颗宽容的心、全面客观的态度，以及发展的眼光来看待学生。同时，我们要认识到学生在不同的求学阶段呈现出来的成长韵律和节拍是不同的，尤其是对于八年级学生青春期韵律与节拍的掌握。青春期往往是学生问题的集中爆发期，作为教师我们就要有相应的心理预期并提前做好干预的准备，将学生青春期可能出现的问题尽可能解决在萌芽状态之中。"没有远虑，必有近忧"教育亦是如此。尊重规律、按规律办事是一个成功教育者的不二法门。

五、有效教学

当下教学质量是衡量教师业绩的最重要指标。尽管如此，依然有一小部分的教师付出了大量的时间、精力、情感等，而教学效果依然不明显，有效教育必须包含以下几个要素：

（一）教师精准表达

绝大部分教师不缺乏"说"的功力，但至于是否说的"精准"那就是另外一回事情了。"明明我已经说得很清楚了，可学生怎么还不会呢？"有的教师抱怨。其实"我说得清楚"与"学生的会"是两个概念，它们之间不是画等号的关系。这里的"说得很清楚了"有可能是自己的认为而不是客观的事实，即便是事实，学生也不一定能听明白。而不可否认的是"教师说清楚"是学生"会"的重要前提。

（二）教育方式科学有效

"教学有法，教无定法"。凡有利于达成教育目标的教育方式都是科学的教育方式。教师对于教学方式的采用要注意两个问题：其一是因地制宜，简单地说就是教师能够充分利用当下的教育资源而采用一定的教学方式；其二是因生施教，采用学生乐于接受的教育方式。

（三）教育渠道畅通有效

我们已经渐渐步入大数据时代，时下碎片式的学习模式掀起了教育界的小旋风。翻转课堂、微课等新的名词进入了我们的视野。相比之下，原生态的课堂就稍显逊色。因此，教师对于网络学习渠道的充分开发和运用是当务之急，是教育适应新时代发展的客观需求。

（四）学生准确接收信息并落实到实践中去

教师教明白了还需让学生学明白。不管是知识还是品德，只有学生内化并落实到实际行动中去，这个具体的教育任务才算有效完成。教学的过程不仅仅是知识的探究、学习及吸收的过程，更是知识的运用及实践的过程。

总之，高效教学是多维度合力的结果，教师、学生、教育方式、教育渠道等是有效教学的重要维度。

第四节 学生尊重老师

一、勤奋学习

从个人角度出发，学生在校期间的主要任务是知识学习和道德涵养。

（一）学生勤奋学习的原因

从个人角度而言，勤奋学习是自我完善和发展的需要。当今时代，我们提倡终生学习。所谓的终生学习就是活到老学到老，学无止境。学生终有一天要走出校园走进社会去经风雨、见世面，那么勤奋学习就是学生的自我完善，以及为将来发展奠基的重要途径。从家庭角度而言，有利于推动家族事业的进一步发展。父母是孩子的第一任老师，家庭是孩子的第一所学校。学生勤奋学习，储备未来安身立命及发展的必要品质和知识，有利于传承家族的事业，甚至进一步做强做大。某些家族之所以"富不过三代"就是因为其子孙后代的不学习而导致了自我堕落、放纵、放弃等。

从社会角度来看，勤奋学习是安身立命，适应社会的竞争与挑战的需要。社会是一个优胜劣汰的大系统，充满机遇和挑战。学生勤奋学习涵养德性，学习知识就是为了适应将来步入社会的竞争。显然，一个德才兼备的人在社会激烈的竞争中往往具有更大的主动权和更多的机会。

从国家角度来看，勤奋学习有利于国家的繁荣富强。教育是国家发展的基础工程，教育被国家摆在了优先发展的战略地位。学生勤奋学习、立志成才有利于为国家输送更多德才兼备的优质人才，国家便可以化人口压力为人才优势，人口大国为人才强国，从而推动国家各项事业的蓬勃发展，实现中华民族的伟大复兴。

（二）如何勤奋学习

（1）树立远大理想。理想指向未来，对人有激励和驱动作用。作为一名合格的学生要志存高远，树立远大理想并脚踏实地、勤奋学习、努力奋斗。

（2）努力学习科学知识。学生要遵守学校的各项规章制度，保质保量完成老师布置的学习任务，刻苦学习、努力钻研、敢于质疑、勇于创新，为将来的发展奠定坚实的基础。

（3）培养自尊自信、自立自强的意志品质，涵养德性。学生在学习的过程中，也是其优秀品质形成的过程，一个人的优秀品质有利于激发学习的潜能，让学习变得更加高质量。同时，高质量的学习又有利于学生优秀品质的培育与发展。

总之，勤奋学习是学生这一角色的重要责任，而学生尊重老师的最好方式就是勤奋学习。

二、关爱老师身心健康

教育从某种程度上而言就是关于爱的事业。和谐的师生关系必然建立在师生互相关爱的基础上。有句话说："只有爱才能交换爱。"学生关爱老师的身心健康是一种爱的能量流动，是感恩的回报。

乌鸦懂反哺，羊有跪乳之恩，知恩图报历来是道德教育的一个重要课题。当下的教育压力与日俱增，尤其是大部分学校过分强调分数和升学率。繁重的教学压力使教师的身心健康受到了前所未有的挑战，一部分教师正处于"亚健康状态"。从长远来看，教师"抱病上课"精神可嘉，但却是不值得提倡的。因此，作为学生要多一点关爱老师，在生活上给予老师温馨的提示以及精神层面的慰藉。

三、协助老师教学

教育的过程也是一个教学相长的过程。教育不是教师个人的独角戏，而应该是学生积极参与互动的交响乐团。"作为学生，他（她）的主要任务是知识学习和道德涵养"，而成为老师的得力助手，学生可以学习到更多的知识和德性的熏陶，尤其是教师"言传身教"的深刻影响。

学生应该如何协助老师的教学呢？一是课前准备的策动。根据学习的具体目标和任务，做好课前的预习和其他准备工作等。例如，班干部在老师上课之前提醒学生做好课前预习并记录好自己疑惑的问题等。二是课上教学的互动。在课堂上，学生要积极参与课堂的互动，可以是生生的互动，也可以是师生的互动。"三人行必有我师焉"，一堂互动充分的课堂可以生成许多教育的成果，甚至是创新。而充分的师生互动也有利于教学相长。三是课后沟通的主动。一节课并不能解决所有的问题，如果课程结束而对课程仍有困惑的，课后要主动找老师、同学进行沟通，直到弄懂为止。四是教学过程的灵动。教学过程包括课前准备的策动、课上教学的互动、课后沟通的主动三个环节。整个教学灵动与否就要看教学的这三个环节中学生的配合协助是否充分到位。

四、理解老师苦心

师者父母心。老师同父母一样期盼学生的健康成长，然而教师的某些教育教学行为有可能得不到学生的理解和认可。作为学生在正确对待老师的问题上，首先要意识到的一个重要问题是：老师首先是一个有血有肉的人，然后才是一个为人师表的教育者。老师既然是人，那么他就有犯错的可能，尤其是对学生高期待、严要求的时候。当老师犯错的时候，作为学生尽可能在私下找老师沟通，有效化解师生之间的误会或矛盾。面对师生之间可能出现的矛盾，学生要认识到"老师对学生的教育"其实就是一种高度责任心的表现，只是他的教育方式有可能出错罢了。

师生之间如果产生矛盾，可以通过以下三个步骤化解矛盾冲突。一是控制环境。一般情况下，如果条件允许可以将产生矛盾的任何一方带离矛盾现场，这样可以有效避免矛盾的进一步激化。二是调节情绪。产生矛盾的双方必然处于情绪状态中，要化解矛盾首先就要解决情绪的问题。调节情绪的具体方法有三大类：注意转移法、合理发泄法、理智控制法。三是理性沟通。当产生矛盾双方的情绪得以平复的时候，这时才是理性沟通的最好时机。在这一过程中还要学会心理换位，求大同存小异。

在教育的过程中，师生要同心，教学要相长，学生要理解老师的苦心，不能心存怨恨，要正确看待老师对于自己的严格要求甚至处罚，从内心接受这是一种"爱"的表达方式。

第五节 师生交往

一、身教重于言传

一般情况下，学生的学习90%以上是通过视觉和听觉来完成的，而且视觉占据了80%以上的绝对优势。这是身教重于言传的重要依据。"为师者，其身正，不令而行，其身不正，虽令不从。""说教"之所以苍白无力，是因为学生处于学习的被动地位。"身教"的优势在于学生能够通过自己主动的观察和思考，然后在教师的身上模仿甚至创新习得新知识和品质。

在教学实践中，流行着一句话"有什么样的老师就有什么样的学生"，尤其是班主任，教师内在素质表现出来的行为对学生产生潜移默化的影响。

穷则思变，变则通。当我们发现"说教"不奏效的时候，我们可以转变一下教育的方式，侧重在行为方面加强对学生的引领。

简而言之，教师要以身作则，加强自身修养，从而树立起学生学习的良好榜样。

二、维护教师的尊严

教师的尊严是神圣不可侵犯的，我们既不能自我践踏，也不允许他人亵渎。教师的尊严是其职业生涯发展厚度和广度的基石，是其职业生涯生命力彰显的重要元素。教师如果失去为师尊严，那么师将不师，从另一个侧面也宣告了教师职业生涯的结束。中国是一个充满人情味的社会，其中难免会夹杂些"世俗"。世俗和功利化对教育一线的老师是一种巨大的挑战，慎收"礼品"是维护教师尊严最好的告诫。

中国文化历来有"吃人家的嘴软，拿人家的手短"之说。接受来自学生家长功利性的礼品是教师对自身职业的一种自我践踏和极不尊重的行为。另外，当教师自身尊严遭受来自他人无情践踏的时候，我们要敢于站出来正名，必要的时候要运用法律的武器来维护自身的合法权益。

由此可见，维护教师的尊严具有重要的意义。一是尊师重教是中华民族的传统美德；二是维护教师的尊严有利于形成"尊师重教"的良好社会氛围，从而促进教师事业的发展；三是维护教师尊严是职业发展与教师自我成长的客观需求；四是维护教师的尊严有利于增强教师对于从事事业的归属感和荣誉感。

总之，教师尊严是教师从教安身立命的根基，不可自我践踏也不允许来自他人的侵犯。

三、谨慎处理两性关系

在道德和法律允许的范围内实施教育行为是一位合格教师的基本要求。依法从教是对于教师从教的底线要求。

现在网络传媒的速度很快，偶尔我们可以读到关于教师侵害异性学生的新闻。侵害异性学生是严重违背了师德要求的行为，甚至会造成违法犯罪行为。受传统文化影响，对于"两性"话题从来都是敏感且受万众瞩目的话题。教师一旦在师生"两性"关系上有失当行为，对于教师本人及其行业所造成的负面影响是巨大而沉重的。

在学校层面，在日常的教育教学管理中要加强对教师的师德教育和法制教育；在教师层面，要加强学习，切实增强自身的法律和道德意识，依法执教，以法律为准绳，以德施教，以德性为首。教师尽可能避免与异性学生独处，并高度关注对异性学生教育的时间、场合、方式、频率等。

思考与讨论

1. 师生关系的本质是什么？在教育实践，你是如何理解并落实

"教与育"、"管与理"的辩证关系？

2. 你认为作为教师应该如何关爱学生？在教育实践中，你感触最深的是哪一点？请简要阐述理由。

3. 你认为作为教师应该如何培养学生？在教育实践中，你感触最深的是哪一点？请简要阐述理由。

4. 在教育实践中，面对异性学生的教育，作为教师要注意哪些问题？结合自身的教育实践，简要谈谈自己在异性学生教育方面的经验或教训。

 案例一

从严格要求到严重冲突：可怜天下教师心

中考在即，某校师生的紧张程度与日俱增。中考就像一场没有硝烟的战争，老师、学生、家长都绷紧了弦。学校在新学年开始就下达了今年中考的目标。今年的普高率要达到80%，六大校的目标要突破100人。年级将学校的目标进行具体划分，该校毕业班共16个教学班，学生约800人，张老师所带的初三（6）班普高目标是41人，六大校目标是5人。近些年，该校的办学质量奖越来越倾向团队捆绑，可一模、二模考下来，张老师发现不管自己如何努力班级目标难以达成，这意味着与张老师一起捆绑的老师今年在办学质量上面可能要吃大亏了。作为班主任，她担心辜负了孩子，更担心对不起跟她一起合作的同事。自己比起以前是更加勤奋了，孩子们的时间几乎被榨干了。早上六点钟起床，七点钟上早读，十二点下课，下午两点上课，五点四十五分下课，晚上七点钟上晚修，十点晚修下课。孩子们的学习时间超过11个小时，这就是毕业班的现状。奇怪的是张老师越是盯着学生的成绩，学生的成绩越是上不来。学生有时候偷偷摸摸地在放学后打下篮球，回来必定被骂个半死。甚至张老师和家长们也达成了共识：毕业班的孩子在家可以不用做家务，周末最好都不要外出，一切的一切要服务于"提高中考成绩"这一中心工作。张老师用的战略就是：用时间换进步的空间；战术就是：盯、关、跟。而学生对于班主任能躲就躲，在校园中遇见都要绕道走，甚至到了眼不见为净的地步。张老师认为自己很懂学生、很爱学生，而学生觉得张老师根本不懂他们，对他们过于苛刻。大部分学生私底下联名签字，准备向校领导申诉换班主任，好在这件事情让几个班干部给拦下来。张老师知道这件事情后心凉了半截，她不明白自己的用心良苦学生怎么就不理解？遗憾的是张老师并没有找到自身的问题，对于孩子的要求反而更加苛刻了。二模成绩分析班会上，张老师除了成绩还是成绩，生活情感的关心几乎只字不提，学生迫于压力勉强装着听，而心早就飞到九霄云外去了。当晚十点多，张老师班有两个学生从学校宿舍翻墙出去了。此事惊动了校领导，当晚派出了大量的人手寻找俩孩子的下落，差不多凌晨2点的时候在镇区的一个网吧顺利找到了孩子。

隔天张老师在办公室教育这俩孩子，一味地说教式教育。最后，学生烦了便开始顶嘴了。

张老师："我这不是为了你好吗？"

学生甲："你这不是借口吗，你是为了你的奖金吧。"

张老师："你这孩子怎么可以这么说？"

学生甲："我这么说怎么啦！不对吗？"

张老师："我看你就是不想读书。"

学生甲："我就是不想读，你想怎么样？天天叨念那破分数，你的眼里除了分数还有人吗？"

张老师："住嘴！"

学生甲："懒得跟你这样无聊的人说话。"

张老师："你说谁无聊？"张老师的声音提高八度。

学生甲："就说你。"

张老师："信不信，我抽你两耳光！"

学生甲："有种，你放马过来，老子等着你。"

……

办公室充满了浓浓的火药味，德育主任闻讯赶来，将学生从办公室带走。临走的时候对张老师说："你先别激动，休息下先。"

张老师一屁股坐在椅子上一声不吭，知情的同事都过来安慰她。

张老师越想越生气，自己辛辛苦苦这三年，换来的却是学生的冷言冷语，她控制不住自己的情绪，怒气冲冲往德育处走去。

张老师："你说我不敢抽你是吧？"

学生甲："有种来呀！"

张老师突然间一巴掌拍到学生的脸上，不幸的是学生流鼻血了。

学生一边捂着鼻子一边说："我要告你！"

看到血，张老师突然间傻了。

德育主任赶紧把学生带到校医室检查，清理伤口。

家长匆匆忙忙赶过来了。

家长："张老师，你怎么可以把我孩子打成这样，你这老师是怎么当的？孩子要是有什么问题，你吃不了兜着走！"

张老师一脸的无辜，原来家长和张老师是站在同一条战线上的，如今孩子出现问题了，这战线瞬间瓦解。张老师觉得她从来没有像今天这样委屈过，她不知道该说什么，自己一个人静静地待着。

家长："有这样当老师的吗？打到孩子的鼻血止不住，我非到教育局告你不可！"

张老师："你怎么变脸比变天还快，尽管去，大不了不干了。"

……

家长和张老师吵起来了，德育处乱哄哄的。

德育主任把张老师拉到小房间去训了一顿，大概的意思就是太冲动了，而且这件事情估计要受学校处分了。

好在孩子检查无恙，但家长死死抓住"老师打学生"这点把张老师投诉到教育局去了。张老师差一点就丢掉了公职，最后的处理结果是行政记大过处分并在校教职工大会上公开检讨。

张老师当了近20年的教师，第一次在公开场合做检讨，她觉得很委屈。大会结束后，她直接到了校长办公室说要辞职……

【案例分析】

在教育实践中，我们难免会碰到一些难题，尤其是初次走上三尺讲台的年轻教师。教育是一项充满艺术与智慧，漫长而艰巨的过程。从张老师的事件中，我们可以看出她的问题有以下几点：

第一，教而不育。不可否认，张老师是一位有责任心的老师。她为了实现学校下达的中考目标，对学生"高期待、严要求"。她或许仅仅教学生书本知识，过分看重和追逐分数，人为地在师生的情感链接上设置了种种障碍。

事实上不是学生不懂张老师，不愿意亲近张老师，而是张老师一直在做一些让学生不愿意被懂、被亲近的行为。不可否认分数很重要，正如学生的质问"你的眼中除了分数还有人吗?"学生的时间已经被无情地挤占,甚至连课后玩球都要挨批。学习的过程如果是快乐的,结果也不会差到哪里去。由于张老师一直压着学生围着分数转,才导致了中考一模、二模成绩的非常不理想。作为一位班主任,她应该立足分数而又高于分数,学会在学生身上进行情感投资,逐渐让自己成长为一位既有知识魅力又有人格魅力的老师。如果一个课堂没有以良好的师生情感为基础,这节课的绩效肯定是有限的。

所以,张老师应该在道德熏陶、人格魅力等方面下功夫,走进学生的心灵世界,从而构建和谐的师生关系。

第二,管而不理。班规和纪律是死的,人是活的。张老师在作息时间等方面对学生管得比较死。"哪里有压迫,哪里就有反抗",一味在班规、纪律等方面严管而忽视学生心理层面的疏导,教育的效果肯定是不明显的。一般情况下我们谈教育,更多的仅仅只是停留在教育学层面,其实完整地谈教育应该包括教育学、心理学、脑科学等。教育要出效果就必须按规律办事。显然张老师在对学生心理疏导层面是存在诸多不足,所以就出现了管而无效,甚至管而反效果的情况。"理"是处理学生的情绪,努力做到让学生口服心又服,从而达成教育的效果。

第三,情绪失控。情绪犹如奔腾的洪水,理智就是闸门。张老师在面对学生翻墙出校一事的教育上,她没有深挖学生行为背后的真实成因,只是一味地指责和批评,引爆了学生内心积压已久的负面能量,产生了激烈的师生冲突。作为教师,不管学生犯了什么样的错误,不仅不能动气,反而要冷静下来分析学生行为背后的真实动机。如果任由情绪左右,教师就难于做出准确的判断,甚至产生不理智的言行,于人于己都是有百害而无一益的。所以,教师要掌握调控情绪的一些方法,如注意转移法、合理发泄法、理智控制法等。在案例中我们可以看到张老师处在不良的情绪状态中,她非但没有离学生远一点,反而还在气头上去找学生。这样是非常容易激化矛盾的。

另外,不管是师生矛盾、还是生生矛盾,一般的处理可以分为以下三个步骤:

(1)控制环境。在案例中,德育主任将学生带走,以及将张老师带到小房间等,这些就是环境控制。就是将矛盾者一方从产生矛盾的环境中带离出来,这样做的好处就是缓和矛盾,避免矛盾的进一步激化。

（2）调控情绪。将矛盾者一方带离环境后，第二步就是要处理好其情绪。其实每一个人都有自我调节情绪的能力，只是时间长短而已。不管产生什么样的情绪，时间就是最好的调节剂。

（3）理性教育。也就是我们经常说的讲道理。如果被教育者正处在情绪当中，这个时候任何的理性教育都是事倍功半，甚至是反效果的。

现实生活中，很多人在处理矛盾冲突的时候，直奔"理性教育"，这恰恰就是处理不好的重要原因，因为他们忽略了环境控制和调控情绪的重要作用。

第四，依法执教是每一位教师都必须坚守的底线。案例中张老师打了学生甲一巴掌属于体罚，是一种违法行为，侵害了学生的生命健康权。如果家长将老师告上法庭，张老师是要承担相应的法律责任的，就不只是学校行政记大过处分的问题了。方法总比问题多，教育学生也要依法依规办事。一线教师要增强自我保护以及法律意识，体罚或变相体罚学生的高压线碰不得。

案例二

大义与小利

某民办学校第二学期开学之际，家长们都在底下嘀咕：这学期开学要包多少钱给班主任？家长给老师送红包虽然是明令禁止的，但私底下还是存在的，尤其是民办系统的学校。廖生说："我就包个600块吧。"廖生的老婆说："大家都说行情是1000块啊，给少了会不会对咱家孩子有意见。"廖生说："那就1000吧。"一个班40多名孩子，开学初这班主任的口袋就可以装进4万多。如果再加上逢年过节和有求于老师，这班主任一年的灰色收入非常可观。杨生说："这孩子近视安排个位置要送人情，少于1000块肯定是不行，因为这老师已经收麻木了，我给了1000块和一条好烟。孩子的座位问题解决了。"杨生又说："这样的风气，这样的老师，孩子的教育问题担忧啊，转学的可能性又不大，对于外地户籍的孩子读书问题困难重重。"

廖生说："你看看这微信群里，每天都晒那几个小孩，几乎是单曲循环播放，甚至连外出旅游也是这样。孩子住校，我们想通过班级的动态了解孩子，可这班主任偏心得太厉害了。是不是我们给钱给少了？"廖生老婆："这有什么办法？我们能改变吗？最好是转学，可是目前我们做不到。"杨生说："开学班会的那次颁奖简直就是为那几个人设计的。那个朗诵经典的，表面上是说学生才艺展示，可是我家孩子也有爵士鼓的才艺啊，怎么没有给机会呢？上学期末也没有布置这样的学习任务啊。教育公平何在？"廖生："我是看不惯了，本来我在微信群是没怎么说话的，这件事情我必须说一说。"廖生的发言大概意思是班主任未能公平对待学生，信息引起了群里的轩然大波，当然大部分的家长是敢怒不敢言的，因为孩子就在老师手上。

这班主任是教英语的，更离谱的是她经常打电话给孩子家长："某某家长，你孩子的英语基础不是很好，这样下去升学压力会比较大，将来读不了好的学校。"表面上一听是关心孩子，班里的家长几乎每人都至少接到过一个这样的电话，有的甚至是3～4次。聪明的家长一听就明白了，周末赶紧把孩子送老师那里去辅导。更要命的是，如果在班里要想考高分就必须上老师的辅导班，有学生反映关于考试的一些重要知识点课堂上老师是不讲的，只有辅导班才有。

廖生原本也是想将孩子送到黄老师那里辅导，但自己家生意的确太忙了，其他人接送又不放心，这件事情就这样搁置下来。万万没有想到的是小廖的英语成绩急剧下降，就连孩子自己也不知道是怎么回事。

针对此事，绝大部分的家长是敢怒不敢言，其实家长心里早就跟明镜似的，只是谁不不愿意去捅破这一层纸。

廖生觉得有必要找这个班主任好好面对面聊一聊了，因为他已经做好了转学的最坏打算。廖生带上录音笔找到班主任。廖生说："今天我们谈话的内容都将记录下来，作为家长我也是被逼无奈。每学期开学以及逢年过节，你收了班里家长那么多红包，是不是麻木了？我们家是不是给少了，具体要多大的数目才能得到你的关注，你自己看看微信群里，每天翻来覆去都是那几个人的特写，班里有啥表现机会也给那几个人，重难点只有辅导班才有讲，课堂上不涉及。公平何在？师德何存？你能具体解释一下吗？"班主任一声不发。其实廖生是一名律师，班主任觉得摊上这家长麻烦事肯定少不了的，因为群里的第一个反对声音就是从廖生开始的。廖生把录音笔上的内容删除并关了电源。廖生："黄老师，我们家长的期盼就是孩子身心灵的健康成长，孩子经常遭受不公平的待遇，孩子能健康成长吗？孩子已经几次很疑惑地问过我类似的问题。我们都是极力维护你的形象，可作为老师你也该为我们的孩子想一想吗？如果我将这件事情曝光到学校，到市教育局，对于你、我、孩子都没有好处。"黄老师："廖生真不好意思，过去我的确做得不是很好，尤其是在公平对待学生问题上，你放心小廖我会照顾的。"其实廖生之所以要演这一出是因为小廖在班里几乎是被老师给边缘化了。

经历了这件事情之后，班级微信圈关于其他孩子的图片渐渐增多了，小廖在班里也受到了重视和重用。

【案例分析】

黄老师"利欲熏心"，在教育的路上迷途了。在物欲横流的今天，这种被世俗化的现象或许真不少见，但发生在一个老师身上的确令人担忧，因为老师肩负着教育下一代的重任，教书育人是他们神圣的使命。

高尚的师德是教师从教与发展坚如磐石的根基。黄老师的师德是存在问题的。为人师表的形象几乎荡然无存。在廖生进行录音的过程中，黄老师一言未发。师者，如果走到这一地步，不得不说是教育的一种悲哀。君子爱财取之有道，黄老师一味追求所谓的"利"而泯灭了教育的良知。从逢年过节收红包到关注极个别孩子再到辅导班事件都充分体现了黄老师"师德"的高位缺失。师德是教师教育生涯生命力彰显的根基，师德失位，师将不师。黄老师是民办学校的老师，而民办学校的办学是以"营利"为目的的。目前，民办教育如雨后春笋般茁壮成长，其根本原因就是公办教育资源稀缺导致了民办教育的有利可图。部分民办教师在"利"的诱导下，不知不觉陷进去不可自拔，而所谓的师德也就一点一点被吞噬殆尽了。

依法执教是每一位教师必须坚守的底线。我国1994年开始实施的《教师法》第八条第一款规定："遵守宪法、法律和职业道德，为人师表"是教师应当履行的义务。法不可违，违法必须要承当相应的法律责任。案例中的黄老师知法犯法，收受家长红包、私开辅导班、不按规定完成教学任务等，情节严重的要取消执教资格，甚至追求法律责任。公办、民办教师同为教师，但生存压力及薪金水平差距较大，这是体制的问题。但也不能因此就漠视法律，挑战法律的尊严。当下，对于民办教师开辅导班或兼职辅导班，教育行政部门的监督有时是缺位的。而公办体系的监管相比之下要严得多，尤其是经济较为发达的珠三角地区。黄老师收取了杨生为了孩子调座位的 1000 块和礼物就是属于"教育贿赂"，这不仅仅是违背师德的行为，而且也是一种违法行为。

公平是教师必须秉持的教育理念。所谓的公平就是指公正平等。即教师在教育的过程中不偏袒某一方或某一个人，学生付出他们应该付出的，得到他们应该得到的，这就是教师对学生教育的公平。当然公平也是相对的，这个世界上并没有绝对的公平，公平与否是在比较中产生的。案例中的班主任黄老师偏袒极个别学生就是一种不公平的教育行为。她的这种行为必将影响到自己在学生心目中的地位和形象，甚至失信于学生，势必影响其教育教学的质量。

一位教师的教学生涯，会遇到各种各样的学生，众生平等的公平是教师必须秉持的教育理念。也就是教师的教育不因学生的性别、高矮胖瘦、学习成绩、家庭背景等而有所差异。这与"因材施教"并不违背，它所要表达的意思就是学生应该享受到的教育资源，教师不能有所保留或剥夺。像黄老师故意在课堂上不讲重难点和考点，而留到自己的辅导班上讲的情况就是一种不公教育的具体表现。

案例三

师生情感，男女有别

宋某研究生毕业进了某市的重点高中，任教语文学科。

宋某的课堂幽默风趣、娓娓道来，再加上人又长得俊，学生非常喜欢，尤其是女学生。

每每下课的时候学生们都围着老师问问题，其他科的任课教师都很诧异，怎么就单单语文课有这么多问题呢？

自开学以来，这个班大大小小的语文测验或考试都是遥遥领先。老师和学生相处得非常好，学习生活甚是开心。

因为宋老师是单身，周末自己支配的时间也比较多，所以学生们经常约他一起去爬山或者骑行等。

渐渐地，宋老师觉察到一个问题。班里的个别的女生在 QQ 或微信上悄悄给他留言，信息之中不乏暧昧的内容。起初宋老师也是挺纠结，"师生恋"传出去毕竟不是一件光彩的事情。甚至个别的女生经常以各种各样的理由往宋老师的宿舍跑。年级组长也找过宋老师谈话,提醒他要保持与学生的距离,避免产生负面的影响。宋老师也意识到自己的生活已经受到了干扰,但是对这些"狂热"的女学生如果采取简单的不理不睬的方式,对于她们学习的影响肯定是巨大的。

要想一块地不长草,最好的办法就是种庄稼。宋老师决定将"学生对他的这种暧昧"进行转移,将学生的注意焦点更多的转移到学业上。宋老师私底下给这几个暗恋他的女孩子树立了目标并提出了关于学习上的一些具体要求。如果学生提出要辅导的话,宋老师也会邀请几个男女学生一起,尽可能避免与这些学生独处。

令宋老师感到惊讶的是这几个学生的学习状态好得惊人,学习成绩突飞猛进。渐渐地,她们在学业上取得了优异的成绩,受到了更多人的关注和欣赏,找到了自身的价值点,也就不再像以前一样缠着宋老师了。

宋老师以为这事情就这样过去了。

某个周末凌晨一点多,宋老师的手机响了。

学生:"老师,我想见你。"

学生边说边哭。

宋老师:"发生了什么事情?"

学生:"老师,我爸妈闹离婚,我从家里跑出来了。"

宋老师:"你现在在哪里?"

学生:"我在市区东街的肯德基里坐着。"

宋老师:"你先别乱走,就在肯德基等老师。"

放下电话,宋老师还以为自己在做梦。单身男教师三更半夜出去会一个心灵受伤的女学生,不管出于任何的正当理由都是说不过去。

宋老师赶紧给年级组长打了一个电话,并将具体情况跟年级组长说了一下。

宋老师:"我想请大姐和我一起过去。"

年级组长:"好的。"

年级组长开着车过来接宋老师一起前往市区某地肯德基,其实就是几公里的路程。

车上宋老师和年级组长约好了,年级组长在车上等着,宋老师到肯德基餐厅先找学生聊一聊。

学生一看到宋老师，一把就抱过来，宋老师的手都不知道该放哪里？学生都哭成小泪人了。显然，学生对于宋老师是非常信任的，要不然这样的家丑肯定是不会让他知道的。

宋老师和学生聊了将近一个小时，费了九牛二虎之力才将学生从情绪的状态当中拉回到了现实。学生情绪渐渐平复了，这时候的理性教育才是奏效的。

宋老师："大人的事情就交由大人自己去处理，他们有能力处理好自己的事情，作为孩子我们就做好孩子自己的事情吧。"

学生点了点头，最后宋老师征得学生的同意师生一起坐上了年级组长的车并把学生送回家。

该女学生在接下来的半个月，状态一直不是很好，功课也落下来了。

女生说："宋老师，我这几天没啥胃口，你能陪我吃饭吗？"

宋老师说："好的。"

宋老师叫上了班上的几个班干部一起吃饭。

女生说："老师，今天我的心情不是很好，放学后陪我散散步好吗？"

宋老师说："好的。"

放学后宋老师叫上女生平时比较要好的同学一起散步。

……

显然，学生将情感的寄托完全放在了宋老师身上，或许这是因为学生原生家庭急剧变化的不安全感所导致的。

有一天中午午休时间，学生敲宋老师的门。

女学生说："宋老师，我头晕，我想在你这里休息一下。"

学校三令五申，单身教师是不能随便接待异性学生的，一经发现是要谈话戒勉的。

为了不影响学生的情绪，宋老师说："进来吧。"

宋老师给学生倒了杯温水。

宋老师："喂，是校医吗？我是宋老师，我班有位学生不舒服，现在在我宿舍，你方便过来看一下吗？"

校医："好的，我收拾一下就过来。"

宋老师说："谢谢你！"

原来孩子早餐、中餐都没吃，饿晕的。

校医给学生冲了一杯葡萄糖。

原来孩子的父母昨晚又闹起来了，已经电话通知孩子说要离婚，并且孩子跟妈妈。

宋老师想不明白怎么现在的婚姻这么脆弱，说离就离的，而受伤的是这些无辜的孩子。

校医走的时候说："宋老师，你怎么那么大胆，都把女学生留宿舍了。"

宋老师也不知道如何解释，只是会意地笑了一下。

宋老师帮学生叫了一个外卖。吃完后，学生的精神也恢复得差不多了，宋老师把学生送到班上去。

宋老师想："女学生经常这样围在自己的身边不是很好，当务之急就是赶紧为自己找一个女朋友。"

于是宋老师联系自己在本市初中的一个女同学，叫她过来帮忙，冒充一下自己的"女友"。

第二天放学后，宋老师带着自己的"女友"在学校溜达了一圈，引来了不少学生的议论，并且接下来整个星期都是如此。

几乎所有的学生都知道宋老师有女朋友了。

自此之后，女学生的暧昧信息也就渐渐少了。

【案例分析】

师生关系中，尤其是面对异性学生的教育，一直都被视为敏感话题。宋老师作为新教师能够如此处理与异性学生交往实属难能可贵。

与异性学生的交往是教师实施教育不可避免的话题，在这个过程中教师既要有自我保护的意识，同时也要有保护学生的意识。

宋老师具有崇高的师德，也颇具教育的艺术。在面对学生的各种暧昧信息、暧昧举动等，他能够镇定自若，以一位具有崇高师德水平的教师严格要求自己，同时也做到了对学生细致的关爱。宋老师是一位具有人格魅力和知识魅力的老师，这是许许多多一线教师努力奋斗的目标。他的教学业绩非常不错，学科成绩名列前茅。教学能力就是一位教师生命力的重要彰显，拥有较强教学能力的老师就是学校的香饽饽，是众多家长和学生所争抢的重要对象。

钱、权、色是检验人性最好的试金石。教师首先是一个人，然后才是一个老师。是人就有七情六欲，就有可能会犯错。所以教师在与异性学生接触时就要努力做到防患于未然。人往往容易高估自己，与此同时低估别人。宋老师这一点做得可圈可点：女学生约吃饭，班干部一起陪同；女学生约散步，要好的同学一起来；女学生不舒服来宿舍，叫上校医。在对待异性学生的暧昧表达上，他做到了既不给学生机会，也不给自己机会，尽可能避免与异性学生的独处，防患于未然，从而有效保护了学生和自己。

女学生深夜求助，宋老师叫上年级组长，因为这个时间很敏感。教师与异性学生接触尽量在公共场合，而且要保持一定的礼貌距离，做到落落大方并注意交往的方式及频率。

学生进入高中之后，身心层面逐渐成熟。对于有人格魅力和知识魅力的老师的爱慕是一种正常现象。作为教师，要坚守保护自己和保护学生的原则，以法律为准绳，以道德为基石，有所为有所不为。虽然年满18周岁的学生具备一定的判断能力，但他们毕竟未走入社会，许多想法可能都是比较简单和单纯的。所以，教师要避免与学生发生亲密的关系。再者，爱慕教师的学生，往往是出于对教师的崇拜和信任，作为教师更应该珍视这份来之不易的信任。当然成年人已经具备为自己选择承担责任的能力，基于这一点，对于大学期间的异性师生交往可以宽容，但也是为道德所诟病的。至于那些以"学业成绩、评优评奖"等诱导异性学生的教师，则是教师队伍中的"败类"，这些"败类"必将受到道德的严厉谴责，甚至法律的制裁。总之，教师对于异性学生的交往要坚守原则，珍视这一份来之不易的信任，理智对待。

单身教师，尤其是内有素质外有形象的单身教师非常受学生欢迎。案例中的宋老师，他的做法是值得提倡的，那就是结束单身的状态。"名花有主或名草有主"爱慕教师的学生自然会收敛自己的行为并最终转移自己的注意力。

第七章

同事关系职业之道：和谐

教师行业的特殊性就在于其工作对象的特殊。教师的工作是培养人，并且通过人与人之间的交流及合作，对人的发展产生整体而积极的影响。教师肩负传道授业解惑之责，最直接的工作对象就是学生，为了学生的全面发展，为培养符合社会发展需要的人才而开展各项教育教学活动。为了实现培养人才的目标，教师在实际工作中需要与同事紧密合作，共同完成各项教育教学任务，达成教育教学目标；还需要与家长保持沟通交流，通过家校协作，全方位了解学生，达到教育引导学生的目的。可以说，除了教师与学生的关系外，教师与同事之间的关系、教师与家长之间的关系是与教师联系最为紧密的两类人际关系，对教师的教育教学活动有着重要的影响作用。建立良好的人际关系，营造和谐人际交往生态环境，有助于个人在事业上的成功，教师这一职业也不例外。从某种程度上说，教师人际关系是否良好，教师与同事间的合作与交往能力的高低，直接影响教育教学质量，进而影响学校整体办学水平，影响学生全面发展。因此，建立和谐同事关系，是提升教师良好职业道德修养的必修课。

第一节　同事关系的本质

在学校，教师之间的交往分为几种形式。第一种是正式的工作交往关系，例如新老教师结成的师徒或者导师关系；班主任与科任老师之间共同管理教育同一个班级，形成的合作关系等；教师与教务处、学生处等部门工作人员就完成学校各项教育教学任务形成的交流与合作关系等。第二种是在工作闲暇之余进行的非正式的工作交往关系，例如学校组织教师们进行各项文体活动中的交往；教师们在课间、午餐时间的交谈等。第三种是工作之外的私人交往关系，例如性格相投、年龄相仿的教师在工作之余结交的知心朋友，他们的交谈范围更为广泛，不仅涉及工作，也会涉及教师们的生活。

本书中所讲的同事关系主要指第一种正式的工作交往关系。因为这是所有教师都需要面对并且是必须要协调处理好的关系，每位教师都将会面临与班主任、与科组老师、与同年级不同学科的老师、与学生处、教务处、总务处等学校部门的工作人员、与学校不同层级的领导之间的交流与合作。协调处理好这些复杂多样的人际关系，才能更加顺利地完成各项教育教学任务。良好的人际关系，也更能让教师在心理上获得成就感、认同感、价值感及归属感。当然，就这些复杂的人际关系来说，教师间同事关系的本质主要体现在以下几方面。

一、合作关系

（一）合作的含义

团结合作是团体中的成员为了完成共同任务，实现共同理想而结合在一起，发挥团体成员所长，优势互补、互相配合的一种人际交往与互动的形式。科学有效的合作能达到"1＋1＞2"，双赢共前的效应。现代社会崇尚个性，更崇尚合作。合作是人类社会生活中最为突出的互动形式之一。自从人类社会出现以来，人们要以集体的力量去战胜自然，改造社会，就有了团结合作的社会要求，团结合作不仅是人类生存的法则，更是人类幸福生活的基础所在。马克思在《资本论》中指出："许多人在同一生产过程中，或在不同的但相互联系的生产过程中，有计划地一起协同劳动，这种劳动形式叫作协作。"

（二）合作的意义

教育是一门团结协作的艺术。孔子曾经一人担当起三千弟子的老师，但在现代，随着社会的发展及进步，知识量的增加和知识的分化与综合，人才培养目标趋向多元化及综合性，教育工作不再是哪一位教师能独自胜任的，教师单打独斗完成教育教学任务的时代已经过去。培养德智体美劳全面发展的学生，必须是全体教师工作的结果，教育成果集体性是教师职业的一大特点。因此，教育工作的本质决定了教师之间的关系首先是团结合作关系，集体合作成功是教师个体成长的条件。任何教师脱离其他教师的努力和配合，都不可能带好一个班，培养出好学生。具体来说，教师团结合作的意义表现在以下几个方面。

第一，学校教育系统构成的复杂性，要求全体教职员工相互尊重、团结协作，学校才能朝着健康积极的方向发展。学校中的工作人员包括教师、行政人员、教辅人员、后勤人员等。全校教职员分工不同，岗位职责不同，大家只有在各自岗位上各司其职、通力合作，一所学校才能正常运转。反之，如果教师间人际关系紧张、对立、各行其是就会破坏教育工作的统一性，会使教学质量下降，使人才培养受到严重影响。因此，在现代社会，学校中全体教职员工间的团结合作是教师职业道德规范的重要范畴。同时，需要指出的是，同事间的交往，不仅仅包括承担教育教学任务的老师，也包括学校其他为教育教学服务的所有岗位的员工，教师需要处理协调好与不同部门，不同人员间的关系，这既考验教师的交往能力，也是教师职业道德修养的体现。

第二，培养适应时代发展要求的人才，要求教师间要通力合作。绝大多数教师在大学时期主修某一专业，具备某一学科领域的专业知识及技能，所谓术业有专攻。而学校肩负培养德智体美劳全面发展的人才之重任，围绕这一目标，学校开设语文、数学、英语、政治、历史、地理、物理、化学、思想品德等多门学科，要完成这些教育教学任务，不是某一位教师能单独完成的，如果每一位教师都要负责学生某一方面的教育，完成某一学科的教育教学工作，对学生的发展贡献也是有限的。这也就说，每个学生的全面发展，需要依赖全体教师的通力合作，是若干个教师集体劳动的成果。尤其是在中国现行的考试制度下，通过学生综合成绩选拔人才，这就更加需要所有学科老师共同努力，任何一科掉队都有可能影响学生的学业质量。另外，教育是一个连续不断的过程，是对学生进行多方面教育影响的过程，教师间多交流思想、统一认识、团结协作，共同担负起对学生的教育重任，才能保证教育效果，保证教学活动的高质高效。

第三，教师间的团结协作，给学生树立榜样。学高为师，身正为范。这是对教师职业道德最简练的概括。"学高"，要求教师必须不断拓宽知识面，丰富知识内涵，加深对自身专业和相关学科的钻研，并能将所学知识融会贯通，运用于实践。"身正"，要求教师具有良好的师德、端正的师风、严明的师纪、高尚的师范。从某种意义上讲，教师对学生的影响身教重于言传。第斯多惠说："教师本人是学校最重要的师表，是最直接的最有教益的模式，是学生最活生生的榜样。"因此，教师在工作中表现出的相互理解、相互支持、团结协作的优良道德品质，将带给学生最直接的影响，会引起学生的共鸣和效仿。

第四，教师间的团结合作，有利于教师个人职业发展。同一所学校教师的年龄层次、教学能力、管理能力、科研能力等水平有高低、能力有强弱，这就要求教师间要加强合作交流、取长补短。新教师向老教师学习教学技能、班级管理技巧、教育教学研究技能等，老教师向新教师学习教育教学创新技能，相互学习，相互提高。同时，教师间的交流与合作还能让教师及时调节自己，排解不良情绪，完善人格，构建一片健康、积极、和谐的教育生态精神家园，成就教师幸福人生。

二、共生关系

（一）共生关系的含义

共生，字面意思就是"共同"和"生长"。共生关系，又叫互利共生关系，原意是指植物界的一种现象：当单株植物生长时，备显黯然、缺乏生机；当与众多植物共生时，则植株茂盛，生机盎然。学界称之为"共生效应"。在学校，同行间的共生关系是指教师间抱团发展、相互鼓励、相互借鉴、相互提携，在学校营造勇于创新、乐于分享、良性竞争、互利互助的氛围，共同提高学校整体教育教学质量及办学水准。同时，在充满正能量的团队中，随着学校的逐步强大，教师个人专业成长及职业幸福感及归属感也会得到很大提升。

（二）共生关系的意义

学校发展壮大，离不开每位教师的共同努力，同时，每位教师也将从中受益。学校不仅是教师教育教学工作场地，也是教师共同的精神家园。每位教师都肩负着提升学校办学水平、提高学校教育教学质量的重任。教师在实际工作中，需要统一思想、统一认识，认同学校办学目标及宗旨，在实际工作中践行学校育人理念，充分发挥个人的聪明才智和创造力，为学校发展做出自己的贡献。同时，学校发展也会给每位教师创造自我发展舞台，有利于教师专业技能的发挥及职业价值的体现。正如马克思所说："只有在集体中，一个人才能获得全面发展其才能的手段。"发展壮大的学校，教师能在学校中汲取知识和营养，能感受到来自学校的关心、帮助、关怀，找到归属感；积极向上、合作进取、互帮互助的校园人文环境，也有利于提升教师的教育教学水平；教师受到学校办学信念的鼓舞，教师个人的工作才具有无限的生命力和创造力。因此，就集体与个人的关系来说，学校发展与教师发展密不可分，相互关联，共同生长，共同繁荣。反之，教师漠不关心学校发展，只把工作当作谋生手段，而不是当作一份职业，甚至事业来做，没有使命感及责任感，那么这样的学校必将降低办学水平，无法培养合格人才，教师在这样的环境中工作，也无法体会职业成就感，个人专业成长也会受到阻碍，对教师身心皆会产生负面消极影响。

优秀和谐的教师团队，有利于教师专业成长。每一位业务熟练的教师都是由青年教师成长起来的。在这个成长过程中，教师间如果能营造一个相互学习、相互帮助，开放式、和谐的工作环境，例如集体备课、互相听课、互相评课、师徒结对等，那么将会加速教师的专业成长速度。因为在教师集体中，各个教师在专业背景、价值观念、个性气质、人生阅历及年龄等方面存在差异，教师在与同事的共同研讨、共同探究中，能学习他人长处提升自己的教育教学水平。换句话说，在教师集体中，不同年龄的教师可以相互学习、优势互补；不同价值观念的教师可以互相砥砺，以达到更高层次的统一；不同专业和学科的教师可以互相切磋探讨，从而迸发出思想的火花；各种不同个性气质教师的存在，可以使教师在处理各种疑难问题时各显其长。各种充满创意的教学灵感，甚至教学改革，也是在和谐教师团队中不断交流、互相帮助和支持中获得成功的。一位优秀的教师，他会充分调动可能的因素来实现自己的教育抱负，同时，他也尽可能地把自己对教育事业的热诚与活力向周围释放，带动周边教师共同发展，形成良好的"共生"教育环境。反之，如果教师处在一个自我封闭、观念冲突、矛盾重重、互相指责、互相看不起、互不配合的工作环境中，教师只能孤军奋战，无法学习他人的长处，教师专业成长速度必然受到影响，甚至会加速职业倦怠感的形成。

优秀和谐的教师团队，有利于教师心理健康，获得职业幸福感及归属感。教师心理健康和心理调适是做好教育教学工作的重要环节。在教师的教育教学过程中，每个人经过努力都可能取得不俗的成绩，也可能遇到挫折和困难，教师在遇到不同境况时，都希望获得集体力量的认可和支持。当教师获得成绩时，需要集体力量的鼓励和肯定，有利于增强教师对其工作的自信心和迸发更多激情；当教师由于暂时无法找到合适教育教学方法或者教学研究遇到困境时，需要从集体中获得到智慧和力量，获得克服困难的信心和勇气，需要与同事交流诉说，排解心中郁闷情绪。反之，如果教师赖以生存的日常工作场所充斥着虚伪、淡漠的人际关系，教师之间各行其是、相互封闭，教师感受不到工作带给自己的快乐和幸福，而是体验到愤怒、疏离、寂寞和孤独，甚至精神紧张压抑，这样的状态如果持续存在下去，将会让教师对职业产生厌倦感和冷淡感，对工作失去热情。没有职业幸福感的教师，工作质量也将大大降低，影响学校整体教育教学效率，破坏教育工作的统一性。教师团体不仅要建立和谐工作环境，更要营造温馨、团结的人文环境，成为教师工作生活的精神家园。

三、文化关系

文化，一般意义上的概念是指通过物质、行为、符号等载体进行表达的人类精神活动的过程和结果。教师作为人类文明、社会文化、知识和技能的继承者和传播者，共同工作、生活，教师群体自然形成一种特殊关系，就是文化关系。教师间的文化关系包括三个方面的内容。

（一）文化认同

文化认同是指教师群体因为生活在共同的社会文化环境，他们认同中国的传统文化、民族文化、中国教育文化、学校文化环境等，有共同的与国家、社会发展一致的主流意识形态。这是因为教师肩负为社会、国家培养人才，推动社会进步的重大责任，这就要求教师在思想意识、价值观念、行为方式等方面，能给学生树立榜样，传播符合社会发展要求的文化信息。反之，违背社会发展、国家强大的价值观念的教师，教育培养出的学生不仅不会是社会发展的栋梁，而成了社会进步的障碍，非常危险。当然，由于教师群体庞大，受教师教育背景、生活经历、性格特点等因素的影响，教师间文化观念可能会产生冲突，这是难免的，但是，这并不影响教师共同的文化追求，因为教师群体共出于一个文化共同体。相反，在互相交流、碰撞中，教师间将形成丰富多彩的多元文化，形成文化宽容格局，最终达到共同繁荣、共同发展的目的。

（二）精神认同

精神认同是指教师对所从事的工作有共同的精神追求，包括共同的教育理想、教育信念、职业意识、职业操守、角色认同等。教师事业是培养人、塑造人的事业。每位教师都希望尽自己所能为社会发展、国家繁荣培育人才，这就是大家共同的教育理想。为此，教师在各自工作岗位上敬业奉献、兢兢业业、不懈追求更高的专业发展，热爱学生，关心帮助学生，这些都是教师职业特征，这些精神将会得到同事认可、学习、模仿。教育观、人才观、教学观等价值观念系统为核心的教师精神文化是学校文化的根基。良好的教师精神文化将促使教师更加热爱自己的工作，提高教育教学质量，进而帮助学生树立正确的思想信念，反之，没有良好精神文化引领的学校，无法培育社会发展合格人才，甚至被淘汰。

（三）文化责任

文化责任是指教师共同肩负着向学生传播人类文明成果、科学文化知识，培育符合社会要求及发展的社会成员的职责。随着社会不断进步及发展，人类创造了无数灿烂文化，教育是继承和传播人类优秀文化的重要途径，具体来说就是教师通过开展有目的、有意义、有计划的各项教学活动，向学生传播各种优秀文化，同时，也让这些文化得以进一步发扬，创造新的文明成果。从文化传播的角度说，教师之间有共同的岗位职责，也形成了最为紧密的文化关系。尽管在不同阶段的学校教育中教师之间分工不同、学科教学有差异，承担的教学任务也不尽相同，但是他们从不同侧面共同指向于向学生传播人类优秀文化，并启发、引导学生创造适合时代发展及社会要求的新文化。从这个意义上来说，教师首先要成为一个善于学习、善于创新、善于思考、善于研究的人，成为文化的继承者才能以身作则引导学生探求知识，积极主动学习各种优秀文化，成为文化的传播者、创造者。同时，教师之间也需要精诚合作、互相支撑、互相配合，才能共同完成文化传播的重任。

四、同行关系职业之道：精诚合作，和谐共处

教师是学校构成的基本要素，没有教师的学校是不存在的。也就是说，教师是学校得以继续开办和发展的关键，学校则是教师展示自身才能的舞台。学校为教师的职业生涯提供平台，让教师得以在学校这一特殊场所实现自己的人生价值。一所学校得以正常运转、办学水平高、人才培养质量高，离不开教师共同努力。教师间的沟通、交流及合作是学校各项工作得以顺利推进的基本保证。因此，处理好同事之间的关系，不仅关系到个人职业发展、职业幸福，更关系到学校整体发展。

同事间关系本质包括合作关系、共生关系及文化关系，这一关系本质反映出精诚合作、和谐共处是教师处理同事关系的基本职业规范。教师在教育教学、教育科研、教育管理方面精诚合作，才能共同培育出德智体全面发展的人才，个人职业理想才能得以实现，职业能力才能得以提高，学校整体办学水平才能得以提升。"和谐"是处理人际关系的重要价值观，也是中国传统文化精髓，教师理应在实际工作中继承及发扬这一宝贵精神财富。教师间和谐共处主要体现在彼此尊重、共同进步、关心宽容等方面。营造和谐人际关系，不仅有利于教师积极主动开展工作，更有利于教师心理健康，获得职业归属感及幸福感。

第二节 同事关系职业规范：精诚合作

教育教学工作是一项系统而复杂的工程，无论是学校的正常运转、人才培养目标的需要，还是教师专业发展，都决定着教师的工作不仅需要竞争，更需要合作。教师之间的有效合作能减少教育过程中的内耗，从而形成取向一致的教育力量。教师间的相互合作、共同学习与研讨，促进了教师间的专业沟通与智慧共享，加速了教师的专业成长。

一、教学合作

教学合作是指教师在分科教学的基础上，通过不同层面和不同形式的教学，将同一学科或者不同学科资源整合、优化组合、合理衍生，使不同教师相互促进、相互补充，从而实现教师的专业成长。每位教师在学校都要承担不同学科、不同年级的教学任务，优质高效地完成各项任务需要教师间的通力配合、相互学习。教师间的教学合作主要包括：

（一）学科内的教学合作

学科内的教学合作是指同一学科教师在同一年级或者不同年级相互学习、交流研讨、互相提升的合作形式。同一学科间的教师虽然知识结构相近，但是他们在思维方式、认知水平、教学风格等方面都会有差异。即使是同一课题，不同教师在教学整体设计、教学方法的选择、教学资源的整合等方面的差异也是明显的。而这些差异正是教师间相互学习的宝贵资源。教师通过集体备课、说课、上课、听课、评课、教研活动等形式相互切磋、相互探讨,不仅能提升教师个人专业能力,还能提高科组整体教学质量。

(二) 不同学科间的教学合作

不同学科间的教学合作,即"跨学科"合作是指不同学科、不同年级的教师,通过对各学科教学内容的共同研究,有机整合其他学科知识,利用、借鉴其他学科相关知识及教学方法,实现课程内容的优化整合,教学效益最大化,教学方法突破创新。随着课程改革及学生培养目标多元化,要求不同学科的教师加强联系、增进了解、取长补短。不同学科间的教师甚至可以通力合作,开发适合本校学生学习的校本教材,拓展学生视野,提升学生综合素质。

(三) 新教师与老教师间的教学合作

许多学校采用"师徒制"形式培养新教师。老教师在教学方法、课程内容把握、学情分析、考试动态等方面都具有丰富的经验,新教师要想站稳讲台,就要虚心求教,向老教师学习。老教师同时也肩负培养新教师,提高学校整体教学水平的重任,需要对新教师不吝赐教,指导帮助新教师尽快适应角色,找到适合自己的教学风格,逐步提升教学水平,向成熟型教师迈进。

二、科研合作

科研合作是指两个或者两个以上的教师,针对教育教学过程中遇到的问题,相互配合、相互协助,共同进行科学研究,将教育经验上升为教育成果的过程。现代意义的教师不仅仅是教书匠,而要学会将实践教学效果上升为理论成果,将教学经验形成教学智慧,做科研型教师。这其中的重要途径之一就是进行教育教学研究,即科研活动。教师开展教育科研,无论对于提高教学质量和效益,还是提高自己的教学水平、实现人生价值和事业理想,都有极为重要的意义。从事科研活动是教师职业的存在方式。

(一) 科研合作的意义

实践证明,教师间相互合作、共同研究某一教学课题、尝试某一教学改革，成功的可能性更大。教师在教育教学活动中会遇到普遍性的具有研究价值及意义的教育问题，大家交流探讨、共同研究，具有以下优势：

（1）科研合作有利于知识和能力的互补。例如在某个课题研究中，涉及信息搜集处理、理论研究、课题申报、组织及管理、数据调查分析等多方面的工作，一个人即使知识再多、能力再强，也有力不从心之时、鞭长莫及之处，那么，只有同他人合作，充分发挥他人长处，利用集体智慧，才能确保科研成果的高质量。

（2）科研合作有利于缩短研究周期，提高科研工作效率。一个结构合理的科研团体能有效分工合作、互相配合，共同推进工作任务，与一个人独立完成某项科研任务对比来说，能大大缩短研究周期，提高工作效率。

（3）科研合作能激发教师的科研激情。在合作团队中，教师间互相启发、互相激励、互相支持、互相促进，营造良好的科研环境，能大大激发教师科研热情，甚至能让教师萌发出更加具有创造性和价值的其他科研主题。

（二）教师如何开展科研合作

（1）合作撰写教育教学论文，或进行课题研究。在教育教学活动中，同学科或者不同学科的教师交流探讨教学过程中遇到的问题，并深入分析、分工合作、提出问题解决方案，并将问题研究成果以论文或者课题的形式呈现。

（2）教师合作共同开发教材。新一轮基础教育改革倡导教师创造性地使用教材。教师要摆脱教材的束缚和钳制，克服对教材的盲目崇拜和依赖，从"教教材"走向"用教材教"。同学科组的教师在教学实施过程中相互交流、相互学习，依据课程标准对既定的教材内容进行适度增删、调整和加工，合理选用和开发其他教学材料，从而使之更好地适应具体的教育教学情景和学生的学习需求。不同学科间的教师可以结合学校实际情况及学生发展需求，开发跨学科、综合性的校本教材，以此开阔学生视野、提高学生综合素养。

（3）教师合作进行教学模式创新研究。现代教育随着人才培养目标的转变，教育教学模式不断改进。由教师导向转变为学生为中心的教学理念，要求教学方式随之变革。教师可以交流探讨适合本校学生、适合不同年级、适合不同课程的教育教学模式，以及考试评价模式。教学模式创新体现了教师的教学思想，对教学理论及学习理论的运用。成功的教学模式是集体智慧的结晶，同时也需要得到更广泛的使用和推广，这期间教师的合作研究、相互理解、相互支撑就显得尤为重要。

三、管理合作

管理合作是指为了完成学校教育教学任务、实现育人目标，学校管理者制定计划、分配任务，教师积极配合，完成各项任务的过程。管理是人类活动中最重要的活动之一，是管理者按照一定的目标，运用一定的职能和手段，对管理对象施加影响，并最终实现组织目标的过程，每个行业、每个部门都有管理在其中发挥作用。

学校管理是学校管理者通过一定的机构和制度，带领和引导师生员工，充分利用校内外的资源和条件整体优化学校教育工作，有效实现学校工作目标的组织活动。在学校管理中，教师和学生均是管理对象。对教师的管理，离不开领导者与教师的合作，离不开班主任与科任老师的合作，离不开不同教师群体间的合作。分工合理、和谐相处的管理团队，有利于调动教师工作积极性，增强团队凝聚力，有利于教师良好道德品质的形成。具体来说，教师间的管理合作包括以下几方面：

（一）教师与学校管理者的合作

在教育教学中，学校管理者负责协调、管理学校事物，他们对教师工作的开展及成绩的取得起着重要作用。为此，一方面，教师对于学校的安排要有坚定的执行力。就学校而言，教育教学工作是一个复杂联系的整体，而对于教师个体而言，每位教师的工作任务相对独立。只有每位教师保质保量完成自己的教育教学任务，学校整体教育教学工作才能得以顺利推进。如有个别教师不能顺利完成工作任务，将会给其他教师增加麻烦，甚至影响学校工作计划。执行力是教师对自己岗位负责任的职业态度，是教师必备的职业道德素养。另一方面，学校的发展与每一位教师息息相关，教师要勇于向管理者阐明自己的教育理念和工作计划，与管理者协商自己的工作方案，赢得管理者及学校的支持。一个成功的教师，往往离不开教育管理者的积极合作。与此同时，教师要和管理人员一起，对学校内部的管理方式进行改革，以促进学校教育生活质量的改善。

（二）教师与同年级、本科组管理者的合作

对于大多数的老师，很少直接与校长、教务主任、学生处主任等行政领导打交道，多数时间是与年级组长、科组长打交道，教师与学校这些基层管理者建立良好的人际关系，通力合作，才能有效完成各项教育教学任务。对于基层管理人员来说，肩负传达学校教育教学精神，布置具体工作任务的重任，所以管理人员要以身示范，做好分内之事，同时也要合理安排、协调各种人力资源，达到配置最优化。对于教师而言，要尊重与我们工作密切相关的管理人员，及时沟通反应各种问题，积极主动承担教育教学任务，从自身做起，减轻管理者负担。如果基层管理者与教师间能形成合力，和谐共处，将会带动一个年级、一个科组共同发展，进而提高学校整体教育教学质量。

（三）班主任与科任老师之间的合作

班主任是学校教育管理中最基层的组织者与管理者。班主任在开展工作的过程中，需要与科任老师协调合作，形成和睦相处、齐抓共管、齐心协力的工作局面，班级工作才能更加顺利开展。班主任通过邀请科任老师参加班级活动，协助科任老师处理教学中出现的各种问题，协调好科任老师与学生之间的关系等，加强与科任老师的联系，共同管理好班集体。同时，科任老师也要积极配合班主任管理好班集体，及时向班主任反映班级问题，与班主任探讨班级管理方式，提出班级管理建议等。班主任与科任老师通力配合，形成合力，不仅能增加教师间的感情，学生也将获得更多关爱、更多成长。

第三节 同事关系职业规范：和谐共处

和谐共处是指教师在开展教育教学工作中，和睦相处、相互理解、相互支持、相互尊重、彼此促进，共同生存、共同进步，共同发展。教师人际关系和谐是教师队伍建设的重要内容，是教师职业道德修养的应有之义。能否建立一支和谐共处的教师队伍，不仅关系到教师个人发展

及身心健康，也将影响到学校整体教育教学水平。具体来说，教师间和谐共处的意义在于：

第一，有利益调动教师工作积极性。如果教师处在一个相互关心、相互支持的集体中，教师能感受到集体的温暖。当教师取得荣誉或成绩时，能得到同事的祝贺和认可；当教师遇到工作上的困难时，能得到同事的及时帮助。教师生活在这样的集体中，能够充满自信心和自豪感，这将极大促进教师对教育事业的热爱，促使教师更加积极上进，创造出更多教育成果。

第二，有利于教师身心健康。现代社会不仅关注身体健康，更加注重心理健康，教师也不例外。在一个和谐的群体中，教师间的交往是广泛而深入的，彼此间相互信任，共同享受成功的喜悦和分担失败的痛苦，而且能在价值观、人生观、教育观等方面相互借鉴、相互欣赏，从而能让教师保持愉悦的心情和健康的心态。反之，在一个充满斗争、虚伪的群体中，教师容易缺乏安全感和信任感，将会大大影响教师身心健康。

第三，有利于学校教育教学质量的提高。学校工作是集体协调性的劳动，需要全体教师共同努力。如果教师间能团结合作、互帮互助、互相促进，心往一处想，劲往一处使，将大大促进学校教育教学工作的有效开展，提高学校办学质量和办学效益。相反，如果教师间人际关系紧张，相互扯皮、相互推诿，就会产生内耗，降低工作效率，影响学校声誉及教育教学效果。

一、彼此尊重

尊重是指敬重、重视。教师间的彼此尊重是指在教育教学活动中，在人格上人人平等，在工作上互相学习，欣赏他人成绩，在生活上不干涉他人私生活的职业道德规范。社会生活中的每个人都希望得到他人的尊重，但只有尊重他人才能赢得他人尊重，尊重他人是一个人获得他人尊重的前提。正如巴枯宁所说："一个人只有尊重、热爱所有的人性和自由时，同时，也只有当他自己的自由与人性受到所有人同样的尊重、热爱、支持时，他才能真正地成为一个人。"尊重是一个人内在修养的外在表现。尊重他人是文明的社交方式，是顺利开展工作，建立良好人际关系的基石。

教师群体彼此尊重是每一个教师职业道德修养的内在要求。在教师团体中，同一学科的教师多看对方的优点和长处，不同学科的教师多看对方所教学科的重要价值，新老教师互相尊重，多换位思考，那么教师之间就能享受积极健康的真情回报，教师人间关系就能进入良性互动状态。当然，在现实生活中，教师团体由于彼此分工不同，工作相对具有一定封闭性，教师之间很容易互相隔离，或者形成小团体，有时候缺乏沟通，便会产生一些矛盾、冲突，影响工作正常运转。因此，教师团体中的每个成员应该相互尊重、互相信任、彼此理解，才能共同推进教育教学工作。具体说来，彼此尊重包括以下几点：

（一）尊重他人人格

人格是人类独有的、由先天获得的遗传素质与后天环境相互作用而形成的、能代表人类灵魂本质及个性特点的性格、气质、品德、品质、信仰、良心，以及由此形成的尊严、魅力等。任何一个学校都是由行政人员、教师、教辅人员、后勤工作人员等组成的教职员工团体。他们有的是学校领导、有的是年级组长、有的是科组长、有的是新教师、有的是老教师，他们职位不同、分工不同，承担的工作任务也不同，但是，学校每一位教职员工的人格是平等的，每一位教职工都有自己的人格尊严，都要维护自己的人格尊严，同时也要尊重他人人格。教师与学校领导者之间、教师与教师之间、教师与教工之间在人格上是平等，交往的双方应该平等相待、相互尊重，而不应一方对另一方居高临下，甚至一方瞧不起另一方，侮辱、诋毁他人。人格平等，尊重他人人格是建立和谐共处人际关系的前提和基础。人格平等，也是教师间交往互动的起点，只有建立在平等基础上的对话、沟通与合作才能成为可能，教学效能才能得到发挥。

（二）尊重他人成绩

每一位教师由于性格特点、科研素养、价值观念、工作经历等差异，教师的教育教学成绩会有高低之分。教师之间会出现优秀的、一般的和暂时落后的状态。对于取得成绩的优秀同事，要积极肯定他们取得的成绩，为他人感到由衷的高兴。更要积极学习他人经验，弥补自己的不足，要多与优秀同事交流、沟通、合作，以他人之长补己之短。反之，如果对于取得成绩的同事，不是抱着学习的心态，而是诋毁他们，嫉妒他们，甚至想方设法排挤他们，在教师之间搬弄是非、挑拨离间，那样只会导致人际关系恶化，影响整个学校的校风、学风，导致学校整体教学质量下降，教学声誉毁坏。更为糟糕的是，不能正确看待他人成绩，不懂欣赏他人的人，自己也会陷入嫉妒的漩涡中不可自拔；一个心胸不开阔，没有正确学习态度及包容精神的教师，自己也很难取得更大进步。况且，人际关系是双向互动的，今天你不懂尊重欣赏他人成绩，日后自己取得成绩时也无法与同事分享成功的喜悦，得不到他人的认可及肯定，无法体会幸福感及成就感，唯独剩下的是越来越重的孤独感，这将对教师职业发展产生严重影响。

（三）尊重差异，学会欣赏

教师团体成员来自不同家庭、地区，他们有各自的成长环境，教育背景及受教育程度等许多方面会表现出差异，例如个性差异。每位教师都有自己鲜明的个性，他们的自我认知、教育动机及创造性等个性特征都不尽相同。教师个体的需要也参差不齐。有的教师注重物质享受，有的教师注重精神追求，有的教师关心自己的利益，有的教师关注学校及学生的发展，有的教师把工作当成谋生的手段，有的教师把工作当作事业来做。又如教师的世界观、人生观、价值观不同，对事物的理解及认知不同。在教育教学过程中，学生观、教育观会呈现差异。有的教师注重学生综合能力培养，有的教师注重学生分数高低，有的教师只关注自己所教授科目，有的教师注重于其他同事合作。教师之间存在各种各样的差异是正常的，要承认多元，允许多元，尊重多元。承认差异、尊重差异就要学会欣赏。学习其他教师身上的优点，例如学习教育教学方法，学习先进教学理念，学习爱岗敬业精神等。教师是受过良好教育的高级知识分子群体，每个人都会在不同方面呈现自己的优势，我们要做的就是扬长避短，以欣赏的眼光看待周围的人和事，学习他人优点，更好地发展自己。

（四）尊重他人隐私，不干涉他人生活

隐私，顾名思义为隐蔽、不公开的私事，是一种与公共利益、群体利益无关，当事人不愿他人知道或他人不便知道的个人信息，当事人不

愿他人干涉或他人不便干涉的个人私事，以及当事人不愿他人侵入或他人不便侵入的个人领域。每个人在生活中都希望有属于自己的空间，都有不便告知他人，不想他人知道的事情，尊重他人隐私是个人良好道德修养的外在表现。在教师群体中，除了教育教学工作外，每位教师也像普通群众一样，有自己的生活，包括婚恋情况、家庭关系、财产情况、社会交往、健康状况、身体缺陷等。教师间不应该互相打听、刺探、八卦别人的生活。即使是无意中看到别人的隐私也应该保守秘密。当听到关于同事的流言蜚语，应该有流言止于己的思想觉悟及道德修养。教师群体是一个社会公认有良好修养和职业素养的人群，每位教师应该保有知识分子该有的品格和修养，正人正己，不做职场中无聊的八卦之人，而应该修身养性，与同事建立健康、阳光的同事关系、朋友关系。

二、共同进步

共同进步是指教师之间相互帮助、互相关心、互相鼓励、互相学习，每位教师在教师群体的帮助下获得关爱与发展，共同提高教育教学能力，从而提升学校整体教学质量。共同进步是教师专业发展的需要。每位教师的能力是有限的，只有学习他人长处才能弥补自己的不足。共同进步是学科、学校发展的需要。在同一年级、同一学科、同一学校，只有教师专业水平过硬、能力过关，才能在整体上发展壮大一个科组、一个年级，进而学校整体得到发展。

（一）正确看待同事间的竞争

竞争是指"努力获得另一个人同时也在努力获得的东西的行动。"竞争是一个努力超越自我、超越别人，并最终达到理想目标的过程。现代意义上的教育教学工作，需要教师间的精诚合作，也需要竞争。随着社会的发展及人自身素质的要求，教育行业引入竞争机制，优胜劣汰是社会发展的大趋势。在任何一所学校都会呈现教师教育教学工作水平及能力的差异，有的教师能够出色完成工作任务和科研任务，受到学生爱戴、家长好评、同事和领导的认可；有的教师越来越不适应教师事业发展要求，在教学、科研方面表现欠佳，这样的人也不再适合做老师。因此，教师在注重合作的同时，还要有竞争精神，教育行业注重组织和谐的同时要引入竞争机制，否则就会滞后于教育工作的需要及社会发展的需要。

1. 教育行业竞争的必要性

（1）竞争有利于教师自我提高，激发教师奋发向上。在教师集体中，人固有的进取心、好胜心及对个人利益的追求，往往会促使教师间开展各类竞争，例如教学技能竞赛、科研项目选拔、学生成绩评比、绩效考核等。教师为了争取各项荣誉与他人竞争，为了在竞争中胜出，为了超越他人，实现自己的价值，就会不断努力，钻研专业、探究教育教学方法、进行课题研究等，教师会对自己的工作投入更多的精力和情感。各种各样竞争的过程，就是教师不断提升自己专业水准及能力的过程，会促使教师不断改善、不断提高，最终获得自我发展，形成积极向上、追求卓越的精神动力。

（2）竞争有利于学校整体教育教学质量的提高。在竞争中很多优秀教师会脱颖而出，学校可以从中发现所需人才，选拔骨干教师，着力培养、打造名师工程，发挥其示范、辐射作用，引领教师的专业成长。教师集体的共同特点是大多数老师都有极强的自尊心，不甘落后，不甘平庸，当看到身边同事在竞争中处于优势，在竞争中获得自我发展及自我提升时，教师们会纷纷效仿，向优秀同事学习，弥补自己的不足，自我反思，自我完善，迎头赶上，提高自己的专业素质及能力水平。这样一来，学校就会形成你追我赶、积极向上、互相学习、互相超越的教育、科研的工作环境及氛围，学校就更加富有朝气，学校的整体教育教学质量将会不断改善、不断提高。

（3）竞争有利于促进我国教育事业的发展。近些年来，我国教育事业取得很大进步，不论是教师整体专业素养、教育理念还是人才培养模式都不在不断提高、创新。当然，要赶上国际先进水平，还需要全体教师不断努力。随着国际、校际间和人际间的竞争加剧，社会对老师的要求也越来越高。那些出色完成工作任务、科研成绩突出的教师将会受到重用和奖励，相反的，那些不能适应教育教学工作的老师将被调离岗位或者淘汰。经过优胜劣汰的选择，每位教师都将更加珍惜和热爱自己的工作岗位，并为之付出不懈努力。教师整体素质的提高，将会大大改善我国教育环境、教育质量，从而推动教育事业迈上新台阶。

当然，教师间的竞争会导致"利己"与"排他"，这就会出现恶性竞争或者不良竞争。竞争可能会造成人际关系紧张，也有可能导致人的嫉妒心的滋长，导致组织缺乏凝聚力及向心力。教师在竞争中会感觉到压力和恐慌，竞争失败往往会增加精神负担。甚至个别教师为了在竞争中取胜，不择手段、钩心斗角、尔虞我诈、自私自利、诋毁他人，这些都是不可取的。教师之间的竞争应该建立在根本利益一致上的竞争。竞争的意义不在于教师取得多大成就、荣获多少荣誉，而在于在竞争过程中参与竞争的所有人都获得发展与提升，为学校营造良性竞争氛围。

2. 教师正确的竞争观

（1）有正确的竞争意识。自然社会遵循物竞天择，人类社会也是在不断竞争中获得发展的。现代社会不是不需要竞争，而是如何正确地对待竞争。教师之间的竞争是一种良性竞争，不是"你存我亡"的"斗争"，而是一种自我发展的手段。教师也应该敢于竞争，敢于与他人比较，在比较中发现自己的优势及不足，不断提升自我。

（2）友好对待竞争对手，正确看待别人成就。教师之间不仅仅是竞争者，更是合作者。因此，对待同事，对待竞争对手，不能看成是"阶级敌人"，不能看作是要"打败的对象"，而应该持友好、谦虚、合作的态度，做到胜不骄败不馁。对待有竞争成果的同事，不嫉妒、不冷嘲热讽，更不挖苦讽刺，而是要虚心学习，将竞争结果转化为共同进步的催化剂。

（3）正确对待竞争结果。是竞争，就会有高低、输赢之分，就会有一个结果。这就需要教师保持平常心。取得成绩，不骄傲、不傲慢、戒骄戒躁，不轻视他人，不沾沾自喜；失败了，不气馁、不嫉妒，认真总结经验教训。对于失败的同事，更要多给予关心及帮助，帮助他们找到问题的症结所在，相互切磋，共同进步。

（二）教师间杜绝嫉妒

嫉妒是指对他人所取得的地位、名誉、成绩、进步等的一种不服气、不友好，甚至是敌对的情感，是一种想保持住自己的优越地位而极力要排除他人优越地位的心理倾向。嫉妒是一种病态的心理倾向。嫉妒常常会导致中伤别人、怨恨别人或者诋毁别人的行为，会严重破坏人际关系，是一种心胸狭隘、缺乏修养的表现。教师间看到别人取得成绩，产生嫉妒之心不可怕，但是要学会调节，正视嫉妒之心。可以充实自己的生活，将注意力转移到其他事物中去，让自己快乐生活；可以多进行自我鼓励，充分看到自己的优势；可以将优秀同事作为自己学习的榜样，将他们取得的成绩作为自己奋斗的目标，变嫉妒为不断奋斗的动力。当产生嫉妒之心时，要及时通过多种方式调节情绪，控制自己的言行，做一个心胸开阔、宽厚大度的人，这样自己活得解脱和快乐，也更容易营造和谐共处的人际环境。

（三）教师间避免极端自私，相互猜忌，相互拆台

教育教学工作是集体协作型的劳动，这就要求教师间多合作、多团结、多交流、多帮助。反之，如果教师间出现只考虑自身利益、自己所教科目，不愿意分享教育教学资源、分担教育教学任务的极端自私行为，那么整个和谐共处的教育环境将会受到破坏。同时，教师间交往也不可相互猜忌，互相不信任、不支持，对同事疑心重，防范心强，这样只会使教师间的隔阂越来越大，降低教育教学效率，影响学生全面发展。走出自私自利、相互猜忌的误区可以主动与他人交流，在交流中交流信息和情感，取长补短，互相学习，体会集体智慧和集体力量；可以积极主动承担工作，多付出，只有付出才有回报，只有在付出中才能体会成就感及价值感；遇事心胸开阔、理智分析，猜忌心理往往会受到周围人和舆论的影响，因此遇事多一点冷静、多一点思考，不要斤斤计较，要三思后行，让流言不败自破。

三、关心宽容

关心宽容是指教师之间无论是在工作中还是在生活上，相互照顾、互相体谅，不记仇、不记过，发生冲突及时化解，多一些包容，多一些理解。学校就像一个小社会，教师之间的人际关系直接影响学校发展、学校风气及教师个人生活、工作情绪等。学校是培养人的地方，与人打交道是教师的职业特点。处理好与同事之间的关系，营造一个和谐温馨的工作环境，能极大地促进教师工作的积极性，也能带给教师安全感及归属感。学校不仅应该成为教师的工作场地，更应该成为教师共同的精神家园，一个共同的大家庭。家庭要和谐发展，需要家庭成员共同努力、互帮互助，一起营造健康和谐的工作生活环境。教师间的关心宽容具体可以这样做：

（一）同事间相互关心，理解、体谅彼此的困苦

教师集体分工协作，共同完成教育教学任务，建立起精诚合作、共同进步的工作关系，在这个过程中，大家付出了情感，更应该建立起一种平等的友谊关系。维护教师之间的友谊需要彼此互相了解、互相体谅、彼此关心。教师群体性格有差异、工作能力有高低、教育思想有不同，这需要互相了解、彼此尊重。此外，在生活上，教师之间要互相体谅、互相支持，多关注对方的感受，多一种彼此心灵相同的感觉，多一份设身处地的体谅，善于倾听，共享他人的快乐，分担他人的忧愁。当教师生活上遇到困难，要及时伸出援助之手，尽力帮助同事尽快摆脱麻烦、解决困难。

（二）同事之间互相宽容，发生冲突，及时化解，以宽容之心对待彼此

教师之间有认知、思想、价值观等方面的差异。对于那些与自己观点不同的人，要有一颗宽容之心。教师如果认为只有自己的观点才是对的，自以为是，恶意贬低他人观点，这样只会恶化教师之间的关系，造成相互之间不友好和仇视的气氛。"兼听则明"，只有教师之间能互相听取不同意见，并围绕问题展开热烈讨论，才能使教育教学得到更好的发展。此外，由于教师个人职业发展的需要及学校整体发展的需要，教师之间会有利益冲突。例如评优评先、奖励考核、成绩评比、职称评定等，在这些方面有时候如果处理不当，会在教师之间产生矛盾及冲突。这时就需要教师有开阔的胸襟，多站在别人的角度考虑问题，不要激化矛盾，不能将冲突扩大化，影响教师形象，影响学校声誉。有时候，适当舍弃是为了更好地获得，帮助他人其实是在帮助自己。对人多一份宽容，我们也会得到别人更多的宽容；多一份体谅，我们也会得到别人更多的体谅。教师是社会公认的道德修养较高的群体，我们应该以身作则，为社会精神文明建设贡献自己的力量。

思考与讨论

1. 同事关系的本质表现在几个方面？请就其中一个本质关系谈一谈自己的体会。

2. 同事之间为什么要精诚合作？在教育教学工作中如何展开合作？

3. 同事之间开展竞争的意义是什么？应该如何对待教师间的竞争？

4. 同事之间彼此尊重表现在哪些方面？结合实际谈一谈自己的体会。

 案例一

李薇特烦恼

李薇研究生毕业后，应聘到一所学校做高中英语老师。由于是名牌大学毕业，学历高，同事们对这位新教师很好奇，也寄予厚望。科组长更是对李薇说，她的加入，给科组注入了新鲜血液，希望能对科组发展起到推动作用，尤其是李薇有研究生学历，希望她能带动大家积极开展科研工作。但是，事与愿违，李薇的表现不如人愿，而是带给同事麻烦。

经过一段时间的观察和接触，大家发现李薇性格内向，甚至有点孤傲，不善于与人交流。在学校，除了上课，就是自己安静地看书，很少跟办公室的同事交流探讨任何教育教学问题。一开始，科组长以为她是新教师胆怯，不好意思与大家交谈，科组长总是会主动问她工作上有没有问题或者困难，而她的回答只是简答的三个字"没问题"。同事也会经常提醒她参加教研活动，但她从来只是旁听者，一言不发，同事就某一问题问起她的意见时，她也是简单说"没意见"。

新教师上公开课前都需要在科组将自己的教学设计与科组老师交流，听取同事们的意见。李薇汇报完自己的教学设计后，大家都纷纷提了一些修改意见，认为改一下效果会更好。可是，在上课时，她没有采纳任何老师的意见，依然按照自己的设计开展教学，结果可想而知，教学效果得了差评。比较封闭的李薇，在学生面前非常严肃，不苟言笑，加上缺乏教学经验及对教材的把握，所教班级的学生成绩一落千丈，年级倒数。学生失去学习兴趣，家长眼看着孩子成绩下滑也非常着急，一些心急的家长甚至找到学校要求换老师。

科组长、班主任见此情景也非常着急。他们经常给学生做思想工作，鼓励学生重视英语学习，还经常在早读课上让学生读英语、背单词。但是，李薇知道这件事情后不仅不感激，而且还很生气，认为同事这样做是干涉了她的教学工作，是对她的不信任。这样一来，科组长及班主任也很生气，他们之间的关系变得更加紧张，李薇也更加封闭自己。

【案例分析】

这是一个典型的教师不懂得现代教育需要精诚合作的反面案例。现代教育是一个开放式的专业合作的过程，教学工作早已经不是教师耕耘"自留地"的时代了，而是一个需要敞开大门，与同事进行专业上的交流、分享、互助，以此提高自己的业务水平，并通过与同事的协调、合作带给学生更有效的教育。案例中小李的问题在于：

第一，作为新教师，没有角色转变意识。李薇学历背景很好，但这已经成为过去，那只能代表她的学生时代读书用心，有专业基本功，是优秀的学生。但是，成为教师，角色发生转变，意味着一切要从零开始，教学理念、教学方法、教材分析、学情分析等都需要学习。李薇一味孤芳自赏，沉静在自己的世界，没有意识到从学生到教师角色的转变，意味着需要不断向他人学习。

第二，没有认识到他山之石。为我所用是教师自我提高的重要途径。每位教师由于专业基本功、性格特点、价值观、学生观等的差异，会形成不同的教学风格，教学水平也有高低。教师之间，需要相互学习，取长补短，共同研究，共同探讨。学习他人长处，学习好的教育教学方法，才能更好地提升自己。尤其是对新教师来说，抱着谦虚好学的职业态度对待工作尤为重要。要积极主动与同一科组、同一年级的老师们学习，主动询问，主动交流，观察模仿，最终才能形成自己的教学风格。案例中的李薇固执己见，总认为自己是对的，不听取他人意见，这样孤傲、自负的性格，只能让她在教育教学道路上不断摔跟头，而且时间越久越没有可塑性，甚至可能导致无法胜任教师工作。

第三，不懂反思，固执己见。没有完美的教师，也没有完美的课堂。但是优秀教师与普通教师的差别就在于优秀教师会积极主动地反思自己，内观自己的行为，并不断改进不足之处，不断完善自己。在问题中反思，在反思中进步。教育教学就是这样一个不断摸索、不断完善的过程。案例中的李薇，在遭遇公开课不被认可、学生厌学、家长投诉等情况后，依然我行我素，漠视同事的关心及帮助。不懂得反省自己存在的问题是很悲哀的事情。如果观念意识不转变,她将会遭遇更大的挫败。

第四,不懂改变性格,适应环境。选择一种职业就需要具备与职业相匹配的能力、性格等,否则,在竞争激烈的现代社会,适应不了工作及环境,只能被淘汰。虽然说性格是人的行为方式和现实态度比较稳定的心理特征的总和,但是并不等于性格不能改变。恰恰相反,我们要积极主动地塑造不同工作岗位需求的职业性格。教师的工作对象是人,这就决定了教师必须学会与人打交道,处理好师生关系、同事关系、教师与领导的关系等。只有在良好的健康的人际关系氛围中,教师才能顺利开展教育教学工作,反之,则会妨碍工作进程,影响工作情绪,甚至身体健康。案例中的李薇,性格本身比较内向,但是既然选择做一名教师,就不能随心所欲,而是要尝试主动交流,尝试改变,只有在不断磨砺中才能适应教师角色、站稳讲台,最终才能获得职业幸福感。

案例中的李薇让人同情,但也再一次警醒作为教师合作意识的重要性,协调处理好同事间人际关系的重要性。对于李薇遭遇的问题,解决办法是:

一是自我改变适应环境。在生活中喜欢独处,这是个人性格问题,别人无法干涉。但是在工作中,必须要学会改变自己,主动适应环境。教师的工作环境决定教师必须与学生、同事相互交流、打交道,所以需要改变自己孤僻的性格,主动适应新环境。这样不但有利于提高工作效率,还有益于身心健康。

二是主动与他人交往。良好的人际关系就是在与他人的"互动"中发生、发展和密切的,要与他人合作、交往,就要积极主动地与他人交流思想、交换意见、建立友情,尽可能做到信息相互传递,加深对他人的了解,也让他人更好地了解自己。

三是主动学习,谦虚谨慎。人无完人,同在一个单位,每位教师都有自己的优势和不足。我们要善于学习他人长处,弥补自己不足,获得更好地发展。李薇刚进入教师行业,需要虚心向前辈学习,有问题多请教,主动听课,积极参与教研活动,积极参与讨论,多听取他人意见,积极改进自己的不足,这样才能加快成长速度。

任何人的教师生涯都不会是一帆风顺的,只要我们热爱这个行业,不断磨砺自己,不断提升自己的职业道德修养,一定能成为有成就而又幸福的老师。相信只要愿意改变，李薇也能成为一个受同事、学生、家长欢迎的好老师。

案例二

竞争风波

王老师和李老师同教初一年级数学，在同一个办公室工作。开始的时候大家相安无事，各自做好自己分内的事情，遇到教学问题也会互相交流探讨，同事关系比较和谐。但是，这样和谐的局面在学校即将选拔优秀教师团队任教初三年级时，悄然发生微妙变化。王老师和李老师教学水平相当，但并不是数学科组教学成绩最好的老师，所以他们两人不一定都能上初三。不能上毕业班，对老师来说就是能力需要提升的表现，两位老师都在暗暗使劲，希望自己能继续上初三。

两位老师开始各自为战，暗自下决心要把自己所带班级的教学成绩搞上去。他们在给学生印发试卷时，你瞒着我，我瞒着你，互不相通。甚至为了不让对方看见自己的印发内容，还将试卷锁在办公桌抽屉里。遇到教学重点难点问题时，两位老师也不再像以前那样交流了，而是自己冥思苦想，想办法解决。有学生来问问题时，如果不是自己教的学生，两位老师就不会主动帮忙解答。

两位老师之间的关系的微妙变化，愈演愈烈。王老师上完公开课后，科组长召集大家评课，李老师指出了王老师课堂教学中许多问题，问题尖锐，语言刻薄，这让王老师很不舒服。王老师暗自决定，下次李老师的公开课他也一定要好好找找他的毛病，以牙还牙。

更为严重的是，每次大型考试两位老师要求学生在试卷上做好记号，所以，阅卷时试卷虽然密封，但是两人不用拆就知道是自己学生的试卷。这样做的目的就是评卷时给自己的学生手下留情，给对方的学生加倍严格，好使自己在教学成绩上战胜对方。

两位老师在争取上初三这个机会中，展开或明或暗的争斗，同事看在眼里，连学生也感觉到两位老师间的火药味，这也引起了一些学生的反感。斗争的结果并没有像两位老师想象中的结局发展，最后两位老师都被安排重新上初一，谁也没有上初三。

【案例分析】

竞争是社会进步和发展的推动力,是许多行业中普遍存在的现象。随着社会变革及发展,现代教育也离不开竞争。尤其是在中小学校,分数是选拔人才及衡量教师工作绩效、职称评定、福利待遇等的重要指标之一,因此,教师之间必然会展开各种竞争。竞争是把双刃剑,教师间采用正常手段竞争,对教师业务成长、学生学业水平,乃至学校发展都有重要意义,反之,带有破坏性、诋毁性的不正当竞争,会在教师群体中激化矛盾,不利于教师业务发展,不利于教师身心健康,破坏学校风气,对学生学业也会产生负面影响。本案例中两位教师的问题在于:

第一,没有树立正确的竞争观。教师间的良性竞争有利于教师个人专业发展及潜能发挥,有利于形成和谐互助的人际关系。教师间的良性竞争是同事间的比学赶帮、奋勇争先,教师间互相学习他人长处,弥补自己不足,不断要求自我提升。竞争不是你死我活的争斗。教师要通过努力来提高自身的素质和教学水平,使自己能够脱颖而出,通过合法的、合理的、道德的方式,来争取自身利益。案例中的两位教师,为了争取上初三的机会,开展的竞争不是积极的良性竞争,而是不良竞争。他们之间开展竞争的目的不是互相促进、互相学习、最终提升自己的能力,而是带有功利性,只顾自己利益,不惜伤害他人利益的竞争。他们的竞争观念违背了教师间根本利益一致性原则。

第二,竞争手段违背教师职业道德。教师间的竞争如果是不道德的、非理性的、弄虚作假的,通过诋毁和污蔑来贬低他人抬高自己,那么这种竞争是一种消极竞争,必须加以制止。教师间如果树立了"利己排他"竞争思想,就会将同事关系恶化、敌对化,将同事看成是威胁和挑战,并采取一些不合理、不道德的手段达到获胜目的,这样的竞争不利于教师成长及教学工作的顺利开展。在本案例中,两位老师为了争取学生得高分不惜弄虚作假,让学生在试卷上标记符号,以此给学生分数"注水",这样的做法已经严重违背教师职业道德底线。教师都不能做到诚实守信,我们如何教育学生做人诚信呢?教师间应该互相支撑、互相鼓励,而案例中的教师专挑别人毛病,看不到对方优点,这样的交往心态,必然影响教育教学工作,甚至影响教师人格完善。

第三,为了达到竞争目的,不考虑竞争后果,不顾教师形象。中小学,尤其是初中及高中,有升学压力,学校之间有竞争,同一学校教师之间也将开展各种竞争。教师所教班级学生整体成绩高、考试优秀率高,就说明教师业务水平及教学能力强,这将直接影响教师的评优评先及职称评定。这种环境下,教师间就形成一种以分数论英雄的竞争关系。案例中,两位教师为了达到竞争目的,被竞争冲昏头脑,不计后果,采用各种不合理、不道德的手段,他们这些行为被同事、学生甚至领导看在眼里,记在心里,这种不良竞争不仅不会给他们加分,反而给两位老师的业务能力、人格魅力减分,不良竞争的结果不是优者胜出,而是皆被淘汰,从此他们在同事、学生心中的形象也大打折扣。

两位老师的竞争结果让人遗憾,竞争手段让人惊讶,竞争心态让人反思,解决类似这样的问题,有以下建议:

第一,树立正确竞争意识。竞争无处不在,有人的地方就有竞争。竞争不等于敌对和自我封闭,竞争中也可以有合作和友谊。教师在竞争中要学会互相学习、互相合作、取长补短,不断挖掘自我潜能,共同提升教育教学水平。案例中的两位老师同在一个办公室、同教一门课程,他们有很多交流合作机会,可以互相发挥自己长处,共同研究提升学生成绩的办法,两个人合作总比一个单打独斗强,教学效果也会更好。

第二,坚守教师职业道德底线。竞争不是打压别人,抬高自己,你死我活的争斗早已经违背竞争的本意。教学成绩的竞争不能弄虚作假。教师要以身作则,给学生树立榜样,教师做人做事的原则和底线将直接影响学生世界观、人生观及价值观的形成。案例中的两位老师提高学生成绩心切,采用不正当手段,这些将会对学生造成很大的负面影响,这一点需要坚决杜绝。

第三,学校营造和谐竞争机制。大部分学校将老师教育教学成绩作为评定教师优秀与否的重要标准,这给教师带来巨大压力。教师间存在能力差异、水平高低的情况,学校需要建立客观公正的评价机制,努力营造和谐人际环境,尽可能给老师提供自我发展、自我超越的机会。这样,从长远来看,学校整体教育教学水平才能得以提高,学校才能获得长效发展。

案例三

关心·宽容·改变

赵老师是一位相貌平平，教学业绩一般的女教师。在休完产假后，她成了校园里的"快闪"老师。平时在办公室她很少与同事交流，上完课就立刻回家，对学生也没有很多耐心，学生有问题请教时经常找不到人。与她搭班的班主任们很着急、很头疼，觉得她是个不负责任的老师。同事们也经常对这个老师议论纷纷。在一次偶然的机会，科组长与赵老师交谈，才了解到赵老师产后得了严重的产后抑郁症，治疗很久都效果不佳。加上患病期间暴饮暴食，导致身材走样，她在穿衣打扮上也变得很随便，甚至有点邋遢。休完产假回来后，与她搭班的大部分都是新教师，很多都不熟悉，觉得跟他们也没有多少共同话题，所以，很少与大家交流。在上课时，学生经常打闹、不守纪律、议论老师，给赵老师取外号，这样的环境让赵老师更加自卑、不安，所以，干脆做上完课就逃避的"闪客"。科组长听完赵老师的处境深感同情，她决定发动同事们关心鼓励赵老师。

科组长首先从自己做起，主动与赵老师交流。由于科组长也是有孩子的人，所以她们经常在一起交流育儿经。小到如何给孩子添加辅食、如何选择孩子的衣服，大到孩子生病的护理经验，幼儿园的选择等，她们都互相交流、分享。因为都是母亲，有共同话题，很快赵老师就与科组长成了能交流诉苦的朋友，赵老师很开心自己有值得信任的朋友。

科组里的雨菲老师年轻漂亮，着装时尚又优雅，很有品位。她几次主动邀请赵老师一起逛街，给她介绍很多适合她的衣服，甚至在网上帮她挑选一些漂亮衣服送给赵老师。赵老师在雨菲老师的影响下，开始注重打扮，注重自身形象，她每次穿漂亮衣服都会得到同事们赞美，这让赵老师更加自信。她还利用工作之余积极锻炼减肥，让自己的形象变得更好。

科组长同时也跟与赵老师搭班的班主任积极沟通，希望她们对赵老师多一些理解、多一些宽容、多一些支持。班主任们在了解赵老师的情况后，也积极给学生做思想工作，让学生注意尊重老师，学会关心老师。有的班主任还主动邀请赵老师参加班级活动，让学生更深入地了解赵老师，加深师生情感。慢慢地赵老师与学生关系越来越融洽，上课气氛也越来越好。

在关心与爱护中的赵老师，脸上的微笑越来越多，越来越自信，越来越愿意多留在学校一会儿。她深深地体会到，她的蜕变与成长离不开同事们的关心和理解，这份感动将深深埋在她的心底，感激不尽。她也将以同样的关心宽容善待周围的每一个同事。

【案例分析】

学校不仅仅是培养学生成长成才的地方，也是教师实现自我价值，提升生命质量的场所。对于大多数教师来说，在一所学校工作就是十几年甚至更长时间，因此，学校对于老师来说，不仅仅是工作场所，更应该是教师的精神家园及心灵归宿。因此，营造温馨、和谐的人文环境及校园文化显得尤为重要。一个教师如果在工作上得到认可，在精神上获得关爱及支持，那么他将迸发无限工作激情，更有效地开展工作。反之，如果教师在群体中不能互相体谅、互相关心，让教师感受到孤独、无助，那么将会磨灭他的工作积极性，从而对学校环境缺乏安全感及归属感，最终影响教育教学及教师自身职业发展。案例中赵老师的遭遇值得同情，但她也是幸运的，因为她生活在一个有爱的集体中，在这个集体中她获得关心及关爱，自己也得到蜕变及成长。

第一，遇到困难，主动交流。事物的发展是前进性与曲折性的统一，人生也不是一帆风顺的。任何人都会在自己的人生道路上遭遇这样那样的挫折及失败。如何面对这些困难？解决这些困难？除了自身要具备克服困难的勇气及智慧外，寻求他人帮助，听取他人意见也是重要途径之一。案例中赵老师就是在与科组长的一次交谈中，将自己的无助及压力向科组长倾诉。她的主动交流博得了同事的同情，最终获得她人帮助。与他人交流即便不能立即解决自己的困难或疑惑，也能暂时缓解心理压力，调整情绪，从而更好地开展工作。因此，教师在交往中积极主动交流才能让别人更加了解自己，自我封闭在某些环境下只能给自己增加更多压力甚至不必要的麻烦。

第二，体谅、理解同事疾苦。教师肩负传道、授业、解惑的重任，要引导学生朝着积极、阳光、健康方向发展，这就要求教师的人生态度是积极、乐观的。但是，教师也是有喜怒哀乐的人，也会遭遇各种困难，这就是要教师群体相互关心、相互支撑、相互体谅，携手前行。同事间的体谅及帮助能带给教师前行动力及克服困难的勇气，因为，同道中人更能相互理解彼此困苦。同事间的关爱也能言传身教给学生，为学生树立榜样，教育引导学生学会关心、体谅他人，满满的关爱、满满的正能量，在同事间、师生间传递开来，校园多了一份和谐及温馨。

　　第三，教师共同努力营造互相关心、互相帮助的和谐氛围。每位教师不仅仅在专业成长上需要学习借鉴他人长处，在生活上也要互相理解、互相支持，共同营造和谐校园人文环境，让学校成为教师工作生活的精神家园。当然，这样和谐的气氛需要每位教师共同努力。教师之间主动关心同事，对工作、生活上有困难的同事主动伸出援助之手，让同事感受集体的温暖及团结的力量。被关心及帮助的同事也会将这份正能量通过自己的实际行动传递开来，这样整个校园就弥漫着温暖、和谐的氛围，教师更能在学校找到幸福感及归宿感，更加有利于教育教学效率及学校长远发展。

第八章 教师与家长关系职业之道：协同

著名教育家苏霍姆林斯基曾说过:"教育的效果取决于学校和家庭的教育影响的一致性。如果没有这种一致性,那么学校的教学和教育过程就会像纸做的房子一样倒塌下来。"家长和教师是影响学生教育能否成功的两个重要因素,二者之间的关系犹如一辆汽车的发动机和变速箱,他们相互作用、相互配合、缺一不可。因此,家长与教师要加强沟通、增强合作,努力营造一个健康、和谐、有序的协同合作关系,营造教师用心、家长关心、学生受益的教育氛围,共同促进学生的进步与成长。

第一节 教师与家长关系的本质

一、共谋关系

教师与家长之间的共谋关系是指教师与家长(既包括个体家长,也包括家长团体)通过有效沟通共同策划和制定符合学生实际需求的教育方案,促进学生全面、和谐发展。这种共谋关系贯穿于教育决策的制定、执行、监督的全过程。共谋关系的顺利实施,是通过教师与家长及时了解沟通、深入了解学生现状、共同确定教育目标,以及设计教育方法四个步骤来实现。

孔子提出的"因材施教"即教师要从学生的实际情况、个体差异出发,有的放矢地进行有区别的教学,使每个学生都能扬长避短、突出特色,获得最佳发展。要实现"因材施教",就要求教师对学生的家庭环境、成长经历、兴趣爱好、个人志趣等情况具有极为深入的了解,但这些情况恰恰是教师收集掌握的难点与薄弱环节,而家长却有其天然的优势:家长最了解其孩子所处的家庭环境,也最了解孩子的个人情况。这就需要教师与家长积极沟通、信息共享、互通有无,共同制定教育方案并参与决策,提高学校教育的效果。早在1984年,英国政府便赋予家长代表权力,家长代表有权与校长、教师一起制定有关学校发展的主要决策,确定应开设的课程和学校的培养目标,并对校长、主任教师以及其他教师的任免有重大影响。这一政策给予家长参与学校教学与管理的权力,强调了家长在教育过程中的积极作用,体现了教师与家长共谋关系的重要性和可行性。

二、合作关系

教师与家长之间的合作关系是指教师与家长要团结协作、相互支持、相互尊重，以学生为主体，为学生的生活与学习营造一个完整的没有阻隔的空间。如果把教师与家长比作两个圆的话，那么应该是既不迷失自我又相互融通的两个相交圆。正如苏霍姆林斯基所指出的那样："儿童只有在这样的条件下才能实现和谐的全面的发展，就是两个教育者——学校和家庭，不仅要一致行动，要向儿童提出同样的要求，而且要志同道合，抱着一致的信念，始终从同样的原则出发，无论在教育的目的上、过程还是手段上，都不要发生分歧。"

教师与家长的合作关系主要包含两个层面的内容。一方面，家长与教师及时沟通，互相了解学生在校内、校外的各种具体情况，例如学习情况、同学关系、违纪违规情况、身心健康状况、突发事件等。通过这类信息共享，家长与教师能够互通有无，充分掌握学生的变化动态，共同商议行之有效的教育对策，解决当前教育中存在的问题。另一方面，家长参与到学校内部的活动、管理、监督和决策中去。如协办活动、参与教师考评、建立家长教师联合会等。这一层面的内容可以说是家长与教师合作的高级层次，家长可以更加充分地融入学校的教学、管理中去，由家教合作的被动配合者转变为主动参与者，从而能够在学生的教育成长过程中发挥更为积极的作用。而我国现阶段的教师与家长合作形式一般仍处在第一个层面，家长没有积极参与到学校的教学管理与决策中去，导致家教合作过程中出现一些分歧和矛盾，因而教师与家长的合作关系需要进一步深化与提高。

三、接力关系

教师与家长之间的接力关系包含两个方面的内容。一方面，是指教师代表学校对学生进行教育，是对学生所受家庭教育的深化、提高和延续。另一方面，接力关系也是教师校内教育的校外延伸，家长在校内教育的基础上配合教师开展家庭教育。这种接力关系是决定校内教学效果的重要保障，是校内教育与家庭教育的无缝连接。

一般情况下，儿童和父母接触的时间最早最长，他们的启蒙教育往往来自于家庭，受到父母言传身教的影响。美国心理学家托马斯·哈里森研究指出：在童年时期记录在大脑中的"父母意识"，即由父母或相当于父母的人身体力行、言传身教所提供的"外部经验"，将永久地记录在每个人的"人格"磁带上，"它在人生的过程中将会自动播放，这种播放具有贯穿人生始末的强大影响"。等儿童入学之后，他们获取知识的重心开始逐渐由家庭转变为学校，教师在儿童心目中的地位也逐渐增强，渐渐替代父母成为施行教育的主体。这个时候教师与家长之间的接力关系就显得尤为重要，教师要掌握和了解学生所受家庭教育的情况，在此基础上有的放矢的进一步深化、提高甚至修正，促进学生健康顺利成长。

同时，教师的校内教育也需要家长的配合与监督。学校及教师可以对校内环境及学生的校内表现进行监督控制与影响，但这种控制却难以涉及校外，而学生大部分的时间是在家庭中度过的，这时候就需要家长接力学校教育，配合教师的教育方式，监督学生的学习、作业完成等情况，弥补校内教育的不足，实现家庭与学校协调配合、优势互补。正如苏霍姆林斯基所说："若只有学校而没有家庭，或只有家庭而没有学校，都不能单独地承担起塑造人的细致、复杂的任务。"

四、教师与家长关系的职业之道：协同

协同是一种职业道德原则，是教师与家长关系的职业道德规范之一，是指教师与家长为学生健康成长而采取合理的教育行动所依据的职业原则，表现为教师与家长相互合作、彼此协调、共同谋划，为达成"学生健康和谐成长"这一目标而努力。

如今，教师与家长协同合作已经成为教育界的共识和努力方向。教育永远不单单是学校、教师或者家长某一方的责任，而是全社会尤其是家长和教师协同合作共同的责任。《第 44 届国际教育大会宣言》提出："不仅家长而且整个社会都应当担负起同所有教育系统的工作者、非政府组织一起工作的重大责任"寻求与所有可能的合作伙伴的合作，因为他们能帮助教师将教育过程更紧密地同社会现实生活联系起来，并将教育过程变为实践宽容与团结，以及尊重和平、人权和民主的活动"。《2000 年目标：美国教育法》也明确指出："一所学校在促进儿童的社会情感和智力成长方面，都要加强学生家长的介入和参与，促进家庭与学校的合作"。因此，为了学生健康成长，教师与家

长需要通力合作、相互沟通，形成协作合力。家长在与教师的协作过程中学会教育，而教师在与家长的协作中学会沟通，教师通过家长渠道及时修正自己的教育理念及方法，有的放矢的培养教育学生，这既是教师职业道德的重要体现，也是实现"家校和谐、师生和谐、家庭和谐"的有力保障！

第二节 教师与家长关系职业规范：共谋教育方法

一、双方及时沟通

及时沟通是教师与家长实现共谋关系的前提和必要条件。没有沟通就谈不上家校合作，缺乏沟通就容易造成教师与家长信息不对称，出现各种问题与矛盾。

学生的个体情况复杂多变，教师和家长的教育观念和教育方式也不尽相同甚至相互抵触。为实现教育目标，就需要教师与家长通过及时沟通达成共识，形成一种异中求同的不间断性合作，也就是说，教师需要把学生在校期间的学习、人际交往、迟到旷课、评优评奖、心理问题等情况及时反馈给家长，一方面尽到信息告知的义务，另一方面寻求家长的支持与帮助，找到解决问题的突破点与方法。同样，家长也应当及时与教师沟通，把学生的家庭环境、在家里的学习情况、发生的突发事件等告知教师，教师可以做好预防，防止事态进一步恶化。通过这种不间断性沟通合作，教师与家长能够全面充分了解学生的各类情况，为学生量身打造符合其发展需求、个性特点，并为学生所能接受的教育培养方案。

那么双方及时沟通需要遵循和注意的原则是什么呢？首先，教师与家长多信任、多理解，少指责是基础；其次，教师与家长多交流、多合作，少指令是关键；再次，教师在家长面前多表扬、善鼓励、少批评是有效方法；最后，教师多付出、勤家访、少抱怨是最佳途径。

二、深入了解学生

苏霍姆林斯基曾说："不了解孩子，不了解他的智力发展，他的思维、兴趣、爱好、才能、禀赋、倾向，就谈不上教育。"教师要想教育好学生，就必须要了解学生，根据学生的不同类型，采取不同的教育方式,做到因材施教,这也是教师与家长深入沟通的首要目标。那么,一名合格的教师需要通过家长具体了解学生的哪些情况呢?

(一)家庭环境

家庭环境是指家庭的物质生活条件、社会地位、家庭成员之间的关系及家庭成员的语言、行为及感情的总和,包括实物环境、语言环境、心理环境和人际环境。教师在职业生涯过程中或多或少都会遇到一些学生,他们的性格特征、行为习惯与身边的同学和环境格格不入,存在巨大的差异,而这些差异往往会成为教育失败的隐患。这些差异主要是由家庭环境影响造成的,教师不了解学生的家庭环境,就无法找到解决此类问题的有效办法。美国的格卢克(R. M. Geluk)在对犯罪青少年进行研究中发现,有86.7%的犯罪青少年生活于残缺家庭。儿童心理学家李·索克认为:"对于孩子来说,父母离婚带来的创伤仅次于死亡"。可见,家庭环境的不完整、不健康对学生的成长具有极大的影响。所以说,家庭环境是学生社会化的起点,是学生心理素质、学习能力等特质形成的重要场所。教师只有充分掌握和了解学生的家庭环境才能真正了解学生、教育好学生。

教师通过家长了解学生家庭环境的主要手段有:家访谈话、书面或网络交流、电话交流、约谈等方式。

(二)身心健康状况

学生的身心健康状况是教师了解学生的另一个重要指标,但往往这一指标又是教师容易忽视和遗漏的,而学生的身心健康状况一旦出现问题却没有及时发现并解决就会造成严重的后果和影响。

疫情之所以会发生,一方面是由于学校对结核病防控工作重视不够,未落实学生体检、晨检、因病缺课登记和疫情报告制度等管理措施。另一方面教师和家长的健康教育工作未落到实处,师生和家长对结核病防治知识缺乏,导致学生患病后不及时就医或隐瞒病情。

根据对1999年1月—2007年10月共30例各类高等院校学生校内急性死亡的尸体解剖案例分析,其中心源性猝死11例,主要死因为传导系统病变、心肌炎、心肌病及先天性心脏病;3例脑源性猝死中;2例为脑血管畸形;1例为脑动脉瘤。学生在剧烈活动、饮酒、情绪剧烈改变等诱因下较易发生猝死。

同样，学生的心理健康也极为重要。根据调查，我国有 10%～30% 的青少年存在不同程度的心理健康问题。17 岁以下的 3.4 亿儿童和青少年中，约 3000 万人受到情绪障碍和心理行为问题困扰。据世界卫生组织预测，至 2020 年，世界范围内发生神经心理问题的儿童和青少年将增加 50% 以上，这些问题将成为导致儿童青少年疾病、残疾和死亡的前五位原因之一。

虽然学生的身心健康状况非常重要，但这一状况又存在监测困难、隐蔽性强的特点。学生的健康情况固然可以通过常规体检来筛查，但诸如既往病史、遗传疾病、隐性疾病、心理性疾病等是难以通过常规的体检检查出来，这时候就需要一方面学校及教师要充分重视学生的入学体检和每年的身体检查，对于学生出现的身体异常重点关注并及时处理。另一方面教师和家长要深入沟通并建立学生身心健康档案，根据每年的体检情况、学生的日常表现及家长的反馈实时更新，做到早发现、早处理、早治疗。

（三）兴趣特长

每一位教师都会面对一群性格各异、爱好不同的学生，如何根据不同学生的特性有针对性地开展教育，注重开发学生的潜能，促进他们德、智、体全方面发展是每一位教师面临的重大课题。苏霍姆林斯基认为："世界上没有才能的人是没有的。问题在于教育者要去发现每一位学生的禀赋、兴趣、爱好和特长，为他们的表现和发展提供充分的条件和正确引导。"因此，要培养学生的兴趣，发现学生的兴趣就非常重要。

但有时候家长与学生在兴趣特长的认知上又存在矛盾。很多家长奉行"技多不压身"的观念，单方面认为为了学生的未来发展，强迫孩子参加过多的、本身并不感兴趣的"特长班"，非但没有培养出特长，反而压抑了孩子本身的个性成长，导致特长教育失败甚至出现厌学之类的心理问题。因此，教师与家长要深入沟通，达成共识，科学地分析和掌握学生的兴趣特点，了解学生的兴趣爱好，因势利导，发掘其内在潜能，让学生在自己的兴趣基础上自主选择。只有这样，学生才能始终保持学习兴趣和学习意愿，充分发展自己的特长。

（四）学习情况

学习情况是指学生学习活动的表现及其特征，涉及与学生学习有关的方方面面的情况。从内容上看，学习情况主要包括学习的自身前提性情况（通常称为学习的准备）、学习的环境情况、学习的过程性情况（通常称为学习策略）、学习的结果性情况。

学生的学习情况分为校内、校外两个环节，而这两个环节教师和家长又是错位和不对称的：教师侧重于了解校内情况而家长侧重于了解校外情况。根据调查：分别有 65.7% 和 82.9% 的教师感觉在课前、课后难以了解学生的学习情况。这种错位和不对称会导致学生的学习出现不连贯性，教师无法监督和掌握学生回家后的课业完成情况，以及对课堂知识的理解情况。解决这种不对称的一个重要方法就是教师和家长之间协作沟通。

因此，为了充分了解学生在校内、校外的学习情况。一方面，教师的思想认识要到位，不仅要把精力放在课堂教学上，还必须充分了解学生在课前课后的学习情况，主动与家长联系，依靠家长协同监督学生回家后的课业完成状况，反馈学生在学习过程中遇到的困难和问题，并根据反馈及时调整教学方式，站在学生的角度建立以学生为主体的教学理念。另一方面，家长要重视和配合教师的教学安排，熟悉教师的教学方式，关注学生的学习过程，使学校教育与家庭教育无缝衔接，学校与家庭形成合力，共同促进学生学习进步。

三、确定教育目标

教育目标是教师教学的灵魂，是预期的学生学习结果，是教育的出发点，也是教育的最终归宿。如果没有目标，教学将失去方向，教学活动的结果必然出现偏差，可以说，教育目标决定着教育的效果和成败。

教育目标的建立主要考虑三个方面的要素：学生本身的需求，学生所处家庭环境和社会环境的需要，教师的想法和建议。因此，教育目标的确定是教师（学校）、家长（家庭）围绕学生的实际需求在一定的社会环境下实现的，教师、学生、家长三个要素不仅缺一不可，而且要达成共识。

学校教师的教育目标是根据社会的要求来确定的，主要培养德智体全面发展的高素质人才，因此，"应试教育"向"素质教育"转变成为学校教育目标的主题。但家长往往受传统观念的影响，过度重视考试成绩，"升学率"成为家长衡量一所学校甚至一名教师优劣的尺度。同时，家长的这种心态又对学校的办学方向影响极大，学校能否赢得家长的支持和信任，意味着能否在社会上赢得良好的声誉，意味着能否吸引优秀的生源，意味着教师在人们心目中地位的高低，意味着学校的未来……这就使得学校或教师不得不迎合家长的需要调整教育目标，把"分数"、"升学率"作为办学目标。培养出一批"高分低能"、身体素质差、无法适应社会需要的"人才"。因此，学校、教师要与家长充分沟通，了解学生实际需要，让家长认识到"应试教育"的危害，取得广大家长和全社会的理解支持，统一教育目标，因材施教，恢复教育的本来面目。

四、设计教育方法

印度哲学家克里希那穆提在《人生、教育、学习》一书中这样说："正确的教育并不依赖于政府的规定或某种特殊制度，它取决于我们的手中——父母和教师的手中。"因此，正确合理的教育方法的设计并不仅仅是教师单方面的努力，而是教师与家长合力的结果。教育者除教师之外还应包括家长，教育的内容也不仅仅只针对学生，还要涉及家长，建立家长课堂。

教师、家长共谋条件下的教育方法设计应当包含以下原则：

（一）因材施教原则

每一个学生都拥有不同的异于他人的个性特点，他们对知识的接受程度和接受方法都不尽相同。无论是教师还是家长都应当充分了解学生或孩子的个体需求，在教育方法上"要使每一个儿童的力量和潜能发挥出来，使他享受到脑力劳动中成功的乐趣。这就是说，在学习中，无论就脑力劳动的内容，还是所需的时间，都应当采取个别对待的态度。"只有这样，教师和家长的教育才能够和学生的需求相结合，实现教育的目的。

（二）爱与尊重原则

苏霍姆林斯基说过："教育技巧的全部奥秘就在于如何爱护学生。"

教师有对学生发自内心的爱和尊重，就会处处为其考虑，并赢得学生和家长的信任，提高教育的实效。相反，如果教育者缺乏对学生的爱与尊重，就会变成冷冰冰的、不顾及学生及家长感受的"说教者"，会使学生心生厌烦或逆反，达不到良好的教育效果。

（三）家校统一原则

家校统一原则是指家庭和学校教育要高度一致的原则，教师和家长的教育方法要优势互补、相互呼应。教师和家长都应当把"素质教育"作为双方教育方法设计的前提，而不能教师在学校注重素质培养，家长在校外却重视考试成绩，造成学生惶然无措、左右矛盾，不知如何是好，导致教育的效果大打折扣。

第三节　教师与家长关系职业规范：合作处理事务

一、建立"以校为本"的教育事务处理合作模式

"以校为本"的教育事务处理合作模式是指以学校、教师为中心和主导，同时能够满足家长需要的各项活动。家长可以通过学校或者教师了解其孩子的各项在校情况，甚至可以参与、监督学校各项方针政策的制定。如果把学校设想为一个轮子的轴心，有许多辐条以家校合作项目、资源、家庭中心和其他支持系统的形式，向学校所在社会的各类家庭辐射。

"以校为本"合作模式的建立需要以下前提：

一方面，要营造良好的家校合作氛围。社会、学校及教师要转变思路，积极接纳家长走进校园参与教育合作，同时提供一切可能的人力、财力、物力支持让家长介入学校事务开展合作成为可能。

另一方面，建立畅通、有效的家校合作渠道，如家长会、家长论坛、家长通讯、家长听课、家长参观日、家长留言板等方式。让家长可以轻松且深入地走进校园、走进课室，拉近教师和家长、家长和学生之间的距离。

"以校为本"合作模式能成功地让家长走进学校，参与学校的教学管理，理解学校的办学理念，使教师的教育努力得到家长的支持与帮助。比如如何帮助学生提高学习兴趣，"以校为本"的家校合作并不是

要求家长去督促学生完成老师布置的家庭作业或者仅仅关注考试成绩，而是让家长配合教师激发学生的学习兴趣，鼓励学生去发现学习的乐趣，由"要我学"变成"我要学"。教师可以邀请家长参观校园，读一些家庭教育方面的文章，讨论学生学习兴趣提高的方式，找到减轻学生学习负担的方法，共同布置家庭作业，使家庭作业不再是乏味困难的书本纸质作业，而是能激发学生学习兴趣与热情、培养多方面能力的活动作业。

同样，在加强校园文化氛围上，学校可以招募家长志愿者成为"家长教师"，按照家长的特长、兴趣分配教学任务，让家长真正走进课堂参与教学，由教育的旁观者变成教育的施行者。这既提高了家长的教育水平，也拉近了教师、家长、学生三者之间的距离，同时也丰富了校园文化氛围。

此外，对于学生在校的各种表现。家长可以组建"家长委员会"，教师定期详细地向家长介绍学生在学习、身心健康、同学关系、遵守校纪校规等方面的情况，并分析其原因及可能造成的后果。"家长委员会"同教师共同讨论解决办法，甚至可以选派家长督导员走进课室与教师共同参与教育。通过这类委员会，教师和家长能够非常全面地了解学生的情况，协力解决问题。

二、建立"以家为本"的教育事务处理合作模式

"以家为本"的教育事务处理合作模式是家教合作的另外一种形式。"以家为本"的家校合作是指以家庭为中心，由学校或者社区指向家庭的、能够配合学校教育的各项活动。如果将家庭设想为一个轮子的轴心，有许多辐条以家校合作或社区与家庭合作项目、资源、家长教育人员和其他支持系统的形式，向家庭聚拢。

家长是孩子教育的启蒙者，家长教育素质的高低、教育水平的优劣直接影响到孩子未来的成长。因此，"以家为本"的合作模式就是要指导家长具备正确恰当的教育素养，使家庭成为孩子受教育的另一个重要基地。正如苏霍姆林斯基所说的："教育学应当成为众人的科学——不论是教师还是家长。我们竭力给每个家长都授以最低限度的教育学知识。"在此前提下，根据现有研究，"以家为本"合作模式的具体内容主要包括以下几类。

（一）家长教育

家长教育是"以家为本"合作模式的基础和前提。家长教育是指由专业的家长教育人员或家长教育辅助人员对家长进行有针对性的教育技能培训。

传统的家长教育方式主要依靠家长的权威迫使孩子遵循家长自己的意愿，甚至通过训斥、辱骂或殴打的方式教育孩子，这种教育方式不仅收效甚微还可能会导致孩子产生逆反、厌学等心理问题，严重的甚至会造成家庭惨剧的发生。例如，2014年南京某家长为了让不想上学的女儿"上进"，对其使用扇耳光、脚踹、用钢管抽打的方式持续殴打一个小时，致13岁女儿经抢救无效死亡。后经法院审理，家长被判无期徒刑，剥夺政治权利终身。2015年贵州省毕节市一家庭四名留守儿童集体喝农药自杀，其原因就是家长严重的家庭暴力造成四名孩子性格孤僻，产生严重心理问题，最终选择用自杀的极端方式结束自己的生命。

家长教育就是避免此类惨剧发生的重要手段。专业的家长教育人员根据该家庭的具体情况，制定家长教育方案，深入家庭对家长进行教育技能培训与支持。通过此类活动，可以帮助家长学会交际技能，学会逻辑思维，建立自信心，掌握营养学方面的常识，学会按儿童年龄特点使用相应活动，学会使用有效的教学技能，学会利用手边材料组织游戏，用所学技能和知识促进其他工作。

（二）建立家长与儿童发展中心

家长与儿童发展中心是指由学校组织建立的为家长和儿童提供服务的公益性教育机构。学校可以独立或者跟社会合作提供固定的场地、设施及专业的教育工作者，组织家长参加培训、举办家长交流会，帮助家长解决遇到的困难。或者可以组织特色家庭活动，邀请家长、教师、孩子共同参与，寓教于乐，拉近彼此距离，巩固家庭氛围。甚至可以邀请专业医生开展身心健康讲座或健康检查，帮助家长做好疾病预防、排查及治疗工作。

家长与儿童发展中心的意义和功能在于将相对封闭性的家庭教育延伸至学校或社区，使家长可以有效地利用学校和社会资源开展教育，为家长教育手段的科学性及教育方法的多样性提供帮助，也为家长之间的交流沟通提供便利，让家长成为自己孩子的合格教师。

（三）建立家校信息沟通共享系统

信息不对称是教师和家长开展合作时经常碰到的问题，即对于学生的信息，教师和家长的拥有量并不完全对称。家校信息沟通共享系统则是利用互联网技术，搭建一座连接学校和家长的信息桥梁。其主要目的是学校与家长共享教育信息与资源，为家长提供与教师、学校管理者沟通的机会。具有快捷、全面、系统、灵活等特点，家长可以根据学校教学计划及学生的表现及时做出反应。

学生入学之后，学校将会分配给每位家长一个系统账号，家长登录系统后可以得到诸如学校教学计划、任课教师信息、课程表、班级活动计划、家长培训课程及学生基本情况等信息，这些信息会及时更新，包括学生上学期成绩、班主任评语、获奖情况、违纪违规情况、体检报告等。另外，家长可以利用系统报名参加家长志愿者工作、家长会等活动，并和任课教师网上交谈。利用这个系统，打破了家长和教师之间沟通的空间阻隔、时间滞后，家长可以依靠信息系统时时刻刻掌握孩子的情况，及时提醒和指导孩子，实现家校合作的目的。

（四）家访

根据《教育百科辞典》的解释，家访是指为了教育好学生，教师到学生家庭中与其家长取得联系的活动，包括常规家访和重点家访。家访是维系教师、家长、学生的纽带和沟通学校、家庭、社会的桥梁，是家校合作中不可或缺的活动。

传统意义上的家访主要发生在教师接受新的班级或者学生的学习、日常表现发生异常的时候，教师上门向家长告知情况，与家长商议矫正措施和办法，或防止家长采取极端方式责骂、体罚学生导致事态恶化。这种在学生眼中近似"告状式"的家访不仅滞后而且容易使学生产生抗拒心理。

而"以家为本"合作模式下的家访，其主要目的是对家长进行教育技能培训，组织、设计并参与家庭教育活动，家访老师通过与家长和孩子一起活动，帮助家长成为合格的教育者。家访活动开展时需要注意以下事项：掌握学生家长及家庭相关资料，根据家长类型和家庭环境设计家访活动安排；与家长沟通确定家访时间。家访一般安排在家长比较空闲并且学生在场的情况下；初次家访要安排一些消除陌生感的学习活动，或携带一些学习玩具，让教师与家长、学生在轻松愉快的氛围下熟悉起来；家访过程中尽量避免教师一人谈，多倾听家长对孩子教育的看法，以及他们为孩子的成长所付出的努力，多肯定多赞许，并适时提出建议；真诚面对家长，把家访建立在他们需要的基础上，与他们一起制定活动计划并共同努力完成。家访结束后，要填写并建立"家访记录卡"，详细记录每次家访的内容及情况，以便进行系统性的研究。

第四节 教师与家长关系职业规范：协调分歧

一、分歧内容

虽然家长与教师协同合作对孩子的成长发展具有至关重要的作用，但不可否认的是双方由于多方面原因的影响导致家长和教师的关系并不和谐甚至对立。美国学者威拉德·沃勒在《教育社会学》一书中指出："从理想的角度来看，家长同教师之间应该是有不少共同之处的，比如他们都希望情况朝着符合孩子最高利益方向发展，但事实上，家长和教师之间处于一种相互不信任甚至是敌对的状态。尽管双方都为孩子着想，但是双方差异如此之大，导致冲突根本无法避免。家长和教师似乎天生就是敌人，一方的存在注定是为了另一方不愉快。"因此，分析教师与家长产生分歧的原因，以及找到解决的办法就显得极为迫切与重要。

（一）教师与家长在教育观念上存在分歧

教师与家长由于受教育水平、所处社会环境、角色立场等方面的影响，导致两者在教育观念上存在严重的分歧。

（1）教师注重学生全面发展，家长注重成绩。教师一般注重学生素质与能力的培养，着力于把学生培养成为全面发展、身心健康及符合社会需要的复合型人才，因此，素质教育是教育工作者们致力推动的方向与目标。而家长却往往是"唯成绩论者"，他们仅关注孩子的考试成绩，忽视其他素质与能力的培养。有调查显示：北京市1000名被调查的家长中有85.6%的家长认为"好孩子"、"好学生"的标准就是"学习好"、"成绩好"、"分数高"。

(2) 教师和家长在人才观念上存在分歧。多数教师认为无论是体力劳动者还是脑力劳动者，只要符合社会需求和个性发展，能够对社会做出贡献的都是人才。而家长往往歧视体力劳动，认为唯有脑力劳动者才是光荣的，才是人才。

(3) 教师和家长在学生教育责任划分的观念上也存在分歧。虽然教师和家长具有教育学生的共同责任，但当学生出现问题时，家长往往会认为自己"已经将孩子交给老师"，出现问题是教师的责任和过错。同样，教师会认为自己对所有学生的教育都是一样的，"为什么偏偏你的孩子出问题"，肯定是家长没有尽其责任和义务。这种抱怨和指责有时候会进一步加深两者之间的分歧和不满，影响家校合作的顺利开展。

（二）教师与家长在教育方法上存在分歧

在教育方法上，教师由于受过正规的专业培训，往往较为科学、系统，能够因材施教、耐心细致，从学生易于接受的角度开展教育。但是，家长往往从传统观念、个人经验等角度教育孩子，一方面忽视孩子的感受，缺乏交流，教育方法简单粗暴、急于求成；另一方面当孩子遇到困难时，不懂得采取何种有效的方法去应对。根据调查，有20%的学困生家长在孩子遇到困难时做了无效引导，42%的家长当孩子在学习上失利及情绪需要疏导时做得一般、很差，甚至约有40%多的学困生家长在孩子犯错时就会训斥孩子，不能理智地引导孩子认识错误。

（三）教师和家长在家校合作的认识上存在分歧

虽然家校合作是促进教育发展的重要手段，但教师和家长在这一问题上依旧存在分歧。有部分教师认为家长不懂教育、文化程度低、素质低，他们参与学校事务、班级管理是"多管闲事"、"挑刺"、"外行管内行"，会影响自己教师的权威和正常的教学秩序。或者没有正确对待教师和家长的关系，把家长看成教育的从属，很少同家长一起沟通、交流或共同协商解决问题。另外，部分家长也错误地认为家校合作就是家长进入学校监督教师，对教师的教学方法、教学理念指手画脚，甚至把学生的一切过错都归咎于教师身上。或者认为教师和家长的职责要分开，认为孩子的教育是学校教师的事，家长只用管好孩子的衣食住行即可。

二、分歧产生的原因

（一）教师和家长教育背景不同

家长的受教育水平在一定程度上影响着家长的教育能力。教师和家长所受的教育不同，导致思维方式存在区别，对各种问题的理解存在差异。一方面，受教育水平较低的家长，往往缺乏科学的教育技能，他们要么怀疑自己的教育能力，加之受我国尊师重教传统的影响，对学校和教师有敬畏心理，不愿同教师交流，或在与教师的合作中将自己处在被动屈从的地位，认为孩子的教育是学校教师的事，因而在关于孩子的教育问题上无法与教师沟通达成一致；要么受到旧有文化的影响，主张采取简单粗暴或溺爱的方式教育子女，当孩子出现问题时，不是责骂殴打就是不闻不问。另一方面，不同专业、不同教育水平的家长在言语、行为、思维方式等方面也存在不同特点，可谓"每一个家长心中都有一个哈姆雷特"。这既会影响教师对不同家长的看法，也会导致教师与家长沟通的困难。

（二）教师和家长的价值观不同

现代社会中学校本质上是精英主义，他以精英层的价值观、知识观作为标准来考核、选拔出符合精英文化特征的人才。因此，教师和家长的价值观必然有所差异，而这种差异会导致教师和家长在对待同一问题上存在冲突和矛盾。比如学生的教育目标上，教师在注重成绩的同时更看重学生的德、智、体全面发展，而家长却认为"万般皆下品，唯有读书高"，只认考试成绩，对于孩子在德育、美育、体育、心理等方面的发展缺乏足够的重视。对学校开展的类如校外拓展活动、兴趣班等素质教育课程持怀疑甚至否定的态度，认为学校、教师组织这类活动是"不务正业"，耽误了孩子的学习。

（三）教师和家长的社会角色与立场不同

教师和家长是社会结构中的两个不同角色，他们拥有各自不同的利益立场。教师是教育学生的专业人士，其社会角色赋予他们教育学生的权利与义务，他们的社会职责是从社会的需求出发对学生进行系统性教育。而家长是孩子的监护人，从他们的个人意愿出发，为孩子提供必需的物质基础和教育义务。这样就会导致在教育力量和教育责任归属方面产生分歧：教师既要面向全体，又要照顾个体；而家长只要对自己的孩子好就可以了。家长希望教师能够像自己一样更多的关注、关心自己的孩子，而教师不得不兼顾整体，有时候难以达到家长的过高期望。另外，教师与学生之间是师生情谊，而家长与学生之间是血缘情谊，师生情谊下教师和学生的关系是理性的、平等的，血缘情谊下家长和孩子的关系是感性的、有差别的。两者之间的差异会导致教师与家长在对待学生的教育上产生分歧。

三、全面沟通，协调立场

（一）沟通的基本概念

沟通是指信息发送者凭借一定的渠道，将信息发送给既定对象（接收者），以寻求反馈从而达到相互理解的过程。沟通的结果不但使双方相互影响，而且还能使双方建立起一定的关系。因此，教师与家长的沟通是指与学生有关的信息凭借一定的渠道在教师和家长之间相互传递的过程，通过这一过程实现双方的相互理解与信任，实现教育学生的目的。

沟通是人与人之间实现合作的前提与基础。人们由于所处社会环境、受教育水平、地位立场等方面存在差异，获取信息的渠道、理解信息的方式及处理信息的手段各不相同，容易造成人与人之间产生隔阂或摩擦，这时就需要有效且深入地沟通，人们敞开心扉、相互信任，利用"沟"的方式实现"通"的效果，从而促进社会和谐与进步。正如社会学家查里斯·霍顿·库里所说："沟通实际上是人类赖以存在和发展的机制。"教师与家长之间沟通的重要性亦是如此。同时，父母不仅是孩子的第一任老师，更是孩子的终身教育者，根据美国社会学家科尔曼的研究：在儿童成长发展的进程中，影响儿童发展的三大要素依次是家长、儿童同伴和教师。显然，家长在孩子成长道路中具有极其重要的作用。所以，教师要想教育好学生必须得到家长的支持和配合，教师与家长沟通交往的次数越多，就越容易避免因教育方式的不同而造成的家校对立。

对话是沟通的最佳方式。这里的对话是广义的概念,指"二者之间的狭隘的语言的谈话,而且是指双方的'敞开'和'接纳',是对'双方'的倾听,是指双方共同在场,互相吸引、互相包容、互相参与的关系。"合格对话关系的建立,不仅需要注意对话的内容,更要注意对话的方式(语气、语调、环境等)。因此,教师和家长之间的对话应当是平等的、相互理解、尊重与信任的。

(二)教师与家长之间如何沟通

1. 及时沟通

当学生在学习或生活中出现问题或即将出现问题的时候,教师与家长的沟通要及时,迅速查明原因,早发现、早解决。学生是一个不断变化的"变量",他们受所处环境、年龄阶段、身心发育等方面的影响,在学习、生活、心理等方面极易突发问题。教师和家长需要及时就学生的这些异常问题进行沟通,防患于未然,共同协力解决,以防事态进一步恶化。

2. 全面沟通

在沟通内容上,教师和家长的关注重点有所不同,根据调查:家长比教师更关心学生的学习成绩,且两者之间差异显著;教师在关注学生成绩的同时,也将注意力放在了学生的兴趣爱好、近期心理状态等方方面面。因此,教师与家长在沟通的过程中不能只谈成绩不言其他,而应当就学生的方方面面进行充分的交流。另外,在沟通的具体内容上也要避免片面的结论性沟通,即同家长沟通时把学生的某一阶段性表现当作学生的永久性问题来认识和讨论,轻易地给学生下定论,挫伤家长和学生的信心与积极性。

同时,在沟通方式上也要全面。一方面,很多教师和家长的沟通方式主要是开家长会。但实际上家长会既容易造成学生的敌视或紧张,家长也容易受到时间、地点等条件的限制,导致家长会只能谈一些共性的、笼统的、形式上的问题。因此,建立多方面的网络沟通平台就极为重要,网络平台可以让家长随时随地同教师进行交流,不局限于时间和空间的限制,更加深入且迅速有效。另一方面,学校也可以定期举办一些有关家校沟通的培训讲座或家长座谈会,邀请学者专家为其指导,共同探讨学生问题解决的办法。

3. 和平沟通

教师和家长在沟通过程中可能会因为某些问题产生分歧，这时候无论是教师还是家长都应当认识到对方的出发点是好的，相互尊重、相互理解，以和平协商的方式解决分歧，而不是以争吵、批评的方式一味指责对方。

教师和家长的教育目标是一致的，只是受到一些条件的影响在某些细节上存在分歧，但这并不是根本性的矛盾。一方面，教师要以一种平等、友好、尊重的态度对待家长，对于家长的意见要认真听取、虚心接受，不能认为家长是外行或没文化而轻视、忽略他们。另一方面，教师也不能以学生表现的好坏来界定家长：对"好学生"的家长客气有加，对"差学生"的家长颐指气使。同时，教师在同家长沟通过程中也要掌握沟通的艺术，顾及不同性格家长的内心感受，避免在沟通过程中产生争端。

另外，当教师与家长在沟通过程中出现争端分歧的时候，教师面对家长的不满、抱怨甚至愤怒，不能与之争吵，要心平气和、耐心真诚的与家长沟通。如果家长的言辞之中带有侮辱性，甚至出现肢体上冲突的时候，教师要暂时回避，待家长情绪稳定后再进行沟通。同时，教师不能因为家长的态度而影响对其孩子的看法，应当一视同仁甚至更加关爱，如此更能获得家长的理解与支持。

第五节 教师与家长关系职业规范：有礼有节交往

教师与家长之间的和谐交往是保证家校合作顺利开展的基础，对学生的成长发展具有非常重要的作用。但是，教师和家长因教育背景、社会职责、价值观念等方面的差异存在一定的分歧与矛盾。这就需要教师与家长在沟通交往的过程中要有礼有节、遵守职业道德、相互尊重。

一、保持教师气节

（一）教师要平等对待学生家长

教师需要平等对待每一位学生家长，不因对方权势与财富的差异而区别对待，不卑不亢，不趋炎附势，不歧视弱者。教师面对的是一群来自不同职业、不同背景的家长，有些家长或腰缠万贯或位高权重；有些家长或清贫如洗或默默无闻。但教师要始终保持一种淡泊名利、不为斗米折腰的职业气节，宁静致远，不忘初心，对某些家长的不合理要求敢于拒绝，对家长的利益引诱要清醒认识，对遭遇困难的家长要挺身而出。平等对待所有的家长和学生。这既遵循了教师职业道德的要求，也能换来家长与学生的尊重与认可。所以，教师要始终坚持自己的职业素养，不溜须拍马，不趋炎附势，有责任心、有爱心、有耐心，用心关注每一位学生，做到一切为了学生、为了一切学生、为了学生一切。

（二）教师要尊重学生家长

教师要尊重学生家长，不能以教育者自居而听不进家长的意见，不能因学生的错误责备或惩罚家长。与家长相比，教师虽然是教育学生的专业人士，具备更多的教育知识和教育技能。但大部分家长对孩子各项情况的了解更为详细，对孩子的教育自有一套符合实际情况的想法和办法。因此，教师不能以"专家"自居，认为家长是不懂教育的"门外汉"，与家长沟通时咄咄逼人、旁若无人，对家长提出的建议和想法不理不睬。这种态度和行为一方面会引起家长的负面情绪，导致教师和家长矛盾激化，甚至产生冲突。另一方面导致家长和教师沟通减少，教师无法了解学生的校外情况，割断了校内教育和校外教育之间的联系，对学生的进步与发展产生严重影响。

同样，当学生犯错时，教师也不能当着学生的面批评、呵斥家长，甚至因学生的错误惩罚家长。这样做一方面会有损家长在孩子心目中的地位，使家长颜面扫地，僵化家长与孩子之间的关系。而家长一旦将这种难堪的负面情绪转嫁到孩子身上，也会导致孩子对教师的敌视和对立。另一方面，把孩子的犯错与对家长的惩罚联系起来，会导致家长对孩子的错误过度同情，联合起来抵制教师，使学生的错误得不到有效的纠正。

所以，教师要正确对待家长，从尊重的角度出发，以礼待人、以理服人。合理听取家长的意见，与家长产生分歧时要心平气和、耐心说服。评价学生时要顾及家长的颜面，语气委婉、态度真诚、多给建议、少发脾气。只有这样，教师才能得到家长的尊重与配合。

（三）教师要廉洁自律

教师要廉洁自律，不收学生家长礼物，更不能因家长是否送礼而对学生区别看待。家长贿赂教师，无非是希望教师能够对自己的孩子格外照顾、区别对待，让孩子享受某种特权。教师收受贿赂后会对家长和孩子特别关照，分配更多的教学资源给其孩子，而那些没有贿赂教师的家长及其孩子被冷落、被忽视，甚至被恶意的讽刺和批评。这种行为一方面造成教育不公平，助长了学校的歪风邪气，污染了社会风气，如果说整个社会是一条大河的话，那么教育应该就是这条大河的源头。源头不清污染的就是整个社会大河。另一方面对学生产生恶劣的负面引导，影响学生思想与品行的健康发展，也扭曲、对立了教师与家长之间的关系，使教师与家长之间原本平等互助的和谐关系扭曲成赤裸裸的金钱与利益关系，严重阻碍家校合作的健康发展。

因此，教师在同家长交往过程中应当"爱惜羽毛"，严格要求自己，不索要、不收受学生家长的财物，做一名合格的"人类灵魂工程师"，用"学高为师，身正为范"的道德魅力为学生的成长与发展指明方向，为社会的文明与进步提供动力。同时，廉洁自律、为人师表、以身作则不仅是教师职业修养的内在要求，也是国家法律法规的严格规定。2005年教育部印发《教育部关于进一步加强和改进师德建设的意见》中明确指出："坚决反对向学生推销教辅资料及其他商品，索要或接受学生、家长财物等以教谋私的行为"。2007年教育部下发的《关于在大中小学全面开展廉洁教育的意见》中"把廉洁教育贯穿师德建设的各个环节，着力提高教师的廉洁自律意识"。2008年《中小学教师职业道德要求》中要求教师要"作风正派，廉洁奉公。自觉抵制有偿家教，不利用职务之便谋取私利"。

二、家长尊重教师

教师与家长之间和谐关系的建立是双方共同努力的结果，不仅教师对家长要以礼相待、耐心和气，家长也要尊重教师、积极配合。

（一）家长要尊重知识，尊重教育，尊重教师职业

改革开放以来，我国经济快速发展，人民生活水平不断提高，但与

"钱包鼓起来"相对应的"读书无用论"、"拜金主义"思潮似乎又卷土重来，导致一些家长忙于赚钱，轻视知识，忽视对孩子的教育，甚至鼓励孩子辍学"下海经商"。与此同时，我们在强调教师要尊重家长和学生的同时又没有积极倡导对教师的尊重，导致教师的道德权利与道德义务严重失衡，教师的道德人格得不到尊重，家长不理解教师，轻视教师，甚至使教师在教育冲突中成为受害者。例如，吉林市船营区一位小学教师因批评学生，在教室内遭到该生 5 名家长殴打；上海一家长纠集多名社会人员闯进教室当着全体学生的面掌掴、殴打女教师，并逼迫教师赔礼道歉。如果家长不尊重教育、不尊重教师，教师连最起码的职业尊严和安全感都没有，教师和家长的合作就无从谈起，学生的教育结果也注定失败。

针对这种现象，一方面，教师要积极同家长沟通，用通俗易懂的语言向家长宣传教育的重要性。同时，最关键的是要优化教育方式与教育内容，优化课程体系，由死记硬背的"填鸭式"教育转变为培养学生创新能力和实践能力的"素质型"教育，让学生能够学以致用，让家长能够看到教育成果，用实际效果说服家长重视教育、尊重知识。另一方面，要把"尊重教师"作为一项重要的伦理原则提出来，建立教师合法权益保障机制。尊重并保护教师的生命财产安全，尊重教师的教育民主和自由权利。只有当一个教师在教育活动中能够感受到自己享有充分的民主权利时，才会像主人一样去工作；能够感受到自己拥有充分的自由选择权利时，才会像工程师、艺术家那样去教学。只有尊重教师的教育民主和自由权利，每个教师的工作潜能和创造活力才会释放出来。

（二）家长要尊重教师的观点，尊重教师的教育行为

教师与家长是教育的两个重要组成部分，但由于两者在社会经历、教育水平、认知能力等方面存在差异，导致教师与家长之间对于如何教育学生存在不同的看法。一部分家长由于自身受教育水平较高，他们对孩子的教育有一套自己的理解和要求，同时也希望教师能够像自己预想的那样给孩子提供"高水平"的教育，而教师一旦未能按照自己的想法和要求教育其子女，他们就会对教师的教育水平与能力产生怀疑，甚至跟教师"唱反调"，不再积极配合教师的教育。还有一部分家长过度

溺爱自己的孩子，不仅自己对孩子的教育宽松放任，看不得孩子受一点苦，还把教师的严格要求视为别有用心。教师一旦批评孩子或严格要求，家长便毫无理性地站在孩子的角度指责教师的教育行为。此外，还有一些家长只认成绩，不看能力，他们不认可、不配合教师的"素质教育"行为，认为耽误了孩子的成绩和升学。

家长这种对教师的教育方法、教育行为的错误理解与做法导致教师与家长之间不仅无法配合，不能形成合力共促孩子的成长，还会出现教师与家长的观点相互抵触，使孩子无所适从、左右矛盾，影响孩子的健康发展。因此，这就需要一方面家长要同教师积极沟通、平等交流，并主动进入学校、课堂了解教师的教育方式和目的，认识到如今的教育和学生经历了哪些变化及发生变化的原因，认识到教师教育的重点和难点，相互宽容和谅解，达成共识。另一方面，教师也要虚心接受家长的意见和看法，认识到自己并非教育的"绝对权威"，不能认为家长是"门外汉"而毫不重视。唯有如此，教师和家长才能形成良好的伙伴关系，家长才会尊重教师、配合教师。

（三）家长与教师交往注重礼节

家长可以与教师礼尚往来，但不要为了不正当利益而给教师送礼，败坏师德。这里的"礼"是礼节，指家长与教师在礼节上应该有来有往，相互尊重。家长和教师之间的关系本该如"君子之交淡如水"一般的干净与清澈，但事实上，每到节假日尤其是教师节，一些家长就会想尽办法给教师送礼，以此希望教师对自己的孩子能够"格外照顾"，享受到其他人没有的特权。但实际上，家长的这种行为既污染了社会风气，又给自己的孩子造成恶劣的影响。家长是孩子学习的一面镜子，一旦这面镜子被污染，受影响最大的是孩子本身，扭曲了孩子的价值观、道德观。于是，本意是为了孩子着想的送礼行为最终反而害了孩子。因此，希望家长可以坚守道德底线，绝不要为了不正当的利益而给教师送礼，如果真的出于对教师的尊重，可以与孩子一起制作手工明信片或其他有纪念意义的小礼品赠送给教师，既表达了家长的心意，又给孩子上了有意义的一课。

第八章 教师与家长关系职业之道：协同

思考与讨论

1. 什么是沟通？教师与家长之间沟通的方式和内容有哪些？
2. 教师与家长在学生的教育上存在哪些分歧？针对这些分歧，作为一名教师应当如何应对和处理？
3. 如何看待社会上出现的家长暴力殴打或侮辱教师事件？面对家长的这种行为，教师应当如何保护自己？
4. 教师与家长合作处理事务的方式有哪些？

案例一

"小本"连接你我他

"家校联系本"是家庭与学校间相互联系的纽带。既可以让家长、老师了解孩子在校、家庭的表现、学习情况等，又可以让家长与老师进行沟通，与老师配合共同解决孩子的问题。张老师的"家校联系本"就发挥着这样的作用。

说起这小小的"家校联系本"，还真有一件令张老师永远忘不了的事。那是2003年，张老师班新转来一个小姑娘叫张扬，名字虽叫张扬，浑身上下却没有一点可以张扬的地方。她个子不高，相貌平平，性格内向，整天低着头走路不与别人说话，成绩更是难如人意，好似被人遗忘的角落。但实际上她又不能被大家遗忘——经常不完成作业的名单上有她，个人卫生整理不好的有她，在课桌上乱刻乱画的还有她。面对这样的一个学生，张老师困惑了。在第一周的"家校联系本"上，张老师毫不客气地列举了她的一、二、三、四条"劣迹"，向家长狠狠地告了她一状。

第二天，张老师向她要"家校联系本"，那上面只签了一个家长的名字，没有任何评语，而张老师却从她的眼神中看到的是更多的冷漠、恐惧与怨恨……张老师低声地问她："爸爸妈妈看过之后说了些什么？"她却淡漠地回了一句："没说什么。"说话的同时，两只胳膊使劲儿地背在身后，张老师赶紧撩起她的衣袖，看到的是青一块紫一块的伤痕，张老师的心在颤抖，在流泪。"难道这就是我所从事的教育吗？""难道我期待的是这种结果吗？"张老师开始反思自己的言行……

在第二周的"家校联系本"上,张老师改变了以往的做法,努力寻找她身上的闪光点,并及时写在"家校联系本"上。周末那天,张老师写下了这样的话语:你是一个非常可爱的女孩儿,你用你那宽广的胸怀容纳了所有不平的事儿;在纪律上你是同学们的榜样;课间操时你那军人一样的标准的姿势令同学们肃然起敬。如果在学习上你也能做同学们的表率那该有多好啊!

也不知为什么,周一的早上她的家长就主动到学校来找张老师和各科老师询问孩子在校的情况,更让张老师难以忘记的是:那天家长要走时一再强调,不管老师需要他做什么,他们都会竭尽全力予以配合。

久而久之,家长在"家校联系本"上写得越来越多,而张老师写得却越来越少;张扬同学对班级的热情愈来愈高,犯错误的概率却愈来愈少……

半年过去了,"家校联系本"上的好消息越来越多了,张老师简直难以相信这小小的"家校联系本"会有这么大的作用。

通过这件事张老师深深领悟到:"家校联系本"传递的是一份责任、一份爱心、一份成功。每个孩子都希望老师能够看到自己的长处,看到自己的进步,更希望老师把自己的进步告诉同学、告诉家长;而做家长的又有谁不想听到老师对自己孩子的真诚赞美呢?所以,我们要在肯定中委婉地提要求,在要求中透着我们对孩子的赏识。只有这样,小小的"家校联系本"才会真正像纽带一样,连接着学校与家庭。

【案例分析】

首先,教师与家长之间的沟通是家教协作的基础,而教师采取何种方式同家长沟通又是沟通得以实现的重要保证。在本案例中,教师使用"家校联系本"的方式同家长进行沟通,这种方式避免了"家访"、"家长会"等容易受到时间、地点限制的缺点,可以做到和家长每天沟通,方便、快捷、有效。因此,教师在沟通上要做到形式多样化,符合家长、学生的实际情况。

其次,教师在同家长沟通时要具备一定的能力和技巧。面对有问题的学生,不能仅指出学生的缺点和问题,一味地向家长告状,这样做一方面会导致家长对孩子的信心受挫,觉得孩子已经无可救药,不用再进行教育。另一方面,家长的自尊心也受到打击,感觉颜面扫地。这种方式不仅起不到预期的效果,引起家长、学生的反感,还有可能导致家长和学生关系的紧张。因此,教师在同家长沟通时,要尊重家长,站在家长的角度考虑问题。

最后,要从关心学生的角度出发,既要肯定学生身上的亮点与优点,又要客观的指出学生存在的问题和不足,做到客观、全面。只有这样,家长才会感受到教师对其孩子的关心与爱护,体会到教师教育学生的良苦用心,家长与教师才能够站在同一战线上,形成合力,共同教育好学生。

案例二

家长的期望

这是一个家长的心里话:

儿子长到6岁,我满心欢喜地把他送进小学,谈不上望子成龙,但我还是希望在学校和家庭的双重教育和努力下,能把他培养成身心健康的好孩子。可是过了一段时间以后,我吃惊地发现,儿子在学校所受的教育不是我想象的那么完美,甚至还有许多问题与我一贯执行的家庭教育方法有不少冲突。

我出生在军人家庭,自己和爱人也都在部队工作,虽然到了30多岁了才有的儿子,但却从不溺爱他,相反,对孩子要求十分严格。我们从小就要求他吃饭时要做到"三光"——碗里光、桌面光、地面光。要求他吃多少盛多少,爱惜劳动果实。儿子到学校后却很快发现班里的同学并不是个个都像他这样做,更让儿子不理解的是大多数同学吃饭时非常浪费,虽然食堂里的墙报上写着"爱惜粮食"的大红标语,但大红标语下的那个大垃圾桶却是天天爆满。看到有的同学乱扔饭菜,也没有人制止,更没有人去批评教育,天真的儿子开始还不时向老师报告同学的浪费行为,可有个老师竟然对他说:你怎么这么多事啊,吃不了就扔呗。儿子回家来质问我:妈妈,为什么老师不要求我们大家都做到吃饭"三光"呢?

我很苦恼,因为我没有办法给儿子一个明确的答案。但我又不能否定我自己为人处世的原则,我一直认为我这样要求孩子是对的,无论从哪方面看这都有道理。难道我能对孩子说别人怎样你就怎样吗?

【案例分析】

家长和教师由于背景、价值观、受教育程度等方面的不同导致他们对学生的教育方式、教育内容、教育目标等也存在差异和分歧。在本案例中,家长受其军人家庭习惯的影响,认为勤俭节约是美德,要求孩子在学校要像在家里一样"吃多少盛多少、爱惜劳动果实"。但是,教师却对学生的浪费行为不闻不问,甚至对学生提出的疑问粗暴对待,认为学生无事找事。教师和家长这种观念上的差异,使得他们对孩子的教育内容各有不同甚至相互对立,导致孩子受到的教育左右矛盾,不利于健康价值观念的形成。因此,教师和家长要主动沟通、达成共识,才能在孩子的教育内容、方向上目标一致,形成合力。在本案例中,教师和家长首先要对"节约"这一问题交流意见,教师要虚心接受家长的正确想法,共同指导孩子养成良好的生活习惯。

此外,对学生的教育不能仅仅关注成绩,要培养学生"德、智、体"的全面发展。在本案例中,教师对学生"爱惜粮食"这一问题上的教育存在明显的失误,对学生的浪费行为不制止、不批评,忽视了教育的全面性,错过了一次培养学生良好品德形成的机会。同样,教师对学生的教育不能仅局限于课堂,要延伸至学生生活的各个角落。面对学生在课后存在的一些错误和问题,教师一旦发现就要充分利用机会,正确引导和指正。学生在饭堂浪费粮食,教师就可以趁机对其开展传统美德教育,纠正学生的错误行为和思想,帮助学生成长。

最后,教师要尊重学生。在本案例中,当学生向教师反映其他同学的浪费行为时,教师并没有及时去纠正处理,反而对该学生态度恶劣,认为他"多事",对学生的思想产生不良影响。因此,正确的师德要求教师对学生提出的疑问,要耐心、细致的解答,对学生犯的错误,要心平气和开展教育,切忌言语粗暴、毫不耐烦,否则不仅达不到教育应有的效果,还会导致师生关系紧张,学生敌视教师。

案例三

笑与跳:老师与学生家长的沟通艺术

放学了,李宾一下课就冲出教室,不小心与迎面而来的同学撞了个满怀,头被撞破了,到医院缝了四、五针。放学后,班主任李老师去李宾家看望他。不想,李宾的父亲一见李老师就发起牢骚来,言下之意是说老师不负责任。此时,李老师完全可以理直气壮地进行申辩,但如果这样做,结果只能是两败俱伤。

李老师不动声色地来到床前看了看李宾,问了问伤情,叫他安心休息。当家长的火气渐消时,李老师真诚地说:"其实,不怪你发火,如果是我,可能比你的火气还要大。孩子中午去学校时还好好的,傍晚竟包着头回来了,哪个家长不心疼呢?做老师的是干什么的,下课为什么不关照孩子小心点呢?"李宾的父亲不语,李老师接着说:"其实,做老师的哪有不关心孩子的,对孩子的安全是时时提醒的,今天的事情纯属意外。还好,事情发生后,附近的两个老师立即把孩子送到了医院。不管怎么说,这件事对我们来说都是个教训。"至此,李老师才把事故的来龙去脉对家长讲清楚,家长的怨气全消了,并反过来要李老师原谅他的无理。有很多话,不一定非得锋芒毕露。迂回曲折,也是前进的一种好办法。

【案例分析】

当学生在校期间发生意外,很多家长都会把责任归咎于学校及教师,认为是教师的失职导致意外的发生。这时候家长对教师的态度往往是满腔怒气、恶语相加,甚至会大打出手。面对这种情况,教师要审时度势、避其锐气,掌握一定的沟通技巧,化解危机。

第一,面对家长的怒气和指责,教师要避免据理力争、火上浇油,一味为自己辩护。应当把"这不是我的错"、"这是个意外,我有什么办法"等词语换成"孩子发生意外我也很心疼"、"您放心,我们一定给家长一个满意答复"等,让家长消消气,缓解下矛盾。

第二,善于使用一些技巧向家长说明事情真相。在本案例中,教师面对家长的怒气,"以退为进",先主动承认责任,待家长情绪有所缓和的时候再说明真相:"今天的事情纯属意外"。让家长明白自己错怪了教师。

第三,如果教师在工作中确实存在失误,要诚恳地向家长道歉。不要无理狡辩、推卸责任、激化矛盾。

第四,如果家长在冲突中言辞带有侮辱性,甚至有动手的迹象,教

师要善于保护自己的人身安全,避其锋芒。

第五,教师不能因为跟家长发生过冲突而迁怒其孩子,对其另眼相看、区别对待。应当更加关心、爱护其孩子,让家长感受到教师的真心、爱心和责任心,这才是解决家长与教师冲突最有效的方式。

第九章 教育技术职业之道：人本

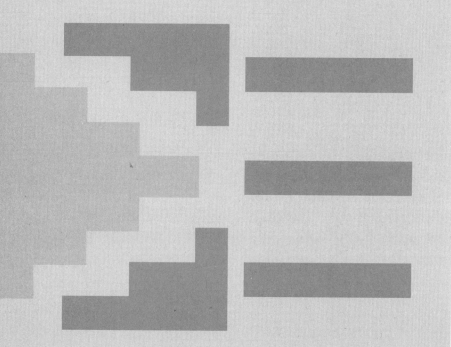

古语有云："师者，所以传道授业解惑也"。我们可以将其直译为："老师就是传授道理、教授知识和技能、解释疑难问题的人"。从古至今，教师从事的工作内容不断丰富，工作形式也日趋多样化。但是，万变不离其宗，"传道"、"授业"和"解惑"始终是教师需要关照的核心内容。在当今社会，随着时代的进步，教师在教学的过程中越来越多地借助各种技术手段优化教学效果。但是，世事皆有两面性，就如同水可载舟亦可覆舟。过多的技术使用也会带来一些问题。身为教师，必须对此有所关注，特别是如何在教学活动中处理好技术与人的关系，这正是本章要探讨的核心问题——教育技术职业之道。

第一节　教育技术的本质

教育技术指的是教师在传道、授业、解惑的过程中，以技术为载体进行交流沟通，从而形成的交互关系，以及处理这些关系的价值观念及行为规范。技术是教育活动的一个环节，是高效解决问题的手段。因此，教育技术的本质不是技术本身，而是教育关系即人与人之间的关系的处理方式，而处理这些教育关系要遵循的规则就是教育技术职业之道。从具体层面来说，教育技术的本质主要体现在师生交流关系、文化传播关系和教学关系三个方面。

一、师生交流关系

交流是一种信息互换的过程，是将别人想知道的和自己不了解的地方告诉对方并为对方答疑解惑。师生交流则是人际交流方法与技巧在师生关系中一种具体运用，特指师生双方彼此交流各种观念、思想、兴趣、感情、信息等内容的过程。师生交流关系正是在师生交流过程中形成的交互关系的总称。确切地说，教师所做的每一件与学生相关的工作都是在与学生沟通。

（一）师生交流关系的内涵

结合教师的日常工作来看，师生交流关系应当包含三个层次。

第一，认知交流。这一交流主要是指教师传递认知信息，学生接受认知信息，并且在消化后将信息再次反馈给教师的活动过程。

第二，情感交流。这是一种师生关系和谐互动的方式，包括道德、理智、美感等方面。它是教师与学生情感的一种重要沟通方式。这种交流方式恰恰是大多数教师在职业生活中容易忽视的。

第三，人格交流。知识的交流是教书，人格的交流是育人，帮助学生形成正确的世界观、人生观、价值观。这一层次的交流需要教师具备良好的思想品质，良好的品质对学生具有极大的感染力，这必然会使学生和老师之间产生共鸣。

（二）建立良好师生交流关系的意义

孔子在《学记》中提到的"亲其师，信其道"，就是说学生只有在亲近、尊敬自己的师长时，才会相信并愿意去学习师长所传授的知识与道理。这句话充分说明师生交流关系的重要性。因此，教师只有在师生交流方面下足功夫，才能形成融洽的师生关系，进而才有可能实现教学相长的效果。师生交流关系是教育技术的首要组成部分，是构成教育技术的第一要素，建立良好师生交流关系，具有十分重要的意义。

良好的师生交流关系能营造愉快的情绪氛围，成为调动师生双方积极性的内在驱动力。构建良好的师生交流关系是一种"双赢"，既有助于学生的学，也可以促进教师更好的教。教师与学生在愉快的氛围中学习、交流，能让师生间有交流愉悦感的体验，极大地激发学生学习主动性，也激发教师教学的积极性及创造性。

良好的师生交流关系，能够促进师生间有效沟通。师生间交流顺畅，能增进对彼此的了解，拉近关系，师生间产生相互信任感，从而形成"亲其师，信其道"的和睦氛围，也能促进师生间愉快沟通，有效解决问题。师生间有效沟通还能避免各种矛盾、冲突及误会的蔓延及扩大化，能大事化小，小事化了，将各种教育教学问题产生的影响降到最小。

良好的师生交流关系也是教育产生积极效能的关键因素。教育对学生所产生的效能一定程度是由师生交流关系的有效程度决定的。在日常生活中，我们对自己人所说的话会更信赖、更加容易去接受。同理，在教学的过程中，良好的师生交流关系亦会使师生交流更轻松，更易接受彼此的观点、立场。总而言之，良好的师生交流关系是培养高素质人才的基础，是提高教学质量的重要保障，更是当代和谐校园建设不可或缺的条件。

（三）如何建立良好师生交流关系

由于受到年龄和经验的限制，学生的认知水平、价值观念等方面必然会与教师存在这样或者那样的差异，这无形中会给现实的师生交流关系造成一些问题与困扰。作为一名教师，必须具备与学生建立良好的师生交流关系的能力。特别是从教师角度出发，要想真正改善师生交流关系，需要做到以下几个方面内容：

第一，注重课堂的交流，寓情于教。积极有效的师生交流是课堂教学成功的关键。在交流互动中，学生不但获得知识与技能，而且能通过情感交流来形成、塑造自身人格。身为教师，应当学会真正把学生放在平等的位置上进行沟通。爱可以看作是搭建和谐师生交流关系的桥梁。只有让师生双方共同处在一种关爱、包容、理解的和谐氛围之中，学生才能敢于直面老师说出心里话，大胆去参与和完成学习任务。教师也才能更加深入地了解学生的诉求和不足，不断提升课堂效果。以情动人，方能真正达到改善师生交流关系的目的。

第二，加强课后互动，关爱学生。课后的互动有助于形成融洽的师生关系，为教师顺利开展教育教学工作创造条件，从而达到事半功倍的效果。课后的交流理应侧重关心学生的生活，教师要多去关心和鼓励学生，让学生能于细微处体察教师对自己的关怀。同时，教师需要在课后的师生交流中尽力将自己融入学生之中，并通过倾吐自己的心声和愿望来让学生的内心产生触动，从而萌生可以为之改变的想法，并付诸行动。学生一旦将教师当作自己的朋友，那么这种认可最终一定会体现在他们对知识的学习热情和干劲上。所以，加强课后互动也是改善师生交流关系的重要途径。

第三，善于运用技术手段改善师生交流效果，用易于学生接受的方式进行交流。在课堂上，教师可以在语言之外充分利用电脑、投影仪等多媒体教学设施。这些生动化、具体化的交流方式更利于师生交流。同时，课后的师生交流方式不一定是面对面的。随着科技发展，可以充分运用电子邮件、QQ、微信、微博等远程交流手段。这种交流方式一方面是能够保证师生交流的说服和引导的目的，另一方面是方便快捷，不会引起学生的强烈反感。

总之，加强和改善师生交流关系不是一日之功，更多的是需要教师平时的付出。只要付出，自然会有所收获。一位真正有渊博知识、擅言谈技巧、秉高尚人格、富有工作热情的教师，自然会有更多追随者"亲其师，信其道"。

二、文化传播关系

文化是人类生存方式的反映和人类生存智慧的结晶，是经济发展、政治文明、社会进步在上层建筑上的反映。人类在长期的社会实践中积累了丰富的生产、生活经验，创造了灿烂的科学文化，留下了宝贵的精神财富，包括科学文化知识、文学艺术，以及社会科学等一系列内容。人类在继承和发展前人所创造的知识财富过程中，正是教师担负起了承先启后的传递任务。

（一）文化传播关系内涵

所谓文化传播关系，顾名思义，指的就是教师在教育过程中以文化为主要教育内容而形成的师生间的思想观念的交流关系，本质上就是传播、创新、发展先进文化，并用先进文化教育人、培养人、陶冶人。

毫无疑问，教师承担着继承与传播文化的主要任务，但教师本身也是文化的产物。换句话说，教师一方面通过教书育人推动文化的发展。另一方面，在继承、接受文化的基础上，教师又通过文化的选择、传播、整合、创新等实践活动，完成自己的历史使命。教师恰恰也正是通过这一过程实现自身的专业成长。传授知识和文化也是教师上课的主要职能。教师所进行的文化传播内容主要涉及理论知识和实践经验的传授，这对学生掌握知识和实践操作能力的培养具有十分重要的意义。正是由于教师们将自己继承的东西无私地传给下一代，才使得人类文化得以延续和发展。

面对文化的日新月异，人们也越发关注这样一个问题："如何更好地向年轻一代传播科学文化知识及间接经验"。教师作为人类灵魂的工程师，所承担的作用和意义不言而喻。因此，我们更需要对师生间的文化传播关系有一个明晰的、科学的认识：

第一，教师担任着人类文化知识的传播者的角色，关系到培养下一代的繁重任务，关系到国家的强盛和民族的兴衰，这就决定了教师必须有很高的人生境界。

第二，文化传播关系的科学性和有效性直接影响着师生双方的发展。这里包含两层含义：一方面教师是直接从事文化传播和人才培养工作的，工作的好坏直接影响到学生的身心发展和前途。另一方面文化传播工作也发展了教师的知识素养，培养了本民族文化的归属感。由此看来，我们在构建师生间的文化传播关系时必须慎之又慎。

（二）构建良好文化传播关系的措施

随着时代变化，新的知识层出不穷，教师作为科学文化知识的传播者，个人所掌握的现有的科学文化知识与社会需要之间产生了一个矛盾。这个矛盾的解决与教师主观能动性的发挥程度息息相关。教师若能发挥主观能动性提高自身能力素质，就会有助于消除矛盾，反之矛盾则会更加突出。所以说，教师要想构建科学合理的文化传播关系，就必须不断提高自身能力与素质，实现自身的全面发展。具体来说应当从以下几个方面着手：

第一，教师要积极主动地接受文化的熏陶和文化教育，掌握文化的主要观点，这是教师承担着继承与传播文化的主要任务的前提。具备本专业的知识是教师构建科学合理的文化传播关系的首要条件。同时，现代教师已经不再是传统意义上凭着单纯的学科知识驾驭课堂的教书匠，而是一个具有深层次文化底蕴、高品位人文修养，可以满足充满好奇的学生各种提问的育人者。因此，现代教师不仅要具有学科专业知识，而且要掌握公共通识知识、放眼世界、立足国情，提高专业水平。

第二，文化传播职能还对教师职业形象提出了一定的要求和标准。处在同一文化领域或相近文化领域中的教师，他们的行为方式、价值观念都有相似性。这就需要教师在塑造自身形象时把握好正确方向，以学生和社会普遍认可、与学科专业特色契合的形象进行文化传播工作。特别是教书育人的活动中，拥有一个良好的职业形象的教师往往更容易得到学生的认可和接受。

第三，文化的不断革新与发展也要求教师做到与时俱进，不断更新知识结构，不能故步自封。各种社会文化思潮及文化价值观，深刻地影响着教师的世界观、价值观，也迫使教师进行知识结构的更新。比如春秋战国的百家争鸣、欧洲的文艺复兴运动、近代资产阶级启蒙思想运动、中国新文化运动等正是很好的例子。如果教师不能让自身的知识结构符合时代发展的节奏，那么这样的教师终将被时代所淘汰。

三、教学关系

教学是教师的教和学生的学所组成的一种人类特有的人才培养活动。通过这种活动，教师有目的地、有计划地、有组织地引导学生学习和掌握文化科学知识和技能，促进学生素质提高，使他们成为社会所需要的人才。教学关系就是在人才培养过程中形成教师与学生的双向互动关系，这种关系的实质是师生交往、共同发展的互动过程。

如果没有交往，没有互动，那么我们完全可以说就不存在或未曾发生过教学。那些只有教学的形式表现而无实质性交往发生的"教学"并不能称之为真正意义上的教学，仅仅是做戏罢了。这里我们把教学本质定为交往本就是相对传统教学观念而言的。在过去的传统的教学中，教学就是教师对学生单向的培养活动。这种活动通常表现为：一是以教为中心，学围绕教转。教师是知识的占有者和传授者，对于求知的学生来说，教师就是知识宝库，是活的教科书，是有学问的人，没有教师对知识的传授，学生就无法学到知识。所以，教师是课堂的主宰者。所谓教学就是教师将自己拥有的知识传授给学生。教学关系成为：我讲，你听；我问，你答；我写，你抄；我给，你收。在这样的课堂上"双边活动"变成了"单边活动"，教代替了学，学生是被教会，而不是自己学会，更不用说会学了。二是以教为基础，先教后学。学生只能跟着教师学，复制教师讲授的内容。先教后学，教了再学，教多少、学多少，怎么教、怎么学，不教不学。教师支配、控制学，学无条件地服从于教，教学由共同体变成了单一体，学的独立性、独立品格丧失了，教也走向了其反面，最终成为遏制学的力量，教师越教学生越不会学、越不爱学。总之，传统教学只是教与学两方面的机械叠加。

我们所讲的真正科学的教学应当是教与学的交往、互动、师生双方互相交流、相互沟通、相互启发、相互补充的过程。在这个过程中教师与学生分享彼此的思考、经验和知识，交流彼此情感，丰富教学内容，探寻新发现，从而达到教学相长和共同发展的目的。对教学而言，交往意味着参与、平等对话，它不仅是一种认识活动过程，更是一种人与人之间平等的精神交流。对学生而言，交往意味着主体性的发挥与创造性的解放。

对教师而言，构建积极的教学关系并不仅仅意味着传授知识，而应当是一起分享理解、促进学习的过程。以交往为基础的教学关系还意味着教师角色定位的一种转换，由传统的知识传授者转向现代的学生发展的促进者，即构建一种基于师生交往的互动、互惠的教学关系。因此，在处理教与学的关系中，教师必须明确教师的教是外因，学生的学才是内因。内因才是从根本上真正起作用的因素，无论外在条件有多好，总归还是要通过内因才能起作用。在教学过程中，学生的学习动机、态度、兴趣、方法等因素决定了教学的成效，教师在这一过程中只能引导学生养成良好的学习品质以期达到更好的教学效果。换句话说，学生才是教学活动中真正的主体，教师则是起主导作用。在教学活动中，教师需要发挥主导作用引导学生的学习方向、内容和方法。力图使学生拥有自主学习思考的能力，这才是传道授业解惑者发挥主导作用的真正目的所在。

四、教育技术职业之道：人本

教育是以育人为己任的，教育的工作就是做人的工作。教育技术贯穿于教师传道、授业、解惑的每一个具体的过程当中，因此，一切合理存在的教育技术也应当是服务于人的。培养具备自主性与创造性的人才是当前教育工作的主要目标，那么一切教育技术也应当致力于实现学生的良性发展。也就是说，教师职业所构建的教育技术所遵循的价值导向应当是"尊重学生、关爱学生、发展学生和依靠学生"。我们所探讨的教育技术的职业之道正是"以人为本"，或者可以说是"以生为本"。

"以人为本"的教育观念是以学生的自由全面发展作为教育的最高理想。"以人为本"需要我们的教师去关注、去研究每一位学生的差异，以便找到个性化教学的科学依据。正如世界上找不到两片完全相同的树叶一样，人海茫茫教海无边，我们既找不到两个完全一模一样的学生，也找不到能适合任何学生的一种万能的教学方法。

"以人为本"强调，教师的任务不是给灌输学生知识，更重要的是为学生提供学习的手段，由学生自己决定如何学习。在教育观念上，"以人为本"的教育理念要求突出对学生的人文关怀，要把学生看成有情感、有需要的人，而不是知识的容器和考试的机器，要积极营造一个轻松、愉快、和谐的学习氛围。在教学过程中，要求通过挖掘学生潜能、提高学生潜质来达到教育目标，更要善于发展学生的优点并帮助其提高，不要只盯着成绩和表现，要让每一个学生都有一个属于自己的发展空间。

教育的主体是人，教育的对象是人，教育的目的是塑造人，在教育活动中，人无疑处在中心的位置。以学生发展为本，重视培养学生的良好性格和健全人格，明确学生是学习的主体，强调关注学生的个体差异和不同的学习需求。

作为教师，必须在构建科学的教育技术时遵循"以人为本"的原则。这需要教师自觉意识到：一方面，教师肩负着向学生传播"人是根本"理念的使命，使他们懂得和学会尊重人、关心人、相信人；另一方面，教学方式、教学活动、教育内容都应当体现对人的尊重与关注，应当有利于调动和发挥人的积极性与主观能动性，有利于人的才能的发挥，有利于人的健康成长。这两方面内容的实现需要教师从细节入手，例如：保证给学生足够的自学时间，给予学生自学的权力与自由，教给学生自学方法等方面。

教师身为教育者，必须树立"以人为本"的教育理念，用"人本"思想指导自己的教学实践，教会学生做人的真谛。引导和指引学生去做一个人格健全的人，去做一个通情达理、明辨是非和言行一致的人。

第二节 教师职业的技术要素

作为一名教育者，作为传道、授业与解惑之人，教师必须要具备足够的素质和出色的能力，这样才能在教学过程中充分地发挥自己的主观能动性，更好地传授知识。具备一定的职业技能是教师得以从事教育教学工作的重要前提条件。从具体方面来分析，教师职业所需要具备的技术要素主要包括：学习技术、备课技术、课件制作技术、课堂教学技术和课后交流技术五个方面。

一、学习技术

学习是一种获得知识或技能的过程。自我学习是教师自身发展和提高的重要途径，是教师实现专业化发展的方法。这里所探讨的学习技术，特指教师进行自我教育和学习所需掌握的技巧和方法。教师掌握学习技术的目的在于通过高效的学习指导自己的教育教学实践，以提高教育教学实践的水平与效果。

针对教师的实际情况，教师的自我学习可以采用"带着问题学"的方式开展。有一些专家和学者把这种模式称之为"行为导向"的教师自我学习模式。所谓的"行为导向"式的学习模式，指的就是"问题—原因—对策—措施"的学习过程。具体的方法是教师从现实着眼，依据出现的有关教育的重大问题（例如自己碰到困惑的问题、教育教学如何改革的问题等），有针对性地开展学习，一边学习一边思考，从而形成工作的对策和策略，并在其指导下进行有目标指向的教育实践。

在这种学习模式中，教师是根据教育实践的需要而选择相应的理论和资料来开展学习，所选择的理论和资料是作为自身在一个阶段内的特定学习内容。这样的学习过程有着明显的理论与实践相结合的实效。同时，教师的自我学习有必要进行学习记录。做学习记录的目的，一是强化学习的效果，二是便于今后对重要的结论与内容进行重温，三是为自己做科研积累资料。

总而言之，掌握科学的学习技术对教师而言是必需的。科学的学习技术能够帮助教师不断更新知识结构、拓展知识储备，如此才能有效地为教学做更为充分的准备。

二、备课技术

备课指的是教师为保证学生有效地学习，根据学科课程标准的要求和课程特点，结合学生的具体情况，选择最合适的表达方法、表达顺序和教学内容等方面细节的过程。备课技术正是教师在课前准备方面所需具备的课堂统筹安排与操作技巧。备课是教学的重要环节之一，是教师上好课的关键。只有在课前进行了"有效备课"，教师才能保证课堂上的"有效教学"。然而现实教学中，有很多教师直接把备课等同于写教案，把备课结果的呈现载体与备课本身混为一谈了，为了备课而备课或者是为了写教案而备课。这样的做法只会使备课活动失去原本应有的价值和意义。

要解决这种问题，教师首先必须对备课有一个科学的认识。通常来说，科学的备课主要从四个方面内容去考量，这四方面分别是教材、学生、教法学法、教学设计。每部分内容具有不同的要求和作用。备教材，要求教师必须熟悉所承担学科的教学基本要求，明确教学任务、教学目标，教学原则，规范自身的教学行为，使教与学有据可查，有法可依；备学生，这一点要求教师必须了解学生实际情况，做到有的放矢，因材施教。了解学生的基础知识，基本能力和非智力因素等方面的情况；备教法学法，它要求教师重视教学思想，采取有效方法，提高教学质量；备教学设计，主要是预测课堂上有可能出现什么情况，以便教师能够随机应对。

备课有效度会直接影响到课堂教学的成效。提高备课的有效性和针对性，需要教师做到以下几个方面：

一是认真钻研教材，这是教学目标确定的首要依据。制定教学目标必须以教学大纲为准绳，以教材为依据，明确所讲授的内容在整个学科知识体系中所处的地位和作用，合理确定教学目标的设定与完成程度。结合教学实际，认真钻研每堂课的教学内容，只有准确地把握教材内容，准确地理解教材，制定的教学目标才能突出重点、抓住关键。

二是深入了解学生，是教学目标确定的必要依据。学生是否具备了学习新知识必需的条件，学生到底掌握了哪些要求掌握的知识，有多少知识是学生没有掌握或者掌握不牢固的；区分哪些知识学生可以自己学会，哪些知识是必须需要教师去教；哪些地方可以作为学生的思维发散点出现。只有对学生有了相当准确、深刻的了解，才能制定出切实可行的教学目标，从而真正体现因材施教的原则。

三是从实际出发，选择合理的教学方法。课堂教学要以有限的教学时间，获得最好的教学效果，同时又要保证学生能获得新知识，发展思维能力。学生不仅要学会，又要使学生会学、愿意学，这就要求教师在备课时选择最合理的教学方法，从学生的生活经验和已有的知识背景出发，组织和安排好教学。

三、课件制作技术

我们通常讲的"课件"指的是以教学内容为中心，借用文字、图片、影音等文本素材以辅助教学的多媒体程序文件。所谓课件制作技术，顾名思义，指的是教师在制作多媒体课件过程中所需具备的技巧和方法。多媒体课件相较于传统的书面板书具有更为丰富的表现性，同时交互性强、共享性好，有利于学生实现知识的同化。课件制作技术之所以是教师所要具备的职业技术要素之一，正与上述多媒体课件的特点与作用是分不开的。

教师在把握课件制作技术时，应当注重课件内容、界面、表现、风格四个方面设计能力的提升。这四个方面不仅关乎多媒体课件的质量，更会影响教学的效果。具体包括：

第一，课件内容方面，要求课件程序无误，能够正确运行。此外，教师在设计课件时既要符合教学思路，又要突出重点和难点。同时，教师要细心认真，保证课件文本对知识点的叙述正确无误，内容完整。

第二，课件界面部分，要求教师在颜色搭配要做到协调、自然、简洁和主次分明，而且内容、标题和按钮要固定在某一区域，便于操作与观看。每一页课件都要有标题，章节知识点清楚，大小位置适中。

第三，课件表现方面，要求教师在字体设置上保证字体、字号、颜色、位置等细节相互协调，前后对应。图形的处理方面要保证位置、大小和色彩方面的协调，设置合理的出现、渐变、淡出等效果。此外，教师在制作课件时特别要注意声音的处理，应当选取切合主题的音频和音效，设置开关使其可以随时控制和循环播放。以上字体、图形和声音三个方面的处理可以看作是课件表现的细节处理方面。再从整体上看，教师还需要关注屏幕效果，只有保证协调的综合表现才能给人良好的印象，才能符合学生的学习心理，发挥多媒体课件应有的作用。

第四，课件风格方面，这里的风格是要求教师在课件处理上既要符合教学主题，又要确保课件的交互感、动感和美感的协调。具体来看，交互方面，教师应保证课件各部分衔接自然，进入、退出选择、停止等功能的灵活控制。同时，教师可以适当插入一些简单的自制Flash动画、符合教学主题的视频或流媒体链接，使课件避免呈现全屏知识点，摆脱呆板和僵化。最后一点，教师要以具有美感的方式呈现课件。这种美感是指课件呈现应有流畅的展示次序、自然的衔接效果、主题元素的契合等方面安排。一个具有交互感、动感和美感的课件是需要教师花时间认真准备的。

总的来说，把握好课件内容、界面、表现、风格四个方面设计原则，教师的课件制作技术的提升必能充分利用多媒体计算机资源，进而更高效地为教学活动服务。

四、课堂教学技术

课堂教学，也就是我们俗称的"讲课"，正是教师工作的主要内容。讲课可以说是一门艺术，教师作为教学活动的组织者和引导者，除了有丰富的知识，还必须掌握一定的课堂教学技术。何为课堂教学技术？概括地讲，就是指教师在掌控课堂时所需具备的教学技能与教学方法。具体而言，教学技术应主要涵盖语言技巧、肢体技巧、时间掌控技巧和课堂提问技巧四方面。

语言技巧是要求教师通过变换语音、语调、语速等多种言辞表达细节，实现知识的有效传授，优化教学效果。教师在课堂教学时，应用普通话清楚、流畅地表述教学内容，讲课语调要抑扬顿挫、绘声绘色；轻音、重音、清音、浊音明晰，停顿、重复得当。这样才能集中学生的学习注意力，调动参与课堂的积极性。

过于平淡呆板的语言只会让学生思绪游离在课堂之外。讲课语速要适中，始终与学生的思维节奏保持一致，不可过快亦不可过慢，跳跃性太强会影响学生对知识的吸收和消化。最重要的一点是教师的课堂语言要饱含激情，音色要柔和。倘若语言过于生硬、平板冷淡，自然也会对教学质量的提高有影响。

肢体技巧是相对于基本的语言表达而言的。因为除口语外，教师手势、身体移动、面部表情和眼神接触可以成为课堂教学内容的补充，也可能影响课堂教学。肢体技巧要求教师善于观察学生，多与学生进行自然的眼神交流。同时，教师要善于运用身体动作抓住学生的注意力。一个运动的物体永远比一个静止的物体更引人注目。教师在教学中可以偶尔在教室里走动，有目的地运用沉稳有力的手势，如举高一样物体、卷起衣袖等。站姿要保持放松、随意，这样可以使学生敢于提问。但是，要防止紧张地变换脚步，避免无意义而又分散注意力的手势。此外，教师在教学过程中要多运用面部表情和器官传达情绪，如眼睛、眉毛、前额、嘴巴和下颌等传达热情、信心、好奇心和思想。如果教师表现出向学生传授知识的热情和渴望，学生便有可能充满热情地听课。

时间掌控技巧是要求教师在课堂教学时能合理分配时间，对课堂用时做到心中有数。教师在讲授开始的时候，就应当对课堂讲授内容的多少、讲解层次的深浅有明确定位。不同部分用时不会完全相同，重难点的讲解会耗时更久。课堂教学切忌主次不分、重点不明。无论是前松后紧还是前紧后松，一定程度上都会影响教学效果。前者是虎头蛇尾，会影响授课知识体系的完整性。后者会肆意拖堂，这期间学生一样会无心听课。总之，教师应该合理掌控课堂时间分配，不多不少才是真正的心中有数。

课堂提问是推动教学进度、启发学生思维的积极手段。这里讲的课堂提问技巧是要求教师在设计问题时保持逻辑性、系统性，注意深浅程度，既不要冒进，也不要过于保守。主要的课堂提问技巧有三类：一是为讲授新课铺路的提问，这类提问可以创设悬念，激发学生求知欲，从一开始就抓住学生注意力。二是为了突出重难点创设的提问。这类提问是为启发学生独立思考，使其自主接受和掌握课堂知识。特别是教师在讲授时，如遇到新旧知识的交叠和过渡，应当采取提问方式，让学生自主回答，以此巩固知识的系统性。三是总结性提问，这类提问技巧通常是在课堂小结时运用。教师可以通过这种方法了解学生对所讲授知识的掌握程度，并能及时给予引导和纠正。

课堂教学技巧是多方面的，以上述四个方面为主，辅以教师个人专长和特色灵活运用，教师就会形成具有个人风格、行之有效的教学技巧。

五、课后交流技术

教育是心灵的沟通、灵魂的交融和人格的对话，交流在教育中意义重大。课后交流不同于课堂教学，师生课后交流对促进学生健康发展、帮助教师提高教学效率、构建和谐教育关系具有重要意义。课后交流既是对学生学习效果的评价过程，又是加深巩固的过程。有效的课后交流过程，不但能够巩固教学内容，还能引去学生共鸣，起到拓展延伸的作用。课后师生交流，主要是对课堂学到的知识进行修正补充、应用和创新。这一过程具体包括作业评阅、问题讲解、拓展练习、归纳总结等。

在作业评阅的互动过程中，教师要善于发现问题，并思考如何通过不同的方式处理问题，帮助学生排疑解难。及时地讲解，及时地批阅，使学生的问题以最快的速度解决，尽量使学生不遗留问题。

学生的学习过程是需要相应的练习巩固的过程，在一个阶段的教学完结之后，给予及时的补充练习、测验考核，既能帮助教师及时了解学生的知识掌握情况，又能帮助学生加深巩固，认识到其自身在学习过程中的不足和问题所在。

学习归纳与总结，是对学生一个单元学习内容的整合与升华，有效的单元整理不但能排除学生在学习过程中积累的弊病，又能有效启发学生思维，使其融会贯通。

在现实的情况中，学生与教师交流多数比较被动，对课后交流也比较紧张。教师只有掌握更多课后交流的技术方能更好地解决好现实问题。

第一，教师应提高对师生交流重要性的认识，多鼓励学生，多走近学生，与学生交流谈心，使师生课外交流常态化和自然化。

第二，教师在与学生进行课外交流时，不要仅关心学生的学习，更应该多关心学生心理及生活状况，用爱心接纳每个孩子。"师者，所以传道、授业、解惑也"。教师不但应该传授给学生文化知识，更应该关心学生的心理健康，及时为学生的心理把脉，指导他们走出心灵的迷惘。

第三，教师要在课后交流中转换角色、专心倾听，用诚意去交流。单凭表面的举止是无法了解学生的内心世界的，要做一位最好的听众，耐心地倾听学生们表达意见，当他们情绪困扰时给予适度的支持。学生是独立的个体，过分的为他们设想易生反效果，而且学生没有说完时别急着给建议。

第四，课后交流是一个潜移默化的过程，教师要时刻严格要求自己，给学生树立正面榜样。课后交流是一种放松的状态，这有可能会暴露个人身上的不良习惯。特别是教师日常的行为，学生都是看在眼里的。言教不如身教，教师的行为都是学生学习的榜样，经常对学生敷衍了事，学生也可能养成推卸责任的恶习。在潜移默化中，学生会承续教师的缺点与优点，因此，建立积极健康的课后交流的教师形象，才能真正有助于学生的成长与学习。

第五，重新回到为师者的本职工作。"传道"，要求老师言传身教，传授知识的同时培养学生的人格品质。"授业"，传授基础知识与基本技能，这是老师与家长最关心的主题。"解惑"，学生通过主动学习提出他们的疑惑，老师要有效地解决知识的困惑。只有具备了基本的职业技术能力要求，教师才能真正成为合格的"传道授业解惑者"。

第三节 教育技术以人为本

对于今天的教学活动来说,技术的运用不只体现在教学活动的某一方面或某一环节,而是几乎存在于教学活动的全过程。当教育技术逐渐成为教学活动赖以存在的根据和标准时,我们就应当明确使用教育技术时所要遵循的价值取向。

教育说到底是一种培养人的活动。在当前教育背景下,"以人为本"无疑是最科学的价值取向,"以人为本"理念所强调的是教师在处理教育技术各种矛盾、冲突、关系时,应该将人作为价值评判的尺度,教育技术活动应该是解放人、发展人,而不应该是物化人、役使人。教育技术遵循"以人为本"价值取向,我们应该辩证处理"技术"与"人"的关系,将人作为一切教育技术活动的出发点和归宿点。具体来说,包含两层含义,第一层含义是指在借助技术的教学中,要以学习者的生命发展、精神境界提升、生命价值实现为根本旨归,任何偏离这一根本目标的思想和做法都是对教育技术应然价值取向的违背,这层意思是其核心含义。"以人为本"另外一层意思是指在技术的设计、开发、利用、管理、评价等活动中,要发挥主体的主观能动性,摆脱对技术的依赖心理,规避"工具至上"等极端观点,辩证对待技术,充分发挥主观能动性去设计技术、利用技术。当然,第二层意思仍以第一层意思为根本指向,以促进学习者生命发展为最高目标。

一、持续升级教育技术

教育技术最终是为教育事业服务的。从广义上来看,人们通常所说的教育技术应当是泛指人类在教育活动中所采取的一切技术手段和方法的总和。而我们在这里所探讨的教育技术主要是从教师角度出发,特指用于优化教育教学,提高教育教学的质量和效率的现代信息技术。常见的运用形式包括课件、投影、网络教学等多媒体途径。教育技术为新技术与教学相结合提供了无限的可能,与传统教学方式相比也具有明显的优势。

首先,教育技术增大了教学的容量,增强了学生的学习兴趣。利用多媒体组织教学,可以营造轻松、活泼的教学氛围,使学生能够在良好的状态下自主、积极地学习。一方面，极大地提高了学习兴趣，学生得以在较短的时间内接受大量的信息。另一方面，教学容量也大为增加，拓宽了学生的知识面。在此基础上，针对教师所提出的问题进行思考交流，其思维深度也大大加深。

其次，教育技术的运用能够充分培养学生自主学习能力。教师利用技术组织教学，可以使学生在学习目标的指引下自主探究学习。在整个教学过程中，学生是教学的中心，教师在这一过程中起帮助者和促进者的作用。教师要去帮助学生充分发挥自身的主动性、积极性，通过独立思考、对话交流去获取知识。教育技术运用还可以使教学方式变得丰富多彩，让课堂更形象、具体、生动，更直观、更逼真。

最后，教育技术的运用提供了宽广的教育平台和丰富的教学资源。教育技术为教师进行网络远程教学提供了极大的技术支持，教育网络平台的搭建可以实现教育资源的共享，拓展教育信息获取渠道。由于课堂教学活动会受到时间、地点等诸多因素的限制，学生想要及时地针对学习问题进行当面询问并得到解答是很困难的。运用教育技术搭建平台能够为学生提供多种渠道，这样不仅能使问题得到及时的解答，还能使相关的学习资料在网络上共享，促使学生的知识得到有效巩固和强化。

从上述内容我们不难得出这样一个结论：现代教育技术的作用日益突出。因此，教师要不断地探索，不断地研究，发挥教育技术最大的作用，为教学服务。

技术不是一成不变的，而是不断进步的。要想始终保持教育水平走在前列，教师就必须不断升级教育技术。不可否认，教育经费或设备器材的投入是教育技术发展的物质基础。但是，教师不断地学习，忘我地工作才是教育技术发展的根本保障。这里要明确两点：一是教育技术的发展应当以现实问题为导向，朝更具有实践性和可操作性的方向发展。二是教育技术的进步需要广大教师积极学习运用，并在运用中查漏补缺。教育技术的发展最终是要靠广大教师共同努力。教师是教育技术的主要使用者，运用技术的过程就是经验总结的过程。经验的累积也将反过来指导教育技术的创新。

总之，现代教育技术的研究与开发，是一项非常艰苦的劳动。但是，只要教师全心全意地去做每一件事，最终必定可以取得丰硕的成果。

二、教育技术的目标与目的

教育技术的应用和发展要顺应时代发展的要求。当今时代，信息呈现出一个高度膨胀和爆炸式传播的趋势。无论是我们的生活还是教育都普遍地处在高速运转的进程中。教育技术的应用主要目标就是提高教育效率，使之与时代主题相适应。课件、媒体和网络的完美融合突破了传统的教学模式和教学技术，改变了课堂教学以教师的语言讲授为主要形式，原来"一支粉笔、一块黑板"的授课手段费时、费力且不直观，它直接影响了教学的质量。而在教育技术的运用下，这些缺点可以轻松克服，节省了大量的板书时间。同时，教育技术使得教师的课堂讲授内容得到及时有效的更新，多种图文声像的呈现方式更有利于优化教学的效果。

一切教育技术的手段和方法都是最终指向一个共同的目标：更好地进行教学，培养人才，促进学生更加积极、更加健康、更加全面的发展。教育技术的运用是为了搭建一个更为丰富多彩的教学平台，从而培养学生多方面能力以适应未来社会的发展。教育技术能更有效地将学生各项能力的培养渗透到具体教学环节中。教师更应牢牢把握住培养人才的目的，在教育技术的运用过程中，注重对学生知识迁移能力、分析和解决问题的能力、正确理解和评价信息能力，以及信息创造能力的培养。如此方能真正地实现教育技术的目标和目的，提升教育的有用性和实效性。

三、技术交流不能代替人际交流

教育技术运用所呈现的高效性与先进性是毋庸置疑的。但是，俗话说得好，物极必反，事物发展到极点必会向相反方向转化。过度地使用技术也未必会一直是好事。我们一定不能忘记教学技术只是一种工具，而且在很大程度上是中性的工具。技术即便再重要也是要通过人的作用才能得以实现。现实教学中，有很多教师不自觉地陷入对教育技术的盲目使用当中。要知道，教学技术对教师的奴役并不在于教学技术本身，而正是在于教学技术的应用。

新教育技术的应用就有可能带来新的潜在问题，教师在运用教育技术时必须坚持适度原则。特别是网络，网络为现代教育提供了一种新的支持形式。但是网络带来的一些变化有好有坏,既有积极的一面,也不乏消极的一面。积极的一面是借助网络媒体,可以客观地以多媒体形式提供更多的知识信息,对学生的可能差异实现较大面积的覆盖,从而实现对个别化个性化的关照。网络虽然提供了优于其他任何媒体的交互方式,但是完全通过计算机这个渠道去接触他人,毕竟总会有些不现实,不能让人感到脚踏实地。网络教学尝试中,师生之间的情感交流通常被忽视。在网络教学中,学生多与教师距离遥远,客观上使师生之间的感情沟通比较困难,教师应该主动地弥补这些使用技术进行交流造成的缺陷。

讲到这里,我们不妨以时下很热的"慕课"为例具体分析。所谓的"慕课"即"MOOC"(Massive Open Online Courses,大型开放式网络课程)。慕课是随着互联网技术的迅猛发展而在全球兴起的,它给传统的教学带来了前所未有的竞争与挑战。慕课本质上就是一种技术推动下的新的教学形式,教育技术的发展在慕课上可谓体现得淋漓尽致。慕课的核心理念在于"以学生为中心",彰显的是以"学"为主的教学价值取向和学生的学习自主权,打破了传统"以教师为中心,以教材为中心,以教室为中心"的教学模式。实现了从"接受式学习"到"主动式学习"、从"传授范式"到"学习范式"的转变。它借由技术提供了一种提升师生良性互动的方式,营造了自由的学习环境。正是由于有技术的支撑,学生才更有可能得到个性化的教育,实现真正意义上的全面发展。从这个角度出发,慕课可以说是技术促进教学的典范。

然而,尽管慕课有诸多优势,但慕课也有很多不可避免的缺点,比如课程分布较零散、部分课程没有能够形成比较系统的体系、课程门类局限等。慕课上所有课程都以短小精悍的视频模式呈现,也并非适合所有课程的学习。更重要的是,慕课并不是"纯技术的"、"视频在线"的同义词,不是用视频录像资料、视频在线课程等"纯技术的"手段取代教师。教师的角色不应只是负责在课堂教给学生知识,现实校园中老师的言传身教、与学生之间的互动交流不可能被慕课取代。教师应当充分发挥自身的线下教育的优势,借助慕课辅助教学。可以安排学生在课前通过慕课自学知识,教师再通过课堂来充当引导者的角色,引导学生共同探讨,引发学生深度思考。

"慕课"是一个很典型的技术运用于教学的案例,但是依然不可避免的存在问题。由此可见,我们在使用教育技术时,必须深刻认识到:教育技术固然可以促进教学,但技术交流始终存在一些缺憾,即无法代替人际交流。在借助教育技术的所有形式的教学活动中,教师必须强烈地意识到师生之间仅靠技术交流是远远不够的。

四、严控媒体信息发布

随着科技的飞速发展,人们对高科技工具的使用越来越普遍。教师与学生也越来越频繁地通过各种通讯软件和设备进行交流、沟通。各种新型社交软件(如微博、微信等)为师生分享、传播、沟通信息提供了极大便利,为师生沟通开展提供了有利条件。同时,这类软件的出现也打破了原有的信息传播格局,给网络虚拟世界和现实世界都带来了极大影响。在这里就需要提醒教师要严格审核自己在媒体上发布的信息内容,不能利用自身的影响力发布不负责任的言论,不能误导学生。所有从教师身上传达出的、可能面对学生的信息都要有利于学生成长和发展。

捷克著名的教育家夸美纽斯曾指出:"教师的职务是以自己的榜样教育学生"。教师在传道时必须慎之又慎,绝不可让自己的主观情感凌驾于理智之上,更不可打着客观的幌子向受教育者灌输已被主观化了的所谓事实。我们提倡人性,也尊重人性,所以我们不能压抑教师追求话语自由的权利,言论自由权利本是上天赋予人类最基本的权利之一,但值得注意的是,当一个人在行使自己这一权利时,必须充分考虑到自己所担任的社会角色,而不应该仅仅考虑到自己是一个自然人,如若这样,那么与靠本能生存的动物又有什么区别?人扮演着什么样的社会角色,就应该使自己的言行能对社会所赋予的信任负责任,既然你已享受了这个角色的权利,毫无疑问,你必须履行这个角色应当履行的社会义务。

教师可以利用自己的教育者角色优势在课堂上进行传播活动。可是,教师不应使这样的权利成为畅所欲言、发挥自然权利的绿色通道。如若这样,那么此类教育者也只能被我们不恭敬地称作"假公济私"者,其功能也发生了本质的异化,从某种角度来说,这是一种道德的缺失,传道的神圣使命也被玷污了,教育者本身也沦落成利己主义者。现实生活中不少教师身上存在着媒介素养不高的问题。具体来说就是一些教师身上缺乏对媒介使用的风险认知和应对信息传播不良现象的能力。要知道除了渊博的学识，老师的优秀品德、人格魅力、亲切关怀，无时无刻感染并影响着同学们，让同学们受益匪浅、获益终身。教师只有自身具备良好的媒介素养，才能有效地指导学生如何对信息进行选择和判断。通过自身去引导学生的积极向上发展。

因此，作为一名合格的教师，要积极主动地学习和积累媒介素养方面的知识，在日常的工作、生活、学习和人际交往中，有效利用不同媒介的特点和优势促进自我知识的拓展和思维的进步，主动有意识地在自己的教育教学过程中，培养自己和学生的媒介认知、媒介态度和媒介技能。积极发挥自身在情感、态度、价值观上对学生进行激励和鼓舞的作用，在平时多用自己的良好品质与精神气质去感化同学，逐渐培养学生的独立人格，形成他们正确的价值观、世界观。

思考与讨论

1. 师生交流是教师工作中重要的一环，那么良好的师生交流关系应当包括几个层次？分别指的是什么内容？

2. 教师职业需要掌握哪些基本技能或者说具备哪些技术要素？你认为哪一种技能最重要？请谈谈你的看法。

3. 请从教育技术的目标和目的角度出发，谈谈升级教育技术有何必要性和必然性？

4. 请结合自身工作与生活实际情况，谈谈技术交流与人际交流是否冲突？应当如何正确处理二者关系？

案例一

教师言论须有度

2012年6月4日，这一天对库尔勒市第二中学的教师徐静来说是不那么容易的一天。为什么这么说？因为这天徐静像往常一样开着车去上班，却没想到赶上了车流高峰。途中不仅出行路段车流人流密集，而且一部分电动车骑行人凭借灵活小巧的优势屡次抢道，甚至还与徐静的车发生了小碰撞。这让徐静的心情烦躁愤懑，像吃了火药一般。于是，当天她在个人QQ空间上发布了几条"骑电动车的人都去死"、"穷鬼"

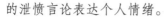

的泄愤言论表达个人情绪。

万万没想到，此言论被网友转发至微博，逐渐引发众议。引来一片骂声，绝大部分网友毫不留情地指责"静静同学"身为一个教师，却没有应有的素质、出言不逊。有网友说："为人师表的老师，你该如何面对学生？好好反思吧，不管是在网络还是在现实。"也有人说："道歉，不接受。不是我们没人情味。是她作为教师污染了社会，必须清除。作为老师不为人师表，四处炫耀，这样的人会残害下一代的。"同时，网上也不乏理智的声音。有网友说："相信人在做天在看，必会有应有的惩罚，更相信微博的强大，对于你说的那些脱离人性的话，相信会有更多人看见，他们会告诉你如何做人、如何说话，这样对别人的诅咒往往会让你失望，人有贫穷之分，但是没有'穷鬼'，善良的人虽然穷，但不是鬼，你真的要为你的言语负责，因为你也是由穷开始的。"

随后评论转发微博的网友越来越多，微博甚至被转发数千次，他们将矛头直指该教师。于是就这样，有网友通过人肉搜索，搜出徐静的教师身份、所在单位、手机号码等个人信息，以及所在学校库尔勒市第二中学的领导信息，并质问学校领导。一时间风波四起，人们对教师队伍的品行提出了严重质疑。

6月5日12时01分，徐静登录她的微博，发出了一条道歉微博："好吧，好吧！写错了！大家别生气了！哎呀呀！只是某些现象而已！我知道错了！"发了道歉微博没多久，她又删除了此微博，并将微博名字从"静静同学"改为"123"。这条道歉的微博并没有得到网友的认可和接受，众多的网友认为道歉微博"轻描淡写，态度不真诚，不耐烦"，不接受她的道歉。

随着事情的发酵，6月7日零时14分，库尔勒市委外宣办官方微博迅速做出反应，授权发布了库尔勒市第二中学对本校教师徐静的处理决定，从即日起徐静停职检查，停发停职期间所有工资及津贴。同时，责令其做出深刻检查并在大会通报批评，扣除当月津贴，年度考核不定等。

随后，徐静本人在其腾讯微博上连发8条微博，做出深刻检讨，并向公众致歉。

第一条："我的检讨：一失足成千古恨，我为自己短短几分钟的自我发怒、发泄而酿成的大错而深深后悔。几天前的一次偶遇的交通意外事故，本人仅受了一点小损失，但心情却郁闷到了极点。为此，一时为发泄自己的不满，而在本人的QQ空间中宣泄了一些不良语言，由此引起网民传播，从而在社会上造成极其不良的影响。"

第二条："如今，大错酿成，我深深懊悔自己的言行，深感到本人思想深处的致命错误：1.作为一名人民教师，思想觉悟不高，意识领域不够高尚。2.对他人不够尊重，缺乏对社会公德的认识；处事不够冷静，不能平等待人，利己主义严重。"

第三条："自参加工作以来，只注重业务学习，忽视了思想品德、职业道德、社会公德的培养。"

第四条："通过此事件，使我深刻意识到这件事造成的恶劣影响，也深感自身的许多不足，也感到自己身上所体现的一些不良风气、不文明表现，为教师这一光荣称号抹了黑。现在，我深深感到作为一名年轻人、一名教师，自己的这些行为和表现，是一个非常危险的倾向，也是一个极其不好的苗头。"

第五条："我决定以这件事为警钟，洗心革面，对自己思想上的错误根源进行深挖细找，加强文明公德的学习，严格遵守为人师表的行为准则，增强自己的社会责任感及大局意识，平等待人，和谐处事。"

第六条："发生这件事后我知道无论怎样都不足以弥补自己的过错，我只有深深的道歉，无论社会及网络平台给我怎样的评价，我都勇于接受，并勇于承担自己所犯错误。同时，也请社会及网络给我这个处事不久的年轻人一次机会，使我可以通过实际行动来改正错误，来展示给大家一个崭新的自我。"

第七条："短短几百字，不能表述我自己的悔恨，也显得苍白无力。更多的自责深藏在我的心里，希望大众能给我一次机会、一次改过的机会，我会化悔恨为力量，争取为社会文明、社会道德的美好发展贡献自己的一分力量！"

第八条："成熟的人不问过去，聪明的人不问现在，豁达的人不问未来。愿成熟、聪明、豁达的网民们忘记我徐静的过去，关注我徐静的未来！"

最后对事件的处理大众比较满意，也给了徐静很多"宽容"。借用网友说的一句话"相信此事过后她肯定会知道慎言、谨行，知道自己的职业所赋予的更多的意义。"诚然，一滴水也能折射太阳的光辉，一个人行为也会影响整个教师行业的形象，更何况我们的职业不允许，我们的社会也不放行。身为教师，不仅要在工作中为人师表，更应在生活中言行有度。

（资料来源：http://news.ts.cn/content/2012-06/06/content_6900170.htm. 2016-05-20. 有改动）

【案例分析】

案例中所展示的是教师网络言论无度的问题。案例当中的徐静，虽然身为一名人民教师，但在生活中遇到了烦心的事情，却通过发布微博的方式进行情感宣泄。这类行为虽然只是个例，但是问题仍然值得教师们共同关注。徐静的行为的确属个人行为，但其本人同时又是教师队伍中的一员。要知道从古到今，无论中外，教师都是人类精神生命的重要传承者和创造者，教师对于世界文明和文化的萌芽、生存、繁荣与发展，均起到了重要的启蒙、引导和传播作用。身为教师的徐静，出此"恶语"确实让人大跌眼镜。这无疑反映出当前教师队伍中存在一定的媒介素养不高的潜在问题。

所谓媒介素养，通俗地来讲就是指人们对各种媒介信息的解读和批判能力，以及使用媒介信息为个人生活、社会发展所用的能力。媒介素养的最终目标是要善于运用媒介为自己服务。良好的媒介素养有助于人们正确客观地分析媒体提供的信息，正确地指引自己去使用媒介。教师自身媒介素养不高不仅会影响到自身在媒介使用中的行为，而且还会影响其作为一名教育者在学生媒介素养培养方面的作用。案例中该教师行为正是由于媒介素养不高，不能正确认识和使用媒介，没有正确认识自己作为信息传播者的责任。看似小小的情感宣泄行为，不仅引起了社会对其个人的关注，更多的是对教师行业的质疑。甚至在媒体的宣传下，还会对学生产生或多或少的不良影响。这种行为值得我们去反思，教师虽然具有言论的自由，但是教师在社会中承担的是教育者的角色，教师要做的事是教书育人。一旦教师肆意在网络中言行无度，那么他所造成的负面影响必然比普通人来得更为广泛、更为深远。

随着科学技术的飞速发展，越来越多的社交软件和应用走入教师的生活。网络技术在带来便利的同时，也使教师在无形中放下了对自身言行的严格要求。特别是生活中的小毛病会在网络环境中被极度放大。真正优秀的教师除了要具备渊博的学识，更应当培养优秀品德、树立人格魅力。无论在现实生活中还是在网络生活中，都要要做到言行一致，严于律己。针对这种情况，教师要提高警惕，提升自身的媒介素养，特别是要树立公民意识、职业意识和独立判断意识。作为一名合格的教师，就必须把自己树立成学生的学习榜样，时时刻刻要求自身能在情感、态度、价值观上对学生进行激励、鼓舞。在平时工作和生活中，用自己的良好品质与精神气质去感化同学，逐渐培养学生的独立人格，形成他们正确的价值观、世界观。最重要一点，教师一定要谨记：网络言行需有度，严格控制媒体信息发布。

案例二

网络平台：师生交流的彩虹桥

早晨，学生陆续来到教室，快上课了，李老师发现王丹的座位还是空的。是不是病了？她一边这样想着一边走出教室，拨通了王丹家长的电话。电话那头，王丹的父亲说："她没有病啊，早晨我看着她背着书包上学去了，怎么会不在教室呢？"听到家长这么说，李老师的心头一惊，顿时紧张了起来。"那是不是迟到了？等一会再看看！"挂断电话，李老师觉得事情有点奇怪。王丹是一个内向、乖巧的女孩子，成绩在班级属于中等。她有时成绩不理想，很腼腆，在人前很少说话。属于那种有她也感觉不到她存在，无她也似乎永远不缺少什么的一类孩子。正因为在班级中默默无闻，又很遵守纪律，因此，对她的关注就不如那些不爱学习且毛病多的学生了。虽然有时成绩不理想，但李老师本人也很少当着全班同学的面批评她。是不是本次月考成绩不理想而不敢来上学呢？一边想着，李老师又疾步走进教室，询问班内同学："你们今天早晨上学，看见王丹了吗？""我看见了，她在进学校大门的时候，突然转身向东走了。"学生刘平站起来说。

李老师的猜测得到了验证，王丹逃学了。作为老师，李老师的心情一下急了起来。她会去哪里呢？要是出了交通事故怎么办？要是遇到坏人怎么办？……于是李老师一方面向学校汇报了王丹的情况，一方面和家长取得联系，配合家长一起寻找。整整一个上午过去了，到了中午十二点半，王丹的爸爸打来电话说王丹背着书包回家了，李老师悬着的一颗心这才落地了。但是据家长讲，回家后的王丹只是一个劲地哭，不吃饭也不说话，家长再次向李老师打来求救电话。怎么办？李老师想着就是去了也不见得王丹愿意开口讲话啊。

突然她想起前不久在主题班会上为了沟通交流，提出开辟一个网络空间的设想。王丹也曾经发表过自己的看法，自己为什么不能利用网络和她架起沟通的桥梁呢？于是李老师在电话里把自己的建议向家长提出，家长向王丹转达了意见。王丹同意了，她们约好下午四点半在微信上详谈。

四点半李老师准时登陆微信，不一会，就看到昵称"小馒头"的账号在添加好友，"小馒头"就是王丹。李老师的心情激动起来，快速敲下以下话语："你今天不到教室，也不和我或班里的同学打招呼，我很意外，也很着急，有什么不愉快的跟我说说好吗？我一直把你当朋友，不知你是不是这样看我？"不一会，王丹就"说话"了："我爸爸妈妈刚走我就上网了，我妈妈还说您可能还不一定有空呢！我不相信，因为是您亲口告诉我说：'我们无论做什么，都要讲信誉。'您动作真快呀！我刚想发一个'我来了'呢，您就先说话了。哎，我动作太慢了。"

李老师没想到王丹居然发回来一大段对话，马上回复到："要想快，就要练习，要勤奋！我昨晚十一点离开，今天早晨6点就起来写东西！昨天晚上你也在论坛，有心事不告诉我，真不够朋友！今天害得大家跟着你担心，你知道不？大家都在找你？""嘻嘻！没想到，多多包涵啦！"这个王丹，倒是很诚实。看着她的心情平静了很多，李老师马上转入了"谈话"的正题："你也是成年人了，在做出决定之前应该想一想这样的后果是什么？家长、老师多着急吗？不能凭一时感情用事，你说对吧？你有什么不高兴的事情可以跟我说说吗？除了英语老师批评你之外，还有没有其他的事情呢？我希望你能把我当朋友！"网络那头沉默了很久，屏幕上跳出了这样的一行字："我……我……我……嘻嘻……！说出来别生气哦！答应我！"看得出来，此时她心情是处于矛盾之中的。李老师马上又送去了安慰的语言："我期待你的心灵倾诉，一些话说出来了会好受些，这也是我们之间的秘密，不会让外人知道。我等着。""此话当真？我没写完卷子，可那时我腿走了很长的路，腿非常酸，于是我想躺一会就起来再写，可谁知道我躺着躺着就进入了梦乡，第二天起来一看，6点了，一想糟了，我还没写完卷子呢！可如果把卷子写完又会迟到的，我要不带的话岂不让老师批评吗？一次没带，二次没带，要是说出来不就多没面子了吗？所以，我想回家写完，星期一带来。但是回家又害怕家长知道我没写。唉，一定要帮我保密哦！"王丹道出了自己逃学的实情。

　　王丹是没有写完卷子，可是她并不是不想完成，从她的话语里李老师仿佛看到了她在劳累需要休息的时候和是否完成卷子两难选择时的矛盾心情，也仿佛看到了她早晨醒来时发现卷子没有完成时的惊恐，仿佛看到了她走到学校门口时的惶恐不安和离开时的忐忑……就是因为没有完成卷子，造成了她沉重的心理负担，而选择了逃离校园。

　　"孩子，就因为没有完成卷子，对吗？你一上午去了哪里？""我在学校旁边的院子里蹲着。"电脑这头的李老师心头一阵刺痛，"卷子没写完可以补啊，再说你几次成绩不理想老师也没有说什么，你为什么就要逃学呢？你知道老师多着急啊，我一上午什么事情也没干。你到校后告诉老师卷子没完成不就得了吗？卷子没有完成可以再补，但是逃离学校的行为以后不能再犯。你啊！在学习上很刻苦。你有很强的上进心，但是还要有行动。""嘻嘻，我知道了。可话又说回来，如果我跟您说您会100%的不说我吗？您讲卷子了吧，帮我讲讲哦！"网络中的王丹还很健谈，没有现实中眼神的躲闪和恐惧，师生间的交流很愉快，"逃学"风波也在彼此的交流中冰消雪融了。

　　晚上，王丹也正常上自习了，李老师在同学面前装作一切并没于发生过似的。私下找她谈心，王丹主动承认了错误并表示今后要改正。正因为李老师对王丹的尊重和理解，从而得到了她的信任。在接下来的日子里，李老师和王丹在微信交谈机会越来越多，在键盘的敲击声中，她逐渐敞开了心扉。当李老师了解到她在班级中没有知心朋友而苦闷的时候，就积极组织班干部关心她。王丹在集体中越来越快乐，也越来越爱和同学交流，从那以后，她再也没有随意逃过学。

　　　　　　（资料来源：http://www.chinadmd.com. 2016-06-10. 有改动）

【案例分析】

　　案例主要涉及两部分内容：师生交流关系和课后交流技术。我们首先探讨的是师生交流关系，这种关系指的是在师生交流过程所中形成的一系列交互关系。师生交流关系是否和谐不仅影响着教师主导作用和学生主体作用的发挥，也制约着教与学之间信息的传递与反馈的有效程度。一般来说，真正完整的师生交流应当涵盖三部分内容：认知交流、情感交流和人格交流。案例中的李老师在跟问题学生王丹的沟通过程中，首先李老师能做到正确的认知引导，让学生认识到最基本的一点：无论什么问题，逃课都是不对的。其次爱心是和谐师生关系的基础。教师的爱来源于对学生深刻的认识和了解。李老师能从学生的生活和学习细节中发现问题，用耐心和真心去感化学生，而不仅仅是生硬的说教。这样的情感交流才能真正以情动人，让学生从心灵深处接受老师的帮助和关心。同时，尊重和信任是沟通师生情感的桥梁。教师对学生应多一点耐心，少一点急躁；多一些宽容，少一些指责。案例中李老师师生交流过程中守时、守信的品质，无形中用自己的品行去感染学生，为学生树立良好的学习榜样。这三部分内容构建了完整的良性师生交流关系。良好的师生交流关系是教育产生效能的关键，能够无形中促进师生间的有效沟通，增进彼此的了解，拉近关系，使师生交流更轻松，更易接受彼此的观点、立场，从而形成"亲其师，信其道"的和睦氛围。

我们要探讨的另外一个内容是课后交流技术。作为教师，要明确课后交流不同于课堂教学，师生课后交流对促进学生健康发展、帮助教师提高教学效率、构建和谐教育关系具有重要意义。教师在与学生进行课外交流时，不要仅关心学生的学习，更应该多关心学生心理及生活状况，用爱心接纳每个孩子。教师要在课后交流中转换角色，专心倾听，用诚意去交流。案例中的李老师所做的就是在学生王丹遇到情绪困扰时，给予适度的支持，耐心地倾听王丹想表达的意见。教师要学会为学生的心理把脉，如此才能及时有效地指导他们走出心灵的迷惘。

案例中还有一点特别值得单独讨论，为师者要善于运用技术手段改善师生交流效果，用语言之外更易于学生接受的方式进行交流。毕竟我们所处的是一个信息化、网络化的时代，作为一名新时代的教师，要与时俱进，把握时代脉搏，力求在贴近实际、贴近生活、贴近学生的基础上创新班主任工作新模式。就像上文中的王丹，由于在班级中不善于与人交流，自己犯错时又缄口不言，身为老师就利用她喜欢的网络交流，在师生之间架起了心灵互动的桥梁。这种网络零距离轻松的交流方式，深得孩子喜爱并乐于接受教师的教育，督促其认识到自己的错误并及时改正。随着科技发展，可以充分运用电子邮件、QQ、微信、微博等远程交流手段。这种交流方式一方面是能保证师生交流的说服和引导的目的，另一方面是方便快捷，不会引起学生的强烈反感。

案例三

走近心灵，用心教学

苏霍姆林斯基曾有这样一句话："我们的教育对象的心灵绝不是一块不毛之地，而是一片已经生长着美好思想道德萌芽的肥沃田地。因此，教师的责任首先在于发现并扶持学生心灵土壤中的每一株幼苗，让他们不断壮大，最后排挤掉自己缺点的杂草。"

刘老师就是一位深谙此道的老师。在她的班里有这样的一位学生——小洪，他很聪明，课内学习较为轻松但常容易自满不求上进，并且常受表扬处于顺境中，自尊心极强。新学期刚开始，他的学习成绩就很不稳定，忽上忽下，作业也是时好时坏。在小洪的期中总结中也出现这样的话："我知道我能学好，只要稍用点心就可以。"这是个不好的苗头。他在前半学期有很大的进步，曾代表班级在国旗下演讲，被评为三好学生，而进入后半学期，他有些"飘飘然"了。刘老师知道面对这种心态的萌芽需及时发现及早除掉，不能等它发展成"杂草"，但是处理的方法不能太生硬，必须巧妙地解决。

在学习数的乘方知识时，小洪的作业完成得很不好。虽然布置作业的内容很简单，他也基本能掌握但作业中总有一些小问题，不是丢了这就是错了那，刘老师有尝试去提醒他，不过小洪的回答总是"只要我用心，一定会全对的，我考试的时候肯定都能答对。"于是刘老师想是时候要帮他排挤掉思想中这样的"杂草"了。

上数学课时，讲完一道关于乘方的例题，刘老师特意叫了四位同学上黑板练习，当然其中也有小洪。在练习时，他最早做完题目，高兴的下去坐在位子上，看着没做完的同学，可不一会儿他却跑了上去拿起板擦开始修改，修改好坐在位子上，一会儿又跑上去改了，最后着急了，竟用小手直接擦了粉笔字开始修改。台下的学生也笑出了声，看得刘老师又生气又想笑。刘老师知道这时不能直接生硬地进行批评，如果直接批评反而会产生坏的效果，只能"智取"。

等四位学生都下去了，点评完四道题之后，刘老师站在讲台上对学生说："好！现在大家来共同完成一道题"。

于是她在黑板上写下：90%×90%×90%×90%×90%=？

教室里立刻有学生喊道："5×90%……"

可以看得出学生对于乘方还是不能很好地掌握，于是刘老师顺势引导大家：

"是不是5×90%这样计算？"

立刻有学生反驳："是90%的5次方"。

刘老师微笑着肯定："很对，开始计算。"

一分钟后，大家纷纷举起手，看来已经算出来了，刘老师一直等到小洪也举起手，才叫他起来回答。

"90%×90%×90%×90%×90%=59%"

"很好，小洪你请坐，我们来一块看看这道题。90%怎样变成了59%？"看看一双好奇而疑惑的眼睛，刘老师接着说："在平时大家觉得，60分是及格线，100分比较难，而90分是一个可以引以为豪的分数了。但学习的过程是由一个一个的环节串联而成的，每个环节却又以上一个环节为基础，每个环节之间相互影响的关系是以乘方为基准最终产生结果的，而不是百分比的简单叠加。以这种掉以轻心'很不错'的90%的态度最终带来的结果，可能是59分——一个不及格的分数。因此，每一天的学习你只能做到90%，那么5天之后，你的成绩不是5个90%的平均值，而是59%——一个被淘汰的分数，那么更多的90%会怎样呢？"

问题一出，孩子们纷纷举起手，刘老师知道在他们心中已经有了自己的答案。

"小洪，你认为呢？"

小洪站起来，红着脸说："会比59%还要差，只有每天做到100%最后才能做到100%。"

刘老师知道他明白了，看着孩子们的眼睛里都闪着理解明白的光点，刘老师继续说，"这道数学题，除了教给我们怎样进行百分数的乘方，同样还教给我们怎样学习。我希望大家将这个算式写在课本最明显的地方，天天提醒大家，每天坚持做到100%"。

第二天，小洪的作业很认真，全对了。下面还有一句："坚持100%"。在之后的学习中虽然小洪也有些小毛病，但经过90%的事件后，小洪已经向一个更优秀更认真的方向发展，心里很欣慰。其他学生也都更用心学习了，而在这个过程中刘老师不仅收获了一个怎样转化学生的宝贵经验，同时也更加明确了教师的责任与要求，面对工作也要坚持每天做到100%。

（资料来源：http://www.jxteacher.com. 2016-06-15. 有改动）

【案例分析】

上述有关刘老师教学的案例，主要涉及的是课堂教学技术和技术关系的职业之道：人本。首先，来谈谈作为技术关系的职业之道：人本。作为一名教师，必须有这样一个定位：教育的工作就是做人的工作。教师所做的一切工作，尤其是教学，必须是以学生的全面发展为价值导向的。真正去尊重学生、关爱学生、发展学生和依靠学生，才能让师生关系融洽，才能让师生共同进步。案例中刘老师就是这样做的，她发现学生小洪身上存在不谦虚、自满的不端正学习态度，没有采取直接批评教育的方式，而是将以人为本的教学思想融入教学过程，通过教学去也引导学生完成自我认知和发现。

以人为本理念强调教师的任务不是给灌输学生知识，更重要的是为学生提供学习的手段，由学生自己决定如何学习。正如古希腊学者普罗塔戈说过："头脑不是一个需要被填充的容器，而是一个需要被点燃的火把。"同样，学生也是需要被点燃的，他们心中有很多美好的事物，而教师要做的是要点燃这份美好，用美好燃烧排挤掉那些"长着缺点的杂草"。教学虽然是教师的主要工作，但是教师在教学开始前首先要做心灵发现而不是灌输。教育者在系统地实施自己预定教育步骤的同时，还应敏锐地发现并细心扶持学生生活中的一些平凡小事，从他们的失误挫折中挖掘其潜在的积极的教育因素。有些学生的求知欲较旺盛，性格活泼好动，思想比较纯正，行为举止文明，但在学习上成绩不稳定，学习态度也是时好时坏。这类学生的转化是很关键的，若引导的正确，他们就会很快树立信心赶上来；若引导不好，则会比一般学生更容易掉队。

案例涉及另一方面内容则是课堂教学技术方面，课堂教学是教师最应该关注的工作部分。教师在掌控课堂时应当具备语言技巧、肢体技巧、时间掌控技巧和课堂提问技巧等方面的技巧。科学的课堂教学技巧和方法会使教师的教与学生的学达到事半功倍的效果。教师要善于为学生创设一种宽松、安全、愉悦的学习氛围，给学生成功、快乐、友爱的享受。教师要充分发扬教学民主，使学生能自由表达、自由参与、充分意识到自己的存在和价值。案例中刘老师针对学生身上的学习问题，通过对教学内容的设计、课堂提问设置及对教学小结总结的精心安排。首先根据教学内容——数的乘方，设计一道习题"$90\% \times 90\% \times 90\% \times 90\% \times 90\% = ?$"。这道题的设问既切合课堂教学的内容，也可以考察学生的学习效果。随后再通过有针对性的提问，让学生认识到自身存在的学习态度问题。最后由此引出这样的结论：只有百分之百的努力和用心才能取得成功，否则再小的问题也有可能导致失败。这样的教学安排一环套一环，层层推进，让学生在学习的过程中不知不觉地端正学习态度。真正高效的课堂应该是学生主观能动性充分发挥，师生交流互动氛围融洽的课堂。教师只要重视并满足学生们的参与意识，学生就会以积极合作的态度在课堂教学中发挥其主体作用。当然，课堂的经营不仅需要教师善于运用课堂教学技术，更需要老师始终怀着"以生为本"的观念，通过智慧的教育去感染、触动、影响学生的心灵。教学不是一件轻易就能达成的事情，而是需要花费时间和耐心去完成的。这恰恰正是为人师者应当做到的。

第十章 教师职业德性

第十章 教师职业德性

教师职业德性一般是指教师在教育教学过程中不断修养而形成的一种获得性的内在精神品质，包含两个内容：一种是教师人格特质化的品德，另一种是教育实践性凝聚而来的品德，即内化于心，又外化于行。这种德性，不是指人先天具有的潜能，而是进入职业后在教育实践中形成的。教育实践开启于社会赋予的责任与个人的需要，伴随着教师职业生涯全过程。因此，把握教师的职业德性，应该从其直接表象的"行为"入手，由表及里，对抽象的德性进行真切地理解。教师职业德性主要由教师职业情感、职业理性、职业理想及职业意志四个方面构成。

第一节 教师职业情感

情感作为一种心理状态，不仅深入人的思想，也能左右人的行为，是被认为能够激励和指导行为的动机力量。教师职业情感是教师进行教育教学工作和自身发展的重要的动力，主要是指即教师从事教育教学时对工作的心理体验，以及由此而产生的外部情绪表现。对教育教学工作的认同度是职业情感心理反应与外部情绪的综合指标，当教师认同自己的职业时，产生喜欢与热爱的心理反应，从而形成强烈地职业倾注的情感；相反，当教师不认同自己的职业时，产生冷漠与无情的心理反应，从而形成强烈地职业消极情感，工作起来没有动力，也难以取得职业的成功。在心理学中，情感具有感染功能，认为教师的情感在教学活动中，对学生的影响具有弥散性。只有具备这些品质的教师才能培养具备这些品质的学生。一个优秀的教师对教育工作、对学生、对所教授学科的热爱，深刻的道德感、强烈的理智感、正确的审美感，以及积极主动自我提高和发展的意识，都是必备的情感品质。

2008 年教育部颁布《中小学教师职业道德规范》，规定了教师职业的行为所承担的责任，可以分为三个层面来理解。从宏观上看，肩负了对国家、对社会的发展的职责，教师作为普通公民应该热爱国家、热爱社会、热爱教育事业。从中观层面上看，教师承担了对学生的全面发展的责任，教师要关爱学生，这是对爱祖国的具体体现，是一种无私的、不求回报的爱。表现为要爱岗敬业、关爱学生、教书育人、为人师表，还需要不断地充实自己，正确引导学生不断发展。从微观层面上看，教师要做好本职工作，成为一名成熟的教师，还必须对自我的发展负责。

教师职业的特点要求一个合格的教师不仅要有扎实的专业知识，更要满怀爱的情感，并且提高爱他人的情感能力。只有怀有爱的情感的教师，才能培养出胸怀大志、文质彬彬、情感丰富、具备责任心和富有创造力的学生。教师的职业情感具体表现为以下六个方面的内容。

一、爱国爱家

教师职业情感会体现人的社会性，带着对国家归属感的烙印。国家统一了人们的共同利益，为人们生存发展提供了条件，同时也要求人们自觉地承担对国家应尽的义务与责任。热爱祖国是对国家共同利益的情感需求，教师职业情感是这种普遍性情感的其中之一。家庭体现了人们的个人利益，是人们情感最直接的依托，最现实地支持职业情感。爱家的情感外化为职业情感时，使教师从事职业工作有强烈的激情；爱国的情感超越物质追求，是相对挣脱了生存的重负与功利主义的束缚，成为教师内心深沉的、稳定的、持久的、有力度的情感。两者的统一促使教师在从事教育教学工作时，能将自发的情感与职业价值认同融为一体，建立了教师较强主体性的情感。

二、爱教育事业

教师要发自内心认可和喜欢自己的职业，表现为对职业的执着与热爱。执着是成功的基础，热爱是创造奇迹的可能，两者都是工作的动力。教师的职业不仅是谋生的手段，更应该认定为这是实现生命价值的目的。爱教育事业，能够坚定教育信念、提升自我专业水平、激发职业创造力、追求职业的完美。敬业精神是爱事业的集中表现，只有干一行爱一行，踏踏实实投入到教师职业当中去，才能在本职业工作内有所建树，并选择正确的道德行为，抑制不道德的行为。热爱教师职业、真心喜欢和尊敬教师职业，才能尽职尽责地做好教书育人工作。要求教师做到对从事的职业有发自内心的尊敬感，对教书育人的社会价值有深刻的认识，对专业知识不断进取。热爱教师职业，教师才能够注重挖掘教师职业的个人价值，在积极的职业活动中感受和收获职业带来的幸福感和自豪感。唯有热爱教师职业，才会积极主动化解工作中的压力，并将压力化作动力。教师从自身和社会的需要为出发点，站在超功利的视角，以完善自我和为社会发展做贡献的立场来看待自己的职业，教师应当有比物质满足更高层次的追求，那就是对社会的奉献、精神的丰富和对理想信念的追求。

三、爱生活

工作是生活的重要组成部分，教师的工作与日常的生活密不可分。不会生活的教师，不能发现生活中的美好与快乐，不能把生活中的真、善、美传递给学生，就不能做好教育教学工作。一方面，教师要学会享受职业给生活带来的乐趣与幸福；另一方面，教师要善于寻找和发现生活的智慧与快乐，并将其融入工作之中，使生活与职业合二为一，相互促进，相得益彰。

积极的生活态度是教师职业情感的不竭之源，是教师做好本职工作的快乐所在。教师需要把对生活的热爱转化为对事业的执着、对学生的理解和尊重、对周围同事的关心和帮助。对美好人生充满向往，对"每一个人都有成为好人的需要"充满信心，源于教师在社会生活中崇尚向善的生活，在不断的社会选择中，自我求取，认同自己的人生，感悟社会的美好。当教师怀着对生活的热爱时，言行举止必然充满正能量。

教师不仅是先进思想、科学文化及正确价值观的传播者，也是人类社会交往、历史的创生者。浸润在长期的礼俗生活之中的教师，身上带着积淀着千百年来的生活智慧与德性，极富生活的感召力，向往着生活的幸福与自由，教人求真、向善。从生活上看，教师之于学生的意义不仅仅是授业、解惑，更重要的意义在于"传道"。将生活中的真、善、美化为知识的力量，成为精神的领导者。

四、爱学生

教师职业本质要求，作为一名教师必须热爱教育工作、热爱学生，这是教师遵循的教育和教学规律的必然反映。爱学生是要尽可能地帮助学生成长成才、成为有用之人。教师给予学生的爱是应当无私的爱，从本质上看，只有付出而不求回报。当学生感受到这种爱，便能对教师产生无比的信任并乐意去主动学习，积极接受教师的教诲。因此，对学生的爱主要表现为：了解学生、信任学生、尊重学生、公平公正地对待学生。然而在现实中有教无类与因材施教可能是一对矛盾，教师应该如何面对这种矛盾，考量的是教师的对学生理性的爱。

首先,爱要有包容性。不仅凭分数来判断学生的好坏,不能只关心他们的学习。一名好的教师要帮助每一个学生成长与进步,必须关注他们的点滴进步、了解他们的身心健康。用真心、真情来教育和影响学生,用人格魅力感染学生,成为学生的良师益友,成为学生成长成才引路人。

其次,爱要有自觉性。教师的爱不是一种本能的直觉的情绪反映,而是通过理性培养起来的一种普遍的责任感。"爱具有普遍性,爱学生,不是爱一两个学生,而是爱所有的学生。爱是永恒的,教师对学生的爱应该持之以恒,不能随遇而生,随机而去,更不能被自己的情绪好坏所左右,或因自己的不愉快而迁怒于学生,要善于控制、驾驭自己的情感。"

最后,爱要有掌控力。主要表现在如何将爱转化为能够促进学生的身心健康发展。一方面要从事知识的传承,另一方面要进行全面育人。有学者认为教师专业精神的首要任务是用情感去感染学生,让他们懂得生命的意义和价值,建构正确的人生观和价值观。特别是基础教育阶段,学生要经历人生观、世界观、价值观从萌芽走向成熟,其间情感不断丰富、情感价值观等逐渐确立,抓住这一重要时期,用教师充沛和积极向上的职业情感在课堂教学内外全面影响学生,有助于学生"亲其师、信其道"。在信奉有教无类时,要做到用心、用情;在遵从因材施教规律时,要有理、有节地去传输知识、激发兴趣。这样的爱,才能真实地帮助到每一个学生成长。

五、爱科学

热爱科学、崇尚科学精神是指教师应该不断追求真理,执着于自己的专业。《中小学教师职业道德规范》第六条规定"崇尚科学精神,树立终身学习理念,拓宽知识视野,更新知识结构。潜心钻研业务,勇于探索创新,不断提高专业素养和教育教学水平。"一个成熟的教师能够积极主动地进行自我提升,是因为他对教师职业的创造性特征有正确的认识和深刻的体会。终身学习是教师应有的自觉意识和习惯,在教学与科学研究的实践中,不断调整自己的知识结构,提高教育教育的水平与技能。教师的科学知识与专业发展紧密相连,包括专业知识、专业拓展知识及专业技能知识。教师面对学生时,不仅仅关注固定知识的传授,还应将提升学生和自我的精神生命结合起来。由此而来的对科学的热爱便成了一种内心的情感。康德认为,情感是一种判断能力,是联结知性和理性的一种特殊能力。教师对科学真理的追求,正是源于对情感的深化。当教师有热爱科学的情感时,便会感染学生,与学生享受一起探索真理的乐趣,用实际行动做到既传承知识又帮助学生自我成长,让"知情义"伴随教育的全过程。

六、自爱

爱自己,是教师从事教育教学事业的潜在动力,是教师热爱事业、热爱生活的根源。现实中,教师的职业活动会面临诸多困惑、感受到诸多压力,要坚定信念,一以贯之地从事教师职业,必须有极强的克制力,也可以认为是一种内在的约束力,是教师内心的一种深刻的情感,源于爱自己的情感。当这种情感深植于教师内心时,人性中最强的潜在力量可以展现出来,"真正使教师受到驱使的力量无疑是他们自身的主观情感。并且驱使力量的大小无疑由情感程度决定。"爱自己,不论现状如何,都能受到强烈兴趣和爱心来坚守自己的岗位,同时影响周边的人,形成爱的聚合力,享受着与群体共生的环境,在其中不断完善自己。因为爱自己,教师可以完成自发价值的发现,能唤醒自我沉睡的精神,发出职业认同的共鸣。在中国传统哲学中,认为教师职业情感与良心高度统一,从超越"小我"到实现"大我",从"自爱"到"爱人",职业情感体现了每个人所具有的情操与精神境界。

第二节 教师职业理性

科学的进步使人越来越理性。人们理性地认识到知识的潜能,教育的价值显现。教师的职业理性是教师积极地参与社会发展、践行德性的基本要求。

一、教师的职业认知

教师的职业认知是教师在工作、学习与生活中,通过主动或被动方式参与到认识职业活动中,从而形成对教师职业的基本认识和评价。具体而言,主要包括四个方面的内容:对岗位要求的认知,即对教师职业的基本情况和具体要求的了解；对职业资格认知，即分析、判断自己的个人素质与教师职业的匹配程度；对职业目标的认知，即理解职业对个体及社会的意义；对职业关系的认知，即树立正确的职业价值观，构建美好的职业愿景，拥有良好的从教、执教态度。这四个方面的内容主要涉及教师职业的社会性、专业性和角色价值观。

首先，教师的职业具有社会性。职业社会性是指在特定的社会环境中职业具有的社会特征，有的研究者认为即职业的社会地位，即由于社会属性的差别，社会成员在纷繁复杂的社会关系中的相对位置和围绕这一特定位置而衍生的各种权利与义务关系，主要通过经济收入、社会权益和职业声望三个方面来衡量。教师职业是以脑力劳动分工为明显特征的复杂性劳动，总会与某一时期的特定的教育指导思想、教育体制、教育制度、教育政策、教育理论、教育课程等因素紧密地联系在一起。在我国，教师的职业社会性主要表现为：教师职业形象具有公共性，教师职业角色具有多样性，教师职业训练的专业化，教师职业环境的相对封闭性，教师职业绩效的模糊性，教师职业待遇的福利性。

其次，教师职业的专业性。职业的专业性是指根据对专业的研究，具有专门的知识技能、良好的职业道德。教师职业和其他职业的根本不同在于，教师职业的根本职责是教书育人。教师专业性是由"教什么"与"怎样教"、"教书"与"育人"两方面内容构成的一种边际性的横向专业。其专业性具体可以分为：教育的观念、所具备专业知识、拥有专业能力，以及自身的专业道德、身心健康素质。其中，教师专业性的思想精髓是先进的教育观；教师专业性的基础是专业知识，即教师具有的广博的科学文化知识、精深的学科专业知识及娴熟的教育科学知识；此外，专业能力是教师专业性的必备技能，专业道德是教师专业性的灵魂，身心健康是教师专业性的基本保证。

最后，教师的角色价值观。这是指个体在认知"教师"这一职业的同时需要对自我进行理性的认识与评价。每个人对"教师角色"的认知程度、对"教师角色"意义的评价，表现为教师能够回答"我是谁"的意愿，主要包括"教师应该是什么角色"与"我是否适合及如何才能成为好教师"两方面，前者把教师应该具备的规范引向教育现实，后者则试图将现实上升为一种新的规范。在这种转换过程中，教师需要完成的是视角的转换，即能够自觉地、自发地面向社会、公众，从专家学者的角色转换为社会、公众的被管理者、被评价者，以及在学生面前的管理者、规范者的角色转换为被学生评价者，在此过程中，进行自式省思或追问，从"我"转换为"自我"。

二、教师的专业知识

专业知识就是指教师在进行教学和教育管理需要运用到的专业知识。专业知识是教师专业素质的主要内容之一，扎实的专业知识是教师展开正常教学，保证基本的教学品质的必备条件。专业知识的核心要素为：教学知识、课程知识、学科知识及学科教学知识。教学知识是指教师具有的教育基本原理、一般教育学、教育心理学的知识。课程知识主要是指教师具有的关于任教学科的课程目标、学习内容、知识体系的知识，具体表现为对课程标准的理解及对教材的把握。学科知识指教师所具有的关于执教学科的概念、原理、理论、方法等的知识，也就是语文教师具有的中文知识，数学教师具有的数学知识。学科教学知识是指将学科知识转化为"易于学生理解、接受的方式"的知识。以上四个核心要素可以分为三大类：

首先，是教师对从事的专业具备的学科性知识。亚里士多德认为"唯有知者才能教"。学科性知识是教师从事学术工作的前提。在教学方面，学科性知识是教师开展教育教学最基本的材料，而教师角色的社会定位往往由其推动学科性知识的发展而决定。

其次，是教师运用学科性知识进行教育的技能性知识。从人才培养看，教师要掌握教育学知识（如教育科学概念、规律、原理等）、心理学知识（如普通心理学中关于认知、情感、意志和个性的知识；发展心理学中关于学生认知与品德发展的特点和规律的知识）、学科教学法知识（将学科性知识在教学情境中的转化；在特殊的科领域应用教育学知识）。教师不仅知道"教什么"，还要知道"如何教"，而且更应懂得怎样才能"教得好"。教师只有懂得教育规律、了解学生心理特点、运用科学的方法，才能有效地开展教育教学工作。

最后，是教师在教育和科学研究过程中掌握的实践性知识。实践性知识是教师面向社会需要，体现出的综合知识的能力、教学能力、发现和应用学术的能力。教师能够对教学改革、教学评价做出自己的判断，并形成相应的研究成果，从而不断完善自身的专业能力，也能影响同专业的教师。

此外，教师的专业知识，还包括教师对专业道德的知识，这是教师提高自身素质的基础和前提条件。一个教师如果缺乏基本的专业道德知识，不知道哪些言行是符合自身专业的，哪些是背离自身专业的，就不可能形成正确的专业道德认知。美国当代发展心理学家认为："品德的形成是由外在规范向内部精神活动转化的过程。"在教师职业专业认知的过程中，既要注重理论与规范的学习又要注重与实践相结合，做到知行合一。不论平凡、不论琐碎，当教师认识到自己能够将职业的意义与价值在劳动全过程释放时，才能从平凡与琐碎的现实中解放出来，创造高尚的职业道德。通过对教师专业道德正确的、全面的认识过程，能够为教师完善自己提供方向和指导。教师掌握了专业道德知识后，可以提供更高质量的教育教学，并为自身发展创造条件与机会。

三、教师职业责任感

教师的职业责任感是指教师在内心信念和伦理责任感的推动下，自觉履行对学生、同事和他人应尽的职责、使命和义务时所持有的心理状态。教师的责任感并不是先天具备的，而是进入职业活动后，自我意识不断被职业道德、法律法规、社会角色及外界期望等所影响与锤炼并升华的价值体系。这种价值体系可以使教师进入职业后，面对具体的职业事务产生自我认知和内在心理体验，引导教师积极面对工作过程中的挫折与困难，并产生两种心理能力，一是教师个人面对外界赋予的各种责任和需求时，能够进行积极回应与严格执行；二是教师能够具备特有的积极的精神面貌与行为动力。

具备责任感的行为表现为两个方面，一是积极面对社会赋予的责任，二是教师愿意对自己行为承担责任。我国《教师法》规定教师是履行教育教学职责的专业人员，承担教书育人，培养社会主义事业建设者和接班人，提高民族素质的使命。这里表明教师是教育教学的主要执行者，教师的责任是：承担传播知识的责任；承担为社会主义事业的传承与发展输送高素质的合格人才的责任；承担为民族的振兴与发展提供动力的责任。这种职责不仅要求教师具有渊博的理论知识和丰富的实践经验，还要有对自身职业责任范围的深刻理解并具备强烈的责任感。

教师的职业责任感是完成教书育人、科研创新等工作时的必备条件，是进行创造性劳动和高尚行为的动力。唯有具备强烈的职业责任感的教师，才能克服不可预期的困难，真正完成教书育人的神圣职责。当教师具备强烈职业责任感时，会对其所履行的职业责任与义务深刻认知与理解，能够自觉地按照责任强制的路径来规范自身的言行，并在工作中排除万难，以百折不挠的精神面貌，积极主动地履行和承担自己应尽的责任。首先，教师着力于培养合格的人才，承担着为社会快速发展提供充足动力源的神圣责任。当这种责任感化为教师行动时，就要求教师不仅要传授学生知识技能与学习能力，还要培养学生的优良品德和创造能力；不仅要教会学生如何做事，更要教育学生如何成"人"；不仅要具备自我价值实现的欲望，还要具有强烈的社会责任感；使学生的人生目标与社会发展目标一致，使学生能够具备正确的世界观、人生观、价值观，成为德、能、智、才等全面发展的高素质人才。其次，教师的职业责任感与社会发展、民族复兴与国家发展息息相关。教师职业与人类文明的进步、科学技术创新、文化传承、国家民族发展等紧密相连，只有具备强烈的职业责任感、对教育事业的热爱、积极奉献精神的教师才能为社会各个岗位培育合格优秀的人才。

教师要养成良好的职业责任感必须做到以下三点：

首先，应不断提升教师内在的自我要求。教师需要具备深刻的职业认知，对职业具有较高的认同感。拥有强烈的职业情感，热爱并忠诚于这份工作；应具备全面的职业能力，以有效开展各种活动。教师只有通过自身的努力，不断提升内在的自我要求，才能实现这些时代要求，提升职业责任感。具体做到：热爱教师职业，认知职业价值；提高自身的理论素养和实践能力，以最优的状态进行工作；调整工作心态，学会自我鼓励；建构良好的师生互动关系；等等。

其次，应不断完善教师的引导机制与管理模式。教师职业责任感的形成和发展需要良好的空间和氛围，政策支持与合理的管理模式是保障。具体可以做到：建立合理的评价机制，激励教师的职业情感；完善奖励机制，提高教师的工作积极性；建立以人为本的管理模式，鼓励教师参与管理等等。

最后，应借助社会的支持力量，增强教师的职业责任感。教师是社会的一分子，不能脱离社会而存在。社会的各种支持力量影响教师的自我认知、职业责任感的表现。具体可以做到加强社会关注和支持，提升教师的社会地位。总之，教师的职业责任产生和发展根源于现实的教育劳动关系，只有在这种劳动过程中才能形成良好的职业责任感。

四、技术理性的运用

技术理性是理性在现代条件下发生分裂的产物，始于工业文明时期。马尔库塞最早提出把理性分为批判理性和技术理性，并认为技术理性是一种理解世界的方式或处理理论知识的方式。将技术理性运用至教育教学之中，就是指教师如何运用教育技术的理性思维方式，理解知识和传授知识。首先，运用技术理性解决"教"与"学"的技术问题。教学是一种技术，教师在教学中，应该不断反思与练习传授知识的技术，实现教材体系向教学体系的转化、知识体系向信仰体系的转化。其次，运用技术理性解决自身的专业发展问题。专业发展是教师能让自己的知识更适合当下的学生的需要，技术理性是对学生需要的认知的把握，并不断学习新知，充实理论知识和提高实践能力。最后，运用技术理性建立个性发展，即拥有自己的特色教育技能。技术理性事实上是一种实践智慧，可以引起教师在教学与科学研究中运用自己的主观能力，在各种欲望中审慎选择、理性思考，在不断发现新问题时，能够超越旧规则，形成新的有创造性的思考，成就教师的个性发展。

但同时需注意的是，在技术理性的影响下，教师不能仅仅成为一名技术娴熟的专家，不能局限于听命于技术的工匠，更应该拥有理性的情感。一名优秀的教师，除恪守必要的教师职业规范，还必须从本源上真正认识教师的职业本质是创造人的精神生命。肩负创造人的精神生命的使命，摒弃技术工匠对工作对象不需情感关照的比照，教师职业的非理性的一面才能得到保留。

第三节 教师职业理想

一、教师职业理想的内涵

在汉语词典中，"理想"意指对未来事物的想象或希望。托尔斯泰曾说过："理想是指路的明灯，没有理想就没有坚定的方向，就没有生活。"教师的职业理想是教师对成为一个成熟的教育教学工作者的向往和追求。职业理想为教师提供奋斗目标，是推动教师发展，并献身教育工作的根本动力。教师要干好本职工作，要认同教师职业，要有强烈而持久的动机及较高的工作积极性。一个成熟的教师，应该恪守自己的职业理想，在职业理想的指引下，在实际的教育教学工作中实现并丰富自己的职业生命价值，不断提升教师的职业人生境界。《国家中长期教育改革和发展规划纲要（2010—2020）》明确规定："加强教师职业理想和职业道德教育，增强广大教师教书育人的责任感和使命感"。

理想始终与人的意识活动同步发展。在个人意识活动发生的早期阶段中，理想处于不完善的发展阶段。此时，个人对未来的构思和设计，在很大程度上是出于对生存需要的较为直接的满足，理想也只能是不系统的、不稳定的。然而，随着个人生活实践的不断丰富，意识活动逐渐趋于成熟，个人对于未来的构思和设计也开始超越生存需要的直接满足，扩展到生活、职业、道德、社会等诸多方面，最终形成以社会理想为核心的人生理想体系。在这个发展过程中，我们可以看到，职业理想是人生理想的一部分，且与人生理想相辅相成。人生理想是职业理想的前提，职业理想是实现人生理想的途径。

二、教师职业理想的特征

（一）超越性

教师职业理想源于教师教育教学的实践，又超越实践。以教师对教育现状的评估为依据，建立的个人对职业的期望，包含职业奋斗目标、对职业未来的设想和对职业所能成就的价值的预计。

（二）差异性

教师的职业理想的确定会受到各种因素的影响，有客观方面的，也有主观方面的。如教师的政治思想觉悟、道德修养水准、人生经历、知识结构、能力水平、兴趣、爱好、性格等。正是由于这些因素的影响，不同的教师对职业理想的认识也不同。

（三）稳定性

教师的职业理想不是梦想，也不是一个暂时的目标，而是教师运用想象力在教育实践中建构出来的未来职业愿景，使个人持续地追求。职业理想一旦确立就会在较长的时间内指导教师的职业活动，从而表现出强大的稳定性。

（四）动态性

教师职业理想具有稳定性，但并不意味着具体内容一成不变。由于教学环境、个人知识结构及生活现状是不断变化的，教师的职业理想的具体内容也会做出相应的改变，然而把教育当作终身事业的本质却不变。在稳定性的样态下，保持着动态性。

（五）时代性

从根源上看，职业理想是人类社会实践的产物。每个时代的教育实践是具体的，因此各个时代的教育实践存在差异。教师的职业理想会受到时代条件的制约，与社会历史发展水平一致，这是就是时代性。在当代，教师的地位越来越高，教师的职业理想也更高远。

三、教师职业理想的具体内容

（一）职业动机

教师职业动机是直接引起、推动并维持教师职业活动，实现一定教育目标的内部动力。职业动机是最初引起个人看待职业和处理工作的心理状态，能够激发和促进教师在职业活动中的主动性和积极性。美国哈佛大学戴维·麦克利兰教授提出了三种工作动机：第一是权力动机。这种动机是指个人所拥有的试图影响别人和改变社会的能力。当教师具有权力动机时，他会希望自己能创设出对学生、班级和学校等的影响力，同时也愿意为此承担风险。拥有这种动机的教师，目标不仅是当好一名教师，还愿意成为一名教育管理者。第二是成就动机。这种动机是指人们所具有的试图追求并达到目标的驱动力。当教师具备成就动机时，他们不仅希望教出优秀的学生，还愿意进行不断的努力而获得更多的社会认可。第三是亲和动机。亲和动机是指人们所具有的在社会基础上与人交往的驱动力。当教师具有亲和动机时，能够与学生、同事和领导进行良好的沟通与交流，因此容易受到赞扬，从而加倍地努力工作。

（二）职业认知

教师职业认知是教师对自己在职业活动中的发展可能程度的评价以及理解。这是教师真正进入教育领域的重要判断，是其职业生涯中的关键环节。正确的职业认识，可能帮助教师个人正确地理解自己的职业能力、职业意向、岗位的要求或资格及职责。这些因素，能够促进教师不断完善自我，使自身的能力素质能够满足职业的需求，同时也能使教师的职业理想更清晰、更明确。对于教师来说，只有当这些因素完美匹配时，教师的才能才可以充分发展，激发其获得事业成功的欲望。

（三）职业态度

教师职业态度是教师对职业表现出来的持久稳定的主观心态。这种心态不仅存在于选择教师职业之时，还存在于进行工作及完成工作的整个职业过程之中，具有一定的持久性和稳定性。影响教师职业态度的因素有三个：一是客观因素，主要是教育过程中的客观现状，包括教师职业市场的需求、教师职业的工资待遇，以及工作环境、工作要求和发展机会等；二是主观因素，主要指教育过程中的心理反映，包括教师个人的兴趣、能力、抱负、价值观、自我期望等；三是特殊因素，包括教师的性别、年龄、能力等。其中，最重要的因素是价值观，不同的价值观在不同的客观条件面前，反映的职业态度是不一样的。例如，当一个人主观上看重工资待遇，而恰好客观上不能满足，这时就难以有优良的职业态度；当一个人主观上看重的是身份、地位，而恰好客观上也不能满足时，同样会影响职业态度。因此，良好的职业态度主要是看教师的价值观。

（四）职业信念

教师的职业信念是教师认定自己的职业以及所追求的事业的正确性，并树立毫不动摇、为之奋斗、执着追求的意向。教师有了坚定的职业信念时，可以勇敢地面对职业生涯中的许多困难与挫折，并能够自觉自愿、始终如一地把职业理想作为工作的引导。因此，当选择教师职业的时候，就应该具有克服困难的百折不挠的心理预期，为坚定职业信念打下基础。教师是否具有坚定的职业信念是职业成熟的一个重要标志。

教师职业道德

第四节 教师职业意志

一、教师职业意志的内涵

教师职业意志是指教师在教育实践中为实现职业目标,自觉调节和支配职业行为所表现出来的坚强毅力和精神,也是教师主动选择职业、忠诚职业、执着职业,并决心为教育事业献身的勇气。主要包括以下四点:

(一)专业学习意志

教师的职业意志会促使教师对自己所从事的教育事业有明确而深刻的认识和坚定的信念,并不断加强专业学习。中国传统文化强调教师的君子人格,自我修养。"师哉!师哉!桐子之命也。务学不如务求师。师者,人之模范也"。教师要成为一位"人类灵魂工程师",必须具有尊重知识,追求真理的品格。其专业学习应该走在他人前列,这是教师的自我修养,也是教师职业特性的要求。不为名利地追求专业修养,需要有自觉地自我教育、自我提高的专业学习的意志。苏霍姆林斯基说过:"如果你想让教师的劳动能够给教师带来乐趣,使天天上课不至于变成一种单调乏味的义务,那你就应当引导每一位教师走上从事教育科研这条幸福的道路上来。"

(二)情感控制意志

教师面对各种复杂的教育环境,经常会遇到意想不到或从未面对的困难和干扰,情感控制意志要求教师在困境中能以超常的勇气与毅力去克服各种阻力,坚持实现教育目的。情感控制意志,要求教师能够做到自觉进行自我控制,采用科学的方法来进行自我评价、自我调整、自我监督、自我激励,主动地掌控自己的心理与行为,自觉调整自我的心理冲突。教师只有具备很好地控制自己的情绪、态度的意志,才能用积极的心态去培养学生。

(三)职业道德意志

教师职业道德意志是教师职业意志的核心,是教师在正确履行职业义务时表现出来的自觉克服困难和障碍、支配和调节职业行为的一种道德精神力量。具有职业道德意志的教师，才能逐渐形成高尚的职业道德品质，即对教师工作持之以恒的自觉性和始终如一地忠于职守。具体表现为：一是有明确的职业目标，并制定切实可行的实施方案，并对所要完成的任务保持浓厚的兴趣和高度的热情；二是遇到困难和挫折时能够经得住考验和锻炼，特别是在面对市场经济的负面影响和现实生活的诸多诱惑时，能有较强的抵抗不良思想行为腐蚀和抵御诱惑的毅力；三是敢于认识并克服自身存在的缺点和不足，自觉控制和调节自己的职业行为，进一步提升自身的综合素质和教育能力，通过努力工作实现职业目标。

（四）行动意志

教师职业意志最终体现在其行动上，知行一致是考察教师职业意志的主要手段。如果知行统一，知识的修为和道德的完善就能够相得益彰，其职业意志坚定；如果知行相悖，言行表里不一，多重价值标准，其职业意志动摇。教师拥有坚定的职业意志时，其完成教育教学的自觉性高、行为果断，能够运用教师的话语权、知识权、规训权等权力很好地完成教育教学工作。因此，教师行动意志是衡量一名优秀教师的重要条件之一。

二、教师职业困境

职业困境是动摇教师职业意志的重要因素。因此，有效地抵抗困境是坚定职业意志的重要条件。个人职业困境与个人的需要紧密相连，根据马斯洛需求层次，将人类需求从低到高分为五个层次，即生理需求、安全需求、社交需求、尊重需求和自我实现需求。对应这五种需要，教师的职业困境有经济健康困境、人际交往困境、教学技能困境和专业发展困境。

（一）经济健康困境

马斯洛认为，整个有机体是一个追求安全的机制，首先要满足人身安全、生活稳定，以及免遭痛苦、威胁或疾病。当教师感受到生活不能保障或突然有了疾病危险时，会变得紧张、彷徨不安，无心发展自己的事业，职业意志发生动摇。此时，教育行政部门应该建立一定的保障措施和制度（如职业保障制度、福利待遇保障措施、加强失业保险和医疗保险力度等）来进行破解。

（二）人际交往困境

社交需求未得到满足的人，容易因为感受不到身边人的关怀而对自己的价值产生怀疑。如果教师感受不到同事之间的友谊和关心，感受不到领导、前辈的爱护和重视，感受不到学生的重视等都会使他们对自己的职业价值产生怀疑，从而缺乏提升自身职业能力的动力和信心，严重的时候甚至会缺乏从业的信心。此时，可以通过增加社交机会（如多提供同事间的交往机会、领导支持和赞许青年教师、领导经常性地用语言和实际行动表达对教师的关怀等）来进行破解。

（三）教学技能困境

马斯洛认为，每个人都希望得到相互关心和照顾，也都希望有稳定的社会地位，希望个人能力和成就得到社会认可。如果教师的教学能力不能获得学生的尊重、同行的认可、领导的赏识，他会对自己从事教师职业的能力产生怀疑，从而失去信心。此时，教师可以通过对教学技能的学习和同行之间互相学习来提高自己的业务能力，通过参加各类教育比赛、观摩各类教育比赛来提高教学能力，如果获得相应荣誉，这种困境就容易突破。

（四）专业发展困境

专业发展是实现自我价值的基础，教师要获得社会的认可，主要要解决自己专业发展与社会需求之间的关系。这是马斯洛认为的自我实现要求。为满足自我实现需要所采取的途径是因人而异的。自我实现的需要是在努力实现自己的潜力，使自己越来越成为自己所期望的人。当教师在自己专业的研究和学习中遇到困难时，会对自己未来发展产生迷茫，对自己的潜力产生怀疑。解决专业发展困境，要求教师可以通过提升自己的学历或申请访问学者的方式，用一段比较完整的时间来研究学习，可以取得更好的结果。这也要求教师要有终身学习的理念，不放松地紧跟时代的需要是解决专业发展困境之路。

三、培养坚强职业意志的主要方式

（一）构建自律严谨的专业学习机制

教师自觉学习意志的养成需要有相应的机制为条件，把践行完全建立在教师高度自觉的自主、自律上，是很难实现的目标。从前瞻性、可行性的视角，教师专业学习需要有共同的氛围，并互相鼓励。学校也应该设立相应的奖励措施，使得教师可以在团结协作、公平竞争中，自由探讨感兴趣的课题，向他人发表自己的各种见解，并且享有出版自由及信仰自由权利。

（二）学会情感控制，磨炼自身的意志和毅力

情感控制是人类特有的一种精神现象，是人们在一定的认识基础上形成的对职业奋斗目标坚信不疑并身体力行的心理态度和精神状态。教师的情感控制主要体现在对教育教学理智评价，并进行情绪的自我控制。在这里要注意找寻两种情怀：一是理智情怀，即及时认识教育的功能和作用，并反馈到自身，产生职业光荣感和职业使命感；二是道德的情怀，即及时认识教育的责任和义务，产生教师自身认同的职业道德规范。

（三）勤奋踏实地工作，将思想化为行动

要将教师职业认知及时转化为外在行为，通过行动来实现自己的意志。勤奋踏实的工作表现为，在教育教学的过程中，合理制定目标，并将目标分解为若干易于达到的阶段性目标，制订每一阶段具体的实施计划和行动方案，并按照循序渐进的原则逐步落实计划、方案，在实施过程中始终围绕既定目标采取有效行动而不能偏离目标行动。不能把过多的精力耗费在无谓的事务上，要努力排除外界因素的干扰，用不畏艰难、坚持不懈、奋斗不止的精神，脚踏实地、勤奋工作。

思考与讨论

1. 教师的职业情感外在表现主要包括哪些方面？
2. 教师要如何才能养成良好的职业责任感？

3. 教师职业理想主要包括哪些内容？
4. 教师遇到职业困境时，你认为可以怎么破解？

案例一

坚守深山的教育信念

1979年，为了能够帮助更多的孩子学好知识，走出大山，时年17岁的黄金德高中毕业后回到家乡，成为了一名数学代课老师。

"最初的校舍只有三间半，都是土坯瓦房，没有窗户，一到下雨天屋顶不时还滴水，围墙就是简单的竹篱笆。"对于早期简陋的学校环境，黄金德仍记忆犹新。

如今多年过去，学校教室从摇摇欲坠的土坯瓦房，到现在砖混结构的"小洋房"。这一幕幕的变化，黄金德就是最好的见证者。

"为家乡教育奉献一辈子是我的信念。"因为这份信念，原本有机会留在市区教学的黄金德，最终还是选择留在下路小学教书，并坚持至今。

"这里的孩子们需要我，我不能离开。"黄金德的儿子曾想接他到市区生活，被其斩钉截铁地拒绝，"哪怕只剩一个学生，只有我一人，我也会坚守。"

20世纪80年代初，下路村还没通电灯，一到夜晚整村是一片漆黑，村民们就在想：我们真的能留住他吗？

不曾想，就在昏暗的油灯下，黄金德备课、批改作业近40载，用实际行动打消村民心中的疑虑。30多年来，他没有因一次私事缺席过一堂课，学生从没出现迟到、早退和旷课的现象。

"把孩子交给黄老师我们放心。"这是下路村村民对黄金德的评价。

在黄金德的无形影响下，他的妻子邹雅聪也在学校坚持代课整整31年，直到2012年，因年纪大才不再代课。多年来，夫妻两人共同培育了无数的"桃李"。其中，考上大中专院校的就有70多人，有的还读了研究生。

从教30多年，黄金德多次被评为镇、县优秀教师。2004年，他被市教育局评为"坚持在老少边贫地区连续工作十五年以上优秀教师"。2006年，他被授予"福建省优秀农村教师"称号。今年，他还荣获

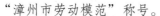

"漳州市劳动模范"称号。

3个教学班、23个学生，3位老师，这是华安县新圩镇下路小学的现状。长期以来，由于学科多、老师少，黄金德的工作量几乎是超负荷，最多时一人要担任三个年级的数学和多个技能科课程。

"各学科之间都是互通的，我教得多，学得也多，活到老学到老嘛。"黄金德打趣地说。他每天基本每节课都在上课，学生放学后还得备课、批改作业，村民总说他像个"转不停的陀螺"。

为了尽可能给学生提供好的知识，黄金德一直鞭策自己不断地学习，自费订阅各种教育教学报刊从中汲取"营养"，甚至跋山涉水到20多公里外的镇区与其他学校交流各种教学体会。

被黄金德废寝忘食的教学精神所感动，村民也曾自发地、轮流到兄弟学校载英语老师到下路小学为孩子们上课。

早期的下路村是个贫困村，很多家庭人口多、收入少，每到开学交不起学费是常有的事。为了让学生有书读，黄金德总是先帮忙垫付学费，家长过后再慢慢还。

"再穷也不能让任何一个孩子辍学。"在黄金德执教期间，没有一个孩子中途辍学。

"当年黄老师帮我们垫付学费用的是他那微薄的工资，记得有次实在不够，他索性把家里养了很久的一头猪给宰了换钱，才能让我们有学上。"已毕业的学生邹烛安回忆说。

"下路村学生少，我们曾考虑过撤并教学点，并到学习条件更好的学校去，可学生们不想走，他们宁愿在山区学校读书，因为学校有黄金德老师，大家都相信他、认可他。"县教育局局长陈清金说，30多年来，在相应学龄段，全村没有一位学生到外校就读。

"我只是做了自己该做的事，尽到职责，让更多的山乡孩子学习知识，改变自己的命运。"黄金德说。一位朴实的山村教师，用自己不平凡的坚守诠释着一个乡村教师的职责、一个为人师表的楷模。

（资料来源：http://www.chinanews.com/sh/2015/09-22/7538379.shtml. 2016-05-15. 有改动）

【案例分析】

进入21世纪以来，随着计划经济向社会主义市场经济转型，经济飞速发展，部分山村教师陷入职业困境，职业理想动摇，出现许多乡村学校缺失现象。而黄金德老师却一直在艰苦的环境下坚持下来，为山村孩子带来希望，成为全国模范教师。他的职业德性可以反映在以下四个方面：

第一，真诚的职业情感。主要体现在：不让一个学生辍学、为学生先垫学费；在别的教师纷纷离开、教学环境恶劣、村民质疑他也会离开时，他却在昏暗的油灯下备课、批改作业，用实际行动打消村民心中的疑虑。给予村里孩子受教育的希望。

第二，饱含责任的职业理性。主要表现在：他在工作中用排除万难、百折不挠，积极主动地履行和承担自己应尽的责任。为了尽可能给学生提供好的知识，黄金德一直鞭策自己不断地学习，自费订阅各种教育教学报刊，从中汲取"营养"。课堂上，他自制绳索、积木、图画等教具，以生动、形象的实物教学提高学生学习兴趣；用通俗易懂语言深入浅出地引导，让知识从课文中来又回到生活中去。教学中，遇到难题无法解决他没有放弃，利用课余时间跋山涉水到20多公里外的镇区或兄弟学校去问、去听、去学。使家长建立了"把孩子交给他就放心了"的良好形象。

第三，崇高的职业理想。主要体现在：职业动机是"山里缺教师，我只是希望可以帮助更多的孩子学好知识，走出大山。"职业态度是"每次黄老师到家里，总能虚心倾听我们的心声，耐心地跟我们探讨教育孩子的好方法，就像朋友一样，感觉很贴心。"职业信念是"这里的孩子们需要我，我不能离开。"

第四，坚定的职业意志。主要体现在：在困难环境中坚持学习，想尽办法进行生动有趣的教学，在面对困难时不放弃，并放弃去县城生活的机会继续为山里的孩子服务。

从这几个方面可以看到教师的德性不是一朝一夕能够养成的，也不是抽象于人的思维之中，而是见之于长期的教育实践之中。在黄老师的事迹中，我们普通教师应该用他的精神鼓舞自己，用实践行动培育自己的职业德性。

案例二

职业理想：从普通教师到专家的成长之路

张成春，男，1965年4月出生，小学高级教师，1983年8月参加教育工作，龙凤小学科研室主任、县级语文科骨干教师培养对象。

参加教育工作以来，张老师忠诚党的教育事业，始终以一个优秀教师的标准严格要求自己，师德高尚、爱岗敬业、勤奋努力，成绩显著，深受学生爱戴、家长欢迎和学校领导好评。近两年，张老师热爱学习，刻苦钻研，成为龙凤小学学习型、研究型教师。

作为一名教师，张老师深知学习是终身的事，只有不断学习才能在思想上与时俱进、在业务上强人一等，才能做一名合格的、优秀的教师。在27年的教育教学工作中，他热心教育工作，积极参加学校组织的师德培训、业务学习。

工作中，张老师认真执行党的教育方针、政策，一心一意地做好教书育人工作。无论在任何岗位，他都以高度的责任感和事业心将全部的热情投入到工作中去，以培养有理想、有道德、有纪律、有文化的社会主义事业接班人为己任，自觉履行了人民教师的神圣职责。他的《〈月光曲〉教学设计》在2008年度大邑县小学教学成果评选中获二等奖，他的读书征文曾获县一、三等奖。

任何一种新的教学方法，都是在一定的教育教学思想的指导下进行的，不研究它的原理和指导思想，而是简单地模仿，往往效果不佳。教师只有将先进的教育理念变为教学行为，将所学到的专业知识与技能运用于教学之中，才能改善教学、促进学生的发展。教学上，张老师把学到的教学理念、教学方法等用于指导自己的工作实践。他认真备课、上课，开动脑筋、钻研业务。他认真研读课程标准，明确课程的性质和地位、课程的基本理念与课程目标等，更新教育观念。此外，张老师主动要求外出学习、教研、培训，主动承担"师徒结对"任务，指导龚老师、何教师在县教师进修校组织的骨干教师培训活动中上教研课。

在做好自身工作的同时，张老师积极投身教育科研，主研了学校县级"十一五"科研课题，撰写了多篇教学经验论文。学校组织的每期末学科统一检测，他任教语文学科的及格率、平均分均名列学校同年级同科第一名；今年 6 月，他教任班的语文科接受县教育局组织的期末调研检测，及格率为 100%，平均 94.9 分。

作为班主任，张老师深知：要教育好学生，首先要关心学生、热爱学生，做学生的知心朋友，只有对学生感情深，工作才能做细、方法才能对头。他努力做到：对学生思想上积极诱导，学习上耐心帮助，生活上关怀体贴。为了贯彻教育方针、实施素质教育，提高学生各方面素质，张老师根据上级和学校的安排、针对学生的情况开展了各项活动。他任教的学生苏豪玉写的《给灾区小朋友的一封信》在成都市少先队感恩活动中获二等奖（2009 年 1 月），参加大邑县小学生"学习抗震救灾英雄少年"演讲比赛获二等奖（2009 年 3 月）。他的另一位任教学生王诗琴参加 2009—2010 学年大邑县"十佳少先队员"现场竞选活动，被县教育局评为"十佳队员"；王诗琴还于今年 7 月获第十七届全国青少年爱国主义读书教育活动二等奖。2009 年 5 月，他组织指导学生参加大邑县"我的心理历程"征文比赛，任教学生有 5 人获一、二等奖。2009 年 10 月，他指导学生赵亚萍写的《中国人寿呵护我成长》被中国人寿保险公司大邑支公司、大邑县教育局评为"优秀奖"。

（资料来源：http://www.dyedu.gov.cn/Item.aspx? id = 4476. 2016 - 06 - 20. 有改动）

【案例分析】

作为一名有德性的教师具备扎实的专业知识。知识会伴随时代的发展不断更新，要有扎实的专业知识必须坚持不断地学习，才能不"误人子弟"。

第一，职业情感。爱事业：他积极参加学校组织的师德培训、业务学习，他认真备课、上课，开动脑筋、钻研业务。爱生活：他认为教师从事研究的最终目的不仅仅是改进教育实践，还可以改变自己的生活方式，从而在工作中获得理性的升华和情感的愉悦，提升自己的精神境界和思维品质。爱学生：他关心学生、热爱学生，做学生的知心朋友。爱科学：教学上张老师 27 年如一日地默默地耕耘着、无私地奉献着、孜孜地追求着。

第二，职业理性。对专业知识的追求：参加各类比赛，申请课题，撰写了多篇教学经验论文,主动承担"师徒结对"任务。强烈的责任感:以一个优秀教师的标准严格要求自己。

第三,职业理想。做一名合格的、优秀的教师。

第四,职业意志。张老师深知学习是终身的事,只有不断学习才能在思想上与时俱进、在业务上强人一筹。

从案例材料可以看出,在平凡的学校中一样可以培养良好的教师德性,做一个普通但合格的教师。张老师具有很强的自觉学习意志,并且不断以科学知识为指导,研究教学方式。任何一种新的教学方法,都是在一定的教育教学思想的指导下进行的,不研究它的原理和指导思想,而是简单地模仿,往往效果不佳。张老师通过做课题、与同行学习、撰写论文,不断更新自己的教学方法。从张老师的例子中,我们可以学习到教师职业德性与其从事的专业紧密相关,掌握专业知识、运用专业知识进行教书育人,是教师职业区别于其他职业的关键所在。因此,教师应该具有学好专业,掌握教书育人方法的追求。

案例三

职业德性的完善程度就是职业成就的高度

小王的父母都是教师。从小学到初中,小王的成绩一直在班上名列前茅。高考时由于紧张,只考取了本省的一所师范专科学校。从此,他觉得不好意思见高中同学,大学三年很少外出,经常一个人待在化学实验室里。大学期间,同学和老师很少见过他笑。当上教师后,他对自己要求很严格,上课很认真,但由于不苟言笑,师生感情不融洽,除了上课、做实验,平时大部分时间待在宿舍,很少与人交往。

同年,学校来了一位女英语教师,人长得很漂亮,与他还是高中同学。加上一块儿在食堂吃饭的缘故,二人接触较多,发展成了恋人,他的精神状态大为改观,工作表现积极,与人交往增多,渐见笑容。但好景不长,学校调整人事,女教师调入县城另一所中学,同时,在一次体检中,查出他患有乙肝。女朋友虽然没有表示什么,但她父母与兄弟希望他们分手。在这期间,他们除了电话联系外,很少见面。

由于师生关系不太好,他的教学成绩不很理想,再加上学校公布将实行聘任制,未聘上的可能离岗或下岗,小王开始表现出明显的抑郁症症状。在躯体方面，他出现了严重的失眠，睡眠质量极差，晚上难以入睡，一个晚上感觉只睡了二到三个小时，睡着了也难以进入深度睡眠，一有动静就会醒来，醒来后很困，但又睡不着。小王白天无精打采，身体抵抗力也差，感冒持续两个星期了。在情绪方面，非常低沉，觉得整个世界是灰暗的，一天到晚唉声叹气，觉得什么人都与他过不去，什么事都不顺心，觉得自己的前程与爱情都完了。对家人、朋友态度冷漠，小王父母来学校看他，他打了一声招呼就不理不睬，呆呆地坐着。甚至表现了退化行为，在实验室做实验的时候，他突然躺在地上放声大哭。

【案例分析】

第一，小王存在的问题。在躯体方面，他出现了严重的失眠，即使睡着了，睡眠质量极差，难以进入深度睡眠。身体抵抗力差，感冒持续两个星期。在情绪方面，小王非常低沉，觉得整个世界都是灰暗的，觉得什么人都与他过不去，无精打采。在社会功能方面，小王已经体现出了社会功能受损，对家人、朋友态度冷漠，不理不睬。

第二，问题诊断。被迫选择教师职业，对教师职业缺乏认知，基本没有职业情感、理性与理想。参加工作后，不能积极投入到工作中，对自己要求严厉，对学生没有感情，对生活没有热情。谈恋爱后，一度改变，然而他却没有真正建立对教师职业的情感，在失恋之后，意志消沉，而面对经济健康困境、教学技能困境、人际交往困境后，职业意志丧失，以至于患上了抑郁症。

第三，问题分析。在现实中有不少类似于小王经历的人。在开始选择职业时，对教师职业没有理性的认知，也没有成为教师的职业理想，选择这份工作不过是"生活无奈"，在这种状态下进行教学工作，无疑是对教育的不负责任。因此，首先要有成为教师的职业情感和理想，对教师职业有充分的认知。其次，要有积极的心态，热爱事业、热爱生活、热爱学生。再次，遇到问题时应该及时解决，可以主动寻求他人帮助，也可以转移注意力，如加强专业学习、思考教育方式等。最后，学会情感控制、磨炼自身意志。情感控制是教师养成良好职业德性的重要能力之一，由于每个教师个人境况不一、工作环境不一，学会情感控制才能坚定职业意志，抵抗各种发生在个人身上的偶然性因素。作为一名教师，应该淡泊名利，看重职业本身所能带来的成就感及幸福感。

第十一章 教师职业礼仪规范

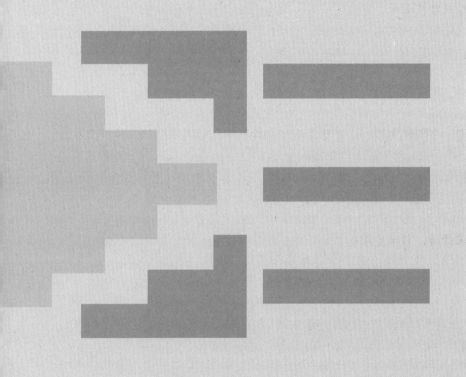

第一节 什么是礼

《礼记·曲礼》中说"礼尚往来,往而不来,非礼也;来而不往,亦非礼也。人有礼则安,无礼则危。"中国自古就被誉为"礼仪之邦",礼是中国传统文化的核心所在,是维系中国社会关系的基本精神。"礼",与人们的生活息息相关。

一、中国传统礼仪

(一)"礼"的内涵

现代意义的"礼"主要是指人与人之间、人与社会集体之间表示互相尊重、敬意、友善和情感的行为规范和仪式程序等的总和,是礼貌、礼节等的统一体。礼,作为一种社会仪制和伦理观念传承已久。从古至今,"礼"的内涵及外延随着社会发展不断变化。

礼的内容很丰富,从最初的祭祀活动,到宗族制度中的行为规则,又延伸为区分尊卑贵贱、亲疏等级的严格礼法礼典,进而由宗族内部扩展到政治体制、日常生活之中,形成了尊卑贵贱的一套严密制度,成为确立维护统治秩序的有力工具,即所谓"礼治"。东汉许慎《说文解字》:"礼,履也。所以事神致福也。"这说明,礼的最初含义是供神的仪式,或者说,礼起源于人们侍神敬神以求致福的祭祀活动。后来,礼尤指为表示敬意或隆重举行的祈福求福活动。

中国古代之"礼"有典章制度、道德规范和礼节仪式三层含义。典章制度方面的礼,主要指有关政教刑法、朝章国典等,如《周礼》中的相关内容,古代典籍记载的夏礼、殷礼和周礼。礼制中不同层面的礼有不同的规范和形式,但都内含有家族伦理和国家秩序的共同意义和目标。礼制的目标是建立"君臣、父子、夫妇、长幼、朋友"的等级秩序,核心是家族等级制度及其延伸出来的社会等级制度。道德规范方面的礼,是指可以作为道德律令来遵循的有关礼的准则,如"礼义"、"礼教"层面的礼,以及《礼记》中的部分内容。礼节仪式方面的礼,是指社会交往过程中人们应遵循的行为、礼节和举止规范,可称之为礼仪。如《仪礼》中记载的各级贵族经常举行的祀享、丧葬、朝勤、军旅、冠昏诸方面的典礼。礼仪是人际交往中的仪节，是在交往场所或程式中体现人之身份等级的仪则和行为规范，礼仪的中心问题是用仪式表达社会价值观念，是等级条件下对人的敬重的方式。

在各个朝代的礼节中，本书重点介绍儒家礼节。古代儒家根据礼所包含的不同内容，将其分为五大类。据《周礼·大宗伯》的记载，这五类礼分别为吉礼、凶礼、宾礼、军礼、嘉礼，统称为"五礼"。祭祀之事为吉礼，丧葬之事为凶礼，宾客之事为宾礼，军旅之事为军礼，冠婚之事为嘉礼。

《礼记·祭统》说"凡治人之道，莫急于礼。礼有五经，莫重于祭。"吉礼为祭祀的典礼，居五礼之首。吉礼内容大致分为祭天神之礼、即地祇之礼、祭人鬼之礼。凶礼，一般理解为丧礼，其内容包括对天灾人祸，如饥荒、战败、寇乱等的哀悼与慰问之礼，具体可分为丧礼、荒礼、恤礼、吊礼、聘礼五类典礼。宾礼是指诸侯朝觐天子、各诸侯间的聘问和会盟时的礼节，分朝、宗、觐、遇、会、同、时聘、殷頫八项。前六项为天子款待四方诸侯来朝时的典礼，后两项是远近诸侯遣使向天子问安的典礼。军礼，主要是指有关军事活动的典礼，包括校阅、献捷、田猎、筑城等需要动用军队的活动。五礼中，军礼与吉礼同样重要，因为诸侯争雄、战乱频繁，大凡诸侯中有不甘臣服者，或者在执行王朝典章制度方面有僭越行为与意图时，天子就得会合其他诸侯，诉诸武力，迫使其就范，因而特别威严。嘉礼是融合人际关系、沟通联络感情的生活礼仪，具体分饮食、婚冠、飨燕、宾射、贺庆等项，其内容在"五礼"之中最为庞杂，涉及广大人民乃至王公、贵族、诸侯和卿大夫等统治阶级的各个阶层，所以，在华夏民族中涉及面极广，传统礼俗的许多内容与形式大多由嘉礼演变而来，成为最富有民族特征的礼仪形式。

（二）传统礼仪

礼是发于人性之自然，合于人生之需的行为规范。有无礼节是人与动物的差别所在（人性使然），也是人类社会祥和的基础。个体，有礼节，守礼则文明，隆礼则相安而致治。群体，无礼节，无礼则暴乱，悖礼则相争而致乱。我国传统礼节体现在仪表举止、坐立行走、语言称谓、迎宾宴客等方面。

1. 仪表举止

我国古代对仪表举止首先讲究"冠正，衣洁"。行冠礼后的男子，出门若不戴冠，或戴冠不正，都被视为无礼。当众免冠表示请罪、谢罪。其次是礼节，包括各种用于人际交往的拜礼和揖礼。在周朝已有九种拜礼，即稽首、顿首、空首、振动、凶拜、吉拜、奇拜、褒拜、肃拜。古人认为，不跪不叫拜。拜，在古代就是行敬礼的意思。

按照周朝礼仪的规定，对跪拜的动作和对象有严格的规范。稽首是拜礼中最隆重的一种，使用场合主要是官场，特别是臣子拜见帝王时。行稽首礼时，拜者必须屈膝跪地，左手按右手，支撑在地上，然后，缓缓叩首到地，稽留多时，手在膝前，头在手后，这是"九拜"中最重的礼节。后来，用于僧人举一手向人们行礼，也称"稽首"。顿首，较稽首礼轻，一般用于下对上的敬礼。行顿首礼时，跪地叩首，至地则举，顿，即时间短暂。顿首，后来也用于书信中的起头或末尾，也有首尾都用的，表示恭敬。空首，称为"正拜"，这是"九拜"中男子跪拜礼的一种，也用于君主对臣下的回礼，其动作与稽首、顿首差不多。行空首礼时，双膝着地，两手拱合，俯头到手，头不接触地面，触及手后便起身，故称"空首"，又叫"拜手"。振动，双手合击拱手，身体向前弯曲，这种礼不跪地，动作也不大，多用于非官场，途中相遇时。凶拜，先行跪拜，起身后再行拜礼，还要"踊"，即跳踊，一般都在丧事时，拜者往往捶胸、顿足，跳跃而哭，表极度悲哀。吉拜，用于祭祀等活动中的跪拜礼，动作与顿首相近。奇拜，奇为单数，即一拜。褒拜，即再拜、三拜。古代以再拜为重。肃拜，是古代女子跪拜礼的一种，军中用肃拜礼，是因为将士披甲，不便于拜。拜时双膝跪地后，两手先到地，再拱手，同时低下头去，到手为止，故又称"手拜"。肃，手到地的意思。后来在书信往来中，为表对对方的尊敬，往往写上"谨肃"二字。妇女行礼也称"端肃"，即源于此。

汉以后，增加了打千（行礼时左膝前屈，右腿后弯，上体稍向前俯，右手下垂）、作揖拱（两手合抱，拱手为礼），两手合抱以表示敬意。《论语·微子》："子路拱而立。"合抱，一般是左手在外，右手在内。如遇凶丧，则右手在外，左手在内。揖，拱手为礼。鞠躬（弯身行礼）等礼节，称为"作揖"。这是宾主相见时的礼节。它反映了古代社会的伦理观念、宗法制度、阶级关系和儒家各派的思想等。

2. 坐立行走

古人席地而坐，姿势是：两膝着地，两脚背朝下，臀部落在脚踵上。坐姿像跪，但有不同，跪时身体要耸直，臀部不得落在脚踵上。古人入席不穿鞋，而且袜子也不能穿。箕踞，最不恭敬的一种坐法。姿势是：臀部贴地，两腿张开，平放而直伸，象箕一样。《礼记·曲礼上》："立毋跛，坐毋箕。"箕，即指箕踞。在他人面前箕踞是对对方的极不尊重。在一般场合下，尤其是朝廷、官府中，人们很注意坐姿与周围环境的协调一致，即所谓坐有坐相。在庄重严肃的环境下，要正襟危坐；比较随和的场所，身体可稍稍向后坐。古代一种较为省力的坐法，即蹲踞。姿势是脚板着地，两膝耸起，臀部向下而不贴地，和蹲一样。还有一种坐姿：跽，跪时挺身直腰。这时身体似乎加长，故又叫"长跪"。跽是将要站立的准备姿势，往往表示跽者将有所作为。

古人讲究坐相，也讲究立容。贾子曰："固颐正视，平肩正背，臂如抱鼓。足闲二寸，端面摄缨。端股整足，体不摇肘，曰经立；因以微磬曰共立；因以磬折曰肃立；因以垂佩曰卑立。"立时正身、平视，两手相合，掩在袖子里。手从胸口到下腹，放在任何位置都行，甚至持着、挂着东西也行。"趋"，是快步行走，是对尊者、长者、贵者、宾客及行朝拜礼时表示尊重的一种走相。场合不同采用不同走相，才符合礼貌的要求。室内，徘徊式走动。堂上，步子应小一些。堂下，迈的步子大一些。门外，可以快走。

3. 语言称谓

使用谦称来称呼自己，表现说话者的谦虚和修养，也是对对方的尊敬；出言不逊或大言不惭，则被视为无礼、轻浮。谦称自己时，往往以敬称的方式称呼对方。敬称多带有敬重、敬仰、颂扬的感情色彩。古人对品格高尚、智慧超群的人称"圣"，如孔子被称为孔圣人，孟子被称为亚圣，到后来专门用于皇帝，皇帝的谕旨称圣旨、圣谕。对皇帝有一个特定的敬称："万岁"、"驾"、"陛下"。"万岁"原是古人饮酒庆贺及祝寿的欢呼语，带有浓厚的祝愿之意。"驾"本指皇帝的乘舆，古人认为天子以四海为家，不以宫室为固定居所，应乘车行天下，因此用"驾"来尊称帝王，如圣驾、尊驾、晏驾、驾崩。对诸侯称"千岁"，太子称"殿下"，将军称"麾下"，使者称"节下"，两千石官吏称"阁下"，一般表示对对方尊敬之意时都可用；同辈之间用"足下"。

家庭中，称呼自己一方亲属：家、舍、先、亡。如家父、家慈、家兄，舍弟、舍妹、舍侄，家和舍有长幼之分。"先"用在比自己辈分高的或年长的已故家人（先祖、先妣）。"亡"用在辈分低幼的已故家人友人（亡弟、亡友）。称呼对方亲属：令、尊、贤等。令，不受辈分限制，如令尊、令母、令妻、令郎、令爱、令婿、令兄、令妹。妻子的父母称：丈人、丈母、岳父、岳母、泰山、泰水。丈与杖相通，拄杖者多为老人，于是称呼老人为"丈"。泰山有一山峰为丈人峰，以山峰之名代称，有健康长寿的祝愿之意。

4. 迎宾宴客

"有朋自远方来，不亦乐乎。"不仅礼貌待客，更要宾至如归，热情、坦诚、和谐、友好便是好客的举止。古人重视人际间的相互往来，"来而不往非礼也"，有来访，必有回访，这才称得上礼节。遇有宾客到来，首先迎于门外，施礼，互致问候。迎宾讲究衣冠严整，若主客在门口不期而遇，那么主人会装作不认识，不理不睬地把门关上，等换上衣服再开门迎宾。迎宾时，主人立在门右，客人走门左。迎客进门以后，为客人指路，每到拐角，要说"请"，客人答"请"，要为客人开门、掀帘子……主人请客人上座（坐右边的椅子），客人请辞，并看情况决定座次。古代室内席次以东向（坐西面东）的最尊，其次是南向，再次是北向，最后西向。堂内尊卑顺序以南向、西向、东向、北向。帝王在殿堂之上，坐北朝南，意为凌驾于群臣、庶民之上。文官侍立于左武官在右，以武打天下，以文治天下，政权建立以后，以文治为重，于是出现文官位于武官之上的排次。日常生活中，宾客被安排于尊位，就表示主人的敬意。

二、西方传统礼仪

在西方文化中，关于礼仪的记载也源远流长。在古希腊罗马的诗歌典籍中，在苏格拉底、柏拉图、亚里士多德等哲人的著述中，都有关于礼仪的论述。《荷马史诗》中同样也有关于讲礼仪的篇章，如讲礼貌、守信用的人才受人尊重。礼仪是一种随着历史的发展而约定俗成的文化规范，具有丰富的内涵。在一般表述中，常常与礼、礼节、礼貌、仪式、仪表等概念行紧密联系。在西方，礼仪（etiqutte）一词，来源于法语"etiquette"，原意是"法庭上的通行证"。法庭，无论是古代，还是现代，为了展现司法活动的威严，为了保证审判活动能够合法有序地进行，总是安排得既庄严肃穆又戒备森严，所有进入法庭的人员必须严格地遵守法庭纪律。例如，现在我国的法庭纪律由书记员当庭宣读，包括不准大声喧哗、未经审判长许可不许提问等。在古代法国法庭也有类似的规定，不过不是当庭宣读，而是将其印在或写在一张长方形的"etiquette"上，发给进入法庭的每个人，作为其入庭后必须遵守的规矩和行为准则。西方礼仪是不同于中国礼仪的一种西式文明，包括交谈礼仪、拜访礼仪、餐桌礼仪等各种不同类型的礼仪方式。

（一）交谈礼仪

在国际交往场合，如想结识朋友，一般应有第三者介绍。如当时不具备这种条件而又确实想结交某人，可走到对方面前作自我介绍，但介绍完后不可先伸手，也不可问对方的名字。对方若不作自我介绍，可道声谢离开，这在西方并不算失礼。介绍两人认识时，要先把男士介绍给女士，先把年轻的介绍给年老的，先把职位低的介绍给职位高的。同性之间，介绍完毕后应先伸手相握，可以说"很高兴认识你"。与人交谈，莫问私事。在西方，人们的确一切行为以个人为中心，个人利益是神圣不可侵犯的。人们日常交谈不涉及个人私事。有些问题是他们忌谈的，如询问年龄、婚姻状况、收入多少、宗教信仰、竞选中投谁的票等都是非常冒昧和失礼的。看到别人买来的东西从不问价钱。见到别人外出或回来，也不问"你从哪里来？"或"去哪儿啊？"

（二）拜访礼仪

应邀去家中作客，务必要准时。不守时是失礼的。一般性拜访可送小礼物，若赴家宴，可再丰厚些。礼物交给女主人的同时会说"我希望你能喜欢"等客套话，不要说"小意思，不成敬意。"一般情况下，西方人不随便送礼，除非是遇到节日、生日、婚礼或探病时，送礼还是免不了的。到西方人家中拜访，不要对他们的摆设大加评论，也不要随意欣赏某件物品，那样会导致主人一定要将你极为赞赏的物品送给你。如主人家养有宠物，要对它们友好，外国人是十分珍爱宠物的。西方办事讲究效率，重视有计划地安排自己的时间，绝不希望有人突然来拜访。因此，要拜访他们预约是必不可少的。

（三）餐桌礼仪

正式的西餐宴会规矩礼节很多。外国人与中国不一样，一般没有让酒让菜的习惯。应等全体客人面前都上了菜，女主人拿起她的刀子和叉子示意后才可以用餐。餐巾应铺在膝上，也可以放在颈上或胸前。餐巾可用来擦去嘴上或手指上的油渍，但绝不可擦拭餐具。进餐时身体要坐正，不要两臂横放在桌上。使用刀叉时，左手用叉，右手用刀。切肉应避免刀切在瓷盘上发出响声。中途放下刀叉，应呈"八"字形分放在盘子上。刀叉交织放在一起，表示用餐完毕。要喝水时，应先将食物咽下。用玻璃杯喝水时，要先擦去嘴上的油渍，以免弄脏杯子。如打喷嚏或咳嗽，或想去洗手间，应向周围的人道对不起。进餐时，始终沉默是不礼貌的，但嘴巴里有食物时不要讲话，咽下去再回答。当服务员依次给客人上菜时，走到左边是示意宾客取菜。用餐完毕，女主人站起才可离席。餐巾放在桌上，不用照原样折好。

三、教师职业传统礼仪

中华民族历来有"尊师重教"的良好传统。教师职业礼节因此也拥有悠久的历史渊源，并受到历朝历代的重视。人民对教师怀有朴素的崇敬感情。古代孟子在与齐宣王对话时曾讲："天降下民，作之君，作之师。"把教师地位与君王的地位相提并论。随后，荀子把师纳入了天、地、君、亲的序列。古人历来都严格要求从师学习的学生要尊师、敬师、近师、忠师。所谓"先自治而后治人之谓大器"（《修身》），即教师的一言一行，即使不是有意的言行，都会对学生产生潜移默化的影响。教师，是礼仪的化身。古代贤明君主，著名教育家、学者无一不尊师重教，同时也对教师提出了严格的要求，特别是礼仪上的要求。私学鼻祖孔子尽管一生失意于政治，但他以"学而不厌，诲人不倦"的精神进行教学工作，堪称师礼之典范。

传统的教师职业有哪些礼仪？据《儒行》记载，教师外形应"有衣冠中，动作慎，其大让如慢，小让如伪，大则如威，小则如愧，其难进而易退也，粥粥若无能也，其容貌有如此者"；教师言行应"居处齐难，其坐起恭敬。言必先信，行必中正。道途不争险易之利，冬夏不争阴阳之和；爱其死以有待也，养其身以有为也。"由此对教师日常生活中的衣着、起居、施教行事和对待学生提出了系列要求，其具体的行为规范是："良者，仁之本也；敬慎者，仁之地也；宽裕者，仁之作也；孙接者，仁之能也；礼节者，仁之貌也；言谈者，仁之文也；歌乐者，仁之和也；分散者，仁之施也，儒皆兼此而有之。"传统礼节要求教师天性温良，做事谨慎专一，为人谦和包容，待人接物恭谦礼让，言谈举止温文尔雅，以歌乐陶冶品德，振贫济困，博施于众。

四、言行有礼体现教师职业道德修养

（一）什么是言行有礼

言行有礼，即言之有礼，谈吐优雅；行之有礼，举止得当。它是指一个人的言语和行为举止要讲礼仪、有礼节和风度。言语方面，文明礼貌用语，不说粗口、脏话；行为举止方面要站有站相、坐有坐相、行有行相。

语言是社会交际的工具，是人们表达意愿、思想感情的媒介和符号。语言也是一个人道德情操、文化素养的反映。在与他人交往中，如果能做到言之有礼、谈吐文雅，就会给人留下良好的印象；相反，如果满嘴粗口脏话，甚至恶语伤人，就会令人反感讨厌。

1. 言之有礼，谈吐文雅

（1）态度诚恳、亲切。说话本身是用来向人传递思想感情的，所以，说话时的神态、表情都很重要。例如，当你向别人表示祝贺时，如果嘴上说得十分动听，而表情却是冷冰冰的，对方一定能察觉到你只是在敷衍而已。所以，说话时态度要诚恳、亲切，才能使听者对你的言语产生表里如一的印象。

（2）用语谦逊、文雅。如称呼对方为"您"、"先生"、"小姐"等；用"贵姓"代替"你姓什么"，用"不新鲜"、"有异味"代替"发霉"、"发臭"。如你在一位陌生人家里做客需要用厕所时则应说："我可以使用这里的洗手间吗？"多用敬语、谦语和文明语，能体现出一个人的文化素养和懂得尊重他人的良好品德。

（3）声音大小要适当，语调应平和沉稳。无论是普通话、方言还是外语，咬字要清晰，音量要以对方听清楚为准，切忌大声说话；语调要平稳，尽量不用或少用语气词，使听者感到亲切自然。

举止是一种不说话的"语言",能在很大程度上反映一个人的素质、受教育的程度及能够被别人信任的程度。

2. 行之有礼,举止得当

(1)稳重。处事和待人接物沉稳有序,泰然自若。办事有条不紊,精明强干,不毛手毛脚、丢三落四。

(2)自然。行止自如,是举止的第一要求。不矫揉造作,不局促呆板,不装腔作势,微笑发自内心,不要强作欢颜。

(3)得体。举止着装应符合身份、适应场合。一个人的举止,代表了单位的形象,有时甚至是代表国家、民族或地区的形象,必须要有很强的角色意识,一举一动必须符合身份。此外,不同场合、不同对象和环境,举止要求不一样。

(4)文明。遵守公共秩序,讲究公共卫生。别人说话时要尊重他人,专心听讲。不做一些粗俗不雅的动作,注意公共场合的禁忌。优待女性,主动给女士让座、让道。女士站立、下蹲或就座时不要叉开双腿。

(二)为什么要言行有礼

随着物质生活水平的提高,人们越来越意识到,日常生活中的待人接物、衣着打扮、言谈举止的重要性。讲礼貌、懂礼仪是个人立身处世的基本修养。礼仪是人类文明的基本标志,也是个人思想素质、道德修养、文化涵养的外在表现。

言行有礼,有助于个人素质的提升。在人际交往中,礼仪往往是衡量一个人文明程度的准绳。它不仅反映着一个人的交际技巧与应变能力,而且还反映着一个人的气质风度、阅历见识、道德情操、精神风貌。内强素质、外塑形象,如果人们时时处处都能以礼待人,言行举止大方有礼,是有修养的体现。言行有礼,可以帮助人们建立自尊、自重、自信、自爱的精神品质,为人际交往铺平道路,处理好各种关系。

言行有礼,有助于人际关系的改善,促进人们的社会交往。古人云:"世事洞明皆学问,人情练达即文章。"这句话道出交际的重要性。一个举止大方、着装得体的人,人们会更愿意与之交谈、交流。言行有礼,能够帮助个人在交际活动中充满自信、灵活处事,还可以帮助人们规范彼此的交际行为。言行有礼是一个人步入社会的外在修饰和内在修养的体现，也有利于改善人际关系，促进人们社会交往的进一步发展。不讲礼仪则事业将难以取得成功。

言行有礼，能够改善人们的道德观念、净化社会风气，提高社会文化素质。一般而言，人们的教养反映其素质，而素质又体现于教养。言行有礼，反映出个人教养，是人类文明的标志之一。从个人到集体再到国家，礼仪反映着个人、集体、国家的文明程度和整体素质。古语言"礼义廉耻，国之四维"，将礼仪列入立国的精神要素之本。英国大哲学家洛克认为："没有良好的礼仪，其余一切成就都会被人看成骄傲、自负、无用和愚蠢。"因此，遵守礼仪、言行有礼，有助于社会风气的净化，提升全社会的精神品位。特别是当前我国正处于现代化建设中，精神文明建设作为重中之重，更是要讲文明、促文明，做到言行有礼、从我做起。

言行有礼是职业道德修养的体现。道德是人类社会持有的精神现象，是由一定社会关系所决定，并依靠社会舆论、传统习俗和内心信念维持的，用以调节人与人之间、人与社会之间关系的行为规范的总和。道德是人们行为的重要准则，礼仪规范是道德行为的重要表现之一。温文尔雅、彬彬有礼是一个人良好道德、良好修养的体现。礼仪体现的是一种修养，首先是外在表现形式。礼仪体现着一个人的思想道德水平、文化修养和内涵、交际能力和人格魅力。礼仪也是一种秩序，是人们应该共同遵守的行为规范。职业形象是一个人在职业活动中，为完成职业任务、达到职业目标所应遵循的社会规范、生活准则，以及表现行为方式的总和，包括仪表、言语等方面的内容。社会交往中，一个人的行为既体现他的道德修养、文化水平，又能表现出他与别人交往是否有诚意，更关系到一个人形象的塑造，甚至会影响国家民族的形象。冰冷生硬、懒散懈怠、矫揉造作的行为，无疑有损于良好的形象。相反，从容潇洒的动作，给人以清新明快的感觉；端庄含蓄的行为，给人以深沉稳健的印象；坦率的微笑，则使人赏心悦目。因此，一个人的言行是否有礼关系到职业道德修养。职业道德修养涵盖诸多部分，言行有礼是其中的重要体现。

第二节 教师职业礼仪

教师职业礼仪指教师在教育教学过程中的言谈、举止和仪表等方面应当遵守和讲究的行为规范。教师职业礼仪的本质在于教师要为人师表、以身作则，它是教师自身良好职业道德修养的外在表现，也是一种极其重要的教育力量，其核心是对学生的关爱与尊重。

教师职业的特点使教师扮演传播人类文明的使者的角色，为人师表与言传身教是对教师的基本要求。礼仪之于教师，更有它的特殊意义。教师在学校教育中起榜样作用，在社会生活中同样也起到模范作用。礼仪不仅是教师自身道德修养的良好表现，更重要的是，礼仪使教师职业道德成为一种重要的教育力量和教育要素，这就要求教师不管是在教学中还是在日常生活中都要遵守职业道德规范。教师职业礼仪包括的内容非常多，从教育教学到日常生活都必须要遵循相应的礼仪规范，本节主要从教师的形象礼仪、教学礼仪、活动礼仪、社交礼仪、人际交往礼仪及日常生活中的礼仪等方面进行阐述。

一、形象礼仪

质于内而形于外，良好的形象体现一个人的素养、自尊和品位格调，也体现对别人的尊重。作为"人类灵魂工程师"的教师，承担着教书育人、为人师表的光荣职责。教师除了必须以满腔的热情对待事业、对待学生之外，还必须在日常生活中做到仪表端庄、服饰整洁、举止大方，于无声中将礼仪传递给学生，真正做到学为人师、行为世范。

（一）端庄的仪表

仪表指人的外表，包括衣着、发式、举止等，是一个人教养、性格、内涵的外在表现。莎士比亚曾经说过："一个人的穿着打扮就是他教养、品位、地位的最真实的写照。"教师仪表是教师整个风范的内容之一，尤其在中小学，学生善于模仿，审美观开始形成，慢慢具有较强的判断是非的能力，教师仪表的好坏，会使他们直接产生好感或反感，从而影响教师在教学中的威信，乃至影响上课的效果。教师仪表礼仪要求教师以严谨而规范的仪表，体现自己积极进取、奋发向上的精神风貌。

1. 仪容礼仪

整洁卫生的教师容貌反映着教师的精神面貌，将直接影响着他在学生心目中的形象。教师的仪容礼仪包括清洁与美容化妆两方面的内容。保持清洁是教师仪容礼仪最基本要求，包括面部、口腔、须发、手的清洁，身体无异味等。如果一名脸部脏兮兮，口腔还残留着异物，又或者是身体散发着臭汗味的教师来授课，估计整节课学生不是小声嘀咕抱怨教师的不堪，就是掩鼻忍受。长期下去，估计没有一名学生喜欢上这位教师的课了。美容化妆是教师仪容礼仪的高层次要求。长相改变不了，但是可以通过化妆进行修饰，充分显示个人容貌的优点，扬长避短，使教师光彩照人。同时，教师适当的美容化妆能表现出对生活、对事业的热爱，以及对自己、对他人的尊重，特别是女教师，清新自然的淡妆会给学生留下很好的印象，一堂课对学生而言就是一种享受而不是折磨。但是，由于教师职业的特殊性和专业性，不允许教师浓妆艳抹、过分妖艳，教师化妆总的礼仪要求是：淡雅清逸、自然适度。同时，禁止女教师涂染颜色花哨的手指甲和脚趾甲。

2. 服饰礼仪

教师的着装要符合教师自身的职业身份。孔子曾说过，人"不可以不饰，不饰无能，无能不敬，不敬无礼，无礼不立"。孔夫子说的"饰"，指的就是服饰。服饰，是指人的服装穿着与饰品佩戴。它是仪表的重要部分，是师生交流的主要视觉对象，在某种意义上就像一封无言的介绍信，时时刻刻向对方传递着各种信息。它可以反映出一个人的职业特征、文化修养、审美情趣。教师要为人师表，在衣着服饰上不能只凭个人喜好随随便便，必须选择适合自己的着装，通过服饰展示自己良好的职业形象。

教师着装要遵循"TOP"原则，即选择的服装要与时间（Time）、地点（Place）、场合（Occasion）相符合，这是服饰礼仪的基本原则之一。同时，课堂教学时教师的着装应整洁和大方。所谓整洁，也就是整齐和清洁。整洁指教师的衣服要做到干净、端正，给人以清新、高雅之感。所谓大方，就是在课堂教学中，不仅要使服装与自己的身材、体态、肤色相配，而且要使之与授课环境氛围、授课内容相协调，既要避免给人不修边幅、落拓不羁的印象，也不要过分追求时尚，甚至穿奇装异服。一般来说，教师的衣着款式宜简洁、大方、明快和自然；色彩宜雅致，不宜太鲜艳、太刺眼。女教师的着装忌过分紧贴、过分暴露、过分透视，裙装忌过短。如果女教师打扮得花枝招展，会分散学生学习上的注意力，并有可能成为一部分学生议论的话题，这样会影响教学的效果和自己的威信。

（二）语言得体

语言在人际交往中占据着最基本、最重要的位置。它是信息沟通的桥梁，是思想感情交流的渠道。语言是课堂教学的主要工具，良好的语言修养是教师必备的条件，吐字清晰、文明健康、得体适度、科学规范是教师语言总的要求。但是在实际生活中，有些老师的语言却不顾自身职业形象，随意而散乱，甚至经常口出恶语、脏话。要做到语言得体，教师必须要注意以下三忌：

一忌污言秽语、口头禅。任何情况下教师都不能使用脏话、粗话，这些不文明的语言有失教师身份，是教师职业道德所不允许的。口头禅是一种语病，犹如语言中的沙子，常常令听者感到不舒服。有两种情况会严重影响教师形象。一是傲语口头禅，如"我告诉你"、"你得了吧"等不礼貌的口头语，常会给人自以为是、盛气凌人的感觉。二是废话口头禅，如"怎么说呢"、"这个"、"就是"等，在教师的教学中反复出现，使句子拖沓、杂乱、令人厌烦。

二忌说话刻薄伤人。教师在讲话时不可出口无忌、尖酸刻薄。俗话说"伤人之言，重于刀枪剑戟"，这类充满恶意的话，必然会伤害对方的自尊心、自信心，为师德所不容。

三忌自吹自擂。教师在教学工作中需要注意分寸，不可将自己的优点和能力说得太过，过分夸耀自己能干。

一名优秀的教师，必须具备驾驭语言的功力，通过流利舒适的语言让学生在课堂上学得轻松、学得快乐。由于职业特点的要求，教师的课堂用语首先必须普通话标准、吐字清晰、语音适度，准确、鲜明、生动。其次必须语调柔和、语速适中。最后必须抑扬顿挫，富有幽默感。在课堂教学中，教师对学生也要多用"请"字，注意用语的礼貌，不应采用命令式的语气。同时，在批评学生时，不应语言刻薄犀利、满口脏话。一名优秀的教师，应该不断加强语言修养，提高课堂教学语言水平。

（三）表情亲切

表情是指眼睛、眉毛、嘴巴、面部肌肉，以及它们的综合运用反映出的心理活动和情感信息，构成表情的主要因素是微笑和目光。教师应依靠渊博的学识、精湛的教学艺术赢得学生的敬佩，同时以真诚的微笑、谦和的态度来融洽师生感情，因为只有当学生亲其师，才会信其道。教师应懂得微笑的意义，即使在十分疲惫或身体不适的情况下，走进教室时也总该面带微笑，这是自信和友好的标志，是使学生心悦诚服的有力武器。教师还要把握好运用目光的礼节。在课堂上，目光接触是师生情感交流的窗口，目光是教师与学生沟通的特殊语言。教师亲切真诚的目光能带给学生愉悦、温馨、鼓励或慰藉。在教学活动中，教师如果无视学生的存在，甚至低眉垂眼不敢正视他们，或用打量、恼怒、不屑一顾的眼神注视对方，或无精打采、睡眼蒙胧地看人，或东瞄西看、目光游移不定，或者仰望天花板，或者俯首盯教案、神情漠然，这些都是极不礼貌的。上课面带微笑，满腔热情，不仅是教师礼仪文明的外在表现，也是教师职业的要求。

（四）举止优雅

仪态是一个人知识、阅历、文化和教养的集合。教师的仪态被视为其"第二语言"，也叫作"无声语言"，心理学家的研究成果表明，人际交往中的实际效果只有约20%的部分由语言决定，而另外约80%的部分则是由人的举止、姿势、体态等所决定的。一位师德高尚的教师在与学生交往时，会以自己优雅的仪态展示出自己良好的教养和风度。按礼仪要求，人们的举止应合乎约定俗成的行为规范，做到"站有站相，坐有坐相"。对于教师来说，更应注意立、坐、行的姿势和手势，举手投足都应表现出教师应有的文明礼貌。可有些教师讲课虽较生动，却有一些不好的习气，诸如随口吐痰、乱做手势、坐桌子等，这无疑使教师的形象大打折扣。教师的举止姿态，总的要求是稳重端庄和落落大方。课堂教学中，教师的举止主要包括：站姿、坐姿、行姿及手势。

站姿。站立是教师最基本的举止。教师的站姿有四忌，一忌弯腰弓背、歪头斜肩、倚桌靠椅，过于放松和随意。二忌双腿叉开过大，女教师尤应注意。三忌双手插在裤兜里。四忌跷脚颤腿、身体乱晃。教师站姿的基本要求是：抬头、挺胸、收腹、立腰，身躯正直，下颌微收，双眼平视，双肩自然放松，身体重心落在两脚正中。

坐姿。教师的坐姿往往是其精神气质、文化、修养的表现。得体的坐法是：入座时，动作从容不迫，轻盈和缓。女教师穿裙装入座时，通常应先用双手拢平裙摆，再平稳坐下。落座后，上体自然挺直，最合适的姿势是肩平背直，膝盖成直角。男教师可双膝略微分开，不要超过肩宽，双脚平踏于地；女教师应并拢双膝，双脚一起朝向一边或一只脚稍前、一只脚稍后放置地上或采取小腿交叉的姿势。离座要平稳。教师坐着讲课时，要避免用手支下巴，或趴在讲桌上；避免翘起"二郎腿"、双脚向前直伸、两腿分得过开和腿脚乱抖不止等不文雅的动作。

行姿。教师的行姿应给人以稳健、从容、和谐的印象。上课时，教师在讲台上不能来回不停地走动，这样会让学生感到眼花缭乱，将分散学生的注意力，也不宜久站一处，这样会给人以静止压抑之感，课堂就会显得死板。正确的方法是根据教学的需要，在适当的时候，从容走动或变换一下位置。

手势。手势是一种极具表现力的体态语言，既可以传递出对交往对象的尊重友好，也可以表示对对方的轻视厌恶。总的要求为：正确、适度。教师在指人示物或在课堂上让学生到前边回答问题时，应采用整只手掌掌心向上这一表示"请"的手势，动作要准确、舒展、到位。当学生在学习活动中有突出表现时，教师可微笑着竖起大拇指，表示肯定和称赞，或带头热情鼓掌，给予鼓励。作为教师应避免对人指指戳戳、钩动手指招呼别人、蔑视性地伸出小指评价学生、拍桌子、双手抱臂交叉于胸前、讽刺性地鼓倒掌等，这些动作传递的信息都容易挫伤学生的情感与自尊，引起学生的抵触情绪。

教师端庄的站姿、稳重的坐姿，从容的步履、得体的手势等，都能给学生以美的感染，激发学生的学习兴趣，使教与学形成良好的互动。因此，在教学实践中应力求无声的体态语和有声语言相互协调、相得益彰。

二、教学礼仪

教学是教育的主体，是传授知识、促进学生发展的主渠道，是社会完成人类知识文化传递和继承的必要桥梁。教学礼仪是教师在课堂教学活动中应遵循的尊重学生、讲究礼节的规范，是教育工作者必须掌握并娴熟运用的师生交往技能。教师对学生的教育主要是通过课堂教学来进行的，教师如何正确引导学生迈进知识和真理的殿堂，除了教师须有渊博的知识、扎实的专业功底、良好的道德情操、为教育事业献身的精神、较好的教学方法和手段之外，还必须在遵循一些基本的礼仪规范。

教师礼仪主要是以课堂教学活动为载体体现的。教师的素质和修养在教学活动中展露无遗，直接影响教学效果。教师是教学活动的主导者，教学行为必须符合教学规律和原则，符合学生的心理和生理特征，同时，要具备正确得体的课堂教学礼仪，将枯燥乏味的教学活动变得生动有趣。

（一）上课守时

守时不仅体现了教师对本节课的重视，也体现了对学生们的尊重。鲁迅先生曾经说过，浪费别人的时间就等同于图财害命。上课预备铃响时，教师就应该停下手上的事情，立即着手准备上课的课本、教案、翻页笔等，提前五分钟左右到达教室，做好上课的准备。但是，现实中，一些教师拖拖拉拉，上课铃响起才匆匆忙忙起身，甚至有些教师上课了很久才慢悠悠地走进教室，这都是对教学不负责任的表现。教师提前做好准备、准时到教室，不仅可以提前整顿课堂秩序，而且可以让学生提前做好上课准备。一个守时的教师，一定会比不守时的教师更能赢得学生的尊重和认可。

（二）辅导学生要有耐心和爱心

课后辅导学生是教学环节的重要组成部分，是教师了解学生和检查教学效果的一条重要途径。只要将课堂教学与课后辅导紧密结合起来，才能整体提高教学效果。在教师的课后辅导中，教师的言行也得符合一定的礼仪规范。第一，师生要平等互信，教师不要居高临下。教师不能轻视和歧视任何一个学生，同时也不能盲目抬高一些学生。第二，热情主动接待每一位学生。有些学生成绩不好，鼓起勇气找老师辅导，教师一定不能态度生硬，要热情主动。第三，掌握课后辅导学生的技巧。应启发学生，点拨思路；应适当反问，正确纠错；应探索创新，忌条条框

第十一章 教师职业礼仪规范

框；应循循善诱，不要简单回绝。第四，要对后进生倾注更多的心血。课后辅导的对象主要就是后进生，教师要真心真意地帮助后进生，尊重差异，转变认识，助其成才。

三、活动礼仪

活动礼仪是指教师在参加各种活动，比如入学典礼、升旗仪式、颁奖典礼、节日庆祝等各种活动中应该具有的礼仪规范。在社会生活和社交活动中，几乎所有的活动都要借助于一定的仪式来进行。比如，校庆、开学、毕业等常常需要一定的仪式。因此，了解和掌握一些常用的礼仪仪式并能在参加这些仪式时举止得体，合乎礼仪规范的要求，不仅是教师适应社会和学校生活的需要，也是礼仪修养的要求。

（一）庆典活动礼仪

庆典是各种庆祝仪式的统称。在学校的活动中，教师参加的庆祝仪式主要是开学典礼、毕业典礼、学校周年庆典礼等。学校举行重大的庆典活动，是为了增强全校师生的凝聚力与荣誉感、树立新形象。教师作为庆典活动的主要参与者，代表着学校的形象，在参加庆典时，必须注意个人的言行举止。

（1）仪容要整洁。在庆祝典礼上，不允许教师蓬头垢面、浑身脏臭。

（2）服饰要规范。全校的师生应以校服作为庆典着装，学校对教师有其他的要求，即按照学校的要求统一着装。教师不能任其自然、随性而穿，要符合场合。

（3）遵守时间。守时是参加任何活动最基本的礼仪要求。任何教师在庆典活动上都不得迟到早退、无故缺席。

（4）态度严肃，表情庄重。教师在整个庆祝活动中应全神贯注、聚精会神，不允许嬉皮笑脸、打打闹闹。

（5）对与会嘉宾，态度要友好。遇到参加庆典活动的嘉宾，要主动热情地问好，对嘉宾提出的问题要及时给予答复。切忌围观嘉宾，指指点点。当嘉宾在庆典活动上发言时，不要随意打断别人的讲话，同时要主动鼓掌表示感谢或欢迎，切忌胡乱起哄、吹口哨等不友好行为。

（6）举止要文雅。教师在庆典活动上不要大声喧哗，不要与周围人低头讲话，不要低头玩手机，不要听音乐、打瞌睡等。总之，不要做与庆典活动无关的事情，特别是要注意自身言行，不要破坏教师形象。

（二）升降国旗礼仪

国旗是中华人民共和国的象征和标志，对国旗国歌的尊重就是对我们伟大祖国的尊重。学校举行的升旗仪式，是对全校师生进行爱国主义教育和礼仪规范教育的重要途径。升降国旗是一种严肃而庄重的活动，在礼仪方面有严格的规定。教师要严肃认真地对待升降国旗仪式，自觉遵守相关的礼仪规则。

升旗时所有在场人员要安静、肃立。在学校，一般在周一早晨举行升旗仪式，这就要求教师要在周一早晨比平时提前到达学校，组织学生有序参加升旗仪式。升旗时，列队要整齐，所有人都必须保持安静，不能自由行走、谈话和东张西望。当国旗升降时，必须起立、脱帽、立正，表情要肃穆，面向国旗肃立致敬，要注意起立时不要乒乓作响，脱帽后不要用手去整理头发。在升旗过程中，一定要保持安静。

面向国旗行注目礼时神态要庄严。国旗上升时，应唱国歌，声音要洪亮，同时，身体直立，昂首挺胸，双手下垂靠拢身体两侧，保持立正的姿势。当五星红旗冉冉升起时，所有在场的人都应抬头注视，行注目礼，目光随着国旗而移动，持续到升旗仪式完毕。降旗一般在傍晚前进行，不再举行仪式，由旗手和护旗直接将旗降下来。降旗时态度要认真恭敬，将旗仔细卷好，交给负责保管的老师。不可将国旗弄脏弄皱。如果在校外遇见升降国旗和奏国歌时，也应立即肃立，行注目礼，待完活动结束后再继续行走。

（三）节日礼仪

节日是集中体现一个民族的传统与文化，人民的精神面貌与美好感情的一种活动。在生活中，我们会过很多的节日，如春节、元宵节、清明节、端午节、中秋节等。过节的方式既有热热闹闹的载歌载舞，也有神秘肃穆的宗庙仪式，通过丰富多彩的节庆活动，人们相互表达良好的祝愿，联络感情，增进友谊，加强团结。节庆礼仪是民俗文化中的一个重要组成部分，是以民族心理、道德伦理、精神气质、价值取向和审美情趣为底蕴，以特定时间、地域为时空布局，以礼仪活动为主题的社会现象。节庆礼仪约定俗成，人类在长期的交往活动中逐渐形成并代代相承。教师在各种节日活动中，要注意基本的礼仪规范。首先，节日当天要通过当面、电话、网络等多种途径，向亲人、领导、同事、学生等表达节日的问候和祝福，但要注意时间，不要在凌晨或者半夜打扰别人。其次，在节日当天接受别人的馈赠，要适时地予以回应。教师很多时候是与同事和学生打交道，节日时，很多学生会赠予老师礼物，比如教师节。接受学生礼物时，教师亦要遵守有关的礼仪规范。要双手捧接，诚心致谢，适度称道。对于学生赠送太贵重或者不适宜的礼物，教师应拒绝有方、语言委婉、不失敬意。最后，节日时，很多学校会组织各种活动，这时教师要注意言行举止，不能太高兴而忘乎所以，不注重教师自身形象。

四、社交礼仪

社会交往就是人的社会存在方式，是指在一定的历史条件下，人与人之间互相往来，进行物质、精神交流的社会活动。社交礼仪是人们从事交往、交际活动的行为标准和规范。它是社会礼仪体系中的一个重要组成部分，也是教师礼仪的重要组成部分。社交礼仪规范，包括待客、宴请、拜访等方面的内容。有良好教养的人，在社会交往中能体现出良好的气质，容易为大家所接受，得到他人和社会的认可，教师作为社会的一分子，也须掌握一定的社交礼仪，如着装礼仪、舞会礼仪、交谈礼仪等，协调好与领导、同事及学生之间的关系。

（1）招待客人。款待客人要热情、周到，准备好茶水、糖、水果等，招待不同客人时要平等对待，不能厚此薄彼。在细节上体现对客人的尊重与关心，进行周到、细致的安排。

（2）参加宴会。参加宴会时应穿着得体、大方，准时到场，保持安静，不大声喧哗，不吸烟、不酗酒。在席间，教师一定要注意自己的举止。忌用餐时响声大作；忌当众剔牙；忌随处乱吐废弃物；忌每次入口物太多；忌在餐桌上补妆、整理发型；忌口含食物与人交谈；忌与别人抢菜或者独霸一盘菜；忌餐桌上，太过于高兴而胡言乱语。

（3）拜访他人。要有约在先，并按约好的时间和地点准时赴约，如果有变动，应及时通知对方。谈话时应限定内容，适可而止。

社交礼仪就是要恰到好处地表达自己、了解对方。现代社会有各种各样的人际关系,人具有社会性,教师面对各种交往,要摆正自己的位置,妥善处理好各种关系,宽容大度,尊重交往对象。遵循社交礼仪,还应注意交往中的禁忌。第一,不要随便发怒。在社交场合中随便发怒,会造成两种不良的后果。一方面它会伤了和气和感情,另一方面对发怒者的形象有不良的影响,人们会认为他缺乏修养,不宜深交。第二,不要恶语伤人。恶语是指那些肮脏污秽、刻薄侮辱的语言,这与教师的形象极不相称,必须予以杜绝根除。

五、人际交往礼仪

教师作为社会关系中的一员,经常与学生、家长、同事打交道,在与这些关系群体打交道时,必须具备一定的礼仪素养,坚持一定原则,否则会影响教师工作开展和身心愉悦。

(一)师生交往礼仪

师生关系是在教育过程中,为完成共同的教育任务进行交往而产生的关系,是学校最基本的人际关系。教育教学实践证明,良好的师生关系,有利于调动师生双方的积极性、主动性和创造性,有利于形成轻松愉快、生动活泼的教学气氛,有利于提高教学信息传输的效度和速度。教师工作是太阳底下最光辉的职业,作为教师,处理好师生关系,注重师生交往礼仪,能体现教师高尚的人格及修养。

1. 教师对待学生的基本礼仪要求

教师作为教学活动中的主导者,要主动与学生之间建立良好的师生关系。首先,教师必须热爱学生,对学生的发展充满期待。这是教师职业道德的基本要求,也是教师与学生交往的礼仪之本。其次,教师要尊重学生,与学生平等相待。中小学生处于心理和生理的发展期,心理还不够成熟,自尊心比较强,这就要求教师在处理师生关系时要以礼相待、尊重学生。最后,教师要因材施教,平等地对待每一位学生。我国古代的教育学家孔子曾提出"有教无类"的思想,认为教育面前人人平等,教师必须看到学生的个体差异,从而能够客观公正地对待每一位学生。

2. 教师与学生相遇礼仪

师生在校园中经常会遇到,相互之间如果可以做到礼仪周到,不仅可以增进彼此的感情，而且有利于教学活动的顺利开展，营造良好的学风。教师与学生相遇时，应该注意以下几点：一是要积极热情，不失风范。在校园中，通常学生遇见老师时会主动道声"老师好"，教师应该积极友好回应，可以说声"同学好"、"早上好"、"同学，再见"之类的作为回应，而不能置之不理，拒人千里之外。当然，教师也不能过于亲昵，坚持适度的原则，否则有损尊严和威信。二是称呼学生时不忘为人师表的礼仪。当遇见学生时，要真诚地叫响学生的名字，不要叫学生的昵称或者绰号。当忘记学生姓名时，宁可回避也不要叫错。

3. 教师与学生谈话礼仪

交谈是师生之间沟通感情、交流信息、加深了解的重要途径，师生之间的谈话在师生交往中必不可少。教师与学生谈话交流要做到言行文明、自然大方、礼貌周全。具体而言，应做好以下几点。第一，提前通知，让学生有所准备。提前告知学生谈话的主要概况，既是对学生的礼貌，也是对学生的尊重。第二，热情恭候，用心交谈。当学生到来时，教师要热情招待，不要让学生站在门口或者不让学生坐下，同时，谈话的座位要适当保持距离，使学生处于放松的状态。交谈时，语言要得当，语调缓和，具有耐心。第三，举止端庄，行为有度。教师与学生谈话时，要认真倾听学生的心声，不能做无关的事情，比如低头玩手机、看报纸等。对学生的看法表示认同时，教师微笑着点头示意。教师与犯错误的学生交谈时，如学生态度蛮横无理，教师一定要有耐心，动之以情晓之以理，不能恶语相向、辱骂学生，更不能殴打学生。第四，分清场合，入情入理。安抚学生类的谈话，既要懂得与学生分担痛苦，也要给学生鼓励和信心；反映问题类的谈话，既要全面了解、不厌其烦，也要以理服人；批评类的谈话，要先消除学生的恐惧心理，缩小师生之间的感情差距，然后再指出学生的错误所在，提出中肯的意见和要求；生活类的谈话，要和蔼可亲，体现教师的修养。每一类谈话，教师采取的措施是不一样的，要加以区分。

（二）教师与家长交往礼仪

家庭是孩子健康成长重要的场所，家长是孩子的第一任教师，因此，教师需要与家长保持密切联系。在这种联系交流中，教师要注重人际交往中的基本礼仪，从而达到良好的交往效果。

1. 召开家长会的礼仪

家长会是学校、老师与家长沟通的最主要、最直接的方式,也是家长了解孩子在学校各方面表现的重要渠道。因此,召开一次成功的家长会对教师、家长、学生具有重大的意义。在操作中要注意一些基本的礼仪,以达到更佳效果。

第一,认真做好召开家长会的准备。确定家长会的中心议题;以书面或口头形式提前向学生家长发出邀请,包括时间、地点及是否参加的回执;布置好教室,营造舒适友好的环境;提前做好发言准备。

第二,教师服饰要庄重,举止稳重,谈吐文雅,将亲切感和信任感展示给家长。教师在家长会上要努力营造和谐的氛围,与家长平等交流、友好协商,坚持"多表扬,少批评"的原则,对家长反馈的意见及时分析,认真处理。

第三,为家长提供发言的机会。教师在家长会上千万不要唱独角戏,忽略了家长的作用,适当地可以向家长讨教某些成功的教育经验,形成家长与教师之间的默契配合和友好互动,增强家长对学校和教师的信任,取得家长的支持。

第四,注意保护家长的自尊心。在家长会上,教师切记不能一味地批评和指责学生。即使学生表现得再差,但父母还是对自己的孩子充满关爱,不乐意听见别人的批评。教师一方面要针对问题找到恰当的切入点,保护家长自尊心,给家长留足面子,另一方面又要让他们意识到自己孩子的问题。

2. 教师家访礼仪

教师适时适度地进行家访,有利于教师与家长之间信息交流与沟通,使得教师对学生有更全面准确的了解。在交往的过程中,教师只有掌握家庭礼仪,才能避免与家长产生误会和隔阂。首先,教师家访要提前与家长预约并准备充分。在进行家访之前,教师要服饰、仪表得体,将家访的内容和材料准备好,熟悉交通路线,按时抵达目的地等。其次,要与家长平等交流、友好协商,做好记录。很多家长不管身份地位如何,为了孩子的成长,对教师毕恭毕敬,对教师的建议也十分认可,但教师也要注意双方应该平等对话,就学生的问题展开友好协商,不要将自己的意志强加给家长。最后,家访时要注意做客礼仪。比如,家长没有邀请参观时不要来回走动;家访时间不要过长;不要借家访之名,办个人私事等。

3. 教师接待家长来访礼仪

家长为了孩子学习或者其他事情，有的时候会主动拜访教师，这时教师必须注意相关的礼仪。一是要热情接待学生家长，对家长的来访表示欢迎。面带微笑，姿态端庄大方，称呼得体。二是实事求是地介绍学生在学校的情况，同时认真倾听家长的叙述，营造轻松、愉快的谈话氛围。三是相互沟通、协商。教师不要以专家自居，不要对家长发号施令，一味地责怪家长。四是对家长的到来表示感谢。送别时，要主动为家长打开门，待对方走出去之后，自己再走出去，可以送家长到办公室外或者更远。

（三）教师与同事交往礼仪

同事是与自己一起工作的人。与同事相处如何关系到教师教学工作质量。教师的共同目的是为建设中国特色社会主义培养全面发展的人才，为了实现这一目标，教师与同事之间应遵守礼仪规范，做到相互尊重、相互学习、相互帮助。处理与同事关系在礼仪方面应注意以下几点：

（1）尊重他人，举止有礼。礼仪的核心就是尊重。《孟子·离娄章句下》中说"敬人者，人恒敬之；爱人者、人恒爱之"，尊重是相生的，同事关系以工作为基础，不同于亲人间的关系。亲人之间一时的失礼，可以用亲情弥补，而同事之间的关系是以工作为纽带的，一旦失礼，彼此之间的创伤就不好愈合。尊重对建构和谐的同事关系尤为重要。同事共处在一个办公室，就要注意在办公室，不能高声喧哗，不要挪用他人东西，不偷听别人谈话等，做到举止有度。

（2）合作共赢，换位思考。同事同在一所学校工作，彼此之间有合作，也有竞争。彼此之间的合作要彼此双赢，不能因为竞争而置他人于不顾，甚至落井下石。同时，由于同事之间的能力不同，家庭背景不同，配偶收入不同，生活负担不同等，在生活上有异同，要考虑别人的处境，将心比心，言语和举止要考虑他人感受。

（3）批评有益，注意方法。同事间开展批评与自我批评是必要的，诤友也是人生的财富，但是要注意方法，不要锋芒毕露，批评不要忘记尊重。别人明显的失误，作为同事可以善意地提醒，但是绝对要避免当面指责，尤其是当领导和其他同事在场的时候，即使批评是善意的，也会引起对方的不满甚至嫉恨。最好的办法是在下面单独交流，照顾对方的面子，这会产生事半功倍的效果。否则，就可能费力不讨好，某种程度上把自己置于危机之中。

(4) 择善而从。要善于向同事学习，"三人行，必有我师"。对于不欣赏、不赞成的事物，不要表现出反感。"择其善者而从之，其不善者而改之"，多从他人身上寻找优点，吸收学习；对于他人的缺点多宽容、理解；同事取得成绩时要由衷地赞美祝贺而不是嫉妒排斥。多寻找自己和同事间共同的兴趣爱好，在互相学习中提高。

(5) 化解误会，求同存异。不同的个体在工作习惯、世界观、价值观存在差异，同事之间相处久了，难免会有一些细小的分歧。不要总是抓住别人的错误不放，如果对方不好意思开口和解，我们自己要争取主动、积极沟通、严以律己、宽于待人、从自己做起，因为矛盾拖得越久越不容易和解。"度尽劫波兄弟在，相逢一笑泯恩仇"，宽容大度一些，遵循"求同存异"的原则，一切以大局为重，以工作为中心，不计较个人得失，各退一步，海阔天空。

六、日常生活礼仪

教师除了形象礼仪、教学礼仪、活动礼仪、社交礼仪等，在日常生活中还有其他礼仪要求，比如办公室礼仪、接打电话礼仪、网络礼仪等。

(一) 办公室礼仪

教师办公室礼仪应包括以下内容：要保持办公室干净整洁、物品摆放整齐有序；在办公室不办私事、吃零食、闲聊等；上班前不能喝酒或吃有异味食品，不在办公室里吸烟；尽量不打私人电话或接电话没完没了；到别的办公室拜访同事要注意礼貌，进入别人办公室内要先轻轻敲门，听到应答再进，进入后回手关门，不能大力、粗暴。

(二) 教师与会礼仪

教师在日常教学过程中会出席各种会议，因此，教师了解会议礼仪知识不仅是日常教学工作正常开展的需要，也是发挥教书育人，为学生树立礼仪典范的需要。

第一，与会人员要按时到会，遵守会议纪律。开会时要尊重会议主持人和发言人。当别人讲话时应认真倾听，可以准备纸、笔做记录。不要在别人发言时说话、随意走动、打哈欠、玩手机等。会中尽量不离开会场，如果必须离开，要轻手轻脚，尽量不影响发言者和其他与会者，如果提前退场，应与会议组织者打招呼，说明理由，征得同意后再离开。

第二，会议发言者应衣冠整齐，走上讲台应步态自然，刚劲有力，体现风度与气质。发言时应口齿清晰、讲究逻辑、简明扼要。如果是书面发言，要时常抬头扫视一下台场，不能低头读稿、旁若无人。发言完毕应对听众的倾听表示谢意。

第三，在会议中，如果有讨论、最好不要保持沉默，这会让人感到你对会议漠不关心。想发言时应先打腹稿，用手或目光向主持人示意，发言应简明、清楚、有条理、实事求是。反驳别人不要打断对方，应等待对方讲完再阐述自己的见解，别人反驳自己也要虚心倾听，不要急于争辩。

（三）接打电话礼仪

当今社会，电话是人际交流的必备工具。教师在日常生活中接打电话，也需要注意相关礼仪。

1. 接听电话礼仪

电话铃声一响，应该在三声以内拿起电话，电话铃声响过很多次才接起，容易使打电话的人产生不良印象，接听电话、与来电者交谈应选用清晰、悦耳的语调，选用谦恭、友善的语气，让人听起来轻松、愉快。接听电话时如需留言，应认真、准确、清楚地做好记录。

2. 打出电话礼仪

选择恰当的通话时间，除特殊情况外，因公事最好在上班时间打电话。即使是私人电话也应避开用餐时间、睡眠和休息时间。另外，还要注意通话时间的长短和通话的目的。打电话前要明确打电话的目的，以便拨通电话后能迅速而有条理地说出所要谈的事情。切忌漫无目的地东拉西扯，即使为了沟通感情而闲聊，也应先把正事说完。挂断电话前，要说一些表示礼貌、友好的话，如"打扰您了，再见"、"谢谢您的指教"等。结束通话，一般要等领导、女士、长者等先挂之后再挂断。

（四）教师网络礼仪

信息化时代，网络在日常生活中的作用越来越重要。高科技的发展给人类生活带来许多便利，互联网给世界各地的人们提供了一个相互交流的平台，相识的和不相识的人都可以通过网络交流，而网络礼仪则是保障网络世界正常秩序的基本规范。因此，教师在进行网络交流时，应注意上网的相关礼仪。

1. 遵守道德和法律

遵守道德与法律是网络基本行为规范。在现实生活中，绝大多数人都遵纪守法，注意用法律及道德规范自己的行为。同样，互联网上的道德和法律与现实生活中的道德和法律也是相同的。因此，教师在网上交流时，也需要用法律和道德标准规范自己的行为。

2. 控制时间

教师在利用网络从事公务活动或进行私人活动时，注意控制好时间，择时上网，适度上网，不能过于沉溺网络，浪费时间甚至影响工作、损害身体健康。

3. 文明交流，言语有度

教师在网上与人交流时，应确保用语的规范和文明，不得使用攻击性、侮辱性语言。为了维护自身形象和学校形象，教师上网时不能以学校名义在网上随意发表个人对新闻时事的看法，尤其不能发布假消息或泄漏行业机密，更不能在网上散播谣言。

第三节 教师职业形象

形象，常指具体事物（群体、个人等）的精神实质的外在反映，是其本质特征的外在体现。教师形象是作为教师的群体或个人在其职业生活中的形象，是教师职业群体或个人精神风貌和生存状态的表征。教师形象不仅来源于社会评价，也来源于教师群体内部或个体自身对其职业活动所持有的知识、观念和价值体系。它是教师对自我形象的内在认知和社会对教师形象的外部确认的统一。

一、塑造良好形象是教师职业道德规范的重要内容

教育部、中国教科文卫体工会全国委员会发布的《中小学教师职业道德规范（2013年修订）》中明确规定教师要"为人师表。坚守高尚情操，知荣明耻，严于律己，以身作则。衣着得体，语言规范，举止文明。"为人师表是教师职业的内在要求。教师在与学生相处的过程中，其言语举止都会对学生起到示范的作用，学生不仅学习教师传授的知识，还会模仿教师的言行举止，正所谓"教书必先学为人师，育人必先行为规范"，所以，教师在学生道德人格培养的过程中，不但要帮助和引导学生形成正确的价值观念和道德人格，更要注意自己的示范作用，做好示范者的角色，以自身高尚的道德修养和行为规范，给学生提供一个可以学习的积极正面的榜样。塑造良好的职业形象是教师职业道德规范的应有之义，也是重要内容。

（一）什么是形象修饰

所谓形象修饰，是指个人或群体通过外在仪容仪表的装扮、行为举止的规范、言语的约束及内在专业素质的提升，树立良好的形象，获得社会的认可。自古以来，中国就有"文质彬彬，而后君子"的古训。良好的形象是个人涵养的外在表现，在与人交际的过程中，这是一张没有文字却形象生动的名片。注重形象修饰，不仅能赢得他人的信赖，给人留下良好印象，而且还能够提高与人交往的能力。相反，则会降低个人的身份，损害个人乃至单位集体形象。同时，形象修饰也是工作态度和工作能力的反映。职业人员可以通过整洁的仪容、大方的仪态、高雅的言谈塑造个人的良好形象，体现个人工作态度和工作能力，提升职业化程度，并且获得别人的信赖和认可。进行形象修饰更是对他人及社会的尊重。进行形象修饰可以提升自我形象、自我价值、自我品味、自我修养，对别人表示尊重的同时也获得别人的尊重。

（二）塑造教师良好职业形象的原因

中国自古以来就有尊师重教的优良传统，把"师"与"天、地、君亲"并列，推崇"一日为师，终身为父"。教师之所以受人尊重，是因为他传承知识、培育后人，并且为人师表。在任何时候，为人师表都

是社会舆论对教师提出的基本的要求。就其内涵而言，师表通常是指教师在其品德或学问上应当成为值得学生学习的榜样。在其外延上，师表则往往是指一名教师在社会上所呈现于人的公众形象。不管是在日常生活中，还是在工作岗位上，教师的个人形象都会受到交往对象的高度关注。因此，教师在工作与生活中务必重视个人形象、规范个人形象、修饰个人形象。教师职业形象，是一定时期和一定环境下社会公众对教师的外观形象和内在素质的印象、看法、认知的综合体现。教师要维护职业形象的原因有以下几点：

1. 教师职业形象体现个人素质

素质的高低，是一个人能否立足于社会的基本条件，也是一个人是否具有品味，能否获得别人尊重的一项重要内容。每个人都喜欢与有素质的人打交道，厌恶没有素质的人。每个人都希望自己具有良好的素质，给别人留下美好的印象。但是，在实际生活中，人的素质有高低之分，这与个人的生活环境、受教育程度、个人经历等直接相关，同时，也受到自我要求和社会要求的影响。在人际交往中，特别是初次相见，人们会对其交往对象的个人素质加倍关注，对其衣着相貌、言行举止等都有一定的看法。

2. 教师职业形象体现对交往对象的态度

中国作为礼仪之邦，历来都非常重视个人的形象，在外出交流时，更是如此。一个人出访的衣着打扮不仅仅涉及个人形象的问题，更体现了自身对交往对象的重视程度。人们普遍认为，整洁的仪容、得体的衣着、端庄的举止等都证明了本身对别人的尊重，而邋遢的形象则表明对别人的轻视。教师在正式场所要谨记：对外交往中的形象欠佳，会被视为对交往对象的不重视；形象甚佳，则表明对交往对象的极度重视。

3. 教师职业形象体现个人心态与精神面貌

作为社会中的个体，每个人的生活态度和精神面貌既有个性，也有共性。教师也不例外。每个教师个性特征、心理素质、生活条件不一样，生活态度和面貌自然也存在着一定的差异。差异的存在，并不代表不修边幅、邋遢不堪。作为一名合格的教师，一定要注重自我形象，进行形象修饰，体现出对生活认真、负责、自信和热爱，精神面貌豁达开朗、奋发进取。唯其如此，教师才会为人所信赖、受人尊重。教师的公众形象才会得到大家认可。

4. 教师职业形象体现学校形象

教师的个人形象很重要，所在单位的形象更重要。教师作为公众人物，出席正式活动时个人形象并不是单纯的，而是多重身份的集中展示。在学校内部，每一名教师的个人形象代表着他所在部门的形象；在与别的单位打交道时，每一名教师的形象代表着他所在学校的形象；在为社会培养人才时，教师的个人形象代表着他所属的整个教师群体的形象；在出国访问时，教师的个人形象不仅是学校的形象，更是一个国家的形象。作为部门形象、学校形象、行业形象甚至国家形象，每一名教师毫无理由对个人形象掉以轻心。

5. 教师职业形象是无形的教育力量

教师适当的形象设计、优雅的举止、潇洒的风度，是影响其教育活动和教育效果不可忽视的重要因素。其实际教育价值主要表现在以下方面：其一，给学生良好的"第一印象"。学生第一次接触教师时，会特别注意教师的仪表装束、言谈举止，从而在心理上为教师定位。其二，有利于提高教师的威信。教师威信是一种巨大的教育力量，它的形成不仅与教师的知识、能力等密切相关，也同时受教师外在形象的影响。举止文雅、穿着朴素、仪态端庄、作风正派的教师形象有助于在学生中树立威信。其三，有利于塑造学生形象。近朱者赤，近墨者黑，教师自身形象能直接影响学生形象的塑造。其四，直接关系到学生学习兴趣和教育效果。目前，教师完成职业任务的主要途径仍然是"言传身教"。如果教师不仅口说并且能身体力行，必能留给学生良好的师者形象，获得学生尊重。这样学生就会"亲其师"而"信其道"，利于顺利完成教育教学任务，提高工作效率和教育实效。

二、完善教师职业形象的措施

教师礼仪修养是教师语言、表情、体态、衣饰等所构成的形象水平。作为"传道、授业、解惑"的教师，不但要有广博专深、融会贯通的系统学识，还要在人格、品行、仪容仪表等方面有着较高的修炼水平。教师既是人类先进文化与文明知识的传播者，也是学生思想道德的启蒙者，更是学生美好心灵的塑造者。教师职业道德的好坏直接决定素质教育能否顺利实施，关系到整个中华民族的思想道德素质和科学文化素质的提高，直接关系到亿万青少年的健康成长。

邓小平同志曾提出："要让教师成为太阳底下最光辉的职业"。但最近几年，媒体上有关教师的负面报道越来越多，教师在人们心目中的形象越来越差，这种情形的出现绝非偶然，值得好好反思。导致教师形象遭讥的原因有很多，比如社会对教师礼仪教育的不重视、社会风气恶化、学校过于注重成绩等，但毁坏教师良好形象的最根本因素在于两点：其一是教师或学校忽视礼仪修养，真乃"不学礼，无以立"；其二是教师在教学上不思进取、得过且过，可谓"学习如逆水行舟，不进则退"。常言道：师者，从之模范矣！教师本身就是形象，教师的形象是由内在和外在形象共同构成的，而内在形象须通过外在形象才能得以展现。教师通过形象示范，以不可抗拒的引力来潜移默化地影响学生，对学生进行美的熏陶。因此，外在美和内在美的和谐统一是当代教师自我形象塑造应该追求的理想目标。

（一）优化教师礼仪规范

1. 教师礼仪规范的特征

教师在日常的教育教学工作中要注重自身礼仪，才能真正提升自身职业形象。注重礼仪是提升职业形象的重要途径。教师礼仪具有自己特定的适用范围、特定的适用对象。与其他职业礼仪相比，教师礼仪规范具有以下特征：

（1）强制性。一旦选择了教师这个职业，就必须遵守教师礼仪规范，不能随心所欲。教师礼仪需要有更多的自我克制、自我牺牲。同时，教师的礼仪素养也将使教师更有魅力、更有力量，带来更大的收获。

（2）形象性。教师礼仪关系到教师的职业形象、学校的整体形象、教师队伍的整体形象。一个学生关注教师的气质风度、行为仪表胜过关注老师的文凭。一个家长对一个教师的信任或不信任很多时候只来自一两次谈话和交往所呈现的形象特征。所以，当校长想让社会、家长和孩子们知道自己的学校是一所好学校、自己的老师是一群好老师的时候，首先向他们展示自己老师良好的形象。

（3）文明性。教师礼仪的文明性体现在教师的个人文明素养。比如对学生的关爱，同事之间彼此间互帮互助、彼此尊重、和睦相处；待人接物热情周到、彬彬有礼，日常生活中注重个人卫生，穿着适时得体，见人总是微笑着问候致意、礼貌交谈、文明用语，体现出一个教师的品行修养。教师礼仪是内在文明与外在文明的综合体现，具有明显的文明性特点。

（4）示范性。教师面对的是模仿能力很强的学生，教师的礼仪修养的一言一行、一举一动都可能成为学生模仿的对象，而且会被成倍地放大，对学生产生潜移默化的作用，会影响许多学生，甚至对学生造成终身的影响，因而教师的礼仪修养具有示范性。所以，教师必须严格要求自己，提高自身素质，培养良好修养，展示教师风采，任何时候、任何场合都要做学生的表率。

2. 规范教师礼仪的措施

随着我国改革开放进程的加快，国际交往日益频繁，经济建设日新月异，在物质文明不断加强的同时，精神文明建设水平也在不断提高。教师作为"人类灵魂的工程师"，不仅是教书育人的园丁，而且是传承文明的导师，教授知识的源泉，以身作则的楷模。一个合格的教师，不仅要有高尚的思想品德、广博的知识经验、现代化的教育能力和健康的身心，还要有良好的礼仪修养。教师的礼仪修养，对推进中华民族的礼仪传承具有重要意义。提升教师职业形象，必须要求重视教师在教育教学和日常生活中的礼仪，加强教师的礼仪教育需要遵循两个原则：职前礼仪教育和职中礼仪教育相结合；自我提升与外在教育相统一。

（1）在思想上提高对礼仪重要性的认识。认识对实践具有重要的指导作用，正确的认识可以促进实践的发展，错误的认识则阻碍实践的发展。作为教师或者想成为教师的一类人，必须在思想上重视礼仪的重要性。一名合格的教师不仅学识渊博、专业知识过硬，充分地掌握了教学技能，还必须品德高尚，在教学活动中遵守礼仪。教师礼仪应从塑造教师个人形象入手，联系教师切身利益，使每一个正在从事，以及将要从事教师职业的人真正懂得教师礼仪修养不仅是教师自尊自律的基本要求，而是关系到受教育者的健康成长，关系到国家和民族的文明程度，以促使学习者把学习礼仪变成自觉行为，内化成习惯，最终成为自然流露，体现出良好的个人修养。任何时候礼仪素质都无疑是个人的基本素质，一个人无论从事什么专业、做什么工作，无一例外地要具有良好的个人形象和修养。师范院校也应该改变重专业知识、轻礼仪修养的弊端，重视对学生的师德师仪的培养。师范院校应开设礼仪课程，采用实践性、操作性较强的授课模式，切实让学生掌握教师的职业礼仪。

（2）提升教师自身的美学修养。礼仪是对美的追求，要真正知礼守礼必须让教师知道在教育活动中什么是美，如何体现美。可以说教师的美学修养是礼仪修养的基础。因此，教师首先要加强美学基础理论的学习，加强对美的本质、美的存在形态、美的范畴和美学史等美学理论的了解。其次要加强创造教学美的体验，在教育教学活动中应该注意从美学的角度去设计自我形象、设计教学方式，并注意学生的审美情趣特点，与学生拉近距离。

（3）学校要培养高素质的礼仪教师队伍。很多师范类院校在培养教师的过程中，忽视了对学生礼仪的教育，培养出来的学生只懂得教学，不懂得尊重和关爱他人。这就要求师范类院校或者教师所在的学校必须拥有真正懂礼仪的培训者，对他们进行礼仪方面的培训。名师出高徒，礼仪教师的礼仪素养是礼仪教育成败的关键。礼仪教育涉及心理、形象、语言、体态、人际交往等方方面面的知识和技能，要求礼仪教师具备厚实的专业功底、广博的知识、娴熟的礼仪规范操作及科学的训练方式；礼仪教师形象好、审美能力强、语言表述风趣、富有人格魅力，才能促进学校教师的礼仪化，造就一支以自己的一举一动来诠释良好礼仪规范的教育价值和无穷魅力的教师队伍。在市场经济大潮的冲击下，在社会多元价值取向面前，教师职业道德面临着新的考验。个人主义、享乐主义、拜金主义等不良影响侵蚀着教师队伍，极大地损害了教师形象，影响了中小学生德、智、体、美的全面发展，给这些学生的身心健康成长带来了很多负面的影响。所以，提高教师的道德修养水平和礼仪修养水平刻不容缓。

（4）促进知到行的转化。教师的职业礼仪素养包括的内容是多方面的，比如教师的形象礼仪、教学礼仪、社交礼仪、人际交往礼仪等，各个方面的礼仪养成都需要有较长的学习和强化过程，不可操之过急。要从实际出发，选择适当的方式，由易到难、由低到高、由表及里的进行，使礼仪教育更具有针对性、可行性。教师自身在实际工作中，必须明确"有所为，有所不为"，明确知道自己可以说什么、可以做什么，不能说什么、不能做什么，避免失礼于别人。同时，要尽力"有所为"，懂得如何去做，怎么做得更好，在各个方面尽力做到有礼有德。

（5）营造良好的校园礼仪环境。"传道、授业、解惑"的教师必须在校园中带头规范自身行为，同时，要求每个学生也要懂礼守礼。学校要营造文明的礼仪环境，校园建设要充满人文色彩和绿色理念，使校园自然环境清洁优美，人文环境令人自律，各种文明规范随处可见。学校应配备完善的硬件设施（垃圾桶、痰盂、镜子等）达到环境育人的要求和效果。应该提供丰富多样的建设渠道，组织各种生动、有趣的活动扩大礼仪教育的影响，让礼仪像空气一样无所不在，让教师得到美的熏陶和滋养，进而养成养好的礼仪行为习惯。

（6）加强他律考核。学校在对教师职业礼仪的管理中，提倡自律，还需依靠他律，实行细化考核。对教师制定应有的礼仪规范必定能引起教师重视。学校应坚持不懈，真正把制度规范落实到岗、到位、到人。学校领导应该身先力行，严格要求自己，起到表率作用。在对教师礼仪进行考核时可以采用多种方法，例如在学生的评教中、课堂质量的评估中制定具体细则，加大教师课堂礼仪的考核力度和考核范围，并给予适当奖励等，推动教师职业礼仪教育有效开展，从而真正提升教师职业形象。

（二）提升教师内在素质

教师外在形象的塑造是其内在素质的反映，教师内在素质的提高是教师发展的核心。教师需不断地适应时代的发展变化，完善自身，提升个人素质。

1. 成为具有先进教育理念的改革者

当代教师要具有全球化的广阔视野，树立以人为本、以发展为本、以能力为本的育人观和教育教学质量观，不囿于传统教育观念和教学理论，不固执于个人经验，敢于打破陈规，大胆创新。在教学过程中，教师要充分发挥学生的主体性和创造性，更多给予学生思维方式和学习方法上的指导，最大限度地把学生融入课堂之中，师生间真正形成"开放式"的教学氛围。

2. 成为终身学习者和学生学习的引导者

教师必须紧跟知识更新的步伐，不断学习新知识、吸取新观点、研究新问题，教到老，学到老。教师应当帮助学生掌握学习方法，形成独立学习习惯和能力，引导学生学会学习。教师的独特意义不在于他（她）是知识的给予者，而在于他（她）是学生自主学习的引导者。

3. 成为富于创造力的研究者

当代教师不再是传统的经验型的"教书匠",而应是富于创造力和反思能力的专家型的教师。作为教师的研究者并非一般意义上的专家,教师不仅要研究学科专业知识,更要善于从自己的教育实践和周围发生的教育现象中发现问题,不断改进工作并形成理性认识,从而提高教师职业的学术性和职业魅力。教师应在内在素质提高的基础上,将美与和谐建立在心中,并将这种美与和谐赋予一定的生命,通过外在形象的塑造表现出来,在教学情境和社会情景中感动学生、感动社会,真正达到促进教育发展的目的。

 思考与讨论

1. 什么是礼?
2. 在当今社会为什么要强调言行有礼?
3. 塑造教师良好职业形象的原因是什么?
4. 新时期,如何规范教师礼仪?

 案例一

言行守礼无小事

四年前,我在大鹏镇教书时,单位分来一位青年教师彭飞。第一次见到他的时候,不只是我,大家都以为彭飞是大学毕业刚分配到这里,戴着黑框眼镜,年纪看起来也就二十五岁左右的样子。一段时间后才知道原来彭飞已参加工作三年了,这三年来,他竟然换了四个地方。最开始是分到了我们县城附近的一所中学,不久后又调到城北不远的一个小镇,到我们这个单位已经是他工作的第五站了。我们县城也不大,我外出开会学习碰到他原来工作的几个地方的同事,偶尔聊起彭飞都是纷纷摇头,不愿多提。这让我有点纳闷,我和彭飞接触过,发现他很多方面其实是很优秀的。彭飞很喜欢看书,涉猎的知识面很广。学期刚开始的时候,我经常不打招呼的推门进去听他的课,后来好几次我偷偷从他上课的教室的后门进去听,不得不说,彭飞的课上得激情飞扬,中华上下五千年,信息量很大,整个课堂气氛都被他调动起来了,课堂上笑声不断,学生都喜欢上他的语文课。

彭飞的教学效果有目共睹，但时间久了，周围的同事便发现了他的不足。其实都是些鸡毛蒜皮的小事，比如个人办公桌上的卫生问题。彭飞每次下课回来，教案教科书总是随手扔。桌子上的灰尘也基本不擦，两道手臂的印记清晰可见。每次学校或者镇上组织检查卫生，彭飞所在的教研组都会因为他的办公桌而扣掉很多"冤枉分"。教研组长没办法只得帮他收拾。彭飞见此状，总嘻嘻哈哈地说："领导就是为人民服务啊，等我熬上了教研组长，一定会把全办公室的桌子都承包下来打扫得干干净净的。"众同事听见此话，都纷纷摇头不语。

偶然一次机会到彭飞宿舍，我想说那是我活到现在见过有人住着但却最不像有人住的房子了，真叫一个脏。被子揉成一团，看得出来从没叠过，地上的臭袜子和鞋子横七竖八摆放着，简直就是一个猪窝。经常没事和同事聊天的时候，彭飞爱给别人琢磨外号。单位有位姓陈的老师，是个瘸腿，走路腿脚不方便，一颠一跛的，五十多岁的老教师了，德高望重，大家都很尊重他，他却给张老师起外号叫"老八"。起初大家不懂，问他"老八"是什么意思。他说："不是有个铁拐李嘛，八仙之一啊，叫'铁拐陈'不含蓄，叫'八仙'又太直白，老教师了，咱得尊重人家啊，就叫'老八'吧。"搞得大家想说他但又不敢直接说，只好把话放在肚子里。此外，单位有位李老师长得比较胖，整天减肥减不下来，苦恼得要命。同事们当她面都避开说肥、胖的字词以免李老师难堪。彭飞倒好，给人家琢磨出个外号叫"伦敦"，逢人就解释自己的创意是"伦者，轮也、圆也，敦者，矮粗墩也"。李老师知道后差点没和他拼命，嚷嚷着要找他算账。

彭飞课后喜欢说俏皮话，容易失去分寸，说着说着就成了风凉话，有的更甚。每到假期结束的时候，校园里杂草丛生，按照惯例，开学的前一天，老师们都会自觉提前来到学校进行大清扫。烈日当空，大家都干得起劲，彭飞一边干嘴巴一边念叨："这哪叫人民教师啊，简直是劳改啊。太没人道了！"有次校长让他去邻近村通知开教师会，他接过通知，戴上帽子，骑上自行车就走，同事小钟好奇他干什么去，随口一问，他扔下一句"又当狗腿子啦"，一路丁零当啷出校园，一边走一边喊"同学们闪开了，夜袭队来了"。校长在后面听到他这样说火气直冒："彭飞，你回来！狗腿子狗腿子，回来说清楚，谁是狗！"

作为德育主任，看到这半年来彭飞的言行举止，对他之前为什么不能在其他单位工作的长久疑惑也终于有了答案。年底教师量化考核，彭飞"不负众望"全校倒数第一。按照教学条例的末位淘汰制，彭飞缓聘学习待岗。事情发生后彭飞很是苦恼，有一天提了两瓶啤酒，找我诉说心中的委屈。我开诚布公地指出了他的毛病，直接告诉他今天的后果是他一手造成的，不怨别人。那天，我们谈了很久很久，我和彭飞说："一个人具有良好的科学知识素养，但是同样个人的思想品德素养也同等重要。凡事从点滴开始，一屋不扫何以扫天下；同事是工作的伙伴，开玩笑要懂得适可而止，尊敬长辈和领导，在任何场合都要注意自己的言行举止，因为，你是一名人民教师，你的一言一行都有多少双眼睛看着你啊。工作中注重多积累、多总结，发挥自身知识面广的优势，反思记录自己的得失，不断调整心态。"彭飞听完，低着头，什么话也没说。

渐渐地，他开始转变了，穿戴也整齐了，宿舍和办公桌干净了。对其他同事说话也不像从前那么直接无礼，还亲自向校长和陈老师、李老师他们道歉。一年过去了，彭飞改变很多，本就有学术功底的他在报刊上发表了好几篇文章，成了学校的名师。

【案例分析】

古人曾说，"勿以恶小而为之，勿以善小而不为"。一个人的气质、风度及礼仪教养不能仅靠高档的饰装扮，而是在一言一行中体现出来的。语言文明看似简单，但要真正做到并非易事。举止是一种无声的"语言"，能在很大程度上反映一个人的素质、受教育的程度及能够被别人信任的程度。人生遭遇失败是常有的事，有些人失败了会抱怨自己的学历不够高、关系不够广，或与同事、上司的关系不好处，但是却很少人静下心来反省自我，在人生道路上，自己是否向他们亮出了自己最优秀的名片——一个人的修养、情操、细节、人品、言行……很多时候，一个人的失败不是输在学历、才华上，而恰恰是失败在自己最容易忽略的言行举止的细节上。内强素质外塑形象，如果我们时时处处都能以礼待人，那么就会使我们显得很有修养。古人讲究"修身齐家治国平天下"，把修身放在首位。教养体现细节，细节展示形象。一个人的言行举止，展示的是个人的道德修养，是一个人的文化涵养最直接表现。

教师这一职业，由于身处校园，异于其他行业，但又因同样存在着竞争，所以也有与别的职业一样的压力。如何尽快适应这份职业，从容面对压力,并设立适宜目标,脚踏实地,步步为"赢",这也需要一份圆润开阔的智慧。"学高为师,身正为范",是说作为一名合格教师,除了要有扎实的专业知识、较高的文化水准外,更重要的是要求教师应有良好的道德素质。举止礼仪规范不仅陶铸着每个社会成员的心性和人格,也引领着社会习俗风尚和精神风貌。正所谓,"其身正,不令而行;其不正,虽令不从"。实现社会和谐有序,归根到底要解决人的素养问题,言行有礼,举止得体不仅能完善自我,提升个人文化修养,更能减少社会交往过程中人与人之间的矛盾冲突,形成良好的社会风气,实现社会安定和谐。

案例二

注重教学礼仪就是对知识和学生的尊重

第三节课是英语课,上课铃早就响了,老师却没有来。同学们面面相觑,疑惑老师为什么还没有来,一位同学小声地对英语课代表说"你去办公室找找英语老师吧!怎么还不来上课呢?"课代表犹豫了一下,准备动身去办公室"请"老师来上课,这时,同学们听到一阵急促的脚步声,英语老师满头大汗,浑身脏兮兮地出现在大家面前,面对全班同学,简单地说了一句:"最近家里装修,很忙,所以来晚了。""好,今天我们听写第五单元的单词"。

这时,后排几位女生嘀嘀咕咕地说:"英语老师的头发都一撮一撮的了,估计好几天都没有洗头,哈哈……""你看他的衣服,上面不知道是油漆,还是什么东西,脏死了""你再看看他的脸,上面有白色的东西,好像是刷墙落上的,哇,我们的老师好像一个粉刷匠啊,都不是老师了,哈哈……""错了,我觉得特别像丐帮的帮主!"同学们七嘴八舌的小声议论着,英语老师看到后排有人讲话,"唰"的一声,一支半截的粉笔重重地落在了她们的中间,"你们在说什么?以为自己的成绩都不错是吧,你们也不自己掂量掂量,成绩那么差,还有脸一直讲话。"几个女生,默默地低下头,一下安静下来了。

英语老师开始进行听写。这时,第一排一个同学小声嘀咕了一句:"又听写啊,昨天两张英语试卷就做到半夜,哪有空背单词啊,每天都布置那么多作业,真烦……"不料,小声地嘀咕,也被英语老师听见了。

"××同学，你说什么！难道你英语不用学了是吗？中考不用考了是吧？"英语老师紧紧地跟了一句，语气很凶。

"我又没说什么，确实作业有点多么！"××同学小声附和了一句。

"什么！你再说一遍！××同学，你不要一肚子埋怨，就你英语成绩最差，老是拖班级后腿，几次我都没好意思说你，你还好意思说英语作业多，你自己懒的像猪一样，还一直抱怨，怪不得英语成绩不好！"老师一边带着强烈的责备说，一边用手指指着那个同学。

"我说老师你不要用手指指着别人行不行啊！你这老师怎么做的啊！"显然老师的话和动作激怒了该学生。

"你了不得了，还教训到我头上来了，你算什么啊你！每次班级拖后腿的人，真是成绩差，素质也差，父母怎么教的都不知道！"英语老师语气里充满了火药味。

"你说我就算了，你凭什么骂我父母啊，你算什么啊你，"学生火大了，站起来推了英语老师一把。

这时班长迅速抱住了该同学，"好了好了，不要闹了，够了哈"，"不是我过分，他指着我，骂我父母啊，什么老师啊！"××同学辩解。班长一看，如果持续下去可能发生更大的争执，迅速地把该同学推出了教室，这时英语老师摔门而去……

没人上课，班长紧急地找到了班主任，向班主任讲明了情况，班主任知道事情的来龙去脉之后迅速地找到了英语老师，进行了沟通，英语老师对班主任说："最近家里装修，每天我不仅要忙着装修房子，还得上课，急急忙忙赶过来上课，同学们竟然这样的态度，现在的学生真是无法无天了。"班主任听了这话，笑呵呵地讲："知道你最近也很忙，但是教学工作还是要认真完成的，你要正确处理好生活与工作的关系，这个学生的确太不像话了，不该顶撞你，他做的肯定不对，但是，你是老师，对待学生的质疑，也不能大发雷霆，这样，影响不好……"班主任苦口婆心地进行了一系列的沟通，英语老师脸色却越来越难看，最后甩出一句："他不道歉，以后你们班的英语课谁爱上就上！"留下一脸茫然的班主任。课后，班主任也找到了××同学，对其进行了沟通和教育，但是××同学一直坚持认为自己没有错，拒绝道歉。僵局一直持续，最后校长出面，英语老师才不得已同意继续上这个班的英语课，但是，每次上课，整个班再也没人讲话了，就像一潭死水一样。

【案例分析】

歌德说过"一个人的礼仪就是一面照出他肖像的镜子"。英国教育家培根说"相貌的美高于色泽的美，而秀雅合适动作的美又高于相貌的美"，这就是美的诠释。教师礼仪作为教师职业行为规范，为教师在履行教育职能过程中使自身的行为符合要求提供了依据，教师不仅要"知书"，而且要"达礼"，知行合一，才是人民教师应有的道德。但在上面的案例中，英语老师显然没有做到遵守教师礼仪，成为学生的表率。

首先，在教师形象礼仪方面，作为教师必须注重教师的职业形象，在任何情况下都必须保证面部和头发的干净。在着装方面也必须干净整洁，这是对教师基本的礼仪要求。在教学的过程中，教师也应注意自身的行为举止，不该扔粉笔，也不应该用手指指向学生，更不该摔门而去。案例中英语老师的做法，极大地伤害了学生的自尊心，让学生觉得老师不尊重自己。作为教师，言语也必须文明，案例中的英语老师多次口出恶语，骂学生"没脸"、"笨得像猪"，同时，还骂学生的父母等，不仅损害了教师自身在学生心目中的形象，而且，让学生觉得这个老师没有素质，使得学生反感。

其次，在教学礼仪方面，教师必须保证守时。在预备铃响时，就应该准备上课的相关事宜，由于特殊原因迟到，也必须向学生道歉。学生由于中考的压力可能埋怨多了些，而英语老师不但没有采取正确的态度开导学生，帮助学生排解压抑情绪，正确面对中考，却压制学生的一切不满情绪，以老师的权威说一些强烈伤害学生自尊心的话。这样的老师是缺乏师德的，在他身上完全看不到一个老师的职业道德。

最后，在人际交往礼仪方面，同事之间应该彼此相互合作、相互谅解。在事情发生之后，班主任本着解决问题的原则与之沟通，英语老师却高高在上、盛气凌人，这种做法直接伤害了同事之间的感情，不利于工作的开展。总之，案例中这位教师一系列的行为举止，都有违教师职业礼仪规范。这一现象在很大程度上反映出该教师在自我定位上、教师正确的礼仪上认识不清，不知道到底什么是合适的教师礼仪。

作为教师要遵循真诚与自律原则，不可与案例中的英语老师一样随随便便、邋邋遢遢、行为失范、恶语伤人，要进行自我要求、自我约束、自我对照、自我反省,尊重学生的同时尊重自己,强化职业道德,真正做到学高为师、身正为范。合格的教师在礼仪方面要做到以下六点:举止大方、仪表端庄;说话和气、语言文明;平等相处、尊重学生;谦和有礼、尊重家长;以身作则、为人师表。作为一名合格的教师,必须遵守这些规范,这既是一种能力的体现,也是对自己和他人尊重的体现。

案例三

言行方式植根于内心修炼

9月10日教师节。一大早,精神抖擞的王老师刚到办公室就听到很多同事在叽叽喳喳地讨论哪个班的学生送了鲜花,哪个班的学生送了巧克力,等等。她心想:我平时对学生下了那么多的功夫,肯定有很多学生给我送礼物。这样想着,期待着,可是直到下午最后一节课,她也没有看见所带的班级有任何一个学生送她礼物,心中顿生怒气。

第八节课是她的数学课,她已经很失望,但是还是假装淡定地拿起教材去了班里,有那么一些期许,心中想着:学生应该会在上课的时候会给她祝福,送她礼物呢。上课铃声响起,学生跟往常一样准备上课,连一句"教师节快乐"都没有对她讲,这个时候,她心底的怒气彻底激发了。

她板着脸,对着全班同学说:"今天是什么节日,你们不知道吗?"这时班长小声地说了一句:"教师节。"王老师盯着班长,狠狠地说:"你还知道是教师节啊,你这个班长怎么当的,别的班级的班长都知道组织学生给每个任课老师送教师节礼物,你却没有一点动静,你这个班长,实在是太不合格了,看来你已经不适合当这个班长了,每次在关键的时刻你都'掉链子'。"全班同学顿时陷入了沉寂。王老师看同学们不说话,接着说:"别的班都给老师买了教师节礼物,就咱们班没买,你们说我丢不丢人?""咋的,把我不当回事儿啊?""我还是不是你们的班主任,是不是你们的老师了?""整个办公室就我没有收到教师节的礼物,真是太失望了!""10元、20元你们都穷不起了"……学生们一时都不知道说什么好,班长小声地说:"老师,我们班同学一时忘了,一会放学我们再去买礼物。"王老师更加生气,对着班长说:"你以后都不用操心班里的事情了,即日起,你不再是班长,同学们,现在开始重新选一个真正有用的班长。"学生们只好按照王老师的指示,闷闷不乐地重新投票选出新一任的班长,选出新班长之后,下课铃就响了,临走,王老师生气地说了一句:"你们真是太让我失望了,原来我们班的学生都抠门到如此程度了。"整整一节课,学生们都在忐忑不安中度过,也被王老师训斥和谩骂了一节课。

王老师离开班级后,该班新任的班长立即组织学生纷纷凑钱,学生每人凑钱1至5元,凑了395元,加上班费281元,共计676元,由5名学生到超市购买6箱牛奶送给包括王老师在内的6名任课老师,共花费296元,剩余380元交给管理班费的同学。

过了几天,让王老师没有想到的是,她教师节当天因为没有收到学生礼物而"发飙"的录音被班级同学在课堂上录制,并由一位对此不满的家长向媒体举报而被披露,这段录音在网上广为流传,学校、教育局及很多学生的家长都知道这件事情,王老师这才意识到自己闯祸了。当天下午,她立即向全体同学当面道歉,求得学生谅解。同时,她立马赶到县教育局接受采访,表示希望通过媒体公开向学生、家长及社会公众诚恳道歉。她说,自己已经深刻认识到了其行为产生的不良影响。但是为时已晚,县教育部门根据相关文件规定,经县教育局党政班子会议研究决定:责成王老师将所收受的礼品退还给学生,撤销其班主任职务,停止教学工作,并给予行政记大过处分。同时,对负有领导责任的中学校长也被给予行政记大过处分。但是,很多学生在接受采访时表示,"王老师平时对学生尽职尽责,还组织老师为学生义务补课。"事发后,该班以全体学生签名的形式为王老师向教育局求情,称其班级在王老师的带领下一直是红旗班,请求教育局不要撤换班主任。"老师为学生操劳付出很多,一时情绪失控,情有可原。"还称,"虽然王老师有错,但对待学生尽职尽责,希望教育局从轻处理……"但是,学校和县教育局以王老师的行为影响恶劣为由,功不抵过,不予以宽容。所在学校的校长在接受当地电视台采访时表态称,"是我没有做好工作,作为校长我有责任"。由于王老师的这一举动对所在的学校造成了很不好的影响,很多家长纷纷在网上留言,对王老师的行为表示强烈的不满,该校不得不采取很多措施试图挽救学校声誉。网上很多网友甚至纷纷对教师这个职业进行攻击,认为很多教师对学生不负责任、贪图私利、心胸狭窄,等等。很多学校的教师纷纷叫苦不迭,高呼:不要因为一个人的过错而殃及无辜,不要以偏概全,我们只是一个尽心尽力的人民教师而已。

【案例分析】

随着国家对教育事业的高度重视,大部分教师非常明确自己所肩负的重大历史使命,有着强烈的爱国主义情怀,在集体利益与个人的利益发生冲突时,总是能够以大局为重,牺牲小我成就大我;对于我国教育事业更是充满热爱,甘于把大部分的、精力都投入到教育事业中去,能够做到淡泊名利、无私奉献;对教师职业有着较高的认可度和满意度,能够安心搞教学,能够坚持做到教书育人、服务育人,以及管理育人,能够为人师表。他们通过自己的实际行动赢得了学生的信赖和社会的尊重。不可否认的是,在教师整体形象良好的背景下,存在着的一些不可忽视的形象问题。由于受到市场经济发展所带来的诸如"拜金主义"等此类不良风气的负面影响,个别教师的价值观发生扭曲,加之对自身要求不够严格、行事不够严谨、品行不够端正,他们的职业行为变得极不规范,严重破坏了教师应有的良好师表形象。案例中的王老师就是一个严重损害教师职业形象的典型例子。

习近平总书记在《做党和人民满意的好老师——同北京师范大学师生代表座谈时的讲话》中指出,"这些年,媒体报道了个别老师道德败坏、贪赃枉法的事,对这些害群之马要清除出教师队伍,并依法进行惩处,对侵害学生的行为必须零容忍。"王老师在课堂上谩骂学生并索要礼物、贪图私利的行为,严重违背作为一名教师应有的基本职业道德和操守,对学生的身心造成难以估量的损害,特别是对案例中的班长,也许这将成为他成长过程中的阴影。教师的职业道德规范要求教师要尊重和关爱学生,尊重学生人格,对学生严慈相济,维护学生权益,不讽刺、挖苦、歧视学生,做学生的良师益友。案例中的王老师利用教师的权威向学生索要礼物,不顾及全班同学的感受,对班里的学生极尽讽刺之词,严重损害了教师的职业形象。同时,《中小学教师职业道德规范》中要求教师要为坚守高尚情操,知荣明耻,严于律己,以身作则,作风正派,廉洁奉公,不利用职务之便谋取私利。案例中的王老师将道德规范抛之脑后,毫无羞愧之心,谋取私利。同时,她个人不良的行为给所在的学校也带来了一系列的麻烦，对学校的声誉造成不可估量的影响，并且严重损害了教师队伍整体形象和职业声誉，产生了恶劣的社会影响。

  塑造教师良好的职业形象，一靠自律，二靠他律。学校及教育部门要加强对教师的教育引导，不断提高教师思想政治素质和道德修养，努力在是非、善恶、曲直、义利、得失等方面做出表率、树立榜样。要引导广大教师严于律己，自觉抵御各种外部干扰和诱惑，自觉抵制收受学生及家长礼品礼金等不正之风的干扰。此外，要结合本地、本校实际，建立健全师德建设长效机制，研究提出治理教师违规收受学生礼品礼金突出问题的实施方案、细化措施和考核标准等具体规定。相关部门要教育引导广大教师率先垂范廉洁从教，积极争取教师、学生、家长和社会的广泛支持和积极配合。要以习近平总书记在北师大座谈会讲话的"四有"为根本要求，大力推进廉洁文化进校园活动，自觉践行社会主义核心价值观，弘扬高尚师德，坚持廉洁从教，把清正廉洁的要求内化于心、外化于形。

第十二章 教师职业法规

第一节　教师职业法规和纪律

《中华人民共和国教师法》由中华人民共和国第八届全国人民代表大会常务委员会第四次会议于 1993 年 10 月 31 日通过，自 1994 年 1 月 1 日起施行。法律规定，每年 9 月 10 日为教师节。法律明确规定了教师享受的权利和应履行的义务，以及与教师权利和义务相关的法律责任。

一、教师享有的权利

教师享有的权利，包括两个部分：一是作为国家的公民，教师享有普通公民所享有的基本权利，如生存权、人身自由权、选举权与被选举权、言论自由等；二是作为履行教育教学职能的专业人员，教师还享有由职业特点所规定的特殊社会权利，即教育教学权、专业发展权和参与管理权。

（一）教育教学权

教育教学权，即教师依法享有对学生实施教育的权利，包括对学生指导、管理、评价的权利，开展正常教学活动和进行教育教学改革和实验的权利。这是教师职业活动中特有的一项内容和基本权利。

教育是教师有目的、有计划地对学生施加积极影响的社会实践活动。由于教师和学生都是有丰富精神世界而又独具个性的人，因而教师应依据自身的教学特点自主地组织课堂教学，同时针对不同的教育教学对象，在教育教学形式、方法、具体内容等方面进行改革、实验、调整和完善。教育教学权的表现形式应该是不拘一格、多种多样的。教师被赋予在教育教学过程中一定程度的教育自由权。《中华人民共和国教师法》第七条规定，教师有"进行教育教学活动，开展教育教学改革和实验，指导学生的学习和发展"及"评定学生品行和学校成绩的权利"。

（二）专业发展权

专业发展权，即教师依法享有提高自身专业水平和发展个人兴趣特长的权利。1993 年，《中华人民共和国教师法》从法律的角度界定教师为从事教育教学工作的专业人员。成为专业人员必须具备专门的知识和技能，能够投入大量的精力进行专业研究及运用，定期进行专业培训。这就决定教师的专业发展权的普遍性和持续性。专业发展权俨然成为教师职业生活的重要内容和必然要求。随着社会的不断发展，信息技术的不断进步，教育领域内的变化也日新月异。因而教师要抓住机遇，充分享受现代社会提供的发展机会，不断更新自身的知识和技能，以适应教育发展的新要求和新挑战。

《中华人民共和国教师法》第七条规定，教师有"从事科学研究、学术交流，参加专业的学术团体，在学术活动中充分发表意见，参加进修或者其他方式的培训"的权利；同时，第十九条规定，"各级人民政府教育行政部门、学校主管部门和学校应当制定教师培训规划，对教师进行多种形式的思想政治、业务培训"。

（三）参与管理权

参与管理权，即教师可以通过各种合法途径和方式参与学校的各项工作。在学校中，教师既是教育者，又是管理者。教师作为学校管理对象和主体的双重身份，积极主动地选择执行和接受学校管理的指令，同时又积极作用和影响学校管理者。作为教学的实施者，学校教育教学、管理等工作的正常运行，都离不开教师的积极参与、配合。学校管理者对学校进行管理，应当积极发挥教师的作用，认真听取教师的建议，推动学校的民主建设和提高学校管理的效率和水平。

《中华人民共和国教师法》第七条规定，教师有对"对学校教育教学、管理工作和教育行政部门的工作提出意见和建议，通过教职工代表大会或者其他形式，参与学校的民主管理"的权利。

二、教师履行的义务

权利和义务是相对应的，没有无权利的义务，也没有无义务的权利。教师的义务也和所享有的权利相对应，包括两个部分：一是作为国家的公民，教师必须履行普通公民应履行的社会义务，如尊老爱幼、遵纪守法、保守国家机密等；二是依照《中华人民共和国教育法》、《中华人民共和国教师法》及其他有关法律法规，作为履行教育教学职能的专业人员，教师还必须履行从事教育教学活动、尊重学生人格和维护学

生权益、提高思想政治觉悟和业务水平的义务。

（一）从事教育教学活动的义务

教书育人是教师的根本职责。教育教学工作是教师教书育人的主要途径也是教师本职工作。从事教育教学活动是教师理所应当承担的义务。《中华人民共和国教师法》第八条规定，教师应履行"遵守宪法、法律和职业道德，为人师表；贯彻国家的教育方针，遵守规章制度，执行学校的教学计划，履行教师聘约，完成教育教学工作任务；对学生进行宪法所确定的基本原则的教育和爱国主义、民族团结的教育，法制教育及思想品德、文化、科学技术教育，组织、带领学生开展有益的社会活动"的义务。

（二）尊重学生人格、维护学生权益的义务

人格尊严是宪法赋予公民的一项基本权利，学生作为独立的社会个体，在人格上与教师是平等的。学生是未来的希望，学生的成长需要借助教师的指导和培育，因而教师要给予学生积极的关怀，使他们健康成长，不能体罚、侮辱、歧视学生。《中华人民共和国教师法》第八条规定，教师要"关心、爱护全体学生，尊重学生人格，促进学生在品德、智力、体质等方面全面发展"，与此同时，还要"制止有害于学生的行为或者其他侵犯学生合法权益的行为，批评和抵制有害于学生健康成长的现象。"

（三）不断提高自身思想政治觉悟和业务水平的义务

处于社会转型期，当代学生的社会心理、价值观念、生活方式发生了巨大变化，出现了许多前所未有的新情况、新问题。这就要求新世纪的教师必须提高自身思想政治觉悟，引导学生抵制各种错误思潮的影响，以自己的人格魅力去感染学生，以高尚的道德情操去影响学生，帮助学生树立科学的人生观、价值观。同时教师还要努力提高自身知识水平，不断增强业务素质能力，通过传授知识培养学生能力，发展学生智力。《中华人民共和国教师法》第八条规定，教师要"不断提高思想政治觉悟和教育教学业务水平。"

三、与教师权利和义务相关的法律责任

与教师权利和义务相关的法律责任，主要涉及两个方面的内容：一是侵犯教师权益的组织或个人的法律责任；二是教师在教育教学中应承担的法律责任。

（一）侵犯教师权益的组织或个人的法律责任

教师作为公民，其人身权利受法律的保护，任何侵犯公民人身权利的行为都应承担相应的法律责任，受到法律的制裁。教师担负着教书育人、提高民族素质的光荣职责，对教师人身权利的公然侵犯，其造成的危害后果不仅影响到教师的身心健康，而且影响教育事业的发展。首先，对于侵犯教师权益的组织和个人，《中华人民共和国教师法》明确规定：侮辱、殴打教师的，根据不同情况，分别给予行政处分或者行政处罚；造成损害的，责令赔偿损失；情节严重，构成犯罪的，依法追究刑事责任。其次，对依法提出申诉、控告、检举的教师进行打击报复的，由其所在单位或者上级机关责令改正；情节严重的，可以根据具体情况给予行政处分。国家工作人员对教师打击报复构成犯罪的，依照《刑法》第一百四十六条的规定追究刑事责任。最后，《中华人民共和国教师法》规定，教师有权获取工资报酬，享受国家规定的福利待遇。为了切实保护教师的合法权益，保障教育教学工作的正常进行，《中华人民共和国教师法》明确规定了对拖欠教师工资行为的法律责任，"地方人民政府对违反本法规定，拖欠教师工资或者侵犯教师其他合法权益的，应当责令其限期改正；对违反国家财政制度、财务制度，挪用国家用于教育的经费，严重妨碍教育教学工作的，由上级机关责令限期归还被挪用的经费，并对直接责任人员给予行政处分；情节严重，构成犯罪的，依法追究刑事责任"。

（二）教师在教育教学中应负的法律责任

在教育教学中，教师的言行如果违反了相关法律法规的规定，也要承担相应的法律责任。首先，《中华人民共和国未成年人保护法》第四十八条规定，学校、幼儿园、托儿所的教职员对未成年学生和儿童实施体罚或者变相体罚，情节严重的，由其所在单位或者上级机关给予行政

处分；《中华人民共和国未成年人保护法》第二十一条规定，学校、幼儿园、托管所的教职员工应当尊重未成年人的人格尊严，不得对未成年人实施体罚、变相体罚或者其他侮辱人格尊严的行为。其次，《中华人民共和国教师法》第三十七条规定，教师有下列情形之一的，由所在学校、其他教育机构或者教育行政部门给予行政处分或者解聘：故意不完成教育教学任务，给教育教学工作造成损失的；体罚学生，经教育不改的；品行不良、侮辱学生，影响恶劣的；教师有上述所列情形之一，情节严重，构成犯罪的，依法追究刑事责任。

第二节 守法是教师职业道德底线

作为一名教师，必须具备基本的教育法律素养，才能在教育实践活动中驾驭复杂的教育局面，更好地解决教育实践中的问题。同时，遵守教师职业法律法规，守好底线不触犯底线这是教师职业道德最基本的要求。

一、法律和道德的关系

法律是由国家制定或认可并由国家强制力保证实施的行为规范的总和。道德是社会意识范畴，同时也是法律的评价标准和推动力量，是法律的重要补充。较法律而言，道德调整的范围要比法律更为广泛，具体说来，其调整的对象不仅调整人的现实行为也包含人们的思想和行为的特征。因此，在立法过程中应当充分考虑道德因素及道德标准，以适当的形式将道德的主导内容和根本原则法律化。此外，在法律的实施上通过对违法行为的制裁与对合法行为的保护和奖励来培养人们的道德观念和守法意识使社会保持良好的道德风尚。

二、教师职业法规体系

我国实行一元多层次的立法体制：全国人民代表大会及其常务委员会行使国家立法权，国务院有权制定行政法规，国务院各部委可以依法制定部门规章；地方各级国家权力机关和民族自治机关有权依法制定地方性法规和自治条例、单行条例，地方各级政府可以依法制定地方政府规章。《教育法》、《教师法》、《教师资格条例》、《中小学教师职业道德规范》、《中小学教师继续教育规定》等法规是中央立法的产物,而《山东省实施〈中华人民共和国教师法〉办法》、《广西壮族自治区教育条例》、《鞍山市基础教育投入条例》等则是地方立法的产物。

目前,我国初步形成了以《宪法》确立的基本原则为基础、以《教育法》为核心、以《教师法》为母法、以教师行政法规为骨干、以教师部门规章和地方性法规和规章为主体的,形式较为一致、内容较为和谐、结构较为合理的有中国特色的中小学教师法规体系。

三、《中华人民共和国教育法》

1995年3月18日第八届全国人民代表大会第三次会议通过,1995年9月1日起施行的《中华人民共和国教育法》(以下简称《教育法》)是我国的教育基本法。这部法律根据2009年8月27日第十一届全国人民代表大会常务委员会第十次会议《关于修改部分法律的决定》进行第一次修正,根据2015年12月27日第十二届全国人民代表大会常务委员会第十八次会议《关于修改〈中华人民共和国教育法〉的决定》进行第二次修正。这部法律的起草历时10年,3次发全国征求意见,大小修改无数次,经过广泛的调查研究、反复修改论证,借鉴比较了十几个国家和地区教育法的有益经验。它的出台为全面规范和发展我国的教育事业提供了基本的法律依据。

(一)《教育法》意义

《教育法》是我国教育工作的根本大法。正如《宪法》是国家和社会生活的根本大法,《教育法》是一切教育活动的最高法律准则。在我国的教育法律法规体系中,《教育法》具有最高的法律权威,现行的其他教育法律法规不得与之相抵触,且今后制定的教育法律法规必须以《教育法》为依据不得违背《教育法》确立的原则和规范。《教育法》第一章第一条明确规定:"为了发展教育事业,提高全民族的素质,促进社会主义物质文明和精神文明建设,根据宪法,制定本法。"

(二)核心条文分析

《教育法》分十章八十六条对我国教育的社会主义性质、方针和基本原则,教育管理体制,教育基本制度,教育法律关系主体地位、权利和义务，教育经费的筹措体制，以及违反《教育法》的法律责任等作了全面规定。

受教育者享有哪些权利和义务？

我国《教育法》第四十三条规定，受教育者享有下列权利：

（一）参加教育教学计划安排的各种活动，使用教育教学设施、设备、图书资料；

（二）按照国家有关规定获得奖学金、贷学金、助学金；

（三）在学业成绩和品行上获得公正评价，完成规定的学业后获得相应的学业证书、学位证书；

（四）对学校给予的处分不服向有关部门提出申诉，对学校、教师侵犯其人身权、财产权等合法权益，提出申诉或者依法提起诉讼；

（五）法律、法规规定的其他权利。

我国《教育法》第四十四条规定：受教育者应当履行下列义务：

（一）遵守法律、法规；

（二）遵守学生行为规范，尊敬师长，养成良好的思想品德和行为习惯；

（三）努力学习，完成规定的学习任务；

（四）遵守所在学校或者其他教育机构的管理制度。

第四十五条　教育、体育、卫生行政部门和学校及其他教育机构应当完善体育、卫生保健设施，保护学生的身心健康。

四、《中华人民共和国教师法》

1993年10月31日第八届全国人大常委会第四次会议通过，1994年1月1日起施行的《中华人民共和国教师法》（以下简称《教师法》）是我国重要的教育人事法律。这部法律根据2009年8月27日第十一届全国人民代表大会常务委员会第十次会议《关于修改部分法律的决定》修正。

（一）《教师法》意义

《教师法》以各级各类学校和其他教育机构中履行教育教学职责的专业人员为适用对象，是新中国成立以来第一部专门针对从事某一职业的人制定的单行法。该法的出台为规范教师队伍建设，进一步改革和完善教育人事制度、提高教师待遇、保障教师权益提供了重要的法律依据。《教师法》第一章第一条明确规定："为了保障教师的合法权益，建设具有良好思想品德修养和业务素质的教师队伍，促进社会主义教育事业的发展，制定本法。"

（二）核心条文分析

《教师法》共分为九章四十三条，对教师的权利和义务、教师的任用、教师的培养和培训、教师的考核、教师的待遇及违反《教师法》的法律职责作了全面的规定。

教师是在各级各类教学机构中从事教育教学工作的人员，关于教师的角色定义，我国《教师法》第三条规定：教师是履行教育教学职责的专业人员，承担教书育人、培养社会主义事业建设者和接班人、提高民族素质的使命。教师应当忠诚于人民的教育事业。

教师权益是指教师在履行国家的教育教学职责时应当享有的权利。我国《教师法》第七条规定，教师享有下列权利：

（一）进行教育教学活动，开展教育教学改革和实验；

（二）从事科学研究、学术交流，参加专业的学术团体，在学术活动中充分发表意见；

（三）指导学生的学习和发展，评定学生的品行和学业成绩；

（四）按时获取工资报酬，享受国家规定的福利待遇以及寒暑假期的带薪休假；

（五）对学校教育教学、管理工作和教育行政部门的工作提出意见和建议，通过教职工代表大会或者其他形式，参与学校的民主管理；

（六）参加进修或者其他方式的培训。

教师的义务是教师在从事教育教学活动中必须做出一定的行为或不做出一定的行为的规定，我国《教师法》第八条规定：教师应当履行下列义务：

（一）遵守宪法、法律和职业道德，为人师表；

（二）贯彻国家的教育方针，遵守规章制度，执行学校的教学计划，履行教师聘约，完成教育教学工作任务；

（三）对学生进行宪法所确定的基本原则的教育和爱国主义、民族团结的教育，法制教育及思想品德、文化、科学技术教育，组织、带领学生开展有益的社会活动；

（四）关心、爱护全体学生，尊重学生人格，促进学生在品德、智力、体质等方面全面发展；

（五）制止有害于学生的行为或者其他侵犯学生合法权益的行为，批评和抵制有害于学生健康成长的现象；

（六）不断提高思想政治觉悟和教育教学业务水平。

此外，我国《教师法》第九条规定，为保障教师完成教育教学任务，各级人民政府、教育行政部门、有关部门、学校和其他教育机构应当履行下列职责：

（一）提供符合国家安全标准的教育教学设施和设备；

（二）提供必需的图书、资料及其他教育教学用品；

（三）对教师在教育教学、科学研究中的创造性工作给以鼓励和帮助；

（四）支持教师制止有害于学生的行为或者其他侵犯学生合法权益的行为。

在《教师法》第八章中全面规定了违反《教师法》的法律职责，具体条文如下：

第三十五条　侮辱、殴打教师的，根据不同情况，分别给予行政处分或者行政处罚；造成损害的，责令赔偿损失；情节严重，构成犯罪的，依法追究刑事责任。

第三十六条　对依法提出申诉、控告、检举的教师进行打击报复的，由其所在单位或者上级机关责令改正；情节严重的，可以根据具体情况给予行政处分。

国家工作人员对教师打击报复构成犯罪的，依照刑法有关规定追究刑事责任。

第三十七条　教师有下列情形之一的，由所在学校、其他教育机构或者教育行政部门给予行政处分或者解聘：

（一）故意不完成教育教学任务给教育教学工作造成损失的；

（二）体罚学生，经教育不改的；

（三）品行不良、侮辱学生，影响恶劣的。

教师有前款第（二）项、第（三）项所列情形之一，情节严重，构成犯罪的，依法追究刑事责任。

第三十八条　地方人民政府对违反本法规定，拖欠教师工资或者侵犯教师其他合法权益的，应当责令其限期改正。

违反国家财政制度、财务制度，挪用国家财政用于教育的经费，严重妨碍教育教学工作，拖欠教师工资，损害教师合法权益的，由上级机关责令限期归还被挪用的经费，并对直接责任人员给予行政处分；情节严重，构成犯罪的，依法追究刑事责任。

第三十九条　教师对学校或者其他教育机构侵犯其合法权益的，或者对学校或者其他教育机构做出的处理不服的，可以向教育行政部门提出申诉，教育行政部门应当在接到申诉的三十日内做出处理。

教师认为当地人民政府有关行政部门侵犯其根据本法规定享有的权利的，可以向同级人民政府或者上一级人民政府有关部门提出申诉，同级人民政府或者上一级人民政府有关部门应当做出处理。

五、《中华人民共和国义务教育法》

1984年4月12日六届全国人大第四次会议通过，1986年7月1日起施行的《中华人民共和国义务教育法》（以下简称《义务教育法》），是我国历史上除《学位条例》之外的较早的教育专门法律。

（一）《义务教育法》及其实施细则意义

《义务教育法》是一部规范我国国民教育的单行法，调整范围广，规定较全面，在正式的教育基本法出台之前，一度起到了临时教育基本法的作用。《义务教育法》第一条明确规定："为了发展基础教育，促进社会主义物质文明和精神文明建设，根据宪法和我国实际情况，制定本法。"此外，1992年2月29日经国务院批准，1992年3月14日国家教育委员会令第19号发布的《中华人民共和国义务教育法实施细则》（以下简称《义务教育法实施细则》），是在总结全国各地实施义务教育经验的基础上，加以完善而制定的一部重要行政法规。对于弥补《义务教育法》在某些问题上的过于原则，进一步促进义务教育的依法实施有重要意义。

（二）核心条文分析

《义务教育法》及其《义务教育法实施细则》对义务教育的管理体

制、教育教学、师资、办学物质条件、违反义务教育法的法律责任等作了规定。

《义务教育法》第四章对于教师的地位、教师行为、教师权益等方面都做了全面的规定。

第二十八条　教师享有法律规定的权利，履行法律规定的义务，应当为人师表，忠诚于人民的教育事业。

第二十九条　教师在教育教学中应当平等对待学生，关注学生的个体差异，因材施教，促进学生的充分发展。

教师应当尊重学生的人格，不得歧视学生，不得对学生实施体罚、变相体罚或者其他侮辱人格尊严的行为，不得侵犯学生合法权益。

第三十条　教师应当取得国家规定的教师资格。

国家建立统一的义务教育教师职务制度。教师职务分为初级职务、中级职务和高级职务。

第三十一条　各级人民政府保障教师工资福利和社会保险待遇，改善教师工作和生活条件；完善农村教师工资经费保障机制。

教师的平均工资水平应当不低于当地公务员的平均工资水平。

教师享有特殊岗位补助津贴。在民族地区和边远贫困地区工作的教师享有艰苦贫困地区补助津贴。

第三十二条　县级以上人民政府应当加强教师培养工作，采取措施发展教师教育。

政府教育行政部门应当均衡配置本行政区域内学校师资力量，组织校长、教师的培训和流动，加强对薄弱学校的建设。

第三十三条　国务院和地方各级人民政府鼓励和支持城市学校教师和高等学校毕业生到农村地区、民族地区从事义务教育工作。

国家鼓励高等学校毕业生以志愿者的方式到农村地区、民族地区缺乏教师的学校任教。县级人民政府教育行政部门依法认定其教师资格，其任教时间计入工龄。

《义务教育法实施细则》第四章对于教师行为、教育培训、教师资金等方面都做出的规定。

第二十二条　实施义务教育学校的教育教学工作应当适应全体学生身心发展的需要。

学校和教师不得对学生实施体罚变相体罚或者其他侮辱人格尊严的

行为对品行有缺陷、学习有困难的儿童、少年应当给予帮助,不得歧视。

第三十二条 省级人民政府应当制定规划采取措施加强和发展师范教育。并组织其他高等学校为实施义务教育培养师资,盲、聋、哑、弱智儿童学校的师资由省级人民政府根据实际情况组织培养。

第三十三条 各级教育主管部门应当加强实施义务教育学校的教师培训工作使教师的思想政治素质和业务水平达到义务教育法规定的要求。

校长和教师的在职培训工作由县级以上地方各级教育主管部门负责组织。

第三十九条 有下列情形之一的由地方人民政府或者有关部门依照管理权限对有关责任人员给予行政处分情节严重构成犯罪的,依法追究刑事责任。

(一)侵占克扣挪用义务教育款项的;

(二)玩忽职守致使校舍倒塌造成师生伤亡事故的。

第四十二条 有下列行为之一的由有关部门给予行政处分违反(中华人民共和国治安管理处罚条例)的由公安机关给予行政处罚构成犯罪的依法追究刑事责任。

(一)扰乱实施义务教育学校秩序的;

(二)侮辱、殴打教师、学生的;

(三)体罚学生情节严重的;

(四)侵占或者破坏学校校舍、场地和设备。

六、《中华人民共和国未成年人保护法》

1991年9月4日第七届全国人民代表大会常务委员会第二十一次会议通过,1991年9月4日中华人民共和国主席令第50号公布,1992年1月1日起施行的《中华人民共和国未成年人保护法》(以下简称《未成年人保护法》)2006年12月29日第十届全国人民代表大会常务委员会第二十五次会议第一次修订通过,2006年12月29日中华人民共和国主席令第60号公布、根据2012年10月26日第十一届全国人民代表大会常务委员会第二十九次会议通过,2012年10月26日中华人民共和国主席令第65号公布,自2013年1月1日起施行的《全国人民代表大会常务委员会关于修改〈中华人民共和国未成年人保护法〉的决定》进行第二次修正。

(一)《未成年人保护法》意义

未成年人是指未满十八周岁的公民,他们正处于长身体、长知识的年龄段,身心发育还未完全成熟,缺乏明辨是非的能力。《未成年人保护法》的颁布,对于促进未成年人的品德、智力、体质等方面全面发展,把他们培养成为有理想、有道德、有文化、有纪律的社会主义事业接班人,有着重要的意义。《未成年人保护法》第一章第一条明确规定:"为了保护未成年人的身心健康,保障未成年人的合法权益,促进未成年人在品德、智力、体质等方面全面发展,把他们培养成为有理想、有道德、有文化、有纪律的社会主义事业接班人,根据宪法,制定本法。"

(二)核心条文分析

《未成年人保护法》共七十二条,对未成年人的概念、合法权益,家庭、学校、社会、司法方面的保护,违反义务教育法的法律责任等作了规定。

《未成年人保护法》第三章学校保护中全面规定学校职责。

第十七条 学校应当全面贯彻国家的教育方针,实施素质教育,提高教育质量,注重培养未成年学生独立思考能力、创新能力和实践能力,促进未成年学生全面发展。

第十八条 学校应当尊重未成年学生受教育的权利,关心、爱护学生,对品行有缺点、学习有困难的学生,应当耐心教育、帮助,不得歧视,不得违反法律和国家规定开除未成年学生。

第十九条 学校应当根据未成年学生身心发展的特点,对他们进行社会生活指导、心理健康辅导和青春期教育。

第二十条 学校应当与未成年学生的父母或者其他监护人互相配合,保证未成年学生的睡眠、娱乐和体育锻炼时间,不得加重其学习负担。

第二十一条 学校、幼儿园、托儿所的教职员工应当尊重未成年人的人格尊严,不得对未成年人实施体罚、变相体罚或者其他侮辱人格尊严的行为。

第二十二条 学校、幼儿园、托儿所应当建立安全制度，加强对未成年人的安全教育，采取措施保障未成年人的人身安全。

学校、幼儿园、托儿所不得在危及未成年人人身安全、健康的校舍和其他设施、场所中进行教育教学活动。

学校、幼儿园安排未成年人参加集会、文化娱乐、社会实践等集体活动，应当有利于未成年人的健康成长，防止发生人身安全事故。

第二十三条 教育行政等部门和学校、幼儿园、托儿所应当根据需要，制定应对各种灾害、传染性疾病、食物中毒、意外伤害等突发事件的预案，配备相应设施并进行必要的演练，增强未成年人的自我保护意识和能力。

第二十四条 学校对未成年学生在校内或者本校组织的校外活动中发生人身伤害事故的，应当及时救护，妥善处理，并及时向有关主管部门报告。

第二十五条 对于在学校接受教育的有严重不良行为的未成年学生，学校和父母或者其他监护人应当互相配合加以管教；无力管教或者管教无效的，可以按照有关规定将其送专门学校继续接受教育。

依法设置专门学校的地方人民政府应当保障专门学校的办学条件，教育行政部门应当加强对专门学校的管理和指导，有关部门应当给予协助和配合。

专门学校应当对在校就读的未成年学生进行思想教育、文化教育、纪律和法制教育、劳动技术教育和职业教育。

专门学校的教职员工应当关心、爱护、尊重学生，不得歧视、厌弃。

第二十六条 幼儿园应当做好保育、教育工作，促进幼儿在体质、智力、品德等方面和谐发展。

七、《中华人民共和国预防未成年人犯罪法》

1999年6月28日第九届全国人民代表大会常务委员会第十次会议通过，江泽民主席以第17号主席令发布。1999年11月1日起施行的中华人民共和国预防未成年人犯罪法（以下简称《预防未成年人犯罪法》），该法的颁布受到家长、学校和社会的关注。

（一）《预防未成年人犯罪法》意义

未成年人是人生观、世界观、价值观初步形成的重要阶段，不少未成年人因为缺乏法制观念和是非观念发生违法犯罪行为。《预防未成年人犯罪法》第一条明确规定："为了保障未成年人身心健康，培养未成年人良好品行，有效地预防未成年人犯罪，制定本法。"

（二）核心条文分析

《预防未成年人犯罪法》共五章五十七条，对预防未成年人犯罪的教育，对未成年人不良行为的预防，对未成年人严重不良行为的矫治，未成年人对犯罪的自我防范，对未成年人重新犯罪的预防，违反该法律的法律责任作了全面的规定。

第七条　教育行政部门、学校应当将预防犯罪教育作为法制教育的内容纳入学校教育教学计划，结合常见多发的未成年人犯罪，对不同年龄的未成年人进行有针对性的预防犯罪教育。

第八条　司法行政部门、教育行政部门、共产主义青年团、少年先锋队应当结合实际，组织、举办展览会、报告会、演讲会等多种形式的预防未成年人犯罪的法制宣传活动。

学校应当结合实际举办以预防未成年人犯罪的教育为主要内容的活动。教育行政部门应当将预防未成年人犯罪教育的工作效果作为考核学校工作的一项重要内容。

第九条　学校应当聘任从事法制教育的专职或者兼职教师。学校根据条件可以聘请校外法律辅导员。

第十条　未成年人的父母或者其他监护人对未成年人的法制教育负有直接责任。学校在对学生进行预防犯罪教育时，应当将教育计划告知未成年人的父母或者其他监护人，未成年人的父母或者其他监护人应当结合学校的计划，针对具体情况进行教育。

第十四条　未成年人的父母或者其他监护人和学校应当教育未成年人不得有下列不良行为：

（一）旷课、夜不归宿；

（二）携带管制刀具；

（三）打架斗殴、辱骂他人；

（四）强行向他人索要财物；

（五）偷窃、故意毁坏财物；

（六）参与赌博或者变相赌博；

（七）观看、收听色情、淫秽的音像制品、读物等；

（八）进入法律、法规规定未成年人不适宜进入的营业性歌舞厅等场所；

（九）其他严重违背社会公德的不良行为。

第十五条　未成年人的父母或者其他监护人和学校应当教育未成年人不得吸烟、酗酒。任何经营场所不得向未成年人出售烟酒。

第十六条　中小学生旷课的，学校应当及时与其父母或者其他监护人取得联系。

未成年人擅自外出夜不归宿的，其父母或者其他监护人、其所在的寄宿制学校应当及时查找，或者向公安机关请求帮助。收留夜不归宿的未成年人的，应当征得其父母或者其他监护人的同意，或者在二十四小时内及时通知其父母或者其他监护人、所在学校或者及时向公安机关报告。

第十七条　未成年人的父母或者其他监护人和学校发现未成年人组织或者参加实施不良行为的团伙的，应当及时予以制止。发现该团伙有违法犯罪行为的，应当向公安机关报告。

第十八条　未成年人的父母或者其他监护人和学校发现有人教唆、胁迫、引诱未成年人违法犯罪的，应当向公安机关报告。公安机关接到报告后，应当及时依法查处，对未成年人人身安全受到威胁的，应当及时采取有效措施，保护其人身安全。

第二十三条　学校对有不良行为的未成年人应当加强教育、管理，不得歧视。

第二十四条　教育行政部门、学校应当举办各种形式的讲座、座谈、培训等活动，针对未成年人不同时期的生理、心理特点，介绍良好有效的教育方法，指导教师、未成年人的父母和其他监护人有效地防止、矫治未成年人的不良行为。

第二十五条　对于教唆、胁迫、引诱未成年人实施不良行为或者品行不良，影响恶劣，不适宜在学校工作的教职员工，教育行政部门、学校应当予以解聘或者辞退；构成犯罪的，依法追究刑事责任。

思考与讨论

1. 新时期教师职业法规体系的基本内容是什么？
2. 教师享有哪些权利？应当履行哪些义务？
3. 受教育者享有哪些权利和义务？
4. 《中华人民共和国义务教育法》第四章对于教师行为做了哪些规定？

案例一

残忍的体罚

9月28日晚上，孩子放学回来，爷爷发现孩子有些不对劲，在沙发边歪着屁股坐，屁股不能落座。把他裤子一脱，他大叫一声，很吓人，屁股是黑色的，裤子血淋淋地贴在身上的，贴在肉上的。孩子说身上的伤是班主任李老师打的，于是家长联系李老师，李老师也承认打了孩子，并来到家里，一起把孩子送到了医院。

医生诊断表明，孩子双侧臀部、双大腿、小腿后侧可见大面积瘀紫，局部肿胀，全身多处软组织损伤。

孩子父亲一边展示孩子被打后的照片，一边抽泣着说："你看看这个，我看了说实话心都碎了。你看这里，怎么打得出来嘛！我的孩子我自己都舍不得这么打，作为老师，这样打孩子，我真的接受不了，打得太狠了。"

老师为什么要打孩子？

孩子说，当天他的听写作业完成得不好，所以老师把他叫到办公室蹲马步，"数到400，如果没数到400就起来的话，他就打我"。

孩子说老师是拿扫把棍打的，这次打他还打断了两根扫把棍，像这种情况的体罚在孩子身上已经发生过3次。孩子目前行动虽已无大碍，但皮肤上仍然可以清晰地看见伤痕。

事情发生之后，李老师支付了700多元的医疗费用。学校领导也到医院看望了孩子，并向家长道歉。

家长一方，孩子的爷爷希望双方私了，不想把事情弄大："我想就是按他们说的，3万就3万，就算了没什么的"。不过李老师，却只愿意出1万块钱,双方互不让步,10多天时间过去了,也没有一个结果。孩子的父亲认为不能私了,我的小孩子都伤成这样了,我一个当父亲的,还不站出来说话的话,那我就真的不配当一个父亲了。我现在想的就是不管多大的压力,我反正就是要用法律的手段,给我小孩和我一个公道。

区党工委外宣办官方微博透露,体罚学生的教师李某已被停职。

事发学校领导李书记表示,目前李某已被停职,他还出示了一份区教育局在10月9号下发的《关于给予李某行政记过处分的决定》的文件。表示李某3年之内不能调资晋级、不能评优评先,其绩效工资也会受到影响,大概有两三万元钱。

(资料来源:http://news.qq.com/a/20151015/028733.htm. 2016-06-05. 有改动)

【案例分析】

在依法治国、建设法治国家的背景下,教师依法执教的问题越来越受到全社会的关注。但由于一些教师对相关法律法规知识的认识较为模糊,在教育教学活动中遇到一些实际法律问题时往往不知所措,甚至会产生一些严重的违法行为,使学生遭受了身心痛苦,使学校的声誉受到影响。为此,有必要学习教师职业法规、了解教师在日常教育教学中容易出现的一些违法行为,并加以预防。

除了师德方面的考量外,教师对学生实施体罚与国家法律相左。其中《义务教育法》第十六条即明确规定"禁止体罚学生",并且《义务教育法实施细则》第二十二条也规定"学校和教师不得对学生实施体罚、变相体罚或者其他侮辱人格尊严的行为"。此外,我国《教师法》第八条第五款也规定"制止有害于学生的行为或者其他侵犯学生合法权益的行为",同时在第三十七条第二三项规定"体罚学生,经教育不改的"、"品行不良、侮辱学生,影响恶劣的"等情节严重的行为,将给予行政处分或者依法追究刑事责任。

事实上,体罚学生的危害性众所周知。在学生方面,体罚学生最直接的损害就是身体,例如本案中的学生"双侧臀部、双大腿、小腿后侧可见大面积瘀紫,局部肿胀,全身多处软组织损伤"。在身体伤害的背后蕴含着更深层次的伤害——心理伤害。学生时代，正处于人格不断塑造、心理不断发展时期，如果对学生实施体罚，会致使学生形成冷漠孤僻、敌视和心理闭锁等畸形变态心理。诸如自尊心的伤害就可能使学生出现逆反心理。这正如马卡连柯所说："打骂和过分的严厉只能让儿童说谎，变成怯懦的人，同时养成儿童的残忍性。"当学生心理受到的创伤可能伴随一个人的一生，无论对其自身的发展，还是对社会、国家的危害都是不容忽视的。此外，对学生的体罚也会抹杀学生的创造性，体罚会将学生限定在固定的、死板的条条框框中，那种极富主体性、创造性的语言、思维、举动都将被视为异端。在教师方面，对学生的体罚最直接的影响是消解教师的权威。众所周知，在教学过程中，尽管赋予学生主体性，但是教师的知识储备、授课技巧，尤其是教师的威信、权威对教育效果至关重要。如果教师把教育过程简单化，认为棍棒之中出成绩，它往往铸成一种错误的行为模式，其消极影响是难以消除的。体罚也造成师生关系恶化。教师在学生眼中视为仇人，学生以反抗、对立的情绪学习，谈何和谐师生关系？一个不容忽视的结局是，体罚也极易引起社会，尤其家长对学校教育的不满。还有不得不提的就是学校监管部门。作为学校的监管部门，需要加大对学校规范力度，利用互联网，收集相关舆情。部分教育部门监管不到位、管理缺失也会促使类似事件的发生。但教育监管部门成为类似侵权事件的元凶时，政府的威信、权威将受到质疑与挑战，这是任何人都不愿意看到的结局。

  体罚的消极影响如此明显，为何屡禁不止？其背后的推动因素可归结如下。第一，教师基本道德、法律素养缺失。部分教师以所谓的提高学生成绩的名义实施惩罚，对基本的教师道德、教师法律、法律置若罔闻，这是促使该事件产生的罪魁祸首。第二，受传统教育观念影响，认为教师具有与父母同等"权利"——"师徒如父子"，打骂学生理所当然。相关研究表明，打骂与学生的成长并非正相关关系，但由于传统思想的左右，无论在城市还是在农村，这样的思想根深蒂固。第三，教师心理素质差。新时代的学生以思想活跃、行动缺乏理性而著称。面对学生的错误，部分教师缺乏基本的教育技巧，难以应对教学过程中学生的各种行为，实施简单粗暴的方式——体罚。

  解决体罚的出路何在？首先，要树立正确的教育观念，转变落后的教育思想。教育的目的在于育人、除了知识层面的标准外，学生心理发展——健全的人格、正确的价值取向也必须纳入教师工作评价体系。体罚最致命的危害恰恰在于对于学生心理的摧残。其次，教师技能素质的提高。教师应该不断学习教育手段，提高自身心理素质。再次，学校、社会加大对体罚现象的监督、举报力度。学校对教师的行为直接负有监督的责任，社会的监督也至关重要。许多体罚事件的发现都离不开家长的细心。

案例二

丑陋且违法的行为

20日上午10时许，羊城晚报记者在福永景山实验学校附近见到了家长马女士，她是12岁学生小李（化名）的大姨。据她介绍，19日13时30分，正值下午上学时间，小李没到教室上课，班主任李某给马女士打电话，"他（李某）特别强调，如果找到小李，让她到班主任那里一趟，了解一下是否同学之间有矛盾。"马女士当时并未想太多，下午3时许，马女士在福永大洋田工业区一家厂房门口找到了小李，"当时她在门口玩，说不想上学，还说班主任非要送给她手机"。

马女士此时起了疑心，她想起小李经常提到班主任要送她手机，之前一直没有把这事放在心上。马女士细细询问，小李才说出实情。原来，从读六年级开始，班主任李某就以防止早恋为名，经常叫小李到教师办公室谈话。马女士向记者转述小李的话说："班主任会放一些色情录像让孩子看，非要孩子和他（李某）坐在同一个板凳上，其间还老是搂着她。"据称，小李还告诉家人，如果不看这些录像，班主任李某就会以"打电话告诉你妈妈你早恋"、"马上毕业了，背书包滚蛋"等话语威胁小李。马女士告诉记者："孩子说，这半年多来晚上经常做噩梦。"

据马女士介绍，小李还告诉家人，说班主任李某经常在上课期间把个别女学生单独叫出去，问女生"小孩是怎么来的"这类话题，问完李某还会说"爸爸的什么进入妈妈的什么里面（当事人原话）"，其间李某还会做动作。此外，李某会告诉女生，如果去药店买避孕套就不会怀孕。马女士确定地告诉记者，李某曾对小李说过"我们来试一下吧"这样的话。

据称,除此之外,李某还对班内女生的经期"很上心",马女士说,不少女生都被班主任当面问过生理期。

另一名家长陆先生说,涉事的是景山实验学校六年级四班,该班有65名学生,其中女生有10多个。19日晚,愤怒的马女士联系了他,双方一沟通才知道,家中的女孩均自称遭到过班主任李某的骚扰。1个月前,陆先生13岁的女儿亲口对他讲,班主任要送手机给她。陆先生由于工作忙,当时并未将此话放在心上。

"班主任常叫我去办公室看成人片",陆先生事后才从女儿处得知,李某多次想要与他女儿发生性关系,对于师生之间是否有肢体接触,陆先生尚不得而知。

"作为父亲,我非常生气,19日晚上我想冲到学校打他,但我现在冷静了。"陆先生直呼对方为"禽兽",他想通过媒体为受害的女学生讨回一个公道。陆先生称,就在前几天,李某还约谈了他,谈其女儿的早恋问题。此刻陆先生认为,那是李某逼其女儿就范的施压行为。

陆先生的女儿之前在沙井一个学校读书,还是一名班长。自从转学到景山实验学校后,傍晚经常很晚才回家,"学校下午5点多放学,孩子总是7点回来,说是被老师强制留下来抄作业了,每周都要留4天"。

20日上午11时许,记者走进景山实验学校。在六(4)班内,听说记者要采访,班内学生异常躁动,两名女学生自愿走出教室,该校两名老师紧随其后,试图阻止记者接触学生。一名女学生证实说,李老师用手乱摸自己,还说李老师"猥琐",另一名女学生则称李老师太"霸道"。

对于六(4)班有多少女学生被班主任叫到办公室并有疑似猥亵行为,家长马女士及陆先生尚未统计全,校方领导也一头雾水。在得到校方许可后,记者来到教学楼4楼办公室找到李某的办公桌。在李某电脑浏览器的历史记录里,在场多名记者看到诸多搜索词条,如"13岁女孩可以性交吗"、"小学生早恋的危害"、"有关做爱的动作"、"13岁女孩子可以和男孩做爱吗"、"如果没有避孕套怎样性交不受孕"、"经期时做爱不戴套会怀孕吗"等。同办公室的一位女老师称,平时并未见到李老师有何异常。

在记者要求下,校方找到涉事班主任李某。在教学楼一楼一间办公室内,家长马女士与李某大声争吵。记者当面问李某有没有和女学生一起看成人片，以及是否对女学生有猥亵行为，李某均摇头说没有，表情严肃，没有一丝微笑。有家长当场报警，凤凰派出所两名民警随后赶到，将李某带上警车。

景山实验学校校长陈坎说，李某今年50多岁，国内某名校函授数学教育专业毕业，任六（4）班班主任及学校数学教研组组长。陈坎说，李老师平时为人忠厚老实，校方此前并未发现他有什么异常。对于家长举报李某涉嫌猥亵女学生一事，陈坎强调，校方将根据警方调查结果，一旦查实，学校定会严肃处理。

陈校长表示，学校内监控设备齐全，但教师办公室内并没有安装监控。他认为，这起事件对校方是一个很好的警示，该校每学期都会开展师德、师风教育，今后将加大这方面的力度。此外还将加强对学生的青春期心理教育。

20日下午7时许，福永街道办发来消息称，此事发生后，警方立即介入调查，待调查清楚后依法对其作进一步处理。宝安区教育局和福永街道获悉后，要求景山实验学校配合警方调查，一旦事情属实，立即开除涉事的临聘教师李某，触犯法律的移交司法部门。此外，对景山实验学校在全街道进行通报批评，责成该校校长在全街道作深刻检讨，并对该校班子成员进行全面整顿，对该校所有老师进行为期一个月师德师风教育。

据悉，宝安区教育局和福永街道还将对全街道教育系统进行全面检查，进一步加强师德师风教育，并联合妇联，请心理医生对相关学生进行心理疏导。

事后，宝安区福永街道教育办公室负责民办学校的钟老师赶到学校，经调查发现李某有教师资格证。钟老师称，家长举报的内容若警方调查属实，将依法依规处理。

（资料来源：http://news.ycwb.com/2014-05/21/content_6786795.htm. 2016-06-15. 有改动）

【案例分析】

《教师法》第三十七条规定：教师有下列情形之一的，由所在学校、其他教育机构或者教育行政部门给予行政处分或者解聘：①故意不完成教育教学任务给教育教学工作造成损失的；②体罚学生，经教育不改的；③品行不良、侮辱学生，影响恶劣的。案例中的教师有前款第②项、第③项所列情形之一，情节严重，构成犯罪的，依法追究刑事责任。可见，《教师法》中并没有提及"猥亵"及其相应的处罚。但根据《刑法》第 237 条猥亵儿童罪规定，一般情节的，处以 5 年以下有期徒刑，在公共场所或者聚众猥亵儿童的，处 5 年以上的有期徒刑。在本案中，李某的行为涉嫌后一种情形，将被从重量刑。而《刑法》的适用对象理所应当包含着教师。

有律师指出，猥亵儿童罪，是指以刺激或满足性欲为目的，用性交以外的方法对儿童实施的淫秽行为。由此根据中国法律的规定并结合司法实践，建议凡具有以下猥亵儿童情形之一的，应当以猥亵儿童罪追究其刑事责任：①一年内猥亵儿童两次以上或一次猥亵儿童两名以上的；②采取暴力、胁迫或以之相威胁等方法强制猥亵儿童的；③猥亵儿童致使被害人轻微伤以上损伤的；④猥亵儿童造成其他严重后果的。如严重损害儿童心理健康，造成被害儿童近亲属精神错乱或自杀的等。因此，该案中李某老师等待他的将是法律的严惩。猥亵儿童最大的危害就在于对儿童心理的创伤。该案例中对当事的几名儿童影响巨大。这在于受害人已有一定的认知能力，其晚上做噩梦、害怕上课已经证明这点。此外，教师引起特殊身份因其猥亵儿童所造成的影响恐怕会让社会失望，对于社会价值观的引领也极其不利。

猥亵儿童就其危害性而言，较体罚等侵害学生的行为更值得我们关注。除去教师本身患心理疾病——"娈童癖"的可能外，还有如下因素促使类似事件不断出现。第一，教师师德、法律意识淡薄。教师，作为人类灵魂的工程师，以学生的全面发展为自己的工作旨趣。在提高自己学历、资质的过程中忽略道德、法律修养。基于目前学生获得知识途径的增多，甚至可以说，教师在道德修养方面较专业知识更要加强。正是教师德与法修养的淡薄才使类似事件不断发生。第二，由于大量留守儿童的出现，家长监护、教育责任的缺失。大量留守儿童的生活寄托于爷爷辈，而教育问题寄希望于教师，这给部分教师的侵害行为提供便利。加之儿童年纪较小，对于一些侵权行为并不知情，甚至屈服于教师的恐吓、威逼、恩惠而不愿说、不敢说。这样无疑助长部分教师的不正之风。第三，封建思想传统的存在。家长、学校受封建思想影响，对于儿童性知识的教育远远落后。在当孩子受到威胁时不知所措，甚至不能把之视为眼中的侵害行为。在侵害行为被披露后，家长大多以保护孩子隐私为由大多忍气吞声，抑或选择私了。这样的行为无疑导致对一部分不良教师惩治不力。

解铃还须系铃人，杜绝教师猥亵儿童首先应从教师身上入手，学校、家长的行为也同样重要。第一，在教师考察的指标体系中，要在以往的学历、科研成果考核的基础上，加大对教师师德与法律知识的考察，尤其在入职后更要将其作为一项不间断的举措。第二，校领导要加大对教师办公室及其校园寓所的监督力度。如本案例中，办公室中缺乏监控视频对于该犯罪行为的预防与后期取证均十分不利。第三，尽管刑法中对于猥亵儿童做了规定，但鉴于猥亵儿童犯罪行为在教师队伍中的存在，甚至可以说，猥亵儿童发生在校园内的概率更大。因此，强烈建议将猥亵儿童罪加入《教师法》中。第四，社会尤其是学校、家长要采取合适的方式加大青少年性知识的教育。性知识教育在中国直到今天依旧是个讳莫如深的话题，性知识的缺失甚至到了令人瞠目结舌的地步。这对学生未来的婚恋诸如早恋、堕胎等行为均埋下了导火索。除此之外，在孩子受到侵害后，要在适当心理疏导、心理干预的基础上不向违法分子妥协。

案例三

老师晒"捧腹"答案合法吗

"如果你的爸爸妈妈想再给你添一个弟弟或妹妹，来跟你商量，你会说些什么？"近日，广州市某小学三年级语文期末考试题刷爆网络，孩子们给出的形形色色的答案也在网上引发了热议。随后，当地教育部门发出紧急通知，要求禁止任何阅卷老师拍照、截屏、上传试题和学生答案。该通知指出，学生的考试试卷是有保密规定的，老师不能没有底线地拍照上传学生答案。

如今，老师把一些学生有趣、另类的答案或者作业拍照发到微博、微信的情况并不少见，这种做法是否侵犯孩子们的隐私呢？网友们怎么看的呢？

"老师凭什么把学生考试的答题发在网络上呢？经过学生同意了

吗?"网友"游龙戏凤"提出了这样的质疑。在网上,和网友"游龙戏凤"提出类似质疑的还有不少,许多网友都认为老师此举欠妥。网友"艳阳天"说:"老师出于娱乐的心理把答案发到网上是动机不纯。孩子们如果在网上看到自己的回答被贴到网上,会对老师产生不信任的心理。"网友"萌萌兔"则认为,老师应该换位思考。"如果你是学生,你会希望你的答题被老师放在网上供大家取乐吗?作为教师,这样的做法不太尊重学生了。"她说。

也有不少网友认为,老师发布这些答案纯属娱乐,没有必要上纲上线。网友"弗洛蒙"说:"这个考题很有现实意义,可以真实地了解学生的想法。"网友"海魂"也说:"让孩子们参与到家庭事务中来,鼓励他们发表自己的意见是一种进步。"网友"拧巴的青春"则建议,老师可以把孩子们的想法分别和他们的家长进行沟通,让家长及时充分地了解孩子们的想法,这样既尊重学生,也不容易引起不必要的不良影响。

福建熹龙律师事务所的刘晟律师表示,老师拍照上传试卷答案或作业时不体现答题人的信息是不会构成侵权行为的。但如果透露了学生的个人信息,包括姓名、学校等,可能会造成一些负面影响。比如,学生署名的作文,在未经本人同意的情况下被老师全篇上传,则会对学生的著作权造成侵害。

"由于孩子的心智发育还未完全,对于一些成人的评论无法做出正确的判断,可能会对此产生一定的困扰。"刘律师表示,在处理这类问题时要特别注意保护学生的信息,对于一些极端的回答和评论也要尽量避免公开。

(资料来源:http://fjrb.fjsen.com/fjrb/html/2016-01/21/content_894520.htm?div=-1. 2016-06-19. 有改动)

【案例分析】

我国《教师法》第八条规定:教师应"关心、爱护全体学生,尊重学生人格,促进学生在品德、智力、体质等方面全面发展","制止有害于学生的行为或者其他侵犯学生合法权益的行为,批评和抵制有害于学生健康成长的现象"。我国《教师法》第九条也规定,"支持教师制止有害于学生的行为或者其他侵犯学生合法权益的行为";第三十七条也规定教师有下列情形的,由所在学校、其他教育机构或者教育行政部门给予行政处分或者解聘:品行不良、侮辱学生,影响恶劣的。此外,我国《义务教育法》第二十九条也规定"教师应当尊重学生的人格,不得歧视学生,不得对学生实施体罚、变相体罚或者其他侮辱人格尊严的行为,不得侵犯学生合法权益"。上述老师的做法正如福建熹龙律师事务所的刘晟律师表示的那样,如果教师将所谓的学生的爆笑答案连同学生的基本信息——学生的个人信息,包括姓名、学校等公布,尽管其出发点只是为娱乐,但无形中损害了学生的隐私权,更进一步也可能在这一过程中触犯了《教师法》、《义务教育法》等明文规定的不得"侮辱学生"、"尊重学生人格"的条文。这样做不仅对学生造成伤害,甚至教师本人也会受到相应的处罚。

让人捧腹答案的出现也有其现实的依据。第一,随着"自媒体"时代的到来,学生获取知识的途径大大扩宽,因此其新观点、新表述充斥在学生头脑中。这无疑也扩展了学生的知识面,学生较之前传统教育的学生思维更加活跃。其次,在获取大量新观点、新表述的途径中,学生可能局限于自己的知识层次及生活阅历,在标新立异时很难有理性的取舍。再次,部分教师在嘲笑、娱乐的同时,忽略对学生的引导、干预。这样的困境最终只会抹杀学生的创造性,让学生局限于老师一板一眼的思维中,也难以培养出新时代所要求的创造性人才。殊不知,教师在这个过程中的"无知"也会损害,甚至将自己推向违法的道路。老师把学生的答案连同具体信息发布到网络上,在这个传播过程中,一方面,学生的具体信息极有可能被不法分子所利用,对学生自身及其家庭带来不确定的危情,诸如诈骗、绑架等;另一方面,学生的爆笑答案在现有教育机制下,一直被视为"异类"而存在,背后折射出学生对具体知识点的缺乏。在成绩面前,加之部分教师的上述行为,注定会让这些学生受到其他学生、教师、家长的非议、嘲笑,对于学生健全人格的形成,学生自尊心的维护十分不利。可见,案例中教师的做法,如果处理不当,最终的必然后果是害己害人。

对此,我们在今后的教育工作中需要从以下方面出发以杜绝危害学生健康的情况出现。第一,教师的道德、法律素养亟待提升。目前,对于教师的角色,尤其是在对学生道德建设方面的作用受到大众质疑。从大学校园中的"教授"到"叫兽",再到本案例中教师处于娱乐或各种目的,将学生答案上传到网络,这首先受到的便是师德的考量。此外,教师淡薄的法律意识,甚至可能将自身送到法律的牢笼。第二,互联网的发展,有人称之为"自媒体"时代的到来,对于"媒介素养"的提升也是教师基本素质之一。网络是一柄双刃剑,它可以为教师的教育教学工作提供基本的载体,比如信息浏览、试卷批阅、师生交流等。与此同时,如果教师忽视网络"媒介素养"的提升,对于网络的道德、法律意识缺失,同样也会受到道德、甚至法律的谴责、制裁。第三,树立新型的师生关系。师生之间的良性互动是提高教育教学效果的必要途径。教师要摒弃传统的上下级的直线型的沟通形式,积极由单线型到双线性互动模式转变,也有人将这一模式称为"扁平式沟通方式"。互动、平等的交流容易让学生受到尊重,内心渴望尊重的愿望的到满足。这个满足可以激起学生的独立思考能力、问题意识,对于学生未来的独立学习、终身学习意识的提升至关重要。第四,需要教育监管部门加大对相关侵权行为的宣传力度,在网络发达的城市需要,在偏远、闭塞的地区更为需要,因为,大量留守儿童的出现、新的教学目标的设立,对于教师素质及其学生心理素质均有更高要求。

参 考 文 献

[1] 孙培青. 中国教育史［M］. 3版. 上海：华东师范大学出版社，2009.

[2] 何怀宏. 三十年中国社会道德变迁［OL］. http://book.ifeng.com/shupingzhoukan/special/duyao113/wenzhang/detail_2013_11/19/31388028_1.shtml. 2016 – 05 – 20.

[3] 檀传宝. 教师职业道德［M］. 北京：北京师范大学出版社，2015.

[4] 姚彤. 国外及中国港台地区教师职业道德规范的共性及启示［J］. 天津市教科院学报，2009（3）：59 – 62.

[5] 王玉江，陈秀珍：农村小学教师教学设计能力调查与提高的建议［J］. 教育探索，2007（5）：58 – 59.

[6] 于超，程学超. 教师伦理学［M］. 济南：山东大学出版社，1988.

[7] 朱丽，余维武. 教师的职业道德素养［M］. 福州：福建教育出版社，2011.

[8] 马克思恩格斯全集［M］. 第三卷. 北京：人民出版社，1982.

[9] 钱焕琦. 教师职业道德［M］. 上海：华东师范大学出版社，2011.

[10] 肖川，张文质. 基础教育课程改革的关键词［M］. 福州：福建教育出版社，2005.

[11] 朱丽，余维武. 教师的职业道德素养［M］. 福州：福建教育出版社，2011.

[12] 谢传兵. 教师心理保健——基于问题的自我调试策略［M］. 南京：东南大学出版社，2011.

[13] 马忠虎. 家校合作［M］. 北京：教育科学出版社，2001.

[14] 朱赛红. 教师与家长互动关系的研究［D］. 湖南：湖南师范大学，2004.

[15] 金开宇. 教师与家长沟通技巧［M］. 北京：中国社会科学出版

社，2012.

[16] 肖三蓉，徐光兴. 家庭环境影响青少年人格特质的性别差异［J］. 心理学探新，2009，2.

[17] 王海英. 青少年心理健康发展的家庭生态系统研究［J］. 东北师大学报（哲学社会科学版），2012，6.

[18] 郭亚东. 高校学生校内急性死亡事件的特点与预防［J］. 中国学校卫生，2008，10.

[19] 莫夏莉. 中学生心理健康状况及相关因素研究［D］. 河北：河北医科大学，2011.03.

[20] 赵莹. 当前小学数学教师课前课后了解学生学习情况的研究［D］. 山东：山东师范大学，2015.

[21] 苏霍姆林斯基. 给教师的建议［D］. 北京：教育科学出版社，2000.

[22] 徐国健. 我国中小学家校冲突及其化解对策研究［D］. 山东：曲阜师范大学，2009. am

[23] 周莹. 城市小学学困生家长教育能力现状的研究［D］. 吉林：延边大学，2014.

[24] 刘燕. 小学家校合作中家长与教师教育观念冲突研究［D］. 重庆：西南大学，2015.

[25] 贾接梅. 参与式培训对中学教师与家长沟通能力的影响［D］. 杭州：浙江师范大学，2011.

[26] 金开宇. 教师与家长沟通技巧［M］. 北京：中国社会科学出版社，2012.

[27] 宋艳红. 家长与教师之间冲突的社会学分析［D］，北京：首都师范大学，2007.

[28] 徐超. 高中阶段家校沟通问题的探讨［D］，吉林：延边大学，2014.

[29] 罗小兰，教师心理学－教师心理特点之探析［M］. 北京：中国社会出版社，2008.

[30] 扈中平,，李方，张洪俊. 现代教育学［M］. 北京：高等教育出版社，2000；258.

[31] 洪早清，吴伦敦. 教师职业素养导论——师范生读本［M］. 武

汉：华中师范大学出版社，2011.
[32] 彼得斯. 道德发展与道德教育 [M]. 杭州：浙江教育出版社，2000.
[33] 葛晨虹. 中国礼仪文化 [M]. 北京：经济科学出版社，2001.

后　记

当今学界，伦理学者及道德教育专家甚众，然贤者高论，多局限于小众传播，徜徉于象牙塔演绎精英言说。我浏览各种道德教育著作及教师职业道德培训教材，参加硕士研究生和博士研究生的学位论文答辩，总是被一个问题困扰：他们的理论框架中所叙述的"道德"到底是指什么？维特根斯坦说过，要尊重大众语言的规则，不要以哲学语言的逻辑去批判大众语言的混乱。此话有理，但是无论是哲学语言还是日常话语，"所指明确"是基本要求，否则言说何以为凭？虽然人文社会科学的概念各有话语背景、自有恰当之处，可是每当我就"什么是道德"这个问题发问时，从未获得让我满意的回答。能够让我满意的回答需要满足三个标准：第一，所指明确，且经验能够验证；第二，逻辑自洽，语言简洁通畅；第三，深入浅出，既有抽象能力又能够顾及日常生活常识。我的担忧是，如果对于"什么是道德"这个问题都不能给予明确解答，又如何能够以此为逻辑起点演绎道德哲学理论、设计道德教育方案？

"道德是什么"这个问题的答案，西方学者如亚里士多德到康德、黑格尔、叔本华，我国先贤如老子、孔子、孟子，至于王阳明，皆有清晰言说，何须我等苦苦追寻其答案。之所以我等不明所以，乃是因为学艺不精或自以为是所致。无正道，何谈善德；无善德，正道何存？道德教育者及职业道德培训教材，如果不能给予生活世界的各种困惑以精确的理论回应，那么就无异于混淆视听、扰乱心智。己之昏昏何以让听者昭昭？鉴于此，本人循先贤思想脉络，基于实践经验，回应当下现实问题，企及教师成长目标，集众人之智，费同门精力，编著这本《教师职业道德》，以弘扬正道、引导善德。

本书各章内容撰写者如下：第一章由魏则胜（华南师范大学教授，博士生导师，广东伦理学会副秘书长，中国伦理学会理事）和崔卫生（华南师范大学国际商学院教师，华南师范大学教育科学学院博士生）

编写；第二章由杨婷（华南师范大学副教授，硕士生导师和崔卫生（华南师范大学国际商学院教师，华南师范大学教育科学学院博士生）编写；第三章由卫宁（安徽合肥幼儿师范专科学校教师）和杨少曼（中山大学博士生）编写；第四章由杨君（广州东冲中学教师）和刘倩倩（广东中山市小榄中学教师）编写；第五章由邱翔翔（华南师范大学政行学院研究生）和何嘉欢（华南理工大学马克思主义学院研究生）编写；第六章由金昂豪（东莞市塘厦初级中学教师）编写；第七章由郑慧仙（珠海市第一中等职业学校教师）编写；第八章由王刚（广东金融学院教师）编写；第九章由韩谦（华南师范大学政行学院研究生）编写；第十章由胡冰（广东工程职业技术学院教师，华南师范大学马克思主义学院博士生）编写；第十一章由陈婷婷（广东中山市杨仙逸中学教师）和钟秋玲（广东梅县外国语学校）编写；第十二章由赵青松（安徽合肥幼儿师范专科学校副教授）和张勤娜（福建武夷学院教师）编写。

  本人设计本书的写作大纲，包括核心观点、内容结构、基本思路等，并对初稿进行统稿和修改。在此基础上，珠海第一中等职业学校的郑慧仙老师花费了大量精力对全书进行修改和完善；华南师范大学蔡臻臻老师就书稿文字做了订正工作，王刚老师就全书的行文格式和文字表述做了细致的校正工作。在本书写作提纲的设计及写作、修改过程中，合肥幼儿师范专科学校赵青松副教授、卫宁老师，东莞市塘厦初级中学金昂豪老师付出了辛勤劳动，在此一并致谢。

  感谢广东开放大学蓝天教授及他的同事们，感谢中山大学出版社徐劲社长、赵丽华编辑，各位为本教材的编写贡献才智，劳心劳力。感谢我的学生们，他们不辞辛苦，唯吾是瞻，数易其稿，终成此书，也算功德一件。

魏则胜

2016 年 7 月